부자 나라는 어떻게 부자가 되었고
가난한 나라는 왜 여전히 가난한가

How Rich Countries Got Rich…and Why Poor Countries Stay Poor by Erik S.Reinert
Copyright ⓒ 2007 by Erik S. Reinert
All rights reserved.

Korean translated edition copyright ⓒ 2012 by Bookie Publishing House
Published by arrangement with Constable & Robinson Ltd.
Through Bestun Korea Agency, Seoul, Korea
All rights reserved.

이 책의 한국어 판권은 베스툰 코리아 에이전시를 통하여
저작권자와 독점 계약한 도서출판 부키에 있습니다.
저작권법에 의해 한국 내에서 보호를 받는 저작물이므로 어떠한 형태로든
무단 전재와 무단 복제를 금합니다.

부자 나라는 어떻게 부자가 되었고 가난한 나라는 왜 여전히 가난한가

에릭 라이너트 지음 | 김병화 옮김

How Rich Countries Got Rich…
and Why Poor Countries Stay Poor

부·키

에릭 라이너트는 노르웨이에서 태어나 스위스 장크트갈렌 대학교에서 공부하였고, 미국 하버드 대학교에서 MBA를, 코넬 대학교에서 경제학 박사 학위를 받았다. 이탈리아, 아일랜드, 핀란드 등에서 회사를 경영하였으며, 국제기구에서 일하며 제3세계의 발전 문제를 조언하였다. 세계 여러 나라에서 다양한 경험을 쌓은 뒤 학계로 돌아와 현재 에스토니아 탈린 공과대학교에서 발전 전략 담당 교수로 있으며, 노르웨이에서 설립된 '다른 전통 재단'을 이끌고 있다. 라이너트는 대표적인 개발 경제학자로서 2008년 이 책으로 뮈르달 상을 수상하였다.

김병화는 서울대학교와 동 대학원에서 고고학과 동양철학을 공부하였다. 꼭 읽고 싶은 책을 더 많은 사람들과 함께 읽고 싶은 마음에서 번역을 시작하였고, 그렇게 하여 나온 책이 『증언: 드미트리 쇼스타코비치의 회상록』, 『첼리스트 카잘스, 나의 기쁨과 슬픔』, 『세기말 비엔나』, 『트리스탄 코드』, 『신화와 전설』, 『파리, 모더니티』, 『장성, 중국사를 말하다』, 『나머지는 소음이다』 등이 있다. 같은 생각을 가진 번역자들과 함께 번역 기획 모임 '사이에'를 결성하여 활동하고 있다.

2012년 1월 13일 초판 1쇄 펴냄
2012년 3월 20일 초판 3쇄 펴냄

지은이 에릭 라이너트
옮긴이 김병화
펴낸곳 도서출판 부키
펴낸이 박윤우
등록일 1992년 10월 2일 등록번호 제2-1736호
주소 120-836 서울 서대문구 창천동 506-10 산성빌딩 6층
전화 02) 325-0846
팩스 02) 3141-4066
홈페이지 www.bookie.co.kr
이메일 webmaster@bookie.co.kr
ISBN 978-89-6051-185-9 03320

책값은 뒤표지에 있습니다.
잘못된 책은 바꿔 드립니다.

제사_{題詞}

다른 사람들이 구축한 체계 전반을 비판하는 사람은 자기의 체계를 대안으로 제시할 의무가 있다. 그리고 그 체계에 들어 있는 원리는 설명되어야 할 전체 효과를 보다 잘 뒷받침해야 한다. 이런 의무를 다하기 위해 우리의 고찰을 더 넓게 확장해 나아가야 한다.

— **지암바티스타 비코**, 「새로운 학문(La Scienza Nuova)」, 1725

한국어판 서문

한국의 독자들에게 이 책이 소개되어 매우 기쁘다. 이 책에서도 언급했지만, 나는 한국을 이 책의 골자를 이루는 기술과 혁신을 토대로 한 국가 전략을 따른 나라로 본다. 오늘날의 위기에서 관찰되는 아시아적 예외 현상이라는 것도 당연히 바로 이런 원칙에 근거하고 있다.

이 책 마지막 부분을 집필하면서(2006년 12월 말엽) 나는 맨 끝 페이지 바로 전에 다음과 같이 세 가지를 예견했다.

"우선 중요한 금융 위기의 가능성이 점점 더 커지고 있으며, 케인스주의가 전 세계적이고 새로운 상황에서 다시 고안되어야 하는 시점이다. 현재 세계 경제 질서의 중심인 '자유 무역'은 1930년대에 금본위제에 대한 고집스러운 믿음이 케인스주의의 실행을 늦춘 것처럼 앞으로의 문제를 해결하는 데 걸림돌이 될 가능성이 크다."

이 예견의 첫 부분은 옳았음이 입증되었다. 서구는 2008년 개인 금융 부문에서 대규모 금융 위기를 겪었다. 이 서문을 쓰고 있는 2011년 11월 현재까지도 계속 전개되고 있는 재정 위기의 문을 열어 놓은 것은 이 위기의 해결책의 일환으로 각국 정부가 채무를 떠맡은 탓이었다. 그러나 이 예견의 두 번째 부분, 즉 케인스주의가 전 세계적으로 다시 실행되리라는 예견은 비록 2008년에 일찌감치 거론된 바 있기는 하지만 화려한 말에 그쳤을 뿐 아직 실현되지 않고 있다.

미국과 유럽연합에서 주로 보게 되는 것은 케인스주의의 정반대 현상이다. 정치적 본능은 생산과 수요와 고용을 계속 유지하려는 케인스주의가 아니라 예산 삭감이나 국가 수요의 축소 등과 같은 통화주의 쪽으로 쏠렸던 것이다. 유럽과 미국은 이제 1998년의 아시아 금융 위기 초반에 실시된 것과 같은 유의 정책을 경험하고 있다. 그 정책은 은행을 구하기 위해 산업을 파괴하는 쪽으로 직관적으로 반응한다. 당시 서구는 아시아 위기를 '아시아적 가치'와 '연줄 자본주의' 탓으로 돌리며 희생양으로 삼았다. 하지만 지금은 이런 것들이 유럽적이고 미국적인 가치이기도 한 것으로 드러났다. 하이먼 민스키가 표현하듯이 희생양을 찾는 것은 "악당을 원하는 정치인들의 필요를 만족시킬지는 몰라도 … 그런 이론은 문제 해결에는 유용한 지침이 되지 못한다." 유럽은 최근의 재정 위기 발생을 그리스 인들의 '무책임성' 탓으로 돌릴 뿐 무자격자에게 무책임하게 돈을 빌려 준 은행들의 책임은 전혀 묻지 않았다. 심지어 무책임하게도 그리스 정부의 재정 현황이 공개된 기록에 드러나지 않도록 채무의 은폐를 도와주기까지 했다.

그 예견의 세 번째 부분에 관해서는 아직 판결이 내려지지 않았다. 즉 세계 경제 질서의 핵심으로서 자유 무역을 없앨 필요라는 부분 말이다. 유로화는 새로운 버전의 금본위제라는 것이 드러났다. 유럽 국가들이 예전에 그랬듯이 잦은 환율 조정을 통한 문제 해결을 방해하기 때문이다. 경제적으로 '무책임한' 국가들은 자국 화폐를 평가절하할 수밖에 없었다. 그렇게 하여 두 가지 유익한 효과가 생겼다. a) 그들의 경제가 다시 국제 경쟁력을 가지게 되었고, b) 그와 동시에 으레 각국 통화로 발행되었던 국가의 채무 가치는 줄어들었다. 예를 들어 이탈리아는 전통적으로 공적 채무가 많지만 그것은 모두 리라로 표시된 채무였다.

지금까지 '자유 무역'은 살아남았으며 '무역 전쟁' 대신에 '환율 전쟁'이 벌어지고 있다. 환율 전쟁은 거대한 투기 활동과 이익을 증진시키는 데 비해 무역 전쟁은 주로 고용과 실물 경제에 영향을 미친다.

지금까지 이런 경제 전략이 피해를 입힌 곳은 주로 유럽의 주변부였다. 그리스 인들의 시위 사태는 많이 보도되지만 (또 다른 유럽 주변부 국가인) 라트비아의 경제적 곤란은 전반적으로 간과되었다. 라트비아는 이른바 '내부적 평가절하(internal devaluation)'로 인해 실질 임금이 30퍼센트가량 낮아졌다. 실업과 낮은 생활수준 때문에 사람들은 고국을 떠나도록 내몰렸으며, 인구는 20퍼센트가량 감소하여 2000년 이후 238만 명이던 인구가 190만 명으로 줄었다. 라트비아의 출생률 통계에는 사람들이 아이를 낳지 않을 정도로 극심한 압박을 받고 있는 문화의 단면이 드러난다. 1987년 라트비아의 신생아 수는 4만 2000명이었지만 2010년에는 1만 8000명에 불과하다. 라트비아는 경제적 쇠락의 전형적인 순서를 따라가고 있는 것이다. 첫 번째는 탈산업화(1990년대), 두 번째는 탈농업화(농업의 사망), 세 번째는 인구 감소라는 순서 말이다.

탈산업화와 실질 임금의 감소 추세가 가장 먼저 나타나는 곳은 이 책의 표 14에서 설명된 제3세계 주변부였다. 그 표에서 예로 드는 곳은 페루이다. 1989년 베를린 장벽이 무너진 뒤 동일한 메커니즘이 예전의 제2세계, 즉 과거의 공산 국가 지역으로 확산되었다. 이 책에서는 몽골을 예로 들었지만, 실질 임금의 저하와 국내총생산(GDP) 대비 실질 임금의 감소와 같은 변화는 러시아에서도 일어났다. 제조업과 생산 일반의 역할을 간과하는 결함 있는 경제 이론에 의해 창출된 위기는 이제 마지막으로 제1세계의 핵심 그 자체인 미국과 유럽연합에도 타격을 가하고 있다.

이 책에서는 1980년경 시작된 기술과 혁신에 바탕을 둔 아일랜드의 전략을 높이 평가한다. 아일랜드의 성공은 정말로 놀라웠다. 1986년에서 1996년까지 아일랜드의 성장률은 경제협력개발기구(OECD) 국가 평균인 2.4퍼센트에 비해 그 두 배 이상인 5.1퍼센트였고, 1996년에는 정부 예산 결손이 사실상 0이었다. 그러나 그런 다음 아일랜드의 경제는 건설 투기에 몰두했고, 그 투기는 곧 거품처럼 터져 버렸다.

또 아일랜드 정부는 그 나라의 대표적 은행인 앵글로 아이리시뱅크와 아일랜드 전국건축협회에 구제 금융을 해 주는 중대한 잘못을 저질렀다. 이 때문에 아일랜드의 일반 정부 재정 적자가 2010년에는 전례 없는 32퍼센트까지 치솟았다. 그렇지만 아일랜드 식 기술 전략의 성공에 대한 내 분석은 여전히 유효하다. 이 전략은 자격을 갖춘 이민자들이 실제로 아일랜드에서 일하기 위해 돌아오는 '인재 유입'이라는 보기 드문 현상도 창출했다. 이제 이런 현상들은 모두 뒤집혔으나 산업 전략의 실패 때문에 그렇게 된 것은 아니다. 아일랜드가 몰락한 것은 거품 투기에 몰두하였고, 해체되어 마땅한 은행들에게 구제 금융을 해 주었기 때문이다. 노르웨이와 스웨덴도 몇 년 전에 같은 일을 겪은 바 있다.

이 시점에서 서구(유럽과 미국)가 여전히 냉전 논의의 잔재, 좌파와 우파 간의 공허한 의례적 투쟁과 워싱턴 컨센서스의 이데올로기에 푹 빠져 있는 모습은 나 같은 유럽 인들이 보기에는 슬픈 일이다. 정치적 양극단은 저마다 경제적 동력의 부족을 정부나 대기업의 책임으로 돌리며, 유럽과 미국 모두에서 금융 부문이 조종간을 쥐고 있다. 서구에서 '자유 시장'에 대한 믿음은 밀항자와 함께, 원치 않는 손님과 함께 왔다. 자유 시장에서는 금융 부문이 원하는 만큼 얼마든지 돈을 찍어 내고, 그 돈을 (서브프라임 대부 업체 같은) 대출 받을 자격이 없는 개인과 (그리스 같은) 국가들에게 빌려 줄 수 있는 권리가 있으며, 또 그런 불이행된 채무를 갚을 의무를 실물 경제를 담당하는 납세자들에게 떠넘길 수도 있다. 다른 말로 하면 '자유 시장'은 금융 부문이 실물 경제의 암묵적인 보장을 받으면서 폰지 사기(Ponzi schem)를 만들어 내도록 허용해 주는 시스템으로 정의할 수 있는 것이다. 금융 부문은 보통 실물 경제를 버텨 주는 중요한 보조 장치(케인스 식 표현법에 따르면 '시점時點 간의 가교bridge in time')로 작용하나 여기서는 실물 경제의 구매력에 기생하는 기생충이 되었다. 은행에 진 빚을 갚기 위해 실질 임금을 계속 낮추어야 했던 그리스는 일찌감치 이런 현상이 나타난 사례이다.

    생산과 기술보다 무역과 금융 변수에 초점을 맞추게 되면 서구 경제에는 점점 더 파괴적인 영향이 미친다는 것이 입증되고 있다. 중국, 인도, 한국, 그 밖에 다른 아시아 국가들의 특징인 생산 부문에 실용적으로 집중하는 태도는 서구에서는 거의 보이지 않는다. 유럽과 미국의 현행 금융 부문은 꼬리가 몸통, 다시 말해 실물 경제를 뒤흔들고 있는 격이다. 그 결과는 유럽과 미국에 파괴적인 영향을 끼칠 뿐 아니라 서구에 대한 수출 비중이 큰 아시아 경제에도 피해를 입힌다. 이 전망은 정말로 모두가 지는 상황을 예견한다.

아시아를 서구와 미국이 겪는 난국에 빠지지 않게 막아 준 것이 무엇인가? 이에 대한 설명 하나는 경제 사상의 수준에서 나타나는 아시아적 예외주의에 있는 것으로 보인다. 1937년 요제프 슘페터는 자신의 저서 『경제 발전론(The Theory of Economic Development)』의 일본어판 서문을 쓰면서 매우 흥미로운 논점을 제시했다. 정치적으로는 매우 보수적인 견해이면서도 슘페터는 자신이 보는 경제적 동력의 이해가 카를 마르크스의 것과 얼마나 비슷한지 일본인 독자들에게 알릴 필요가 있다고 느꼈다. 두 사람은 모두 "획득 가능한 모든 균형을 그 스스로 와해시키곤 하는 경제 시스템 내부에서 힘의 근원"을 찾고 있었는데, 이 힘이란 기업가 정신과 기술 변화이다. 슘페터는 이자에 관한 마르크스와 자신의 이론이 유사하다고 언급한다. 마르크스에게는 상수인 자본은 어떤 잉여 가치도 산출하지 못하며, 슘페터에게는 완전 균형하에서의 이자율은 0이 된다는 것이다. (간단하게 말하면 혁신이 없는 곳에서 투자 — 정의상 대체물에 지나지 않는 것 — 는 화폐의 구매력 저하로 축적된 자금을 통해 조달 가능하기 때문이다.)

이론의 여지는 있지만 제2차 세계 대전 이후 일본과 동아시아의 경제 전략은 정치적 좌파와 우파가 운 좋게 결합함으로써, 즉 마르크스를 잘 아는 지식인들과 슘페터적 동력을 이해하는 기업가들의 결합에 의해 성취되었다. 이 덕분에 동아시아는 가난에 특화하는 전략을 추진하지 않을 수 있었다. 이것은 '기러기 편대형 전략(flying geese strategy)', 즉 순차적인 경제적 등급 상승의 전략으로 이 지역 전체에 확산되었다.(이 책의 4장에서 설명된다.) 멀리 있는 외부자의 눈으로 보면 좌파와 우파 간의 이 행운의 융합(동력에 대한 마르크스와 슘페터적 이해의 융합)은 그 이후 내내 아시아 무대를 지배해 왔으며, 탁월한 결과를 산출해 냈다. 더군다나 여기에 이런 노선의 아시아적 사고방식으로 지금도 대만에서 살아남아 있는 1920년대 중국의 손문 사상이 가세했다. 이는 미국과 유럽의 잘못된 정치 노선과 첨예하게 대비된다. 미국은 좌파와 우파 간의 비건설적 대립에 의해 지배받고 있기 때문이다. 이제 좌파와 우파는 모두 정태적인 리카도적 세계관을 근거로 하고 있는데, 금융 부문을 분석의 단위로 포함시키지 못하는 리카도의 오류도 그런 세계관의 일부이다. 이 점이 누락됨으로써 현재의 실물 경제는 그로 인한 파괴적인 영향에 시달리고 있는 것이다.

제국은 그들 자신의 선전을 믿기 시작할 때 힘을 잃는다. 영국에서 1817년 이후 신봉된 리카도의 무역 이론은 영국이 제조업에서의 실질적인 독점을 유지하기 위해 사용한 도구였다. 100년 뒤 세계화의 첫 물결이 지나간 뒤 영국의 농업과 산업은 자유 무역에 의해, 영국의 경제적 이익을 증대시키기 위해 만들어진 바로 그 이론에 의해 심각한 피해를 입었다. 그것이 미국의 역사와 함께 반복되고 있다. 자유 무역을 자동적으로 경제적 조화를 만들어 내는 기계로 잘못 제시하는 바로 그 리카도 식 무역 이론이 미국 경제까지도 심각하게 약화시킨 것이다. 미국에서의 실질 임금은 1970년대 초반에 비해 증가하지 않았다. 어떤 면에서는 잔인한 방식이며, 아마 그런 대접을 받아도 마땅하겠지만, 서구가 해외 식민지에게 적용했던 선전 이론(식민지에서는 혁신과 산업화의 필요가 없다는 이론)이 부머랭이 되어 돌아오고 있다. 처음에는 영국에서, 그다음에는 미국과 유럽에서, (1820년대 어떤 미국 정치가의 말을 빌리자면) 서구 국가들이 원래는 수출할 목적으로만 만들어 냈던 경제 이론을 스스로 믿기 시작할 때 서구의 헤게모니 상실이 일어난다.

중국과 아시아의 새로운 경제 권력은 새로운 딜레마를 만들어 낸다. 세 번째 예견으로 돌아가 보면, 오래된 관세는 현재의 '환율 전쟁'보다는 세계 경제를 와해시킬 가능성이 덜하다. (국가의 생산을 보호하고자 하는) 같은 목적에서 만들어졌지만 '두 가지 다른 수단에 의한 전쟁'은 상이한 부수적 효과를 낳는다. 통화 전쟁은 거대한 투기 이득을 유도하지만 관세는 생산을 증가시키는 경향이 있다. 케인스가 1933년에 쓴 중요 논문인 "자족 국가론(National Self-sufficiency)"에서 주장했듯이 오늘날의 상황에서는 제품이 더 많은 부분 가내 공업적인 것이 되어야 하며, 금융 역시 국가적 성격을 가져야 함을 인정하는 시대정신이 필요하다. 물론 이것이 문자 그대로의 아우타르키(autarky, 경제적 자급자족)나 자족성을 뜻하지는 않는다. 케인스가 뜻하는 바는 1945년에서 1973년까지 세계를 지배해 온 지극히 성공적인 세계 발전 모델로 돌아가자는 것이며, 세계가 번영하려면 제조업과 선진 서비스 부문이 모든 국가에게 분배되어야 한다는 전망을 가리킨다.

이 책의 중국어판 서문에서 말했듯이 "처음 들으면 비논리적이라 여기겠지만, 유럽의 여러 나라와 미국에서 임금과 고용율이 하락하는 상황에서는 그런 나라의 보호주의를 어느 정도 허용하는 것이 사실 중국에게 장기적으로 이익이 될 수 있다. 미국과 유럽의 산업 시스템을 어느 정도 보호하는 것은 장래 중국 제품의 해외 시장 규모를 유지해 주는 안전판이 될 것이다." 같은 말이 한국에도 적용된다. 주요 해외 시장에서의 구매력 감소는 아시아에게 장기적 이익이 되지 못한다.

현재의 재정 위기가 낳은 참담한 결과는 경제에 대한 질적 이해에 근거한 이론적 전통을 송두리째 잃어버린 직접적인 결과이다. 경험의 과학으로서 경제학에 대한 이해, 수학보다는 역사에 대한 이해를 근거로 한 경제학 이해가 바로 그것이다. 이 유럽 대륙적 전통, 좌파의 마르크스에서 우파의 슘페터에 이르는 전통에서 재정 위기는 자본주의의 정상적 면모이다. 이런 유형의 이론은 기술의 역할에 대한 이해도 포함하는 것이므로, 유럽 대륙적 유형은 불균등한 경제 발전도 설명할 수 있다. 이런 경험에 기반을 둔 경제 이론(이 책이 집필된 전통에 속하는)이 한국에서는 현재 서구에서보다 더 큰 영향력을 가졌으면 하는 것이 내 바람이다.

차례

한국어판 서문·6 | 서문(국제연합 경제사회국 사무차장보 조모 크와메 순다람)·11
감사의 말·20 | 들어가는 말·25

1 경제 이론에는 두 가지 길이 있다 ——————————— 43

2 두 가지 서로 다른 접근법의 진화 ——————————— 69

3 모방, 부자 나라는 어떻게 부유해졌는가 ————————— 133

4 세계화, 지지 논리가 곧 반대 논리 ——————————— 173

5 세계화와 원시화, 가난한 나라는 왜 더 가난해지는가 ———— 255

6 실패의 핑계, 역사의 종말에 등장한 훈제 청어 ——————— 305

7 임시변통의 경제학, 밀레니엄 개발 목표가 잘못된 생각인 까닭 — 353

8 '올바른 경제 활동' 혹은 중간 소득 국가를 만드는 잃어버린 기술 — 395

부록 ———————————————————————— 433
1 리카도의 국제 무역에서의 비교 우위설 | 2 경제 세계와 국가의 빈부를 이해하는 두 가지 다른 길
3 프랭크 그레이엄의 불균등 발전론 | 4 두 가지 전형적 유형의 보호주의 비교
5 부국을 모방하는 방법에 대한 회르니크의 9개 항목 | 6 경제 활동의 품질 지수

주·448 | 참고문헌·471 | 찾아보기·490

도표 차례

· 도표 1 부적절한 가정이 만들어 내는 잘못된 질문. 찰스 슐츠의 만화 〈피너츠〉
· 도표 2 1976년 새뮤얼슨의 경제학 계보도
· 도표 3 지식과 생산에 기반을 둔 경제학
· 도표 4 경제학의 순환도
· 도표 5 1650년대 네덜란드 델프트: 다양성에 기초한 혁신 시스템
· 도표 6 초기의 생산력 폭발
· 도표 7 제조업의 임금이 나머지 경제 부문의 임금 수준을 결정: 1928~1936년 10개국의 제조업 임금을 기준으로 한 농업에서 중간 임금의 구매력 지수
· 도표 8 1850~1936년 미국의 중급품 남자 신발 한 켤레 제작 시 최상의 생산력을 가진 학습곡선
· 도표 9 기러기 편대형 모델: 동아시아에서 잇달아 일어나는 구조 변화
· 도표 10 부국과 빈국 사이에는 왜 일련의 '생산력 폭발'의 차이가 임금 지대로 변형되는가
· 도표 11 산업의 역동성: 세 가지 다양한 예
· 도표 12 슘페터 식 대 맬서스 식 경제 활동
· 도표 13 에콰도르: 바나나 생산에서 수확 체증과 수확 체감
· 도표 14 1960~2000년 페루: 실질 임금과 수출액의 양극화 노선
· 도표 15 1950~2000년 페루의 교역 조건
· 도표 16 경제 발전의 선순환―마셜 플랜
· 도표 17 빈곤의 악순환―모겐소 플랜
· 도표 18 시간에 따라 변하는 제조업과 농업(원자재 생산) 사이의 질적 차이

| 서문

세계무역기구(WTO)와 관련된 국제 금융 기관들에 반대하는 시위가 1999년 시애틀의 거리에서, 그리고 그 이후 수많은 사태들에서 전개되었을 때, 그러한 저항이 암묵적으로 겨냥한 것은 기존의 통념, 즉 경제학적 정통성이었다. 왜냐하면 정통 경제학은 세계무역기구 및 관련된 국제 금융 기관들이 제시하는 조건부 정책과 권고 사항들을 위한 분석의 발판을 제공해 왔으며, 또 그것들을 정당화시켜 왔기 때문이다.

이렇게 말하면 희화화시킬 위험도 있지만, 자기 규제적 시장(self-regulating market)이 모두를 위한 성장을 만들어 내는 것은 오로지 정부가 '야경꾼(night watchman)'이라는 최소 기능을 할 때뿐이라고 지난 20년간 이 이론은 주장해 왔다.

이 경제학의 정통이 인기를 얻게 된 것은 1970년대 들어 '스태그플레이션'과 함께 케인스주의자들과 개발 경제학이 지적 공격을 받게 되면서부터이다. 이 새로운 정통은 1970년대 이래 복지 국가들의 재정 위기, 그리고 더 나중에는 중앙 계획 경제들이 붕괴하는 바람에 더

• 스태그네이션과 인플레이션의 합성어로 고율의 인플레가 경기 후퇴와 결합된 시기를 묘사하는 용어.

많은 지지를 받았다. 통화주의적 실험들이 1980년대 초반 명백히 실패했는데도 말이다. 오늘날에는 극단에 서 있는 근본주의자들만이 완전한 자기 규제적 경제 또는 완전한 국가 경영 경제를 주장한다.

에릭 라이너트의 이 책은 경제 발전을 이루기 위해서는 어떠한 경제적, 기술적 힘들이 중요하며, 그리고 어떠한 경제 정책이 추진되어야 그 힘들을 동원할 수 있는가를 보여 준다. 경제 발전에 대한 그의 분석에 따르면 '저발전의 발전(development of underdevelopment)'이란 다름 아니라 규모에 따른 수확 체증과 인간의 제반 능력 향상, 그리고 생산 설비의 확대를 동반하는 모든 경제 활동들을 촉진하고 발전시키는 데 실패한 결과이다. 이처럼 익히 알려진 경제적 교훈을 라이너트는 새로운 맥락에 맞게 독창적으로 적용한다.

『부자 나라는 어떻게 부자가 되었고 가난한 나라는 왜 여전히 가난한가』는 우리가 역사의 기록을 직시한다면 중요한 경제학적 교훈을 얻을 수 있다고 말한다. 그 중에서도 미국의 역사는 오늘날 가난한 나라들에게 경제학적으로 가장 중요하다는 것을 보여 준다. 1776년이라는 해는 애덤 스미스의 『국부론』이 출간된 첫 해일 뿐 아니라 영국 제국주의에 대항하는 최초의 근대적 민족 해방 전쟁이 시작된 해이기도 했다. 보스턴 차 사건(The Boston Tea Party)은 어쨌거나 중상주의적 행동이었으며, 미국 독립 혁명의 경제 이론가인 초대 재무 장관 알렉산더 해밀턴은 오늘날 '산업 정책(industrial policy)'이라 지칭되는 것의 개척자로 인정받고 있다.

만약 남부 연합군이 북부 연방군에 승리했다면 과연 미국 경제가 어떤 모습을 하고 있을지 생각해 보라. 만약 그랬다면 19세기 후반 미국 경제가 보여 준 급속한 공업화는 나타나지 않았을 것이다. 또 스미소

니언 박물관의 미국 역사 큐레이터들이 지적하는 바 1851년 런던의 수정궁(Crystal Palace)에서 개최된 만국박람회에서 미국인 참관자들이 목격했던 그 엄청난 기술 격차 역시 줄이지 못했을 것이다. 그리고 20세기 초반 들어 미국이 세계 경제의 리더가 되는 일 역시 불가능했을 것이다.

라이너트가 우리에게 보여 주듯이 제2차 세계 대전 이후 입안된 모겐소 플랜(Morgenthou Plan)은 독일 전체를 농촌 마을로 되돌려 놓으려 했다. 왜냐하면 독일은 두 차례 일어난 세계 대전의 진원지였기 때문이다. 이에 반해 조지 마셜 장군은, 팽창하는 소비에트 블록을 에워싸고 경제가 성장하는 정치 군사적 완충 지대를 확보하고자 한 마셜 플랜(Marshall Plan)을 통해 서유럽과 동북아시아의 경제 회복과 공업화에 박차를 가했고, 그리하여 전후의 케인스주의 '황금시대'를 여는 데 기여했다. 당시 전후 회복에 기여한 미국의 후한 원조는 오늘날의 인색한 원조와 크게 대비되는데, 이는 그 양적인 면에서만이 아니라 '정부 예산의 지원'과 '정책적 자율성'의 보장이라는 측면에서도 그러하다.

경제 발전은 경제만이 아니라 사회 저변의 질적 변화를 내포한다. 경제 발전을 한갓 자본 축적과 보다 효율적인 자원 배분으로 환원시키는 것은 가난한 나라들의 뒤처진 경제를 그 상태로 영구화시키는 공식이 되었다. 라이너트의 이 책은 경제 정책의 역사에 대한 그의 풍부한 지식을 통해 불균등 발전에 대한 이해를 심화시켜 줌으로써 우리에게 중요한 교훈과 함께 흥미로운 읽을거리를 선사한다.

국제연합경제사회국 사무차장
조모 크와메 순다람

감사의 말

이 책에 담긴 생각은 대부분 아주 오래된 것들이다. 나는 지난 500년 동안 부를 재배분하기보다는 성공적으로 부를 창출해 낸 수많은 경제 사상가와 정책 입안자들에게 큰 빚을 졌다. 내가 이 부류의 저명인사들과 처음 만난 것은 1974년 아내가 사서로 일하고 있던 하버드 비즈니스 스쿨의 크레스 도서관에서였다. 이 도서관이 특히 1850년 이전의 경제 이론서를 집중적으로 보유하고 있었던 탓에 그들 사상의 유전자은행에 접근할 길이 생긴 것이다. 스위스 장크트갈렌 대학교에서 경제학을 가르친 월터 아돌프 외르(1910~1987) 교수는 옛날식 유럽 대륙적 사상으로 약간 기운 입장이었고, 크레스 도서관에서 내게 베르너 좀바르트를 소개해 준 프리츠 레들리히(1892~1978)는 독일 역사학파의 일원으로 생존 당시 만날 수 있었다.

이 책에서 독창적이라 할 수 있는 부분은 1978~1979년에 쓴 박사 학위 논문에 미성숙한 형태로 나타나 있다. 학위 논문을 쓸 무렵 영감을 준 사람들은 역사 속 인물을 제외하면 경제사와 발전에 대해 가르쳤으며 차별화된 경제 활동이라는 생각을 고취시킨 톰 데이비스, 보스턴 컨설팅 그룹 및 그들이 인간의 학습과 경험을 측정하기 위해 접근하는 방식, 그리고 예전에 국제 무역에서 헥셔-올린-바넥 공리를 만든 야로슬라브 바넥으로부터는 복지를 파괴하는 국제 무역이라는 것이 주어진 여건에서 어떻게 작동할 수 있는지를 배웠다. 틀에 박힌 국제 무역 이론을 철저하게 해체한 그의 연구는 내가 왜 국제 무역론을 늘 인간의 직관에 반한다고 여기게 되었는지를 확인시켜 주었다. 또 코넬 대학교에서 존 머라는 전(前)자본주의 사회에 대해 내 시야를 열어 주었으며, 뮈르달의 '누적적 인과 관계'를 포함한 고전적 개발 경제학은 항상 이론적 배경이 되어 주었다.

1991년 다시 연구와 학문의 세계로 돌아온 이후 내가 갖고 있던 수많은 옛 아이디어들이 그런 맥락에서 볼 때 부적절한 것이 아니라 다만 유행과 맞지 않을 뿐이라는 내 확신을 굽히지 않을 수 있도록 너그러운 조언을 베풀어 준 경제학자와 경제사가가 다섯 명 있다. 나보다 한 세대는 앞섰던 그들은 미국의 모세스 아브라모비츠, 로버트 하일브로너, 데이비드 랜즈, 영국의 크리스토퍼 프리먼과 패트릭 오브라이언이다. 이 책을 그들에게 바친다. 그들은 계획된 조화와 자율적 시장의 조화라는 두 종류의 유토피아를 두고 쏘아대는 냉전의 포화 속에서 거의 죽을 뻔한 경제학, 바로 현실을 토대로 하는 경제학 전통을 오래 살아 있게 한 사람들이다.

또 내게 매우 큰 영향을 준 것은 기술 변화가 어떻게 일어나는지에 대한 카를로타 페레스의 견해였다. 생각을 가다듬어 나가는 과정에서 기꺼이 적극적인 토론 상대가 되어 준 그녀에게 진정으로 고마움을 느낀다. 탈린 공대의 동료인 볼프강 드렉슬러와 라이너 카텔 역시 같은 이유에서 큰 도움을 주었다. 1991년경에 현대의 진화 경제학이 확립되었는데, 리처드 넬슨의 '통찰력 있는 이론화(appreciative theorizing)'는 내 견해를 형성하는 데 도움이 되었다. 마찬가지로 후기 케인스주의 경제학의 얀 크레겔, 제도 경제학의 제프리 호지슨, 개발 경제학의 조 모, 또 벵트 애케 룬드발이 창시한 GLOBELICS(Global Network for Economics of Learning, Innovation & Competence Building Systems) 운동 역시 큰 도움이 되었다. 오슬로와 베네치아에서 열린 '다른 전통(Other Canon)' 세미나에 참석한 이들에게도 감사를 전한다. 다니엘레 아치부기, 브라이언 아서, 위르겐 박하우스, 헬레네 뱅크, 안토니오 바로스 데 카스트로, 아나 첼리아 카스트로, 장하준, 마리오 치몰리, 디터 에른스트, 피터 에반스, 로널드 도어, 볼프강 드렉슬러, 얀 파거베르그, 크리스토퍼 프리먼, 에드워드 풀브루크, 제프리 호지슨, 알리 카드리, 타르모 칼베트, 얀 크레겔, 고(故) 산자야 랄, 토니 로슨, 벵트 애케 룬드발, 라스 마그누손, 라스 미외세트, 알프레도 노보아, 키스 너스, 패트릭 오브라이언, 에웁 외즈베렌, 가브리엘 팔마, 카를로타 페레스, 코시모 페로타, 안날리사 프리미, 산티아고 로카, 브루스 스콧, 리처드 스위드베리, 야시 탄돈(그는 내게 아프리카의 실상을 깨우쳐 주고, '제국주의적 요인'에 대해 가르쳐 주었다), 마렉 툿츠, 프란체스카 비아노가 그들이다.

여러 대학에서 만난 동료들과 학생들은 내 생각을 다양한 형태로 접하면서 귀중한 피드백과 통찰력을 주었다. 특별히 방문 교수로 있었던 여러 대학을 거명하고 싶다. ESAN 대학교, 리마 비즈니스 스쿨, 리우 데 자네이루 연방대학교, 콸라룸푸르에 있는 말레이시아 대학교의 아시아유럽연구소, 개발 경제를 재고하기 위한 케임브리지 고등 프로그램(Cambridge Advanced Programme on Rethinking Development Economics, CAPORDE)과 '다른 전통'이 운영한 제3세계 관련 수업에서 나는 경제 발전이 어떻게 일어나야 하는지에 관한 새로운 견해를 형성하는 데 도움이 된 그룹에 들어가서 연구할 기회를 얻었다. 이는 무엇보다도 포드 재단의 자금 지원 덕분에 가능했다. 이 재단의 마누엘 몬테스는 새로운 개발 경제학을 창립하는 데 큰 기여를 했다. 최근 몇 년 동안 국제연합 산하 라틴아메리카-카리브경제위원회(CEPAL/ECLA), 경제사회분과(DESA), 사우스센터, 국제연합무역개발회의(UNCTAD), 국제연합개발계획(UNDP) 등에서 회의와 진행에 참여한 경험은 내게 귀중한 통찰을 갖게 해 주고, 개인적인 연대를 넓힐 수 있었다. 성공적인 국가 발전 전략 연구를 지원한 데 대해 존 빙겐과 노르웨이 전략연구소(Norwegian Institute for Strategic Studies, NORISS)에게, 또 '다른 전통' 프로젝트에 대한 경제적 지원을 해 준 노르스크 투자자 포럼, 노르웨이 선박소유주연합, 라이프 회그(Leif Høegh) 재단에 감사한다.

 1999년으로 거슬러 올라가면 우리 그룹은 이틀 동안 함께 지내면서 물리학에서 가져온 하향식이 아니라 바닥에서부터 상향식으로 올라가는 경제를 위해 대안이 될 만한 여러 가지 가정들을 개발했다(부록 2). 레오나르도 불라마키, 장하준, 마이클 주, 피터 에반스, 얀 크레겔에게 특별한 감사를 전한다. 이 책의 초고를 읽고 의견을 들려준 볼프강 드렉슬러, 크리스토퍼 프리먼, 라이너 카텔, 얀 크레겔, 카를로타 페레스에게 감사한다. 내 주장을 고집한 부분에 대해서는 물론 그들에게 책임이 없다.

 당시 콘스터블앤드로빈슨 출판사에서 일하던 댄 힌드에게 특별한 고마움을 전한다. 이 책을 쓰는 작업은 그가 주도하여 시작되었다. 콘스터블 출판사의 편집자인 한나 부스넬과 얀 카미에, 그리고 내가 길을 벗어나지 않도록 감독하는 힘든 작업을 한 제인 로버트슨에게 특히 감사를 표한다.

　이 책은 다른 누구보다도 내 가족이 함께 한 작품이다. 어렸을 때부터 아들 휴고와 소푸스는 "왜 우리는 항상 그렇게 가난한 사람들이 사는 곳으로만 여행해야 해요?"라고 묻곤 했다. 이제 케임브리지 대학교에서 박사 학위 논문을 마치는 두 아들은 이 책을 쓰는 데 귀중한 조언자 역할을 했는데, 둘 다 참고문헌 목록에 소개되어 있다. 개인적 경험과 이론을 뒤섞으라고 제안한 것도 그들이었다. 이 책은 2004년 노르웨이 어로 처음 출간되었는데, 아들 소푸스와 아내 페르난다는 그 가운데 많은 부분을 영어로 번역해 주었다.

　페르난다에게는 정말 깊은 감사를 전해야 할 것 같다. 아내는 1967년 이 작업이 구상되기 전부터 나를 알고 있었다. 끊임없이 새로운 여건, 새로운 나라, 새로운 언어와 새로운 도전에 직면해야 하는 상황에서 그녀의 성실성과 지원, 용기, 끈기(sticktoitiveness, 이것은 크레스 도서관에 근무할 때 상관이 그녀를 표현한 말이다)가 없었다면 이 책을 쓰는 데 필요한 여건과 경험은 말 그대로 존재하지 못했을 것이다.

| 들어가는 말

지구상에서 부국과 빈국 사이의 격차는 그 어느 때보다 더 크며, 어떤 측정 방식을 따르더라도 그 격차는 대부분 계속 더 벌어지고 있다. 1970년 이후 '발전의 10년'이 세 번 지나는 동안 대규모 경제 이전(economic transfer)이 이루어졌고 수조 달러어치의 '개발 원조'를 쏟아부었지만, 상황은 여전히 암울하기만 하고 오히려 더 나빠진 곳도 많기 때문이다. 세계 인구의 절반가량은 하루 2달러 미만의 생계비로 살고 있으며, 많은 나라에서는 실질 임금이 1970년대 수준을 회복하지 못하고 있다. 1750년대에는 세계에서 가장 부유한 나라와 가장 가난한 나라의 소득 격차가 2 대 1 정도였다고 추산되지만 이후 그 격차는 계속 벌어지기만 했다.

이 책은 경제학을 전공하지 않았더라도 경제에 관심 있는 사람이라면 어느 누구라도 이런 결과를 낳은 메커니즘을 이해할 수 있도록 설명해 보려는 것이 목표이다. 그렇다고 이 책이 현재의 주류 경제 사상을 대중화하려는 시도라고 오해하지는 말자. 오히려 이 책은 현재 시행되는 정책이 경제학의 정통이 아님을 밝히고, 경제학자가 이용할 수 있는 유일한 실험실인 역사 속에 묻혀 있는 오랜 전통을 되살려 내려는 시도이기 때문이다.

빈곤으로 인해 지불해야 하는 인적 비용은 엄청나다. 영아 및 아동 사망률, 예방할 수 있는 질병과 낮은 기대 수명으로 인한 인명 손실을 시간으로 환산하면 끔찍한 수치이다. 부국은 내전이나 희소 자원을 놓고 벌어지는 분쟁으로 인한 고통과 슬픔을 별로 겪지 않을 수 있다. 또 환경 악화로 인한 영향도 어쩌면 빈곤층이 가장 크게 느낄지 모른다. 빈곤 사회에서는 환경 악화에 의한 악순환이 쉽게 형성되는데, 인구 증가로 인해 늘어나는 수요를 채우려면 오로지 자연을 더 심하게 수탈하는 길밖에 없기 때문이다.

1989년 베를린 장벽이 무너진 이래 세계의 경제 질서는 그 어느 때보다도 더 철두철미하게 현실에서 보이는 것과 정반대 상황을 '증명'하는 주류 경제 이론에 입각해 움직이고 있다. 그 이론에 따르면 세계 자유 무역은 부국과 빈국 사이의 임금 격차를 없앤다고 한다. 인간이 시장의 '자연적 힘'에 개입하지만 않는다면, 즉 자유방임의 원리를 따르기만 한다면 진보와 경제적 조화를 이룰 수 있다는 것이다.

1930년대의 불황을 예견했던 영국의 경제학자 케인스(John Maynard Keynes, 1883~1946)는 1926년에 이미 『자유방임의 종말(The End of Laissez-Faire)』이라는 책을 쓴 바 있다. 그러나 1989년 베를린 장벽이 무너지자 사람들은 세계 경제가 마침내 신자유주의 경제 이론의 기대에 부응하게 되리라는, 거의 메시아주의나 마찬가지인 황홀한 환상을 품게 되었다. 세계무역기구 사무총장 레나토 루지에로(Renato Ruggiero)는 "국가와 지역 간의 관계를 균등하게 해 줄 국경 없는 경제의 가능성을 열어야 한다."라고 선언하기도 했다. 국제통화기금(IMF)과 세계은행

(WB)의 토대를 이루는 이데올로기의 중심에는 이런 믿음이 자리 잡고 있으며, 1990년대 초반 이후 워싱턴 기관(Washington Institutes)들은 대부분의 빈국에서 일어나는 상황을 매우 현실적인 목적을 위해 관리해 왔다. 그러나 세계 곳곳에서 드러난 결과는 극히 한심한 수준이었다.

오늘날 제3세계의 현실과 루지에로 및 워싱턴 기관들이 품었던 환상 사이에는 심연이 가로놓여 있다. 새로운 세계 질서를 예견한 이들이 조화를 예견한 곳에서 우리는 기근과 전쟁, 악화되는 환경 문제를 목격하고 있기 때문이다. 이제 우리는 다시 한 번 현실을 서서히 재인식하는 중이다. 1992년 미국의 철학자이자 외교 문제 전문가로서 자유민주주의의 신봉자 프랜시스 후쿠야마(Francis Fukuyama)는 『역사의 종말과 최후의 인간(The End of History and the Last Man)』에서 냉전의 종식이 곧 '역사의 종말'이라고 선언했다. 그러나 후쿠야마는 2006년 『기로에 선 미국: 네오콘 이후(After the Neocons: America at the crossroads)』에서 예전의 견해를 거두어들여야만 했다. 네오콘에 대한 그의 현재 견해에 따른다면, 신보수주의자들은 민주주의를 장기적인 제도 구축과 개혁의 과정이라고 여기는 것이 아니라 독재 정권이 교체되기만 하면 곧바로 사회가 어떤 곳으로 복귀하는 기본 조건(default condition)**이라고 생각하는 사람들처럼 보인다.

* 워싱턴 컨센서스에 따른 정책을 실시하는 세계 경제 기구들로는 국제통화기금, 세계은행이 대표적인 기관이다. 워싱턴 컨센서스(Washington Consensus)란 미국의 정치경제학자 존 윌리엄슨이 1989년 자신의 저서에서 제시한 라틴아메리카 등 개발도상국에 대한 개혁 처방의 통칭이다. 이후 미국 행정부와 국제통화기금, 세계은행이 모여 있는 워싱턴에서 정책 결정자들 사이에 이루어진 이 합의는 개발도상국 등 제3세계 국가들이 시행해야 할 구조 조정 조치들을 담고 있다. 전체적인 개혁의 내용은 미국식 시장 경제 체제, 즉 신자유주의적 경제로 개발도상국의 경제를 재편하는 것이다.
** 컴퓨터 등을 사용하기 쉽게 하는 기능으로, 명령 등을 입력할 때 사용자가 달리 지정하지 않으면 자동적으로 결정된 것으로 간주되는 조건. 생략시조건 또는 표준값이라고도 한다.

이 책에서 나는 경제에 관해 대비되는 논의를 전개할 것이다. 신자유주의 경제학자들은 경제 성장과 복지가 장기간에 걸쳐 특정 형태의 경제 구조를 구축하는 과정에서 나오는 결과가 아니라, 시장 개입만 없으면 자동적으로 이루어지는 기본 조건이라고 주장했다. 경제 성장을 이해하는 문제를 두고 말한다면, 세계의 시대정신은 1992년에서 2006년 사이 후쿠야마의 견해와 비슷한 학습 곡선을 따라가고 있는 것이다.

세계는 이전에도 비슷하게 조화로운 경제 이론과 참혹한 경제 현실 사이의 충격적인 차이를 경험한 바 있으며, 그런 경험에서 배울 것은 많다. 우리는 경제적 조화를 신에 의해서건 수학적인 것에 의해서건 이미 예정된 자동적인 결과로 보는 이론에서 벗어나, 조화로운 경제는 의식적인 정책의 산물이라는 이론으로 돌아가야 한다. 여기서 우리는 유럽 계몽주의의 위대한 투사인 프랑스 철학자 볼테르가 걸어간 발자국을 따라가 보기로 하자.

1759년 1월 15일과 16일에 볼테르는 신작 소설 『캉디드(Candid)』의 사본을 몰래 파리, 암스테르담, 런던, 브뤼셀로 부치고 있었다. 사본이 유럽 서적 거래의 주요 중심지에 일단 도착하고 나면 미리 정한 날짜에 서유럽 전역에서 한꺼번에 발표할 예정이었다. 이렇게 비밀 작전을 펴는 이유는 두 가지였다. 하나는 책이 불법으로 복제되어 자기 몫의 수입이 새어나가기 전에 최대한 많은 부수를 판매할 방법을 찾은 것이고, 또 하나는 자신이 제기하는 사상의 위험성을 당국이 알아차리고 탄압하러 나서기 전에 최대한 많은 독자에게 혁명적 메시지를 전하고 싶어서였다. 유럽 전역의 경찰은 『캉디드』의 사본을 압수하고 새 책을 인쇄하고 있던 기계를 때려 부쉈다. 또 바티칸은 볼테르의 저작을 금서 목록에 올렸다. 하지만 그래봤자 소용없었다. 이 얇은 책은 18세기 출판계의 최대 사건이 되었고, 정치와 교회가 연합한 절대 권력이 아무리 기를 쓰고 막으려 해도 어쩌지 못하는 지적 쓰나미가 되었다.

볼테르의 소설은 세상 경험을 쌓기 위해 (썩 내키지는 않지만) 집을 나선 젊은 캉디드를 따라간다. 캉디드는 자신에게 '형이상학적-신학적-우주론적-기호학'을 가르쳤던 철학자 팡글로스의 말처럼 세상이 '가능한 모든 세계 가운데 최선의 것'이라고 믿고 있었다. 그러나 캉디드가 맞닥뜨린 것은 빈곤과 약탈을 일삼는 군대, 종교 박해, 지진, 난파 등이 벌어지는 살벌한 세상이었고, 사랑스러운 연인 퀴네공드가 군인들에게 수없이 강간당한 뒤 칼로 난자당한 채 노예로 팔려 나가는 세상이었다. 그러는 동안에도 팡글로스는 줄곧 이 세계가 '가능한 모든 세계 가운데 최선의 것'이라고 가르치고 있었다. 마침내 젊은 캉디드는 자문하게 된다. '이것이 가능한 모든 세계 가운데 최선의 것이라면 다른 세상은 도대체 어떻게 생겨먹었단 말인가?'

『캉디드』를 통해 볼테르는 유럽을 팡글로스 교수와 같은 지적 노예 상태로부터 해방시키려고 노력했다. 볼테르는 섭리든 신앙이든 신이든 시장이든 간에 외적 힘에만 변화와 전환을 일으킬 능력이 있다고 보는, 팔짱 낀 채 구경만 하는 낙관적 결정론을 공격했던 것이다. 경제학의 정통성을 장악하고 있는 이들의 많은 수가 이와 비슷하게 지독한 낙관주의에 사로잡혀 있으며, 이제는 그것으로부터 벗어나야 한다. 오늘날의 팡글로스적 경제 이론은 머리꼭대기에서 발끝까지 천문학이나 물리학에서 가져온 억지스러운 가정과 은유 위에 세워져 있다. 이 이론은 현재의 주류 이론 스타일에 미리 짜 맞춘 듯한 조화로운 우주를 그리고 있다는 말이다. 이에 반해 일부에서 되살려 내려고 애쓰는 대안은 현실이 경제 발전에 그다지 호의적이지 않을 때가 많다고 보는 견해를 토대로 하여 밑에서부터 쌓아 올린 것이다. 발전은 번영을 가로막는 '장애물 제거하기'가 아니라 지금까지 늘 그랬던 대로, 즉 의식적이고 의도적인 정책의 산물로 보아야 한다.

팡글로스적 논리의 등록상표 하나는 어떤 일이 일어나더라도 그것이 이성적 사고방식이나 상식과는 모순되는 식으로 합리화된다는 것이다. 이를테면 워싱턴 기관들은 제3세계에서 제대로 된 일자리를 구하지 못해 절망에 빠진 가난한 주민들이 극적인 과정을 거쳐 대규모로 탈출하는 사태를 두고 '모두를 위한 최선책'이라고 주장한다. 외국에서 일거리를 찾은 그들이 실업 상태로 남아 있는 친척들에게 송금을 하여 가난한 고국의 임금 수지를 균형 잡아 주기 때문이라는 것이다. 무수한 이주민들이 매일같이 목숨을 걸고 인구 과잉 지역을 빠져나와 부가 과잉인 지역으로 넘어가고 있으며, 그 가운데 많은 수는 죽는다. 간신히 살아남은 이들도 뒤에 남은 친척들이 꼼짝없이 굶어죽지 않도록 하기 위해서는 새로 정착한 나라에서 착취와 적대감을 견뎌내야 한다.

팡글로스 식의 사고에 들어 있는 또 다른 특징은 그 모델, 즉 '가능한 모든 세계 가운데 최선의 세계'를 창조하는 모델의 핵심 가정이 과연 타당한지 거의 의문을 품지 않는다는 점이다. 예상된 결과와 상충되는 견해를 배제하는 방식으로 현실이 걸러지는 것이다. 또 지금처럼 현실이 감당할 수 없을 정도로 눈에 거슬리게 되면 핵심 모델 밖에서 설명을 찾곤 한다. 빈곤을 인종이나 문화, 지리적 여건의 결과로 설명하는 식이다. 이렇게 하여 정통 경제학 이외의 모든 것에 책임을 뒤집어씌운다. 팡글로스적 경제 모델은 완벽하다는 것이 전제이므로, 그것이 실패한다면 반드시 경제학 외부에 있는 요소에서 원인을 찾아야 하는 것이다.

볼테르가 전하려는 메시지는, 세계가 완벽하지 않은 것은 당연하기 때문에 우리는 그저 흘러가는 대로 내버려 두지 말고 세상을 개선하려고 적극 노력해야 한다는 것이다. 당시 권력을 쥔 자들이 전력을 다해 탄압하려 애쓴 것도 그 때문이었다. 진보와 같은 과업을 성취하는 것은 물론이거니와 시민 사회를 유지하는 데에만도 어마어마한 노력과 끊임없는 경계가 필요하다. 계몽주의와 유럽 전역에서 싹튼 상업 사회가 이룬 개혁은 이와 같은 『캉디드』의 정신으로부터 막대한 은혜를 입었다. 공간의 광활함과 발전의 변칙성을 깨닫기 시작한 21세기에 들어서는 세계가 인류의 변덕을 감당해 낼 만큼 완벽하게 설계된 게 아니라는 볼테르의 통찰이 그만큼 더 명백해지고 있다. 그러나 경제학자와 정치가들은 오늘날까지도 우리가 자유방임을 실천하고 (대체로 '이성적'일 것이라고 추정하는) 개개인의 본능을 가장 기본적인 제재 이외의 그 어떤 개입 없이 자유롭게 상호 작용하도록 내버려 둔다면, 세계는 완벽해질 것이라며 죽은 신학자들처럼 확신에 찬 어조로 권위적으로 말한다. 어떤 사람들은 심지어 사법 시스템과 같이 사회에 기본적으로 필요한 제도마저도 민영화해야 하며, 사회를 '시장'이라는 섭리의 조화에 전적으로 내맡겨야 한다고까지 말한다. 그렇게 할 경우 그들이 가정하는 완벽한 보험 시장이 사법 시스템을 민영화할 때 일어날 수 있는 그 어떤 불운으로부터도 우리를 보호해 준다는 것이다.

그러나 자연 상태의 사회는 조화롭지 않다. 우주의 법칙이란 것이 실제로 존재하는지 어떤지는 모르겠지만 그것이 늘 사회에 긍정적으로 작용하며, 그 법칙에 따름으로써 항상 조화를 이루리라는 것은 순진한 생각이다. 그렇기 때문에 '시장'에 대한 믿음은 때때로 섭리에 대한 믿음이나 늘 존재하는 신의 선함에 대한 믿음과 구별하기가 힘들다. 어떤 사람은 우주가 왜 자본주의와 세계화에 대한 현대의 규정처럼 특이하고 역사적으로 우연적인 것을 위해 맞춤 재단되어야 하는지 물을 수도 있을 것이다. 우리는 일단 '자연법'이 국가의 부강을 좌우한다는 환상을 떨쳐 버려야만 어떤 정책이 어떻게 하여 과거에 효과가 있었고, 어떻게 하면 그런 성공이 미래에 또다시 정책으로 영향을 미칠 것인지를 평가할 수 있다.

『캉디드』를 쓴 이후 볼테르의 주 공격 대상에는 경제학자들도 포함되는데, 그들은 경제 사상사에서 (민주주의가 '인민의 지배'를 의미하는 것과 같은 방식으로 '자연의 지배'를 일컫는) 중농주의자(Physiocrats)로 알려진 집단이다. 오늘날의 주류 경제학은 의기양양하게 자신들의 계보를 국부(國富)는 오로지 농업에서 비롯된다고 믿었던 중농주의자들에게까지 추적해 들어간다. 그러나 역사적으로 중농주의자들이 경제 정책을 맡은 기간은 그리 길지 않으며, 그 기간에 시행된 정책마저도 식량 부족과 빈곤이라는 결과를 낳았다. 프랑스가 그 대표적인 예이다. 당시 프랑스의 볼테르와 디드로에서부터 이탈리아의 아베 갈리아니(Abbé Galiani)와 스코틀랜드의 데이비드 흄(David Hume)에 이르기까지 사실상 유럽의 내로라하는 지식인들은 대부분 중농주의에 맹렬하게 반대하고 나섰다. 더군다나 중농주의의 고향이라 할 프랑스에서마저 당시 경제학계에 가장 영향력이 컸던 베스트셀러는 반(反)중농주의자가 쓴 책이었다. 또 영국에는 중농주의 사조가 상륙하지도 못했다. 볼테르가 중농주의를 상대하여 벌인 싸움을 우리가 연구하는 이유는 단 하나이다. 비슷한 이론을 관찰해서 배울 게 있기 때문이다. 비슷한 이론은 비슷한 상황에서는 비슷한 결과에 이른다. 오늘날의 식량 주권 운동은 사람의 먹을 권리와 자유 무역의 원리 사이에 이따금 갈등이 생길 수 있음을 인정한다. 1774년 프랑스 혁명의 기운이 고조되는 동안 프랑스의 반중농주의자 시몽 링게(Simon Linguet)가 바로 이 같은 논의를 제기했다. 당시의 현실 정책에서 주도권을 쥔 것은 반중농주의자였지만 요즘의 경제학 교과서에는 그런 사실조차 거론하지 않는다. 지금의 경제학사는 현실 경제 정책에서 실제로 통용된 것만이 아니라 볼테르의 전문 분야인 철학 같은 인접 학문에서 일어난 일과도 심하게 괴리된 채 존재하고 있다.

이 책은 상이한 경제학적 견해를 설명하는 것으로 시작하여 실질적으로 세계에 대해 독점권을 행사하고 있는 현재의 주류 이론을 왜 무너뜨려야 하는지 보여 주고자 한다. 1817년에 나온 영국의 경제학자 데이비드 리카도(David Ricardo, 1772~1823)의 무역 이론은[1] 세계의 경제 질서를 세우는 요체가 되었다. 어떤 상황에서는 자유 무역이 사람들을 더 빈곤하게 만드는 것이 분명한데도 서구의 정부들은 여전히 기세등등하게 자기 이론을 내세우고 있으며, 자유 무역을 받아들이면 그 대가로 원조를 더 많이 하겠다고 나선다. 그리하여 원조를 더 많이 원하는 사람들의 선한 의도가 실제로 정책이 집행될 때는 현재 통용되는 정통 경제학의 어리석음을 은폐하도록 작용한다. 세계 자유 무역이라는 도그마는 비현실적이고 범죄적인 데다가 부패하기까지 한 현실을 감추기 위해 이상주의와 관대함을 내세워 행동하고, 이런 식으로 계속 유지되고 있다. 이처럼 오늘날 주류 경제 이론의 기저에 깔린 문제들을 이해하고, 대안이 되는 방법을 되살리는 것이 지금 우리에게 필요한 출발점이다.

이 책 1장에서는 경제 이론에 상이한 유형이 존재한다는 것과, '고매한 이론(high theory)'의 화려한 화법과 실제 현실 사이에서 흔히 볼 수 있는 간극을 경제 정책의 관점에서 설명할 것이다. 2장은 중농주의자에서 애덤 스미스와 데이비드 리카도를 거쳐 오늘날의 일반적인 경제학 교과서에 이르기까지 전통처럼 확립된 이론에 대해 입안자들의 견해가 발전하는 과정을 추적한다. 이런 전통은 그보다 훨씬 더 오래되었고 덜 추상적인 경제학의 '다른 전통(Other Canon)'과 대비되는데, 이 다른 전통은 역사적으로 보면 빈곤하던 현재의 부국들이 부유해지는 과정에서 지침을 제공한 이론이었다. 1485년의 영국에서 제2차 세계대전 이후의 마셜 플랜까지 나아간 과정이 바로 그런 예이다.

3장에서는 성공적인 발전의 핵심은 '비교 우위'와 '자유 무역'이 아니라 계몽주의 경제학자들이 모방[2]이라 부른 것이었다고 주장한다. 여기서의 모방이란 대등해지거나 더 우월해지기 위한 모방을 뜻한다. 강 건너편의 부족이 석기 시대에서 청동기 시대로 넘어가는 과정을 밟기 시작했다면 이쪽 편 부족은 석기 시대 때 누렸던 상대적 우위를 고수하든가, 아니면 이웃 부족을 모방해야 하는 갈림길에 놓인다. 리카도가 나오기 전에는 모방이 최선의 발전 전략이라는 것을 아무도 의심하지 않았다. 그러므로 리카도의 무역 이론이 역사에 끼친 가장 중요한 기여는 바로 최초로 식민주의가 도덕적으로 정당화될 수 있는 기틀을 마련했다는 점이다. 지금은 모방 전략이 현재의 부유한 모든 국가가 꼭 거쳤던 단계였다는 생각은 모조리 잊어버렸으며, 모방에 필요한 핵심 도구도 불법이 되었다. 이 장에서 우리는 불균등 경제 발전 이론을 세우기 위해 경제 정책의 역사, 즉 과거에는 어떤 정책이 성공적인 발전을 창출했는지에 대한 지식을 활용할 것이다. 오늘날의 경제학은 이런 정책들 가운데 그 어떤 것도 독자적인 학문 분야로 여기지 않는다. 오늘날의 무역 이론에서는 그 대신에 이론의 기본 전제로 이미 경제적 조화를 가정한다.

  자유 무역을 지지하는 훌륭한 논증도 얼마든지 있다. 그러나 리카도의 이론은 그런 훌륭한 이론에 속하지 않는다는 것이 4장에서 주장하려는 내용이다. 생산 경제학을 더 깊이 파고들면 들수록 세계화를 지지하는 최고의 논리는 빈국이 세계 경제 무대에 너무 빨리 진입하지 못하게 막는 논리이기도 하다는 사실이 드러난다. 리카도의 이론은 여러 정황상 옳은 것처럼 보이지만 그것은 근본적으로 잘못된 근거 위에서 옳은 것일 뿐이다. 그러나 정치적 좌파와 우파 모두 리카도의 이론을 여러 관점에서 깊이 신봉하였고, 그를 비판하면 문제아로 취급했다. 정치적 우파는 자본주의 및 일상적이고 제약 없는 국제 무역이라는 리카도의 이론이 지구에 사는 모든 사람의 이익을 위해서라는 것을 입증하려 든다. 자유 무역이 이롭다는 증거는 경제학자들이 노동 가치설이라 부르는 것, 즉 가치의 원천은 오로지 인간의 노동뿐이라는 견해에 근거한다. 마르크스주의자들이 세계를 보는 관점 또한 여기에 바탕을 두고 있다. 그러나 내가 보기에 노동 가치설은 오늘날 세계의 빈부를 설명하기보다는 19세기 산업 노동자들을 거리로 내모는 데 더 적절한 이론이었다.

  폴란드의 수학자 스타니슬라브 울람(Stanislaw Ulam)은 미국의 경제학자이자 (1949년에 자유 무역이 세계 임금을 균등화하는 경향이 있음을 이론화한) 노벨상 수상자인 폴 새뮤얼슨(Paul Samuelson)에게 보편적으로 참이지만 명백하지 않은 개념을 경제학에서 지적할 수 있는지 물어본 적이 있다. 새뮤얼슨은 이에 대해 '비교 우위설'이라고 대답했다. 그 이론에 따르면 두 나라는 각각 상대적 생산가가 똑같지 않다는 전제 위에서 자유 무역에 참여함으로써 필연적으로 양쪽 모두 이익을 얻게 된다. 그러므로 자유 무역의 철학적 기반을 공격하다 보면 좌우 양쪽에서 공격받을 뿐 아니라 경제학이 '엄밀 과학(hard science)'이라는 주장에도 흠집을 내게 된다. 이 책은 경제학이 자연 과학이 아니며, 앞으로도 절대 그렇게 될 수 없다고 보는 전통을 되살려 낼 것이다.

5장에서는 오늘날 여러 빈국에서 발전과 진보의 정반대 현상, 즉 퇴보와 원시화 현상이 나타난다고 말한다. 이런 원시화를 초래하는 메커니즘은 몽골, 르완다, 페루의 사례에서 볼 수 있다. 앞에서 말한 강을 사이에 둔 두 부족의 경우를 다시 생각해 보자. 단지 몇 십 년 전만 해도 석기 시대에서 벗어나 청동기 시대로 들어가야만 생활수준이 더 높아진다는 것을 인정하는 논리가 통용되었다. 설사 자기 부족이 선도하는 부족만큼 진보하지는 못하더라도 말이다. 그러나 비효율적이더라도 제조업 분야가 있는 것이 제조업 없이 사는 것보다 더 낫다는 논리는 베를린 장벽과 함께 파묻혀 버렸고, 그에 따라 동유럽, 아시아, 아프리카, 라틴아메리카의 여러 나라에서 실질 임금이 추락했다.

6장에서는 최근 주류 경제학이 빈곤 문제에 대해 내놓은 해법을 논의할 것이다. 치유책을 찾으려면 경제 발전에서 핵심적인 면들을 부수적 효과나 징후에 그치는 것들과 구별해야 한다. 최근 경제학의 이런 핵심 은유와 전제, 공리를 비판적으로 평가하기 꺼림으로써 경제학자들은 최근에 '훈제 청어(red herring)'* 한 두름에 정신이 팔린 꼴이 되었다. 다시 말해 그들은 생산 영역에서 핵심 쟁점 이외의 다른 곳을 보고 있었던 것이다. 1990년대 실패한 경제를 책임졌던 바로 그들이 지금 경제 재건을 위한 이념적 지도자 자리에 앉아 있는데, 이는 도시 재건

* 논쟁의 주제와 상관없는 언급을 하거나 별개의 주제를 끌어들여 논점을 흐리는 수법을 말한다.

을 하겠다고 하면서 훈족의 왕 아틸라에게 조언을 구하는 것이나 마찬가지이다.

7장에서는 발전의 역사적 과정을 알고 있으면 논리 정연해 보이지만 실제로는 매우 해로운 정책을 피할 수 있다고 말한다. 부국은 빈국에게 자유 무역을 강요하는 것과 대조적으로 제3세계로부터는 농산물 수입을 제한하면서 자국 농민들에게는 보조금을 지급한다. 직관적으로 생각하면 이런 불공정한 관행을 시정하는 것이 무엇보다 시급한 문제이다. 그러나 18세기의 사례를 보면 알겠지만 농업 관세에 대한 철폐는 식민주의의 무기고에서 아주 오랫동안 사용해 온 무기였다. 하지만 이와 같은 관행이 아무리 불공정하게 보이더라도 그것을 지나치게 강조하다 보면 팡글로스의 덫, 즉 완벽한 자유 무역과 자유방임을 시행한다면 경제적 조화라는 환상이 실현될 것이라는 착각에 빠지게 된다. 현재 세계무역기구가 쓰는 논리에 따르면 남반구 국가들이 가난한 것은 북반구가 자국 농업을 보호하기 때문이다. 그러나 내가 보여 주려는 세상은 굶주리는 남반구가 북반구에 식량을 팔 수 있게 내버려 두기만 한다고 부자가 되는 그런 것이 아니다.

빈국을 부유하게 만들려면 직접적이고 단순한 온정만으로는 안 된다. 세계는 너무나 복잡하기 때문에 우리는 자신의 행동이 낳을 구조적이고 장기적인 영향에 대해 고민해야 한다. 아프리카의 뒤떨어진 농업을 보면 그곳의 농업을 더 효율적으로 만듦으로써 그들을 돕고 싶어지는 것이 당연하다. 그러나 계몽주의 철학자이자 경제학자인 데이비드 흄은 농업을 개선하려면 제조업을 개선하는 식의 우회로를 통하는 것이 최선이라고 말했다. 그리고 지금까지 500년간 쌓인 사료도 흄의 이런 통찰을 뒷받침하고 있다. 이처럼 계몽주의 경제학은 한 국가에서 각기 다른 경제 부문들 간의 최적의 균형을 맞추는 일을 중시했지만 현재는 거의 완전히 잊힌 주제가 되었다.

제1세계 사람들이 음식을 덜 먹는다고 해서 제3세계 사람들이 먹을 식량이 많아지지는 않는 것과 마찬가지로 제1세계가 농업을 그만둔다고 해서 제3세계가 발전하는 것은 아니다. 현재의 기근은 본질적으로 식량 공급이 부족해서라기보다는 구매력이 부족해서 일어나는 현상이다. 이 책에서는 제3세계가 제조업과 서비스 부문을 보호하도록 허용하는 동안에 제1세계는 자국 농업을 보호하는 (그러면서도 잉여 농산물을 세계 시장에 덤핑으로 내놓지 못하게 금지하는) 방향으로 협상이 이루어져야 한다고 주장한다. 이것이 바로 500년 넘게 행한 성공적인 발전 정책과 부합하는 유일한 정책이다.

우리는 고작 50년 전만 해도 아무 문제 없이 채택하던 부국을 만들기 위한 방법을 집단적으로 망각했으며, 그 때문에 오늘날의 빈곤 문제에 대처하는 우리의 반응은 아무리 선한 의도에서 나온 것이더라도 빈곤의 뿌리 깊은 원인을 없애기보다는 징후에 대한 처방에 그치고 있다. 7장에서는 밀레니엄 개발 목표(Millenium Development Goals, MDGs)에 초점을 맞추는데, 그 안에는 하루 생계비 1달러 이하로 살아가는 사람들의 수와 굶주림에 시달리는 인구 비율을 절반으로 줄인다거나, 교육과 환경에 관한 것은 물론 질병과 영아 사망률을 낮추는 것과 같은 가치 있는 목표들이 포함되어 있다. 나는 밀레니엄 목표라든가 "빈곤을 과거사로 돌리자."는 캠페인 같은 것들이 진정으로 경제 발전을 이룰 수 있도록 근본 구조를 바꾼다기보다는 빈곤의 고통을 완화하는 것을 목표로 하는 임시변통의 경제학 쪽으로 심하게 치우쳐 있다고 주장한다. 이런 식의 접근은 아무리 고귀한 의도에서 출발했다 할지라도 민주주의와 발전을 이루어 내는 것이 아니라 부국이 계속 빈국에게 정치적 영향력을 행사하게 되는 불구적 복지 식민주의를 만들어 낼 뿐이다. 그렇다고 원조를 통해 고통을 완화시키는 조치를 해서는 안 된다는 말은 아니다. 다만 빈국들이 어떻게 하면 자기들 힘으로 부유해질 수 있는지를 이해하는 것이 더 중요한 과제라는 것 또한 받아들여야 한다는 것이다. 자유 무역의 옹호자들도 흔히 자기들 정책에 대해 이와 비슷한 말을 하지만 그들의 말과 내 주장에는 결정적인 차이가 있다. 나는 세계의 빈곤층에게 우선 필요한 것은 원조가 아니라 개발이며, 결국에는 은폐된 식민주의라는 형태를 띠는 수동적인 이전(移轉)이 아니라 세계의 빈곤층에게 도움이 되는 발전이라야 한다고 주장한다.

결론에 해당하는 8장에서는 어떻게 하면 중간 소득 국가를 만들어 낼 수 있는지를 궁리하는데, 그런 나라에 사는 사람들은 모두 삶에서 필요한 게 무엇인지에 대한, 최소한의 삶의 즐거움에 대한 목표와 요구를 가지고 있다. 이론과 경제 정책이라는 점에서 보면 중간 소득 국가를 만들어 내는 데에는 제2차 세계 대전 직후에 실행되었던 무역과 발전의 관행으로 되돌아가는 것 이상의 급진적인 정책이 필요하지 않다. 그것은 바로 지금은 해체된 국제무역기구(International Trade Organization, ITO)가 1948년 하바나 헌장(Havana Charter)에서 보여 주었던 것처럼 자유 무역이라는 목표를 인류의 복지와 직접 관련된 다른 목표의 하위에 두는 것이다.

이 책이 말을 걸고자 하는 독자는 세 부류가 있다. 무엇보다도 첫 번째 독자는 동료 경제학자들이다. 이 책의 주된 이론적 목표는 오늘날 채택하고 있는 일반적인 국제 무역 이론을 발전 수준이 매우 다양한 국가들에게 적용하기에 부적절한 이유와, 또 그 이론이 어떻게 빈국을 전면적으로 원시화해 버릴 수 있는지를 보여 주려는 것이다. 이 책은 진화론 혹은 슘페터 경제학[3]을 이론의 기반으로 하고, 과거와 현재의 역사학파와 제도학파들에게서 가져온 요소들을 추가했다. 요즘 요제프 슘페터(Joseph Schumpeter, 1883~1950)의 경제학이 유행하고 있다. 이 책은 슘페터가 당대의 영국 경제학자 애덤 스미스(1723~1790)와 데이비드 리카도(1772~1823)에 비해 대륙의 경제학자들을 끊임없이 편애하던 태도를 충실히 따를 것이다. 우리는 슘페터가 지극히 추상적인 리카도의 이론 체계에 대해 내린 결론을 기억해야 한다. "그것은 결코 반박할 수 없는 완벽한 이론이지만 전혀 상식적이지 못하다."라는 결론 말이다.[4] 20세기의 가장 탁월한 경제학자 케인스와 슘페터가 그랬듯이 이 책은 애덤 스미스 이전의, 이른바 중상주의라는 경제 이론의 원리에 크게 기대고 있다. 전문 경제학자들에게 구미가 당길 만한 자료는 책 뒤의 부록에 실려 있다.

두 번째 독자는 이런 주제에 배경 지식이 없는 이들로, 그들도 이 책을 다 읽고 나면 어떤 내용인지 이해하게 만드는 것이 목표이다. 이 책을 통해 신성불가침의 요소를 벗겨 낼 경제학 용어에는 부국들이 수십 년, 때로는 수백 년 동안 국가와 지배 엘리트들을 내세워 역동적인 산업과 서비스업을 설립하고 보조금을 주어 보호했기 때문에 부유해졌다는 부정할 수 없는 사실이 빼곡히 들어차 있다. 그들은 모두 당시에 가장 번영하는 나라를 모방했으며, 그런 나라의 생산 구조를 기술 변화가 집중되고 있는 분야에 적용했다. 이런 방식으로 지대(地代)를 창출했고, 그 지대가 확산되어 자본가들에게는 더 높은 수익이라는 형태로, 노동자들에게는 더 높은 임금이라는 형태로, 국가에게는 더 높은 세금이라는 형태로 돌아갔던 것이다. 골자를 말하자면 식민주의란 이런 식의 효과가 식민지에서는 일어날 수 없게 막으려는 시스템이다. 빈국들은 다음의 세 가지 특징 가운데 하나 이상의 활동에 특화하게 된다. a) 수확 체증보다는 수확 체감의 법칙에 종속되는 활동 b) 교육의 잠재력이 없거나 아니면 c) 교육에 따른 결실이 그 지역의 부를 창출하지 못하고 제품 가격이 낮아지는 형태로 부국의 고객들에게 넘어가는 활동이다. 이런 점에서 보면 우리가 발전이라 부르는 것은 본질적으로 지식과 기술에 바탕을 둔 지대로서, 발전 단계가 심하게 차이나는 국가 간에 자유 무역이 시행되면 그 지대는 줄어들지 않고 더 심화된다. 이런 식으로 하여 몇몇 국가는 부를 특화하는 데 비해 그 외 다른 나라들은 비교 우위에 따라 빈곤을 특화하는 것이다.

이 두 부류의 독자들은 부국과 빈국의 주된 차이는 바로 부국들이 모두 자유 무역이 없었던 단계를 지나왔다는 것, 부를 성공적으로 이루고 나서야 자유 무역이 바람직한 거래 형태가 될 수 있었다는 것을 정확히 인식해야 한다. 오늘날의 모든 선진국이 거친 필수적인 단계, 즉 빈국에 대해 부국의 경제 구조를 모방하도록 허용하는 것이 지금은 불법이 되어 버린 것이 문제이다. 시장은 지구 온난화와 환경 악화로 인해 불거진 문제를 마술처럼 지워 버리지 못하며, 이는 빈곤 문제에서도 마찬가지이다.

빈국의 정부가 자국 국민의 이익을 지키도록 자유를 보장해 줄 수 있는 것은 확신 있고 단호한 태도를 가진 부국의 대중뿐이다. 이것은 자유 무역의 정통 이론이 말하는 합리성이라든가, '좀 더 공정한' 세계 무역 시스템이라는 도덕률을 거부한다는 뜻이다. 지금과 같은 여건에서는 공정 무역이 극단적인 빈곤 문제를 전혀 손대지 않고 방치할 수도 있기 때문이다. 이것은 또 자국 정부가 빈국의 국내 문제에 불법적으로 개입하지 않도록 주의 깊게 감시해야 한다는 말이기도 하다. 농업 관세를 줄이자고 선동하느니 이렇게 하는 것이 차라리 세계의 최빈국들을 도와줄 수 있을 성 싶다.

  마지막으로 세 번째 독자는 빈국에 사는 사람들이다. 이들에게는 앞으로 나올 내용이 빈부를 창출하는 메커니즘, 빈국에서 극단적인 빈곤을 어떻게 헤쳐 나가야 하는지 논의하는 이론 틀을 마련하는 데 도움이 되기를 바란다. 돌아가는 메커니즘을 이해한다면 논의를 시작할 수 있을 것이고, 빈국에게 지금 허용되는 것보다 더 광범위한 정책 추진의 자율성을 확보해 나가기 위한 정책을 찾아낼 수 있을 것이다. 책 전반에 걸쳐 발전을 장려하기 위해 어떤 일을 할 것인지보다는 유럽과 미국에서 이루어진 발전의 위대한 설계자들이 지금 이 자리에 있다면 무엇을 권장할 것인지를 보여 주고자 노력했다. 독자들이 이 책을 읽고 나서 다음과 같은 메시지를 얻었으면 한다. 미국과 유럽이 번영한 원인을 알고 싶다면, 기억력 나쁜 그 후손들의 조언은 듣지 말고 번영을 일구어 낸 이들의 정책을 연구하라는 것 말이다.

1

경제 이론에는
두가지 길이 있다

게다가 어떤 패러다임은 대중을 퍼즐 형태로 단순화할 수 없는 중대한 사회 문제들로부터 고립시킬 수도 있다. 그 패러다임이 제공하는 개념적, 도구적 수단으로는 사회 문제들을 제대로 서술할 수 없기 때문이다.

— 토머스 쿤, 『과학 혁명의 구조(The Structure of Scientific Revolutions)』, 1962

How rich countries got rich, and why poor countries stay poor

　수십 년이 지났어도 언제 이 책을 구상하기 시작했는지는 아주 또렷하게 기억할 수 있다. 1967년 7월 초순 고등학교 시절의 마지막 여름 방학 때 어느 날로, 볼테르(Voltaire)는 아직 읽어 본 적도 없던 시절이었다. 그날 나는 페루의 리마에서 가장 큰 쓰레기 처리장 꼭대기에 서 있었다. 쓰레기장과 근처 슬럼가가 훤히 내려다보이는 그곳에서는 한 남자가 헌 드럼통을 개조해 살고 있었다. 바깥은 바람에 나부끼는 울긋불긋한 깃발들로 다채롭게 꾸며져 있었는데, 그 주인 남자는 지나가던 우리 일행을 불러들여 차를 대접해 주었다. 당시 우리는 페루 공동체 개발 기구의 초청으로 리마에 와 있었다. 그해 가을 나는 노르웨이에서 안데스 지역의 학교 건립 기금 마련을 위한 중고등학생들의 캠페인을 이끌 참이었다. 노르웨이, 스웨덴, 핀란드의 학생들이 하루 학교 수업을 쉬고 모금한 돈으로 안데스 지역의 마을 주민들이 작은 학교 몇 채를 지을 건자재를 살 수 있도록 기부할 계획이었다.

　페루 사람들은 왜 이렇게 가난한 걸까? 페루에 머문 지 이틀밖에 되지 않았는데도 점차 이런 의문이 들기 시작했다. 이런 생각이 든 배경은 공항의 포터, 버스 운전사, 호텔 직원, 이발사, 상점 점원 등 내가 본 대다수 페루 노동자들이 노르웨이에서 같은 일을 하는 사람들에 비해 조금도 일솜씨가 못한 것 같지 않았기 때문이다. 이 같은 의문은 점차 구체화되어 갔다. "생산성이 같은 수준에 있는 사람들인데 나라가 다르다고 해서 실질 임금도 그렇게 차이가 나게 하는 이 '시장'이란 건 도대체 뭔가?" 쓰레기장에서 차 대접을 받은 다음 날, 살갗과 옷에 밴 쓰레기장의 악취가 거의 없어졌을 무렵에 스웨덴과 핀란드에서 온 동료 학생들과 나는 페르난도 벨라운데(Fernando Belaúnde) 대통령이 대통령 궁에서 연 오찬에 참석했다. 학교 건립이 좋은 생각이었다는 것은 우리 모두에게 분명했지만, 빈곤의 원인에 대해서는 아무도 명확하게 알지 못하는 것 같았다. 귀국하면 백과사전을 뒤져 그에 대한 설명을 찾아봐야겠다고 결심했지만 결국 알아 내지는 못했다. 궁금증에 몸이 달았다. 최근 세계은행이 추산한 바에 따르면, 프랑크푸르트 버스 운전사의 실질 임금이 그와 똑같이 유능한 나이지리아 버스 운전사의 실질 임금의 열여섯 배나 되는데 그 이유가 뭘까? 나는 이 물음에 대한 답을 찾아 나섰고, 이 책이 그 결과물이다.

나는 스위스에서 대학 공부를 하고 하버드에서 MBA를 받은 다음 이탈리아에서 제조 회사를 차렸다. 그러나 페루 리마의 쓰레기 처리장에서 비롯된 의문은 계속 남아 있었다. 그런데 이상한 것은 이런 의문에 관심을 갖는 사람들이 극소수에 불과할 뿐이라는 사실이었다.

지금도 그렇지만 1967년에도 경제학자라면 자유 무역이 세계의 부자와 빈자들 사이의 임금 격차를 없애고 경제적 평등을 이룰 것이라고 주장하곤 했다. 실제로 자유 무역론에 대한 경제학자들의 믿음은 그 이후 더 확고해졌다. 자유 무역은 모두 승자가 되고 패자는 없는 시스템

• 도표 1 • 부적절한 가정이 만들어 내는 잘못된 질문. 찰스 슐츠의 만화 〈피너츠〉

ⓒ1960년 유나이티드 피처 신디케이트 사의 허가로 인용.

경제학에서처럼 부적절한 가정은 잘못된 답이 나오게 할 뿐 아니라 틀린 질문을 하게 만든다. 리카도의 무역 이론(1817)에서 제2차 세계 대전 이후의 일반 균형 이론에 이르는 추상적인 경제학 이론에 걸려 있는 저주는 비현실적인 가정을 기초로 삼고 있다는 것이었고, 그것이 자유주의와 공산주의 계획 경제에 영향을 미쳤다.

이라는 것이다. 그렇다면 서로 다른 나라에 사는 첨단 기술 엔지니어와 접시닦이가 무역 거래를 시작하면 결국에는 실질 임금이 같아질 것이라는 집단적 확신이 경제 이론에 의해 '증명된'(1760년대, 1840년대, 1990년대 같은) 역사의 특정 시기에만 등장하는 이유는 뭘까? 추상화 면에서는 떨어지지만 보다 현실적인 이론이 학계에서 우세해지고 사회악을 정비하기 전까지는 중요한 사회 문제는 물론 심지어 혁명마저도 (1760년대, 1840년대, 그리고 오늘날에도 그렇지만) 늘 그런 이론을 뒤따라가곤 했다는 것이다. 미국의 경제학자 폴 크루그먼(Paul Krugman)이 역사의 특정 시기에는 그 전에 배운 지식은 망각하고 무지가 판친다고 말했는데, 이는 대단한 통찰이 아닐 수 없다.

수년이 지난 후에야 경제 이론에는 여러 유형이 있으며, 나와 같은 질문이 나오지 않는 이유는 주류 경제 이론이 잘못된 답이 나오게 할 뿐 아니라 잘못된 질문을 하게 되는 전제들 위에서 작동하기 때문이라는 것을 알게 되었다(도표 1 참조). 일반적인 경제학(standard economics)에는 불균등 발전 이론 같은 건 존재하지도 않았던 것이다. 줄줄이 이어지는 이 같은 문제들에 푹 빠진 나머지, 나는 당시 운영하던 작은 회사의 업무 시간을 쪼개서 미국에서 경제학 박사 과정을 밟으며 이에 대한 답이 있는지 모색해 보았다. 나는 실생활에서 빈부를 만들어 내는 데 결정적일 수 있는 특징들을 배제하는 이론적 추상화는 본능적으로 피했다. 한참 지나서야 이 점에 대해서는 요한 볼프강 폰 괴테(Johann Wolfgang von Goethe)가 썩 훌륭하게 표현했다는 사실을 알게 되었다. "친구여, 모든 이론은 회색이니, 생명의 황금 나무는 초록이라네."

불과 몇 해 만에 분명해졌지만 하버드 비즈니스 스쿨은 2년 동안 집중적으로 나를 세뇌시켜 지금은 몰락했지만 대안이 될 수 있는 경제학, 오늘날의 경제학보다는 진정한 생명의 나무에 더 가까운 경제학의 전통을 깨우치게 해 주었다. 하버드 비즈니스 스쿨은 독일의 역사학파 경제학의 사례 연구 방법론을 기초로 삼고 있었다. 비즈니스 스쿨의 설립자이자 10년 넘게 초대 학장을 지낸 에드윈 게이(Edwin Gay, 1867~1946)는 독일어권 대학에서 12년을 공부하는 동안 독일의 경제학자 구스타프 슈몰러(Gustav Schmoller, 1838~1917)와 경제학에 대한 그의 역사적 접근법에서 영감을 얻었다.[1] 일반적인 경제학은 흔히 방법론적이고 수학적인 렌즈를 통해 세상을 보도록 사람들을 훈련시키는데, 그런 방법에는 심각한 맹점이 있다. 이에 비해 역사적 접근법은 무엇을 포함시킬지 판단할 때 오로지 연관성(relevance)이라는 기준에 따라 증거를 폭넓게 모은다. 이 책은 하버드 비즈니스 스쿨의 사례 연구처럼 세계화를 분석하지만 연구의 목적이 수익 증대보다는 실질 임금을 최대화하는 데에 있다. 하버드 비즈니스 스쿨의 한 문서에는 훌륭한 연구를 밀고나가는 동력인 호기심을 이렇게 규정한다. "계속 관찰하고 연구하고 숙고한 뒤 뭔가에 부딪히고 나서, '이해가 안 되는데. 기존 이론과 내가 본 현실 사이에 뭔가가 어긋나는군. 맞지가 않아. 이건 중요한 문제 같아. 내가 잘못 보았든 현실이 잘못 되었든 둘 중 하나겠지. 알아봐야겠어.' 하고 생각할 때가 있다."라는 것이다.[2] 이것은 도구와 전제에 의하여 제한받는 일반적인 경제학 교과서(standard textbook economics)의 연구 방법과는 대조적이다. 일반적인 경제학 교과서는 연관성을 최대한 추구하는 것이 아니라 수학적 저항이 최소인 방향을 따라[3] 가기 때문이다.

처음 빈국을 연구한 것은 그들의 빈곤을 이해하기 위해서였다. 하지만 나중에 보니 그들에게 빈곤은 정상적인 상태였으며, 이는 경제학자들이 세상을 보는 인식과 관련 있다는 것이 분명해졌다. 전통적으로 각기 다른 경제 활동에는 부의 견인차로서 역할에 질적 차이가 있다는 점을 인정함으로써 부와 빈곤의 원인을 설명해 왔지만, 오늘날의 주류 이론에는 이런 관점이 사라지고 말았다. 일반적인 경제학 교과서가 가정하는 조건에 딱 맞아떨어지는 것이 부국의 경제가 아니라 빈국의 경제여서 문제이지만 말이다. 이 대목에서 빈국과 부국을 결정짓는 전형적인 경제 활동들 사이의 차이를 설명하는 핵심적인 용어 조합 두 가지를 소개하면서 확실히 할 필요가 있다. 바로 '완전' 경쟁과 '불완전'

경쟁 그리고 수확 '체증'과 수확 '체감'이라는 용어이다.

'완전 경쟁(perfect competition)' 혹은 '상품 경쟁(commodity competition)'이란 생산자가 상대하는 것이 '완전' 시장이기 때문에 자기가 만든 물건의 가격에 영향을 미칠 수 없고, 시장이 얼마를 지불할 의사가 있는지를 문자 그대로 신문에서나 보고 알게 된다는 뜻이다. 농산물이나 광물 시장이 전형적으로 여기에 해당한다. 완전 경쟁은 통상적으로 '수확 체감'을 동반하게 된다. 이는 자본과 노동(혹은 자본이나 노동)의 투입량을 늘리면 생산이 늘어나지만, 어느 시점을 지나고 나면 투입된 자본과 노동(혹은 자본이나 노동)의 단위당 산출량이 점점 더 줄어드는 것을 이른다. 바꿔 말하면 감자밭 한 뙈기에 트랙터나 노동력을 점점 더 많이 투입한다고 하더라도 일정 시점이 지난 뒤에는 인력이나 트랙터를 더 투입해도 추가된 투입량 한 단위당 산출량은 계속 줄어든다는 것이다. 일반적인 경제학 교과서에서는 이와 같은 완전 경쟁과 수확 체감을 정상적인 것으로 가정한다.

그러나 생산이 제조업 분야로 확대되면 개발 비용(cost developments)은 거꾸로 오르기보다는 떨어지는 방향으로 나아간다. 일단 기계화된 생산이 시작되면 산출물의 양이 많아질수록 단위당 생산비가 줄어드는 것이다. 이를테면 소프트웨어 산업에서는 첫 제품을 생산하기 위해서는 엄청난 비용이 들지만 그 뒤에 나오는 제품의 제작 단가는 대폭 낮아진다. 제조업과 첨단 서비스 산업에서는 자연 자원을 직접 투입할 일이 없고, 양적으로나 질적으로 제한받는 농토, 광산, 어장도 필요가 없다. 이처럼 제조업과 서비스업에서는 생산량이 증가함에 따라 비용이 낮아지는데, 이를 규모에 대한 수확 체증이라고 한다. 따라서 제조업체들과 첨단 서비스업 종사자들은 시장 점유율을 높이는 것이 매우 중요하다. 물량이 많아지면 (수확 체증 덕분에) 생산비가 더 낮아지기 때문이다. 수확 체증은 시장 지배력을 낳는다. 그리하여 자기들이 팔고자 하는 제품의 가격에 상당한 영향을 미칠 수 있는데, 이것이 바로 '불완전 경쟁(imperfect competition)'이다.

이 네 가지 개념이 밀접하게 연결되어 있다는 점을 이해하는 것은 중요하다. 일반적으로 수확 체증은 불완전 경쟁과 짝을 이루는데, 사실 단위 비용의 하락은 불완전 경쟁하에서 시장 지배력이 생기는 한 요인이다. 제품 차별화의 어려움(자동차는 모델과 브랜드가 매우 다양한 데 비해 밀은 그냥 밀일 뿐이다)과 결합된 수확 체감(어느 수준 이상으로는 비용을 적게 들이면서 생산을 확대할 수 없다)이 원자재 상품 생산에서 완전 경쟁이 이루어지는 핵심 요소이다. 따라서 부국들의 수출은 '좋은' 효과(수확 체증과 불완전 경쟁)를 얻는 데 비해, 빈국들의 전통적인 수출품은 그 반대인 '나쁜' 효과(수확 체감과 완전 경쟁)를 얻는 것이다.

수세기 동안 '제조업'이라는 용어는 기술 변화와 수확 체증, 불완전 경쟁의 총합과 동의어였다. 이러한 제조업을 육성함으로써 여러 나라는 경제 활동에서 '좋은' 유형이 무엇인지를 알아차렸다. 이것이 헨리 7세(Henry VII) 치세 때 영국에서 시작되어 유럽 대륙과 미국을 거쳐 최근에는 한국과 대만이 거둔 성공의 유형이다. 그러나 지난 몇 십 년 동안 서비스 산업은 갈수록 더 급격한 기술 변화와 수확 체증을 겪으면서 산업과 서비스업 사이의 구별이 불분명해졌다. 또 대량 생산되는 산업 제품들이 과거에는 농업의 특징이었던 (수확 체감을 제외한) 여러 가지 1차 상품의 속성을 지니게 되었다.

부국들은 일반화된 불완전 경쟁과 수확 체증을 조건으로 하는 경제 활동을 전개하고 있으며, 모두 똑같은 방식으로 부유해졌다는 것이 점차 분명해졌다. 그들은 원자재 생산과 수확 체감 활동에서 벗어나 그와 정반대 법칙으로 움직이는 제조업으로 나아가는 정책을 통해 부를 쌓았다는 뜻이다. 또 시간이 지나면서 핵심 용어의 의미가 변했다는 것도 발견했다. 약 300년 전에 영국의 경제학자 존 캐리(John Cary, 1649~1720)는 '자유 무역'을 권장하기는 했으나, 상인들이 양모 원자재를 해외로 실어 보내는 데 너무나 분개한 나머지 동료들과 함께 '수출업자들을 사형에 처하는 것'에 대해 논의했다. 당시에는 자유 무역이라는 것이 무관세라는 의미가 아니라 독점이 없는 상태를 뜻했던 것이다. 이처럼 유럽의 부를 위한 토대를 쌓은 것이 바로 캐리가 강변하는 '제조업 숭배'였다.

빈부의 메커니즘이 오늘날보다는 몇몇 역사적 시기에 확연하게 더 잘 받아들였다는 것은 갈수록 분명해졌다. 1980년의 내 박사 학위 논문은 안토니오 세라(Antonio Serra)가 17세기에 제시한 발전과 저발전 이론의 타당성을 점검하려는 데에 목적이 있었다. 세라는 1613년에 발표한 『국가들의 부와 빈곤의 원인에 관한 짧은 소고(Breve trattato)』에서[4] 불균등 경제 발전 이론을 만들어 낸 최초의 경제학자이기 때문에 이 분야에서는 대단히 중요한 인물이다. 세라는 법률가였다는 사실과 나폴리의 감옥에 갇혀 있는 동안 책을 한 권 썼다는 것 외에는 그의 생애에 관해 알려진 바가 거의 없다. 그는 해안의 저습지에 위태롭게 건설된 베네치아가 세계 경제의 중심부를 차지하고 있는 데 비해, 풍부한 천연자원을 보유한 고향 나폴리가 계속 그토록 가난한 이유를 설명해 보고자 했다. 세라가 주장한 핵심은 바로 베네치아 인은 나폴리 인처럼 토지를 개발할 여지가 애당초 없다 보니 생계를 위해 제조업에 의존할 수밖에 없었고, 제조업 활동의 규모가 커짐에 따라 수확 체증의 규모도 무한히 커졌다는 것이다. 세라가 보기에 경제 발전의 핵심은, 모두가 수확 체증에서 나오는 비용 감소를 조건으로 하는 다양한 경제 활동에 종사하는 것이었다. 역설적으로 들리겠지만 천연자원의 부족이 곧 부유해지는 첩경일 수 있었다.

나는 라틴아메리카의 안데스 지역 국가들을 사례로 연구하면서 볼리비아, 에콰도르, 페루의 발전이 빈부 메커니즘의 작동에 관한 세라의 주장에 부합한다는 사실을 알게 되었다. 1970년대 후반에 나는 지난 여러 세기 동안 이루어진 불균등 경제 성장의 이론과 실천에 대해 전해 주는 책, 팸플릿, 잡지 등을 모으기 시작했다. 빈부 메커니즘의 수많은 사례들이 고대 그리스에서 확인할 수 있었고, 그에 대해 서술되어 있었던 것은 사실이지만, 이론적 출발은 1400년대 후반 특허권이 발명되고(베네치아) 영국 왕 헨리 7세의 즉위와 함께 근대 산업 정책이 집행되기 시작한 때(1485년)로 보인다. 그때 이후로 빈부를 만들어 낸 메커니즘을 이해하고 설명하는 것이야말로 내 목표가 되었다.

나는 1991년 프랜시스 후쿠야마(Francis Fukuyama)가 '역사의 종말'이라 불렀던 베를린 장벽이 무너진 직후 다시 연구를 시작했다. 중앙 계획 경제가 실패했으므로 당연히 자유 무역과 시장 경제가 세계의 모든 국가를 골고루 부유하게 만들어 주리라고 기대한 것이다. 이 '역사의 종말' 논리가 어떻게 발전하는지는 주류 경제학자들이 개발한 냉전 시대 세계관에 비추어 보면 가장 잘 이해할 수 있다. 2장에서 몇 가지 이유를 더 자세히 논의하겠지만, 냉전은 과거에 중시되던 이론적 쟁점만이 아니라 찬반에 대한 예전의 중심축과 구분선마저도 없애 버렸다. 한때 불균등 발전을 이해하는 비결로 여겨지던 쟁점들이 지금 우리 시대의 논의에서는 흔적도 남기지 않고 사라졌기 때문이다. 그러므로 우리는 냉전 시대 세계관이라는 울타리를 벗어나서 예전의 경제 이론을 재고해야 한다. 예를 들면 냉전 시대 세계관에서 카를 마르크스(Karl Marx)와 에이브러햄 링컨(Abraham Lincoln)은 정치적으로 양극단에 서 있었다. 마르크스는 큰 정부와 계획 경제를 지지하는 좌파였고, 링컨은 자유와 시장을 지지하는 우파를 대변했다. 그러나 그 시대의 경제적 기준에서 보자면 마르크스와 링컨은 서로 같은 편에 서 있었다. 둘 다 생산의 역할을 도외시하는 영국의 경제 이론과 한 국가에 너무 이르게 부과되는 자유 무역,[5] 그리고 노예제를 싫어했기 때문이다. 심지어 이 두 사람은 정중하게 편지를 주고받은 일도 있었다. 마르크스가 링컨의 공화당 기관지인 『뉴욕 데일리 트리뷴(New York Daily Tribune)』에 1851년부터 1862년까지 정기적으로 주간 칼럼을 기고한 것도 이런 정황과 꼭 맞아떨어진다. 물론 그렇다고 해서 마르크스와 링컨이 모든 문제에서 의견 일치를 보았다는 뜻은 아니지만 산업화와 기술 변화가 부국으로 가는 길이라는 데에는 동의했다는 말이다.

20세기에 들어 오스트리아 출신의 보수적인 미국 경제학자 요제프 슘페터(Joseph Schumpeter, 1883~1950)는 정치적 견해가 가깝다고 해서 반드시 경제적 이해가 일치하는 것은 아니라는 사실을 보여 주었다. 『경제 발전론(The Theory of Economic Development)』 일본어판에 붙인 서문(독일어판은 1912년, 영어판은 1934년, 일본어판은 1937년)에서 슘페터는 마르크스의 역동적 세계관과 자신의 견해 사이의 유사성을 강조하면서도 이런 것이 "일반적인 세계관에서의 매우 큰 차이로 인해 묻혀 버렸다."라고 말한다. 사실 마르크스주의자와 슘페터주의자가 각자의 정치적 견해에 따라 합친다면 어쩌면 최선의 산업 정책이 나올 수 있었을 것이다. 그들은 그런 정책이 제2차 세계 대전 이후 일본에서 이루어졌다고 말할지도 모르지만 말이다.

경제 사상사에서 가장 많이 팔린 책은 로버트 하일브로너(Robert L. Heilbroner)의 『세속의 철학자들(The Worldly Philosophers)』(1969)이다. 생전에 나온 최종판(1999)에서 하일브로너는 이렇게 중요한 경제학의 한 분야, 숫자와 기호만이 아니라 경험을 토대로 하여 만들어진 분야가 곧 사라질 운명이라는 슬픈 전망으로 책을 마무리한다. 그 분야란 곧 유럽을 부유하게 만들어 주었던 경제학이자 하버드 비즈니스 스쿨에서 채택한 사례 연구법을 탄생시킨 경제학을 말한다. 나중에 가서야 비로소 내가 하일브로너가 말한 '시체 애호적인' 경제학자에 속한다는 사실을 받아들였다. 나와 같은 방식으로 추론하는 사람들은 ― 그런 사람들이 적지는 않다 ― 거의 모두가 이미 오래전에 죽었으니 말이다. 책 수집을 시작한 지 30년쯤 지난 내 서가에는 5만 권가량의 책이 있는데, 주로 지난 500년간의 경제 사상사와 정책을 기록한 책들이다. 그러나 이렇게 과거의 사상을 좇는 성향은 오늘날의 다양한 현실에 대한 폭넓은 관찰과 결부되어 있다. 직업을 갖게 된 뒤에 나는 거주 가능한 모든 대륙에 흩어져 있는 49개 나라에서 단순한 관광객으로서만이 아니라 일을 하며 지냈기 때문이다.

이 30년 동안 좌파와 우파라는 냉전 시대 세계관에 순응했던 역사학과 정치학의 해석 틀 속에 포함되지 않은 사상은 단연코 인기가 없었다. 경제학자 집단이 국가에 대한 오래된 유럽 식 정의와 일치한다는 것은 곧 분명해졌다. 즉 자기들 과거에 대한 공통된 오해와 (사회학과 정치학같이 인접 학문 분야인) 이웃들에 대한 공통된 혐오로 똘똘 뭉친 사람들의 집단이라는 것이다. 경제 사상사에 나오는 진부한 고전 목록은 당대에 가장 많이 연구되고 가장 영향력이 큰 경제학 책들의 목록과는 크게 다르다. 케네스 카펜터(Kenneth Carpenter)라는 하버드 대학교 도서관의 사서가 꼼꼼하게 만들어 놓은 1850년 이전에 가장 많이 팔린 경제학 저서 39권의 목록에는[6] 경제 사상사가들이 철저히 무시했던 탁월한 저작이 여러 권 들어 있다. 실제로 경제학을 세운 창시자들, 즉 일반 경제 사상사에 나오는 프랑스 중농주의자(Physiocrats)들은 경제정책에 거의 영향을 미치지 못했거나 그나마 끼친 영향력도 간접적으로만 행사되었을 뿐이다. 예를 들어 중농주의는 영국에 상륙도 하지 못했는데, 재미있는 사실은 그에 대한 비평이 중농주의자들의 저작 자체보다도 한참 일찍 번역되었다는 것이다. 심지어 중농주의자들의 고향인 프랑스에서도 그들의 사상은 수명이 짧았다. 중농주의의 이념은 그에 입각한 정책이 집행되고 나서 발생한 식량 부족과 기근이라는 재난으로 인해 철회되었고, 경쟁자이던 반중농주의자들이 재빨리 판세를 장악했기 때문이다.(하지만 경제학사에서는 반중농주의자들을 거의 언급하지 않는다.) 실제로 바스티유 폭동의 불씨를 지핀 것은 반중농주의자인 자크 네케르(Jacques Necker, 1732~1804)가 재무 장관에서 밀려났다는 소식이었다. 눈에 띄는 것은 네케르는 저서 세 권이 카펜터의 명예 도서목록 경제학 부문 베스트셀러에 올라 있는 유일한 경제학자라는 사실이다.

현재의 부국들이 부유해지는 과정에서 채택했던 유형의 경제에 대한 이해가 사라졌다는 것은 점점 분명해졌다. 내가 선택한 주제에 관심을 가지는 사람이 별로 없기도 하거니와 소규모 네트워크로 이루어진 전문 서적 거래상들의 도움 덕분에 지금은 활용되지 않지만 아직까지도 매우 연관성이 큰 경제 논리를 담은 자료를 모으기는 어렵지 않았다. 현대의 교과서와 현실 경제에서 사라진 것은 부국들을 부유하게 만든 이론만이 아니었다. 과거에 성공적인 경제 정책을 만들어 낸 교재마저도 전 세계 도서관에서 사라지고 있었다. 마치 과거에 이룬 지혜의 유전 물질이 서서히 파괴되고 있는 것만 같았다. 미국의 큰 대학 도서관들은 모든 책 중 하나를 적어도 한 곳에서는 보유하고 있어야 한다는 도서 정책을 실행하고 있다. 하지만 이 정책에는 위험의 소지가 없지 않다.[7] 의회 도서관조차 때때로 보유 도서를 '분실하는' 것으로 알려져 있기 때문이다. 독일에서 가장 영향력 있는 18세기 경제학자 가운데 하나인 요한 프리드리히 폰 파이퍼(Johann Friedrich von Pfeiffer, 1718~1787)의 단 하나뿐이라고 알려진 책이 제2차 세계 대전 중에 하이델베르크 대학교 도서관에서 사라지자 다들 독일에서는 그 책을 구할 수 없을 것이라고 생각했다.[8] 그러므로 몇 년 전에 그 책을 한 권 구한 것은 정말 기쁘기 짝이 없는 일이었다.

불길한 예언의 해인 1984년에 하버드 대학교의 베이커 도서관은 지난 50년 동안 대출된 적이 없는 책을 모두 폐기했는데, 그 중에는 이 도서관이 소장하고 있던 프리드리히 리스트(Friedrich List, 1789~1846. 산업 정책과 불균등 성장에 관한 중요한 독일 이론가)의 책 대부분이 포함되었다. 그 뒤에 보스턴의 한 서적상이 연락하여 자기들이 베이커 도서관에서 나온 책을 입수했는데, '그 책들 대부분이 거의 당신 책이나 마찬가지였다.'고 말해 주었다. 그러고 나서 10년 뒤 애덤 스미스(Adam Smith, 1723~1790)와 리스트에 관한 비교 연구를 하던 중에 하버드 대학교의 한 교수를 찾아간 적이 있었다. 교수가 베이커 도서관에는 리스트에 관한 자료가 없다고 불평하기에 그 이유를 설명해 주었다. 내 말이 사실이라는 것을 증명하기 위해 그가 필요로 하는 책의 표지를 팩스로 보내 주었는데, 표지에는 '폐기용'이라는 하버드 대학교 인장이 선명하게 찍혀 있었다.

또 다른 예는 뉴욕 공립도서관에서 있었던 일이다. 공립도서관은 1970년대 중반쯤 그들이 보유하고 있던 팸플릿 전량을 마이크로필름화하기로 결정했고,[9] 작업을 마친 뒤 원본 자료를 재활용 폐지로 내다 버렸다. 그 자료는 기적처럼 수집상인 마이클 진먼(Michael Zinnman)의 손에 들어갔으며, 약 20년 뒤 뉴욕의 아슬리에 있는 그의 헛간에서 다시 발견되었다. 런던의 한 서적상에게서 이 소식을 듣고 사서인 아내와 함께 그곳을 두 차례 방문하여 마이크로필름을 찍기 쉽도록 책등을 잘라 낸 팸플릿 17만 권의 더미 속을 문자 그대로 기어 다니면서 나흘 동안 샅샅이 뒤졌다. 우리가 가져온 것은 그 중 약 2300권 분량이었는데, 그 안에는 1800년대 초반의 미국 경제 정책의 역사가 고스란히 담겨 있었다. 상원과 하원에서의 연설 수백 편(모두 별도로 발행된 연설문), 미국이 빈국에서 부국으로 나아가는 과정에 실제로 무슨 일이 있었는지를 기록한 수천 편의 자료가 있었던 것이다. 값을 따질 수 없을 만큼 귀중한 몇 권의 팸플릿이나 데이비드 리카도(David Ricardo, 1772~1823)의 초판본 같은 것들도 재활용으로 폐기되어 오래전에 사라져 없어졌다. 하지만 그런 것은 텍스트를 쉽게 구할 수 있기 때문에 그다지 흥미가 없었다. 진짜 보물은 미국에서만이 아니라 다른 수십 개국에서 다른 언어로 적힌 경제 정책에 관한 논쟁을 기록한, 세상에 알려지지 않은 자료들이었다. 이런 논쟁은 — 역사의 '명백한 운명(manifest destiny)'[10]이라는 전통에 따라 집필되는 경우가 너무나 많은 — 미국 경제사에도, 또 경제 사상사에도 반영되지 않으나, 논쟁의 일부를 미국 정치 사상사 연구에서 찾아볼 수 있다. 이처럼 미국인들은 자기들 역사의 상당 부분을 수사법과 이데올로기라는 베일 아래 감추고 있었다.

역사를 보면 부국들이 어떻게 워싱턴 컨센서스의 '조건부 조항'(condition

alities)'에 따라 지금은 불법이 된 방법을 써서 부유해졌는지가 드러난다.[11] 베를린 장벽이 무너진 직후인 1990년에 무대에 등장한 워싱턴 컨센서스는 무엇보다도 먼저 무역 자유화, 외국인 직접 투자의 자유로운 유입, 탈규제와 민영화를 요구하고 나섰다. 워싱턴 컨센서스가 추구하는 개혁이 실제 집행 과정에서는 사실상 신자유주의 및 '시장 근본주의'와 동의어였던 것이다.

1990년대 초반에는 슘페터의 이론이 인기를 얻고 있었다. 운 좋게도 1970년대 중반 내가 하버드에서 수강한 경제 사상사는 아마도 하버드 대학교에서 슘페터의 가장 가까운 친구였을 아서 스미시스(Arthur Smithies)의 강의[12]였는데, 그 강의는 본질상 슘페터와 그의 이론에 관한 수업으로 발전해 갔다. 슘페터 자신은 빈곤 문제에 관심을 보이지 않았지만 나는 그의 이론을 빈곤에 대한 설명 없이 빈곤을 말하는 것으로 이해했고, 워싱턴 컨센서스의 원칙이 왜 그토록 많은 세계의 최빈국들에게 큰 피해를 입히는지를 슘페터의 이론이 설명할 수 있으리라 생각했다.

내 연구는 몇몇 다른 분과 학문과 연결되어 있는데, 그 중 진화(슘페터적) 경제학, 개발 경제학, 경제 사상사 및 경제사가 가장 중요하다. 불균등 경제 성장을 이해하려면 불균등 성장에 대한 비(非)마르크스주의 이론[13]과 경제 정책사라는 두 가지 새로운 학문적 관점이 필요할 것이라 생각했다. 불균등 성장에 대해 다루는 과목은 없지만 이 둘은 관련이 깊다. 영국이 무엇을 했어야 하는지에 대해서는 경제 사상사에서 애덤 스미스가 말해 주지만 영국이 실제로 무슨 일을 했고, 스미스가 권고한 바와 딴판으로 진행된 것이 무엇인지에 대해서는 어떤 분야도 신경 쓰지 않은 듯했기 때문이다.

니콜로 마키아벨리(Niccolò Machiavelli, 1469~1527)가 1513년 12월 10일에 쓴 편지의 한 구절은[14] 여러 해 품어 왔던 내 기분을 잘 보여 준다.

집으로 돌아가서 서재에 들어간다. 문턱에서 나는 일할 때 입은 흙먼지투성이 옷을 벗고 궁정에서 입던 관복으로 갈아입는다. 복장을 제대로 갖춘 뒤 고대인들의 유서 깊은 궁정 안으로 들어선다. 서재에서 고대인들의 따뜻한 환영을 받으며 그것을 양식으로 삼아 나를 살찌운다. 서재는 *유일하게* 내 것이며, 내가 태어난 곳이다. 그곳에서 나는 거리낌 없이 그들과 대화하고, 그들이 왜 그렇게 행동했는지 묻는다. 그들은 인간적인 친절함을 발휘하여 내게 대답해 준다. 네 시간 앉아 있는 동안 지루한 줄도 전혀 모르고 온갖 문제를 다 잊는다… 나는 온전히 그들에게 몰입한다.

제3세계 출신 독자들에게는 특별히 몇 가지 할 말이 있다. 언뜻 봐서 이 책은 유럽 중심적인 사람이 쓴 것으로 보일 수 있다. 이를테면 이 책은 자본주의를 진보한 형태의 해적질로 보는 노르웨이 출신의 미국 경제학자인 소스타인 베블런(Thorstein Veblen, 1857~1929)의 견해로 시작하지 않는다. 그의 견해가 타당하다는 것을 역사가 말해 주고 있더라도 말이다. 그 대신에 나는 유럽이 세계의 패권을 쥘 수 있었던 경제력, 즉 '힘을 이용한 규모의 경제'를 어떻게 창출했는지에 집중한다. 이 책은 백인, 유럽 인, 기타 종족이 제3세계에서 저지른 범죄와 부당성을 다루지는 않는다. 그보다는 훨씬 더 포착하기 어렵고, 심지어 장기적으로 더 해로울 수 있는 것에 집중하려 한다. 그것은 바로 부와 빈곤을 창출하는 결정적인 요소를 배제하는 경제 및 사회 이론이 끼친 영향이다. 또 이 책은 노예제 그 자체보다는 노예제가 생산 시스템, 사회 체제, 토지 소유(land tenure) 시스템에 남긴 유산에 초점을 맞추는데, 그 유산은 지금까지도 경제 발전을 저해하고 있다. 이처럼 자본주의를 하나의 생산 시스템으로 이해하는 것, 그리고 적절한 경제 정책과 부적절한 경제 정책에 대해 다루는 것이 이 책의 초점이다.

과거에 존재했던 문명들은 대부분 유럽의 것이 아니었으며, 유럽의 역사에서 중요한 부분은 무슬림 세계, 아시아와 아프리카 등 다른 대륙의 기술 체계와 기법의 모방에 관한 이야기이다.[15] 1158년 프라이징 교구의 오토 주교는 오래전부터 알려져 있던 "인간의 힘과 학문은 모두 동방에서 유래했다."라는 사실을 거듭 말했다. 최근의 연구는 그리 멀지 않은 1700년대까지만 해도 중국과 유럽이 얼마나 유사했는지를 보여 준다.[16] 유럽과 서구가 다른 지역을 대하는 시각이 오랫동안 타인종과 그들의 문화를 보는 유럽 중심적 편견을 통해 지속적으로 여과되어 왔다는 것은 분명한 사실이다.[17] 연구에 따르면 유라시아는 기후, 병균, 가축 등을 기준으로 할 때 유리한 조건을 다 쥐고 있었다.[18] 우유와 고기와 거름을 제공하는 기계의 원형(prototype machine)으로서 암소의 역할이 집중적으로 조명된 것도 이와 비슷한 주장이었다.

그러나 유럽을 보는 다른 시각, 말하자면 이슬람 군대가 1683년에 빈을 포위하기 전에는 그 국경조차 공고하지 않았던 '굼뜬' 대륙으로 보는 시각도 가능하다. 무함마드가 등장한 뒤 빈 포위전이 있기까지 천 년 동안 유럽은 동쪽과 남쪽 변경에서 몽골과 이슬람 세력과 계속 맞서 왔다.[19] 그렇게 된 것은 물론 유럽의 공격성 때문이기도 했다. 몽골군은 달마티아의 아드리아 해안까지 침입해 들어왔고, 북쪽으로는 지금의 폴란드까지 밀고 들어왔다가 1241년에 칭기즈 칸이 죽었을 때에야 물러갔다. 콘스탄티노플은 1453년에 이슬람 제국에게 함락되어

동로마 제국의 몰락을 예고했고, 결국 전 세계에서 유일하게 존재했던 천년 왕국 비잔틴 제국이 종말을 고했다. 그 결과 이슬람은 발칸 반도와 지중해 동부를 장악했다. 유럽의 남동쪽 옆구리를 방어하던 베네치아는 지중해 동부의 지배권을 점차 상실했으며, 1571년에 유럽의 주요 세력들이 잠시 단합하여 레판토 해전(Battle of Lepanto)에서 승리하고 나서야 지리멸렬하던 유럽에게 유리한 전환점이 마련되었다.

그 이후 유럽이 그토록 강력해진 원인은 무엇 때문인가? 오늘날 세계의 엄청난 소득 격차를 돌이켜 보면 1700년대에 북쪽의 스웨덴에서 남쪽의 지중해에 이르기까지 유럽 전역이 고루 발전할 수 있었던 까닭과 방법은 무엇인가? 아프리카에서 이와 똑같은 경험을 반복하는 것이 왜 불가능해 보이는가? 유럽이 한 발 앞서 나아가는 데 기여한 요소가 여러 가지 있었던 것은 분명하다. 에너지 자원(석탄)을 가졌다는 지리적 여건, 나중에는 식민지들로부터 나온 식량, 목재, 시장에 대한 가능성에 더하여 잔인함, 종교적 열정, 조직력, (복식부기와 같은) 제도에서의 창의성, 지적 호기심 등이 있었기 때문이다.

하지만 가장 중요한 이유는 유럽의 큰 다양성과 (지리적, 기후적, [20] 민족적, 정치적) 분화가 낳은 여러 메커니즘이다. 거대한 아시아 제국에는 없었던 이런 다양성과 분화는 계획이 필요한(for ideas) '시장'에서 대안과 접근법으로 이루어진 커다란 공동 영역(pool)을 만들었고, 그것이 여러 나라들 사이에 모방이 지속적으로 이루어지게 하는 경쟁의 출발점이 되었다. 무엇보다도 유럽의 역사는 부(富)로 나아가는 길에 가로놓인 지리적, 기후적, 문화적 장애물들을 경제 정책이 어떻게 넘어섰는지에 관한 기록이다. 예를 들어 200년 전의 노르웨이에 찾아온 여행자들이라면 그 나라에 발전의 여지가 있다고 생각하지 못했을 것이다.

유럽이 그처럼 고르게 부유해질 수 있었던 기본 전략은 계몽주의 경제학이 모방(emulation)이라 부른 것[21], 그리고 모방을 위해 개발된 광범위한 도구 상자였다. 옥스퍼드 영어 사전은 모방을 "어떤 성취나 자질 면에서 다른 사람들과 동등해지거나 능가하려는 시도, 또는 동등해지거나 우월해지려는 욕망이나 야심"이라고 정의한다. 모방은 본래 긍정적이고 능동적인 노력이며 질투나 시기심과는 대비된다.[22] 모방과 거의 딱 맞는 새로운 용어가 미국 경제학자 모세스 아브라모비츠(Moses Abramovitz, 1912~2000)가 사용한 '따라잡기'와 '앞으로 나아가기'이다. 이 두 가지는 앞에서 말한 모방과 마찬가지로 역동적 경쟁이라는 해석이 담긴 개념이다.

현대 경제학은 리카도의 무역 이론에 바탕을 둔 '비교 우위'의 전략을 권장한다. 국가는 상대적으로 효율성이 가장 높은 분야의 경제 활동에 특화해야 한다는 것이다(부록 1 참조). 리카도의 무역 이론에 따르면 1957년의 스푸트니크 충격으로 소련이 우주 경쟁에서 미국을 앞섰다는 것이 확연해졌으므로 소련은 미국의 비교 우위가 우주 기술이 아니라 농업에 있다고 주장할 수도 있었다. 비교 우위 이론에 따르면 소련이 우주 기술에 전념하는 동안 미국은 식량을 생산해야 한다. 하지만 아이젠하워(Dwight D. Eisenhower) 대통령은 비교 우위가 아니라 모방을 선택했다. 1958년에 미항공우주국(NASA)을 설립한 것은 리카도의 정신과는 정반대로 ('모방'하기 위해 창설된 기관이었으므로) 최고의 계몽주의적 정신에 입각한 정책이었다. 리카도 경제학은 사실 스콜라 철학에 대한 최악의 희화화라 할 만한 자가당착적인 논리 영역을 만들어 냈다. 리카도의 이론은 모방하기 위해 필요한 동력을 배제하는 이론이므로 그런 사고방식으로는 직관에 반하는 정책을 만들어 낼 수밖에 없다. 그 이론에는 고정된 전문화 대신에 모방이라는 직관적 논리를 창출하는 기술 변화와 진보라는 동적 요소는 없었던 것이다.

제3세계 독자들은 이 책의 '주인공'인 유럽 대륙의 경제학자들이 의외로 대개는 자민족 중심적인 인물이 아니라는 사실을 아는 것도 중요하다. 도시들만 부유해지는 이유를 찾는 데 성공한 조반니 보테로(Giovanni Botero, 1544년경~1617)는 세계 지리에 관한 『보편적 관계(Relazioni Universali)』라는 유명한 책을 썼다. 그 책에서 볼테로는 세계 문화의 다양성을 열정적으로 묘사한다. 스칸디나비아 북부의 원주민인 사미 족은 나사를 쓰지 않고 배를 건조하는 기술과, 또 어느 곳보다도 빠른 운송 수단인 눈 위를 달리는 순록 썰매를 가졌다는 것으로 찬탄의 대상이 된다. 18세기 독일의 가장 저명한 경제학자 크리스티안 볼프(Christian Wolff, 1679~1754)와 요한 하인리히 고틀롭 폰 유스티(Johann Heinrich Gottlob von Justi, 1717~1771)는 중국 문명을 예찬하는 책을 내놓았는데, 볼프는 탁월한 철학자이기도 했으며 유스티는 잉카 문명을 찬양하기도 했다.[23] 둘 다 유럽이 다른 지역의 제도를 모방해야 한다고 주장했다. 실제로 볼프는 1723년에 중국의 철학과 윤리학이 훌륭하다는 견해와, 기독교 세계 밖에서도 도덕적 진리를 발견할 수 있다는 사실을 말했다는 이유로 48시간 이내에 할레 대학을 떠나든가, 아니면 교수형에 처해진다는 선고를 받았다. 독일의 작은 공국들이 서로 경쟁하던 시절이었기에 구제될 길이 있었던 볼프는 이웃 공국으로 가서 그곳 군주에 의해 마르부르크 대학에 임용되었다. 사실 식민주의와 제국주의에서 중요한 요소인 유럽의 민족 중심주의는, 과거부터 있던 종족 국가가 막 등장하던 국민 국가와 제국의 방해물이 되기 시작한 1770년대 이전에는 강력하지 않았다고 할 수 있다. (덧붙여 말하자면 나는 과거 경제학자들의 분석을 오늘날의 정치적 올바름이라는 잣대로 보려는 시도는 하지 않았다. 마르크스나 다른 사람들은 '야만주의'와 '문명'이라는 단어를 오늘날 '빈곤'과 '발전'을 말하는 것과 거의 같은 방식으로 사용했지만 나는 원래 용어를 그대로 두었다.)

이 책은 앞에서 거론한 다양성, 분화, 모방과 경쟁이 존재한다는 사실에 기반하여 자본주의는 유럽에서 발달하는 과정에서 볼 수 있듯이 의도하지 않은 결과의 시스템이자, 점점 더 체계화되고 규율이 잡혀 정책 도구와 제도로 유용하게 발전한 시스템으로 받아들여야 한다고 주장한다. 자본주의를 이런 식으로 일종의 '우연적' 현상으로 보는 견해는 독일 경제학자 베르너 좀바르트(Werner Sombart, 1863~1941)의 분석적 전통을 되살려 내는데, 그런 전통은 슘페터가 뒤를 잇는다. 애덤 스미스(1776)는 인간이 매일 먹을 빵을 얻는 것은 빵 가게 주인의 친절함 때문이 아니라 돈을 벌고 싶은 그의 욕망 때문이라고 말했다. 우리는 빵 가게 주인의 탐욕이 낳은 의도하지 않았던 부산물 덕에 음식을 먹는다는 것이다. 실제로 사적 악덕이 공적 이익을 창출한다는 것을 어느 정도까지 믿을 수 있는지에 대한 논의는 18세기의 중요한 논쟁거리였다. 유럽 인들은 여러 세기 동안 엄청나게 다양한 방법으로 기술과 제도에 대해 다루어 왔다. 다양성과 모방의 결합이 유럽 전역에서 수많은 이론적 학파와 기술적 해결책을 만들어 냈던 것이다. 이런 수많은 아이디어와 그에 따른 결과물은 시장에서 계속 비교되고 형성되고 개발되었다. 이처럼 도시 국가들—나중에는 국민 국가들—사이에서 벌어지는 경쟁이 계속 이어지는 발명의 원천이 되었는데, 이런 발명은 전쟁과 사치품 분야에서 국가와 그 지배자들이 행하는, 역시 의도하지 않은 모방의 부산물로 등장한 것이었다. 전쟁 기간에 드러난 문제를 해결하기 위해 돈을 퍼붓다 보니 발명과 혁신이 이루어지더라는 사실을 사람들이 알아차리고 나면, 평화 시기에도 이런 메커니즘이 반복될 수 있었다.

유럽 인들은 보편화된 부가 농업이 존재하지 않거나 미미한 역할만 하는 곳에서 실현된다는 것, 또 다양한 제조업 분야가 대도시에 한데 모였을 때 의도하지 않았던 부산물로 부가 창출된다는 사실을 일찌감치 간파했다. 일단 이런 메커니즘을 받아들이고 나면 현명한 경제 정책이 '자연적으로 부유한' 몇몇 지역 바깥으로도 부를 확산시킬 수 있는 것이다. 실제로 모방 정책은 과거에 빈곤하던 봉건적 농업 지역으로도 부를 확산시켰지만, 그렇게 하는 데에는 대규모의 시장 개입이 있었다. 뒤처진 국가에게는 시장 개입과 현명한 경제 정책이 있어야 최초의 부국들을 만들어 냈던 자연적이고 지리적인 이점을 대신할 수 있었던 것이다. 더 나아가서 원자재에 붙는 수출 관세와 완제품에 붙는 수입 관세는 원래 가난하던 나라들이 세입을 늘리는 수단으로 고안하였지만, 국내 제조업의 성장을 통해 부를 증대시키려는 부차적 목표도 있었다는 것은 짐작할 수 있다. 이런 복합적인 목표가 존재했다는 것은 영국의 에드워드 3세(Edward III, 1312~1377) 치세 때 이미 분명히 드러났다.

따라서 유럽에서는 경쟁, 전쟁, 모방이 불완전 경쟁과 수확 체증이라는 역동적인 시스템을 만들어 냈다고 할 수 있다. 신지식과 혁신은 경제에서는 증가한 이윤과 임금이라는 형태로, 정부에게는 과세 기반을 넓히는 식으로 확산되었다. 유럽의 경제 정책은 수세기 동안 제조업 도입이 당대의 근본적인 경제 문제를 해결해 주고, 절실히 필요하던 고용과 이윤, 높은 임금, 넓은 과세 기반과 더 활발한 통화 유통을 창출할 것이라는 확신을 토대로 하여 세워졌다.[24] 프리드리히 니체(Friedrich Nietzsche)가 18세기의 가장 지적인 인물이라 불렀던 이탈리아의 경제학자 페르디난도 갈리아니(Ferdinando Galiani, 1728~1787)는 "우리는 제조업이 인류의 가장 큰 두 가지 악, 즉 미신과 노예 제도를 치유할 수 있기를 기대한다."라고 단언했다.[25] 경제 발전을 마찰 없는 '완전 시장'에 입각하여 이해하고자 하는 일반적인 경제학 교과서는 이런 점을 통째로 놓치고 있다. 완전 시장은 빈민들에게나 적용될 뿐이다. 또 경제학자들이 '시장 실패'라고 말하는 기준에서 이런 발전을 이해하려고 해 봤자 똑같이 헛수고일 뿐이다.[26] 일반적인 경제학 교과서에 비유해 말하자면 경제 발전은 완전 시장의 실패작, 그것도 엄청난 실패작이기 때문이다.

유럽과 함께 나중에 세계의 다른 선진국에서 이루어진 부의 확산은 의식적으로 모방이라는 정책을 추구한 결과였다. 시장은 바람처럼 뚜렷한 목표나 지향점에 도달하기 위해 길들여진 힘이다. 우리가 가려는 곳이 그 순간에 불고 있는 바람이나 시장의 방향과 반드시 일치하지 않을 수도 있다. 시장의 바람이 전진하는 쪽으로 부는 것은 이미 높은 수준의 발전을 이루었을 때에야 가능하다. 이는 누적 요인과 경로 의존성(path dependency) 때문이다. 어떤 국가가 가난하면 할수록 자유방임의 바람은 올바른 방향으로 불지 않는다. 이 때문에 자유 무역에 대한 논쟁과 다른 정책적 결정들이 상황과 시기 조정의 문제가 되는 것이다. 구체적인 상황에 대한 이해 없이 경제학자들이 그저 자유 무역 자체에 대해 찬반 논의를 하는 것은 의사가 증세도 모르고 진단도 하지 못하면서 처방을 말하는 것만큼이나 무의미한 짓이다. 따라서 일반적인 경제학 교과서에서 맥락이 빠져 있는 것은 치명적인 결점이며, 질적 이해를 전혀 하지 못하게 방해한다. 역사적으로 성공한 정책은 '시장 장악'(로버트 웨이드Robert Wade)과 '적절하지 않은 가격 책정'(갤브레이스John Kenneth Galbraith와 앨리스 앰스덴Alice Amsden)에 의존했다. 식민주의의 핵심은 이런 효과가 일어나지 않도록 하는 시스템인데, 이 같은 식민주의와 빈곤 간의 연관성에 대한 몰이해는 빈곤을 이해하지 못하게 막는 장애물이다.[27]

　리카도에게서 유래한 비교 우위설은 오늘날 국제 경제 질서의 기반이다. 유명한 미국의 경제학자 크루그먼은 '지성인들'이 "전적으로 진실하며 엄청나게 세련되었고 현대 세계와 지극히 연관성이 깊은"[28] 리카도의 비교 우위설을 이해하지 못한다고 말한다. 내 입장은 그 반대이다. 리카도의 경제학은 경제 이론으로부터 경제의 변화와 동력에 대한 질적 이해를 배제시킴으로써 한 국가가 빈곤을 특화하도록 만드는 경제 이론을 세웠다. 리카도의 이론에서 경제는 그 어떤 목적지에도 이르지 못한다. 진보도 없고 그렇기 때문에 모방할 것도 없다. 워싱턴 컨센서스는 비교 우위에 대한 확신이 빈곤 문제의 해결책이라고 단언하면서 모방이라는 도구를 전면 금지했다. 그러나 실제로 1400년대 후반에서 1950년대와 1960년대의 마셜 플랜에 이르는 지난 500년 동안 모방이 뛰어난 실적을 올렸다는 사실을 우리는 입증할 수 있다.

2

두 가지
서로 다른 접근법의
진화

… 현안에 대해 단순한 답을 원하는지 유용한 답을 원하는지 독자들은 마음을 정해야 한다. 다른 경제 문제에서도 그렇지만 이 점에서 독자들은 양손에 떡을 쥘 수는 없다.

— **요제프 슘페터**, 오스트리아 출신의 미국 경제학자, 1932

How rich countries got rich, and why poor countries stay poor

아리스토텔레스(Aristotle)에 따르면 큰 상업 중심지는 대도시에서 뚝 떨어진 곳에 자리 잡아야 한다. 그러나 고고학의 연구 결과를 보면 사람들이 아리스토텔레스의 말을 귀담아 듣지 않았음을 알 수 있다. 교역 장소가 대도시 중심부에 자리하고 있었기 때문이다. 애덤 스미스의 『국부론(Wealth of Nations)』(1776)은 영국인들에게 자유 무역을 위해 개방해야 한다고 했지만, 실제 역사는 스미스의 책이 나오고 나서 100년 동안 영국이 프랑스보다 더 많은 관세를 징수했다는 사실을 말하고 있다. 비록 지금은 프랑스를 보호주의의 거점으로 알고 있지만 말이다. '통념'에 따르면 영국은 스미스 식의 자유방임 정책과 자유 무역을 통해 부유해졌다고 하지만, 이 문제를 천착해 온 경제사가들은 완전히 딴판인 결과를 내놓았다. 윌리엄 애시위스(William Ashworth)는 최근에 이렇게 결론지었다. "영국/브리튼이 걸어간 독특한 산업화의 경로가 있다면 그것은 유달리 기업적이고 기술적인 문화 때문이 아니라 주로 세금 및 관세 장벽이 주도하는 제도적 틀 안에서 정해진 문화가 있었기 때문이다."[1]

오늘날 시카고 학파 경제학자들(Chicago economists) — 현재의 세계화 물결 및 워싱턴 기관들의 이론적 기반을 대변하는 학파의 경제학자들 — 은 세계를 향해 국가와 자치정부는 경제에 개입해서는 안 된다고 선포한다. 정작 시카고 시의 데일리(Richard M. Darley) 시장은 첨단 기술 산업 육성에 필요한 공공 기금 수백만 달러를 쓰고 있는데도 말이다. 이처럼 도시 한 곳만 보아도 미사여구와 현실의 간극은 엄청나다.

워싱턴 DC에 있는 미국 소기업관리국(US Small Business Administration)은 매년 미국의 개인 회사를 지원하는 대출금과 보증금으로 200억 달러가 넘는 연방 기금을 사용한다. 그러나 그곳에서 불과 몇 블록 떨어지지 않은 곳에 있는 세계은행, IMF 등의 워싱턴 기관들은 제3세계에서 그와 유사한 기관을 세우지 못하도록 빈국에게 '조건부 조항'을 부과하는 전통적인 정책을 고수한다. 몇 년 전 앨라배마 주는 메르세데스 벤츠 공장에 보조금을 지급하는 데 2억 5300만 달러를 썼다. 그러면서 앨라배마 공무원들은 벤츠 같은 회사가 존재하기 때문에 5년 안에 비용을 회수할 만큼 수익을 창출했고, 그런 대우를 해 주는 대가로 다른 자동차 회사 네 곳을 추가로 유치했다고 주장한다.[2] 이는 역사적으로 빈국들이 산업화할 때 채택한 논리와 동일하다. 다만 빈국들은 일반적으로 직접 보조금보다는 관세를 활용했다는 점이 다를 뿐이다. 보조금이든 관세든 일반 대중에게 비용 부담이 전가되기는 마찬가지이지만 사람들은 나중에 형편이 더 나아지기를 기대하며 부담을 감수한다. 단기 이익을 추구하는 소비자와 부담이 늘더라도 소비자이자 생산자인 대중이 이전보다 더 높은 임금으로 더 많이 고용되면 모두에게 이익이 된다고 보는 생산자 입장에서 장기 이익을 추구하는 소비자는 늘 이 지점에서 균형을 찾아야 한다. 『뉴스위크(Newsweek)』는 앨라배마 주가 실천한 기업가적 진취성은 찬양했지만 빈국이 똑같은 메커니즘을 사용하려 들면 대개는 비난한다. 물론 전통적인 경제학자라면 미국 소기업관리국의 존재와 앨라배마 주의 산업 정책을 모두 비난할 것임에 분명하지만 말이다. 여기서의 요점은 추상적인 '고매한 이론'에만 기반하여 빈곤 세계에 대한 정책을 집행하는 미국조차 그런 이론에 귀 기울이지 않는다는 사실이다.

그러니까 쉽게 말하면 고매한 경제학적 화법은 대외 판매용인 반면에 국내에는 그와 완전히 딴판인 실용적인 원칙이 적용되는 것이 현실이다. 조지 W. 부시는 모두의 이익을 위해 자유 무역을 설파했다. 그러나 실제로 미국은 농업에서부터 첨단 기술 산업에 이르는 수많은 제품에 보조금을 주고 보호 정책을 폈다. 미국의 대외 무역과 산업 정책에 큰 영향력을 행사하고 있는 크루그먼은 자기 나라에는 일반적인 리카도 무역 이론에 관심 갖는 사람이 아무도 없다고 투덜거린다. "정책 결정권자, 기업가, 영향력 있는 지식인들 사이에는 무역을 군사력 경쟁과 유사하다고 보는 통념이 있다. …경제학이 그런 담론에 대한 통제력을 상실했을 뿐 아니라 일반적인 경제학 교과서에 나오는 종류의 사고가 그런 논의에 전혀 활용되지 않고 있다.…"[3]

여기에는 중요한 흐름이 있는데, 건국의 아버지들 이래로 미국은 늘 두 가지 전통으로 분열되어 왔다는 것이다. 알렉산더 해밀턴(Alexander Hamilton, 1755~1804)의 행동주의 정책과 토머스 제퍼슨(Thomas Jefferson, 1743~1826)의 '최소의 정부가 최선의 정부'라는 명제가 그것이다. 해밀턴은 1791년 미합중국 제1은행을 설립한 배후 실력자인 데 비해, 제퍼슨은 중앙은행 설립에 반대하여 싸웠고, 1811년 중앙은행 문을 닫는 데 핵심적인 역할을 했던 인물이다. 시간이 흐름에 따라 이 경쟁 관계는 미국의 통상적인 실용주의에 입각해 제퍼슨 일파는 수사학(이론)을 담당하고, 해밀턴 일파는 정책(실무)을 맡는 식으로 해소되었다. 오늘날의 경제 이론가들은 제퍼슨/리카도 식 수사법을 만들어 내는 것을 중요 임무로 삼는데, 크루그먼이 지적하듯이 그들이 미국 시장에서는 그다지 힘을 발휘하지는 못하고 있다.

이 점에서 미국은 영국의 선례를 따른다. 1820년대 미국의 한 하원 의원이 영국의 여러 제품들처럼 리카도의 이론도 단지 수출용으로만 만들어진 것 같다고 평했듯이 말이다. 따라서 1820년대 미국인들의 금언은 "영국인들이 말하는 대로 하지 말고 영국인들이 했던 대로 하라."라는 것이었는데, 이는 현대에 오면 "미국인들이 말하는 대로 하지 말고 미국인들이 했던 대로 하라."라는 말로 얼마든지 바꿀 수 있다.

부국은 자기들은 한 번도 따른 적이 없고 앞으로도 절대 따르지 않을 이론을 빈국에게 강요하곤 한다. 따라서 실제로 어떤 일이 일어나는지를 파악하려면 '고매한 이론'의 배후를 보아야 한다. (어떤 일이 일어나야 하는지를 이론가들이 말했던) 경제 사상사와는 달리 (어떤 정책이 실제로 뒤따라 일어났는지 하는) 경제 정책사는 지금은 존재하지 않는 학문 분야이다. 베블런은 특별한 집단을 위해 남겨둔 추상적인 비밀 이론과 모든 사람을 위한 실용적인 공개 이론을 구별했다. 문제는 경제 사상가들이 믿으라고 했던 것보다 비밀 이론의 실질적인 영향력이 훨씬 미약했다는 것이다. 그러나 애덤 스미스 이후 이런 비밀 이론은 선전을 위한 이데올로기적 방벽에 사용되어 훌륭한 역할을 해냈다. 그 좋은 예가 바로 순수 시장 경제하에서는 골고루 부유해질 수 있다고 '입증'하는 오늘날의 주류 국제 무역론이다.

이와 비슷한 주장, 즉 최부국(最富國)은 대개 그들의 이데올로기가 인정하는 수준 이상으로 많은 무역 규제를 해 왔다는 주장은 18세기의 이탈리아 경제학자 안토니오 제노베시(Antonio Genovesi, 1712~1769)에게서 나왔다.

자유 무역이라는 말을 두 가지 의미로 쓰는 이들이 있다. 하나는 제조업자들이 크기나 무게, 형태, 색깔 등에 관해 아무 규제 없이 작업할 수 있도록 하는 절대적 허용이고, 또 하나는 그와 마찬가지로 상인들이 어떤 제약도 관행도 관세도 없이 무엇이든 유통시키고 수출하고 수입할 수 있는 절대적 권한이다. 그러나 달에 사는 모험가들의 나라가 아닌 이상 지구상의 어떤 나라에도 이와 같은 자유는 존재하지 않는다. 오히려 그 반대로 무역을 아무리 잘 이해하는 나라에서도 이런 자유는 절대 찾아볼 수 없을 것이다.[4]

역사적으로도 세계 자유 무역은 머리 둘 달린 괴물이었다. 그리고 자국의 발전 과정에서 중요한 순간에 자유 무역에 연연하지 않았던 국민은 세계에서 가장 성공한 경제를 이룰 수 있었다. 오늘날 공인된 주장은 부와 경제의 '개방성' 사이에는 강력한 연관성이 있다는 사실을 보여 주는 것이다. 그러나 이는 대학교를 졸업하여 노동 시장에 이미 진출해 있는 사람의 소득을 대학생의 소득과 비교한 뒤 학생의 소득이 낮으니 교육은 보상을 해 주지 않는다고 결론 내리는 것과도 비슷하다. 과거에 제조업 분야를 보호하던 기간은 현재의 부국들에게 반드시 필요한 과정이었다. 이 기간의 교육적 효과는 독일어에서 사용하는 '교육 관세(Erziehungszoll, oppfostringstoll)'라는 용어에도 남아 있다. 영어로는 '유치 산업 보호(infant industry protection)'라는 것으로, 그 필요를 모르는 사람은 거의 없을 것이다. 이 단계를 거친 나라와 거치지 않은 나라를 비교하는 것은 말 그대로 무의미하다.

수사법과 현실 간의 간극은 한 이론가가 서로 다른 목적으로 서로 다른 이론을 사용할 때 더욱 커진다. 현실에서 멀리 떨어진 문제들은 비밀스럽고 추상적인 원칙에 따라 해결되는 반면에 문제가 상식적이고 주변적일 때는 실용주의와 경험이 전면에 등장해도 되는 것이다. 미국 독립전쟁 중에 『국부론』을 출간한 애덤 스미스는 미국이 제조업을 보호하려 드는 것은 중대한 실수라고 주장했다. 1776년에 일어난 미국 독립전쟁의 주원인은 식민 지배자가 늘 그랬듯이 영국이 (그들이 필요로 하던 타르와 돛대는 제외하고) 미국 식민지에서의 제조업을 금지했기 때문이다. 그러나 애덤 스미스는 (장은 달랐지만) 바로 같은 책에서 무심결에 국내에 제조업을 가진 나라만이 전쟁에서 이길 수 있다고 말해 버렸다. 미국의 초대 재무 장관 해밀턴은 다행히 애덤 스미스를 읽었고, 아주 현명하게도 자유 무역에 관한 그의 이론적 주장이 아니라 경험에 입각한 견해, 즉 제조업을 가진 나라만이 전쟁에서 이길 수 있다는 주장을 바탕으로 미국의 산업과 상업 정책을 입안했다.

영국의 이론이 아니라 실제 행동을 따른 미국은 거의 150년 동안이나 자국의 제조업을 보호했다. 그런데도 오늘날의 경제 질서를 뒷받침하는 이론은 자유 무역이 '요소 가격 균등화'로 이어질 것이라고 주장한다. 다시 말해 노동과 자본의 가격이 전 세계에서 동일해지는 방향으로 나아간다는 것이다. 그러나 어떤 경제학자도 자기 자식에게 요소 가격 균등화가 곧 이루어질 터이니 변호사나 의사가 되는 것보다 '비교 우위'를 누릴 수 있는 접시닦이부터 시작하는 게 좋다고 권하지는 않을 것이다. 경제학자들은 한 개인으로서 시민일 때는 어떤 경제 활동을 선택하느냐가 자녀들의 생활수준을 정하는 데 결정적인 영향을 미친다는 점을 순순히 받아들인다. 그러나 바로 그 경제학자들도 국제적인 차원에서는 같은 태도를 취할 수가 없다. 그들이 쓰는 도구 상자에는 고도로 추상화된 탓에 여러 경제 활동을 질적으로 구별하는 데 쓸 만한 구체적 수단이 거의 없기 때문이다. 이런 차원에서 일반적인 경제 이론은 구두닦이 소년과 접시닦이들로 이루어진 상상 속의 나라가 변호사와 주식 중개인으로 구성된 상상의 나라와 꼭같은 부를 쌓는다고 '입증'한다. 그런 다음 경제학자들은 자기 자식에게 조언할 때 사용하는 것과는 완전히 딴판인 이해를 바탕으로 아프리카의 아이들에게 조언한다. 베블런이 한 말처럼 이런 문제에 대한 경제학자들의 본능은 그들이 받은 교육에 의해 오염되어 있는 것이다.

한 국가가 '비교 우위'에 따라 특화한다는 것은 다른 나라에 비해 상대적으로 가장 효율적인 부문에 특화한다는 뜻이다. 부록 1에는 이런 무역 이론에 입각하여 한 국가가 빈곤과 무지에서 '비교 우위'를 이루어 가는 과정이 나온다. 하지만 이것이 가능한 이유는 오늘날 세계 경제 질서를 떠받치고 있는 무역 이론이 질적 특성이 모두 배제된 동일한 노동 시간을 질적 특성이 없는 같은 분량의 노동 시간과 맞교환하는 국가를 기준으로 구축되었기 때문이다. 그런 시스템에서는 생산이 고려되지 않는다. 리카도 식 무역 이론은 석기 시대의 노동 시간을 실리콘 밸리의 노동 시간과 동등하다고 보며, 그럼으로써 두 경제가 어떤 식으로 통합되든 경제적 조화와 임금의 균등이 이루어질 것이라고 예언한다.

넓게 보면 경제 이론은 두 가지 주요 유형으로 나눌 수 있다. 하나는 자연에서, 주로 물리학에서 가져온 은유를 기반으로 삼는다. 이런 은유의 보기로 1700년대 후반 지구를 태양 주위의 궤도에 묶어 두는 '보이지 않는 손'이라든가, 1880년대의 물리학을 기반으로 하는 균형 상태(equilibrium)라는 은유가 있다. 이 책에서 '일반적인 교과서(standard textbook)'라 일컫는 것들은 균형 상태 은유를 기초로 하는데, 이것은 물리학자들조차 1930년대에 이미 폐기한 은유이다. 이 이론은 추상적 은유를 통해 하향식으로 구축되었고, 따라서 '경제학자'란 본질적으로 이 은유가 제공하는 잣대와 도구로 세계를 분석하는 사람을 의미한다. 이것이 바로 전문가들이 아프리카의 아이들에게 적용하는 이론이다.

또 다른 유형의 경제 이론은 경험을 바탕으로 하여 아래에서부터 상향식으로 구축되는 것이다. 이 유형은 이론으로 만들어지기 전에 현실 정책으로 먼저 등장하는 것이 일반적이다. 도시 국가 베네치아는 여러 세기 동안 특정 유형의 경제 정책을 집행해 왔는데, 이는 경제학자 세라가 그런 관행을 이론화하고 그것이 어떻게 돌아가는지를 설명하기 훨씬 전부터였다. 이와 비슷한 방식으로 석기 시대 부족들도 버드나무 껍질을 씹어 두통을 낫게 했다. 바이엘이 그런 효과를 가진 활성 성분을 살리실산(salicylic acid, salix는 버드나무를 일컬음)이라 부르며 아스피린을 제조하기 수천 년 전부터 말이다. 또 중세 초기 지중해를 항해하던 선원들은 1929년에 비타민 C가 추출되기 수세기 전부터 이미 오렌지와 레몬을 가지고 다니면서 괴혈병을 예방해 왔다. 작동 메커니즘을 완벽하게 이해하지 못했더라도 단지 학습을 통해 질병, 경제 혹은 다른 것들도 얼마든지 해결할 수 있는 것이다.

이런 덜 추상적인 경제학은 통상 물리학에서 나온 은유보다는 생물학에서 가져온 은유를 토대로 한다. 로마법이 400년경에 성문화된 이래 인체는 사회과학을 위한 은유로 활용되었다. 가장 유명한 예가 토머스 홉스(Thomas Hobbes)의 『리바이어던(Leviathan)』일 텐데, 이 책의 정치적 분석과 말 그대로 시민이 국가의 몸을 이루는 모습이 그려진 인상적인 표지가 모두 그런 은유에 해당한다.[5] 이런 유형의 이론은 연구 대상인 '신체'에 대한 질적이고 통합적인 이해를 토대로 하며, 구분은 되어 있더라도 의존 관계에 있는 부분들 간의 시너지 등 중요한 요소들을 숫자와 기호로 환원해 버리지는 않는다. 찰스 다윈(Charles Darwin, 1809~1882)은 새로운 종류의 생물학적 은유를 소개했는데, 거기서는 혁신 등의 사회 변화가 자연의 돌연변이와 같은 것이 된다. 다윈의 이론적 숙적인 프랑스의 박물학자 라마르크(Jean Baptiste Lamarck, 1744~1829)는 획득 형질이 유전될 수 있다고 보았지만, 생물학이 아니라 경제학에서는 그들의 두 가지 접근법이 사실은 상호 보완적이다. 라마르크의 접근법은 지식과 경험이 여러 세대를 내려오면서 축적되는 경제학에 잘 들어맞는 은유이기 때문이다. 경험에 의존하는 이와 같은 이론은 변화만이 아니라 시너지의 요소도 인정하는데, 경제학자들도 일개 개인으로는 이런 유형의 이론을 사용한다. 여러 경제 활동을 질적으로 구별할 수 있는 이 이론에 입각해 설사 세계 경제에서 접시닦이가 비교 우위를 갖고 있을지라도 그런 부문에 특화하지 말라고 자녀들에게 조언하는 식으로 말이다.

  각각의 은유에는 장단점이 있다. 물리학에서 가져온 고도로 추상화된 은유는 내적으로 엄밀한 논리에 기반하여 자유 무역이 빈국과 부국 모두에서 임금 수준을 균등화(요소 가격 균등화)하는 것으로 이어진다. 여기서 한 가지 중요한 문제는 물리학을 기반으로 한 경제학은 질적 차이를 포착할 수 없다는 점인데, 이는 결국 소득에서 양적 차이를 낳게 된다. 물리학에 기반을 둔 이와 같은 추상적인 은유 모델에는 르네상스가 기여한 창의적 요소와 계몽주의의 핵심 공헌이라 할 다양성 속에서 질서를 만들어 내는 분류법을 놓치고 있기 때문이다. 학력이 어떻든 간에 레스토랑에서 접시를 닦는 사람의 임금 수준은 절대로 첨단 기술 엔지니어만큼 오르지 않는다. 직업을 바꾸지 않는 한 접시 닦는 사람은 어느 노동 시장에서도 상대적 빈곤을 특화할 수밖에 없다. 물리학의 은유 모델을 사용하는 경제학자들은 국가도 빈곤을 특화할 수 있다는 말을 이해하지 못한다. 그들의 이론에는 경제 활동을 질적으로 구별할 만한 수단이 없기 때문이다. 따라서 이 부류에 속하는 경제학자들은 현재의 부국들이 모두 해 왔던 것처럼 빈국들이 자체적으로 전반적인 임금 수준을 높이도록 하는 경제 활동을 해야 한다는 사실을 받아들이지 않는다. 물리학에 기반을 둔 모델은 또 신상품과 혁신, 다시 말해 뭔가 획기적으로 새로운 일이 세상에서 일어날 수 있다는 것도 다룰 수 없다. 그들은 경제와 사회를 한데 묶어 두는 접착제인 시너지, 연관성, 조직의 효과를 파악하지 못하기 때문이다. "사회라는 것은 없다."라고 말한 마거릿 대처(Margaret Thatcher)의 주장은 오늘날 교과서 경제학이 따르는 직접적이고 논리적인 결론이다.

프랜시스 베이컨(Francis Bacon)은 경험에 기반을 둔 경제학의 역사를 이해하는 데 있어 중요한 인물이다. 베이컨을 이끈 동력은 바로 베블런이 말한 '게으른 호기심', 즉 이익이 아니라 탐구 정신이었다. 이 탐구 정신에 걸맞게 베이컨은 눈으로 고기를 얼려 보관할 수 있는지 확인해 보려고 눈보라 치는 날 밖에 나가서 눈에 닭고기를 재다가 폐렴에 걸려 죽었다. 닭고기는 보존할 수 있었으나 베이컨은 죽은 것이다. 리카도의 추상적 이론에 대해 영국에서는 리처드 존스(Richard Jones),[6] 미국에서는 존 레(John Rae)[7]를 주축으로 하여 경제학을 다시 베이컨화하려는 움직임이 시도되었다. 그러나 경험에 입각한 그런 경제학은 대체로 생물학적 은유를 토대로 삼는데, 이 모델은 물리학적 모델에 비해 논리적 엄밀성이 한참 떨어지고 명쾌한 답도 제시하지 못한다. 물리학적 이론이 상황과 무관한 경제 정책('만병통치약')을 권장하는 데 반해 경험을 기반으로 하는 이론은 물리학에 근거한 이론에서는 보기 힘들게 타협(trade-offs)을 전면에 드러낸다. 예를 들어 자유 무역은 대부분의 경우에는 부를 창출하기 위해 절대적으로 필요하지만, 어떤 상황에서는 동일한 자유 무역의 원리가 한 나라의 부를 축소시키기도 한다는 식이다. 그 결과 이 장의 첫머리에 인용된 슘페터의 말처럼 경제학은 우리에게 연관성이 거의 없는 단순명쾌한 설명과 연관성은 크지만 더 복잡한 설명 중에서 하나를 선택하라고 요구하게 되는 것이다.

인체를 사회에 대한 은유로 활용하면 한 경제 시스템 안에서의 시너지와 상호 의존성, 보완 관계를 집중 조명할 수 있다는 이점이 있다. 물리학적 은유와는 반대로 인체 은유는 경제 요소로서 인간을 창조적 두뇌를 가진 지적인 존재로 받아들이기 때문이다. 결국 인간이 경제 사회를 움직이는 기본 동력은 니체의 '인간 정신과 의지의 자본(Geist- und Willens-Kapital)'이 된다. 신지식, 기업가 정신, 사적·공적 조직 능력 같은 것 말이다. 최근 들어 현대의 진화 경제학은 이런 요소를 다시 포착하고 제3세계의 산업 정책에 긍정적으로 적용하려고 시도하고 있다. 시간이 지나면 이것이 하일브로너의 '세속의 철학자들'을 대신하는 것으로 발전할지도 모를 일이다.

그러나 지나치게 논쟁적이 될 필요는 없다. 이런 두 유형의 경제학적 사고는 여러 면에서 보완적이기 때문이다. 영국의 경제학자 알프레드 마셜(Alfred Marshall, 1842~1924)이 100년도 더 전에 말했듯이[8] 걷기 위해서는 왼발과 오른발이 모두 필요한 것처럼 우리에게는 두 유형의 경제학이 다 필요하다. 물리학에 기반을 둔 경제학은 우리를 둘러싼 혼돈에 질서가 있다는 착각을 불러일으키지만, 이런 피난처가 경제 세계의 질적 측면에 대한 이해를 모두 포기하는 대가로 만들어졌다는 사실을 안다는 것은 중요하다. 물리학에 기초한 모델이 현실 그 자체가 아니라 이 현실을 극단적으로 단순화한 모델임을 잊어버린다면 심각한 착오를 범할 수 있기 때문이다. 그런 예가 바로 충격 요법의 형태로 세계화를 도입한 방식이다. 뻔히 예상할 수 있었던 것처럼 요소와 가격이 균등화되는 대신에 수많은 나라가 세계의 다른 나라들에 비해 요소 가격의 양극화를 겪게 되었다. 그 과정에서 수많은 나라가 더 가난해지는 동안 부국들은 더 부유해졌다. 하지만 물리학에 기초한 모델에서는 이런 일이 일어날 수 없기 때문에, 세계 공동체가 이 바람직하지 못한 발전을 수정하기 위해 그 어떤 조치를 취하기까지는 아주 긴 시간이 걸릴 것이다. 문제는 물리학에 기초한 모델이 발전에 관한 논의에서 사실상 독점적인 지위를 누리고 있기 때문에 부를 창출하는 요소, 현재의 부국들에게는 있지만 빈국들에게는 없는 바로 그런 요소가 배제된다는 사실이다. 다시 말해 불완전 경쟁, 혁신, 경제 부분들 간의 시너지, 규모와 범위의 경제학, 이런 요소를 창출하는 경제 활동 등이 배제되는 것이다. 이 요소들은 나중에 다루기로 하자.

경험에 근거한 대안 경제학, 하버드 비즈니스 스쿨에서 사용했던 방법론을 여기서는 한데 뭉뚱그려 '다른 전통(Other Canon)'이라 부르기로 한다. '다른 전통'은 경제학 이론화의 출발점으로 관찰 가능한 사실, 경험, 교훈을 채택하는 경제적 접근법과 이론들을 통합할 목적으로 만들어진 개념이다. 1400년대 후반 이후 경제 활동에는 성장의 견인차로서 역할에 질적 차이가 있다고 주장한 '다른 전통'만이 여러 나라를 빈곤에서 벗어나게 할 수 있었다. 그렇게 해서 경제 성장을 이루고 나면 헤게모니를 장악한 국가들은 차례차례 생물학적 모델로부터 물리학적 모델로 넘어갔다. 영국은 18세기 후반에, 미국은 20세기 중반에 그런 이행 단계를 거쳤다. 그들이 어떤 정책을 사용하였고, 성공을 이룬 국가들이 왜 태도를 바꾸었는지를 이해하려면 '다른 전통'을 좀 자세하게 파고들 필요가 있다.

수세기 동안 경험을 토대로 한 경제 이론이 지배해 왔다. 오늘날의 일반적인 추상적 이론이 생긴 지는 250년도 안 되었으며, 그것은 혁명 이전 프랑스의 경제 정책을 잠시 관장했던 중농주의 학파에 뿌리를 두고 있다. 산업 혁명이 본격적으로 진행된 이후에 글을 쓴 애덤 스미스는 당대인들에게는 반중농주의자로 분류되었지만 중농주의의 영향을 약간은 받았다. 실제로 추상적 모델이 구체화된 것은 리카도와 그의 『정치경제학과 과세의 원리(Principles of Political Economy and Taxation)』 (1817)가 나오면서였다. 앞으로 보게 되겠지만 이 추상적 원리가 부적절한 상황에 적용됨으로써 결핍과 굶주림, 엄청난 사회 문제를 일으킨 역사적 사건이 세 번 있었다.

냉전 시대 세계관은 경험을 바탕으로 하는 다른 전통의 명맥을 사실상 끊어 버렸다. 리카도의 이론이 정치적 좌파와 우파에서 모두 할 수 있는 유일한 게임이 되어 버린 것이다. 도표 2는 폴 새뮤얼슨(Paul Samuelson)의 『경제학(Economics)』 뒤표지 안쪽에 실려 있는 경제학의 계보도로서, 이 교재는 한 세대 이상 경제학 강의를 휩쓸었다. 계보도에서 보이는 것처럼 공산주의와 자유주의, 이오시프 스탈린(Iosif Stalin)과 밀턴 프리드먼(Milton Friedman, 1912~2006)의 역사적 연원은 모두 리

• 도표 2 • 1976년 새뮤얼슨의 경제학 계보도

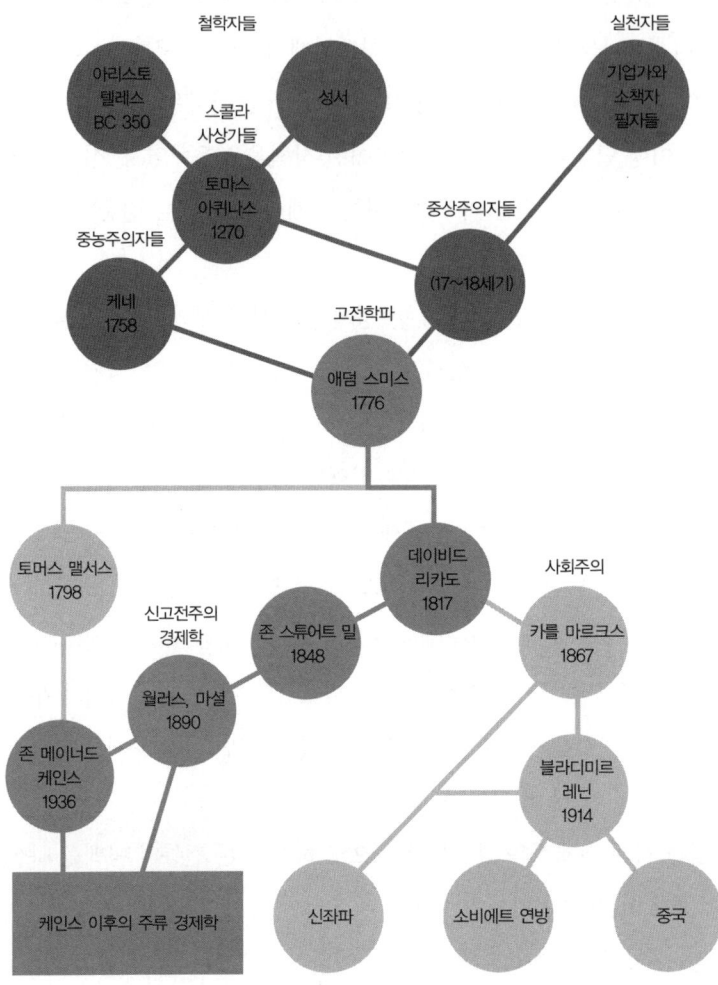

• 도표 3 • 지식과 생산에 기반을 둔 경제학

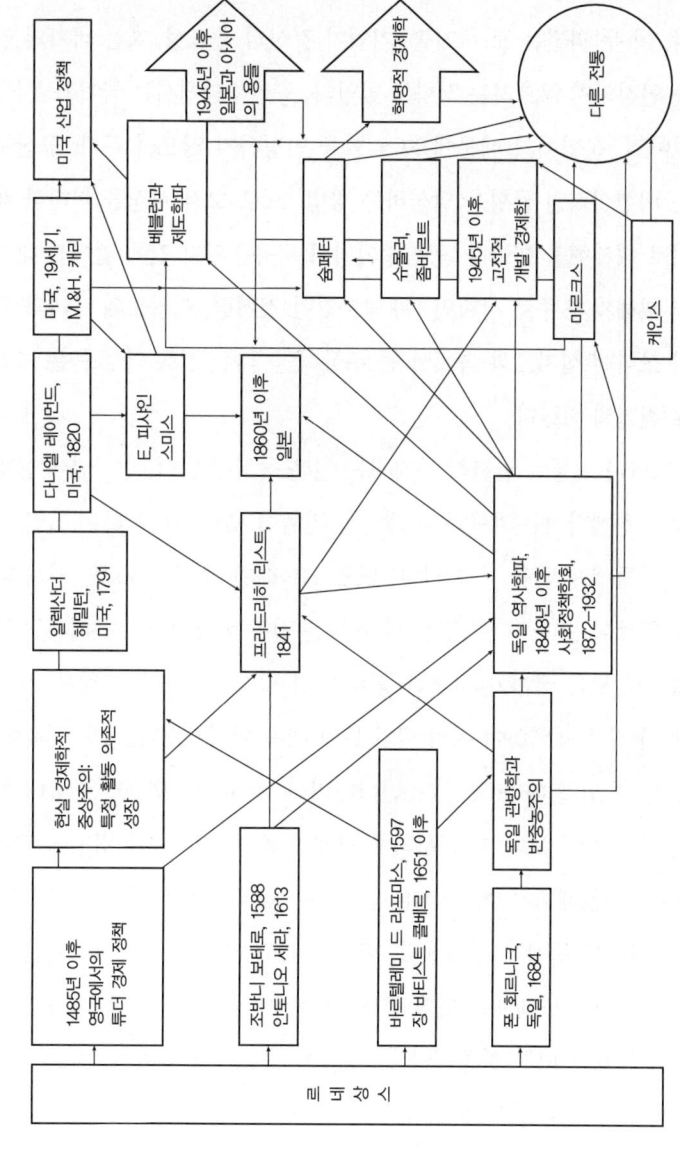

2 두 가지 서로 다른 접근법의 진화 **85**

카도에게로 거슬러 올라간다. 그러므로 냉전은 따지고 보면 리카도 경제학의 두 파벌 간의 내전이었다. 물론 다른 공통점도 여러 가지 있었다. 이 두 파벌은 모두 기술, 기업가 정신의 중요성, 혹은 국가의 역할을 인정하지 않으려는 경향이 있었다. 공산주의에서는 국가가 '시들어 없어질' 운명이기 때문에 그 역할을 인정하지 않으려 든다. 공산주의는 비현실적인 균형을 달성하는 방법[10]으로 그저 시장을 거대한 계산기로 대체했을 뿐이다. 공산주의자와 자유주의자 간에 벌어진 내전의 첫 피해자가 주로 사회민주주의자였던 것처럼, 리카도의 우파와 좌파가 쏘아댄 십자포화 속에서 덜 추상적인 '다른 전통'의 흐름은 그야말로 전멸해 버렸다.[11]

그러나 전통이 완전히 사라지는 일은 좀처럼 없다. 양극단에 실망한 많은 경제학자는 계속해서 대안을 만들어 냈다. 내가 하는 작업은 그런 이들에게 빚을 지고 있다. 도표 3은 대안 경제학 500년 역사의 계보를 보여 준다. '다른 전통'의 흐름은 빈곤을 벗어나 부유해지는 길을 걸어간 모든 국가가 선택한 중요한 경제 정책이었다. 영국은 1485년에 이 길을 채택하여 여러 세기 동안 계속 이어갔으며, 유럽 대륙이 재빨리 그 뒤를 따라 갔다. 스칸디나비아 국가들도 오늘날은 국내 시장이 워낙 작다 보니 자유 무역에 크게 의존하지만, 세계 경쟁에 뛰어들 준비가 될 때까지 (각기 시기는 달라도) 여러 세기 동안 같은 정책을 따랐다. 미국도 똑같이 행동했다. 미국은 1776년 독립 직후에 그 길을 채택하여 1820년대에는 가장 공격적으로 이 노선을 추구한 나라였다.

내 목표는 다른 전통이라 부르는 이론들을 짜 맞춰 한 치도 어긋남 없이 영원한 진리의 본보기로 보여 주려는 것이 아니다. 경제 정책에서의 '진리'란 늘 극도로 복잡한 현상이다. 현실 세계에서는 불확실한 조건하에서 시간이 오래 걸리고 여러 세대가 지날 수도 있는 극히 까다로운 교환 조건이 제시되기 때문이다. 어떤 정책 권고도 전적으로 상황과 구조적 문제에 달려 있으며, 그렇기 때문에 구체적 지식에 의존하는 것이다. 부록 2에는 다른 전통의 도서목록을 일반적인 경제학 교과서와 비교하고 있다. 경제학 전문가들에게는 어쩌면 이 표가 가장 매력적일 것이다.

국제 무역 이론가 빅터 노먼(Victor Norman)은 오늘날의 일반적인 경제학 교과서를 다음과 같이 간결하게 묘사한다. "과학으로서의 경제학에서 한 가지 좋은 점은 그것이 그저 하나의 사고방식일 뿐 실제 지식을 담고 있지 않다는 점이다."[12] 이 이론의 세계에 가끔씩 현실과 사실적인 지식이라는 불편한 요소가 끼어든다. 한 친구가 리카도의 이론이 사실과 어긋난다고 비난하자 그는 이렇게 대답했다. "그렇다면 사실이 훨씬 더 곤란해지겠군."[13]

앞에서 암시했듯이 리카도 경제학의 양극단은 다 어딘가 종교 비슷한 것으로 발전했다.[14] 냉전 시기 동안 유럽의 역사학파와 미국의 제도학파를 필두로 하는 현실에 바탕을 둔 경제학은 밀려났고, 사실상 종적을 감추었다. 리카도 경제학에서는 형식이 현실 관찰을 밀어내고 우선권을 차지했다. 일반적인 경제학 교과서는 전쟁 시나리오를 추상화하여 체스 게임을 만든 것과 같은 방식으로 경제 시나리오의 추상화로 창조되었다. 그러나 체스 규칙을 준수하는 것으로 이라크 전쟁이 끝나지 않는 것처럼 사실적인 지식에서 나오는 핵심 변수가 없는 경제 이론을 따르는 것으로는 세계의 빈곤 문제가 해결되지 않는다.[15]

다른 전통의 흐름에서 거시적 지식은 오로지 미시적 수준에서 무슨 일이 일어나는지를 상세하게 사실적으로 알아야만 얻을 수 있다. 이런 식으로 이해하려면 경제학자는 엘리베이터를 탄 것처럼 높고 낮은 수준의 추상화 사이에서 계속 오르락내리락해야 한다. 이것은 노먼이 앞에서 설명한 것과는 정반대 전략이다. 여기서 핵심은 연관성(relevance)이며, 연관성 있는 사실을 반영하는 한에서만 형식을 고려한다. '다른 전통'의 경제학은 도구 상자가 크기 때문에 관련 현실을 반영하는 도구를 모두 담을 수 있다. 그러나 오늘날의 일반적인 경제학에서는 수학과 분석 대상인 경제 자체보다는 분석의 엄밀성에 초점을 맞춘다. 다른 사람들도 그렇게 말한 바 있지만 전문가들의 도구 상자와 인센티브 시스템이 복합적으로 작용한 결과 모든 경제학자는 대체로 옳은 쪽보다는 엄밀하게 틀리는 편을 택하게 된다. 질적 이해에 관해서만 말한다면 이런 수학적 엄밀성은 사후경직처럼 심화되었다.

오늘날 빈국 문제에 대해 사용하는 추상적인 일반 이론은 다양성도 없고, 변수도 없고, 갈등도 분쟁도 교환 조건도 없는 세계를 가정한다. 그곳에서는 새로운 지식이 공짜이고, ('완벽한 정보'가) 하늘에서 내리는 만나처럼 지구상의 모든 사람에게 골고루 쏟아진다. 이 책이 경제학자만을 위한 책이라면 여기서 일반적인 경제학의 가정을 논해야 한다. 본질적으로 1880년대의 물리학을 토대로 모델링한 바로 그 가정 말이다. 그러나 모든 가정의 모태인 평등성 가정(equality assumption)에 집중하기 위해서라도 그런 특정한 가정은 간략하게 논의하고 그치기로 한다. 경제학 전문가들은 인간의 차이이든 경제 활동의 차이이든[16] 국가 간의 차이이든 모든 차이를 인정하지 못하겠다는 태도를 취했다. 그들은 연관성을 버리고 단순성을 택한 것이다. 이로써 경제학은 계몽주의 시대에 태어난 근대 과학의 특징이라 할 수 있는 범주 만들기와 분류학을 통하여 세계를 조직하는 기술을 잃어버렸다. 이제 리마의 슬럼가에 사는 열두 살짜리 소년의 구두닦이 가게와 마이크로소프트 사를 질적으로 구별할 요소는 모두 사라져 버렸다. 결국 빌 게이츠(Bill Gates)와 미국이 구두닦이 소년과 그의 모국 페루보다 왜 더 부유한지에 대한 설명도 모두 없어져 버렸고, 구두닦이 가게와 마이크로소프트 사는 '대표적 기업(the representative firm)'으로 평균이 되었다. 기본 모델에다 옵션 기능을 추가하면 모델 제작자들은 만족해할지 모른다. 실제로 그런 모델도 많이 있다. 하지만 이렇게 접근하는 것으로는 일반 대중으로부터 정책 변화를 끌어내기 위해 필요한 이해를 얻어 낼 가능성이 별로 없다.

'완벽한 정보'라는 핵심 가정은 인류가 모두 똑같은 개인들, 로베르트 무질(Robert Musil)의 소설에 나오는 '특성 없는 남자'의 복제판 집단이라는 사실을 의미한다.[17] 19세기의 독일 경제학자들이 주장했듯이 이런 이론에서 이루어지는 수량화는 품질이 전혀 개입되지 않은 양, 기술이 전혀 없는 노동과 자본을 한데 합친다는 의미이다. 일반적인 국제 무역 이론이 그토록 자랑스럽게 도달한 결론, 즉 세계 무역이 '요소 가격 균등화'를 이룰 것이라는 결론은 사실상 그 이론 자체에 미리 내재되어 있는 기본 가정이다. 모든 요소가 균등하고 동일하며, 결과의 평등 이외에 다른 것을 만들어 낼 수 없도록 이론 속에 이미 정해져 있는 것이다.

20세기의 경제학 발전이 이룬 결과 하나는 시간(역사)과 공간(지리)이라는 중요한 차원이 사라졌다는 점이다. 경제학의 세계는 시간과 공간과 갈등이 없는 동화의 세계, 자동적이고 무시간적인 조화의 세계, 참나무를 베어 넘기는 데 드는 시간과 그 나무가 거목으로 자라는 시간이 똑같다고 상정하는 세계가 되었다. 이런 고도의 추상화가 낳은 결과 중 하나는 일어나지 않는다고 가정한 일들이 거듭 일어난다는 것이다. 그 한 예가 아시아 금융 위기(Asian Financial Crisis)이며, 또 하나의 예가 일부 국가가 세계화 속에서 더 가난해지는 현상이다.

빈국에게 적용된 오늘날의 일반적인 경제학은 (일부 경제 활동에서 생산량이 증가할 때 생산비가 하락한다고 하는) 수확 체증, (경제 활동이 다양해짐에 따라 변화 가능성이 많은) 기술 변화, (복합적으로 작용하여 우리가 경제 발전이라 부르는 구조 변화를 창출하는 누적적 인과 관계나 반응을 만들어 내는 요소인) 시너지를 인식하는 데 실패하고 있다. 무엇보다도 그와 같은 이론적 접근법은 다양성과 이질성을 허용하지 않는다. 나는 위에서 든 요소들의 결과로 경제 성장은 특정 활동 의존적(activity specific)이 된다고 주장한다. 경제 성장이 어떤 경제 활동에서는 일어날 수 있지만 다른 활동에서는 일어나지 않는다는 뜻이다. 이런 요소는 경제학자들이 다루는 '토이 모델(toy model)'이나 심지어는 워싱턴 기관들이 개발한 모델에도 있을 수 있다. 그러나 '과학적 방법'을 잘못 알고 있기 때문이겠지만 일반적인 경제학은 특별한 경우 외에는 현실의 요소를 한 번에 하나씩만 받아들인다.[18] 현실 세계의 다른 면들은 자기 차례가 올 때까지 밖에서 기다려야 하며, 그것도 각기 따로따로 고려 대상이 된다. 따라서 경제학자들의 도구 상자에 있는 핵심은 늘 물리학에 기초한 도구로 이루어지며, 그 결과 일반적인 이론과 일반적인 정책이 항상 주도권을 잡게 된다. 이에 대해 '다른 전통'은 빈부의 역학(力學)을 이해하기 위해 물리학을 토대로 한 모든 가정을 한꺼번에 폐기하라고 요구한다.

수확 체증은 완벽하게 이해하지 못하더라도 활용할 수 있는 원리이다. 앞에서 말했듯이 두통을 치료하기 위해 버드나무 껍질을 씹고, 괴혈병을 예방하기 위해 감귤류 과일을 먹는 것이 그런 경우이다. 역사를 거슬러 올라가 보면 유럽 인들은 제조업이 부를 창출하는 효과가 있다는 사실을 굳이 수확 체증과 관련짓지 않고서도 이미 알아차렸다. 상식은 과학에 앞선다. 과거 영국의 경제학자 에드워드 미셀든(Edward Misselden)은 1620년대에 이렇게 말했다. "예전에는 그것을 감각으로 알았지만 이제는 과학에 의해 안다." 수확 체증 원리는 보통 애덤 스미스의 유명한 핀 공장에서 유래했다고 알려져 있다. 언제나 그렇지만 애덤 스미스 이전에 일어난 일은 무시되는 것이다. 경제학이라는 이름의 기원이 된 『오이코노미코스(Oeconomicus)』를 쓴 크세노폰(Xenophon, BC 427~355년경)은 『포로이(Poroi)』에서 체계적으로 수확 체증에 대해 묘사했다. 슘페터가 "경제 원리와 정책에 관한…과학적 논문을 쓴 최초의 인물"[19]이라고 언급한 세라는 1613년에 수확 체증과 그것이 만들어 내는 부의 선순환을 애덤 스미스가 1776년에 말한 것보다 훨씬 더 명료하게 서술했다. 독일의 경제학자 에른스트 루드비히 카를(Ernst Ludwig Carl, 1682~1743)은 세 권짜리 저서에서[20] 수확 체증 현상을 애덤 스미스가 나중에 사용하여 유명해진 바로 그 핀 공장을 예로 들면서 설명했다.

수확 체증은 세라에 의해 부를 창출하는 메커니즘의 핵심으로 밝혀진 이후 경제 사상사에서 격동의 생애를 보냈다. 세라는 1613년에 총독에게 자신의 구상을 소개할 기회를 얻었지만 조롱만 당하고 다시 감옥에 갇혔으며, 아마 몇 년 안 되어 그 안에서 죽은 것 같다. 그러나 1750년대에 이르러 독일 최초의 경제학 교수 제노베시가 세라의 구상을 되살려 냈다. 나중에 농업에서 보이는 이와 정반대 현상인 수확 체감을 중심으로 경제 이론을 구축한 토마스 로버트 맬서스(Thomas Robert Malthus, 1766~1834)와 그의 친구 리카도는 수확 체증 개념을 완전히 포기했지만 말이다. 1840년대와 1850년대 들어 독일의 두 경제학자 리스트와 빌헬름 로셔(Wilhelm Roscher, 1817~1894)는 1803년에 새로 출판된 세라의 저서를 언급하면서 수확 체증을 정책과 이론 두 측면에서 다시 무대에 세웠다. 신고전주의 경제학의 창시자 알프레드 마셜도 수확 체증을 계속 언급하지만[21] 그것은 나중에 신고전주의 이론에서 사라졌다. 수확 체증 원리는 1920년대에 미국에서 다시 부활했고, 1923년에 프랭크 그레이엄(Frank Graham, 1890~1949), 1928년에 앨린 영(Allyn Young, 1876~1929)의 중요한 논문에서 거론되었으나 1930년대 들어서 또 다른 미국 경제학자 제이콥 바이너(Jacob Viner, 1892~1970)에 의해 균형 상태와 양립할 수 없다는 이유로 다시 폐기되었다. 1980년대에 크루그먼은 수확 체증 개념을 국제 무역 이론에 재도입했으나 자그디시 바그와티(Jagdish Bhagwati)가 대가의 권위를 담아 그 타당성을 "이상 과열 현상에 크루그먼의 철없는 항복"[22]이라고 평하는 바람에 철회되고 말았다.

정치적으로 보면 수확 체증 원리는 뜨거운 감자이다. 애덤 스미스와 (이따금) 크루그먼처럼 모든 경제 활동이 수확 체증 원리에 따른다고 가정하면 자유 무역을 지지하는 훨씬 더 나은 논리가 나온다. 그 이유는 4장에서 설명하겠다. 반면에 일부 활동(농업)은 수확 체감에 속하는 데 비해 세라, 그레이엄, (이따금) 크루그먼이 그랬듯이 다른 활동(제조업과 고급 서비스업)은 수확 체증에 따른다고 가정하면, 우리는 빈국이 왜 산업화해야 하는지를 명쾌하게 설명해 주는 이론을 얻을 수 있다(부록 3 참조). 1850년대 이후에 수확 체증 원리는 유럽 대륙을 산업화하는 주요 논리로 사용되었다.

지난 20년간 수확 체증은 연구 주제로 눈에 띄게 부각되었다. 그러나 수확 체증에 대한 논의는 위에서 든 '평등성 가정'을 거의 벗어나지 못하고 있다. 서로 다른 산업에서 어느 정도의 규모에 이르게 해 주는 대단히 다양한 '기회' 역시 자주 언급하지 않는다. 또 애덤 스미스의 핀 공장에서 볼 수 있는 기술 수준과 소득 전망의 차이도 별로 거론하지 않는다. 경제학은 수확 체증 원리를 재발견했는지는 모르나 이런 인식을 실제 세계의 다양성 및 이질성과 결합하기를 꺼리는데, 이는 불균등 발전을 설명하기 위해 수확 체증 개념을 활용할 수 있는 여지를 차단해 버린다.(수확 체증 원리를 누가 재발견했는지에 관한 공적을 놓고 미국 복잡계 경제학의 대표 주자 브라이언 아서Brian Arthur, 크루그먼, 신성장 이론의 개척자 폴 로머Paul Romer는 내놓고 경쟁하고 있다.[23])

컴퓨터 기본 설계에 기여한 것으로 잘 알려진 찰스 배비지(Charles Babbage, 1791~1871)는 베이컨적 사고방식을 가지고 실제로 영국의 핀 공장에 들어가 보고 나서 그곳 노동자들의 임금에 관한 자료를 남겨 놓았다.[24] 핀을 희게 도금하는 사람의 일당은 6실링인데 비해 철선을 곧게 펴는 사람의 일당은 고작 1실링이었다. 여기서 수확 체증과 특화라는 개념을 통해 경제 성장이 왜 그토록 불균등해지는지를 엿볼 수 있다. 세계화가 빚어 낸 위험은 생산의 가치 연쇄가 다음과 같은 방식으로 깨어진다는 데에 있다. 고숙련도의 일자리, 즉 여기서는 핀의 도금 같은 일은 부국이 모두 차지해 버리고 철선을 곧게 펴는 것 같은 활동만 빈국들에게 나누어진다는 것이다. 빈국은 부국이 더 이상 기계화하지 않거나 혁신할 수 없는 경제 활동을 특화하고, 그런 다음에는 늘 혁신이 부족하다고 지적당한다.

워싱턴 기관들이 일반적인 경제학 교과서의 결론을 (대부분 빈국인) 자기들 영향권하에 있는 나라들에게 강요하는 것은 실제 현실이다. 결정적으로 관련 있는 요소들을 배제함으로써 발생하는 피해는 각 국가가 처한 상황에 따라 다르다. 그러나 지극히 추상적인 경제 이론을 독점하는 탓에 치러야 하는 비용을 현실에서는 대개 빈민들이 떠안게 된다. 급속한 기술 진보가 이루어진 분야의 제품을 수출하는 나라의 경우 주류 경제 이론이 이런 요소를 다루지 않는다고 해도 수확 체증과 중요한 국가적 시너지를 이루는 데에는 별 피해가 없다. 그런 요소들을 현실에서 갖고 있기 때문이다. 문제는 그 같은 결정적 요소를 가지고 있지 않은 분야, 다시 말해 기술 변화, 수확 체증, 시너지가 없는 분야의 제품을 수출하는 빈국들이 손해를 입는다는 것이다. 더군다나 신체적으로 큰 힘이 필요한 일은 힘센 사람이 아니라 힘없는 사람만 다치게 한다. 나중에 보겠지만 자유 무역을 소개하는 훌륭한 논리는 많다. 그러나 리카도의 논리는 훌륭한 논리가 아니다. 리카도와 그의 무역 이론은 아무런 피해를 입지 않는 부국에 관해서는 원인은 틀렸더라도 옳은 결과를 내놓지만, 빈국에게는 처음부터 그냥 틀린 것일 뿐이다.

슘페터는 자신이 '리카도 식 악덕(Ricardian Vice)'이라 부른 것 때문에 경제학이 어려움에 처했다고 주장한다. 경제 이론을 아무런 경험적 토대 없이 선험적 가정에 따라 구축한다는 것이다. 이쯤 해서 우리는 여기에다 '크루그먼 식 악덕(Krugman Vice)'이라는 것을 보탤 수 있다. 일반적인 이론보다 현실 세계를 더 잘 설명하는 이론을 개발해 놓고서도 실제 정책에서는 활용하지 않는 이론과 현실이 따로 노는 태도 말이다. 또 1974년도 노벨상 수상자인 스웨덴의 군나르 뮈르달(Gunnar Myrdal, 1898~1987)이 '기회주의적 무지'라 부른 것을 추가할 수도 있다. 경제학의 '과학적' 가정들이 정치적 목적을 달성하기 위해 조작되는 세계에 우리가 살고 있다는 것이다. 유럽공동시장(European Common Market,

ECM)은 수확 체증이 부를 증대하리라는 것(1988년의 체치니 보고서Cecchini Report)을 전제로 하여 가입국들을 끌어들였다. 바로 그 정치가들이 아프리카와의 무역을 위한 이론이 필요해지자 리카도를 골라잡았는데, 그것이 바로 수확 체증은 존재하지 않는다고 가정하는 이론이다. 차라리 정치가들이 그 가정을 거꾸로 적용하는 편이 나았을 뻔했다. 아프리카가 (수확 체증이 있는) 자체 산업을 건설해야 하고, 유럽에는 수확 체증은 존재하지 않으니 단일 시장은 훨씬 더 무의미할 것이라는 이론을 사용할 수도 있었다는 말이다. 어떤 가정을 어떤 상황에서 사용해야 하는지 선택하는 문제는 결국 기득권과 정치력에 달려 있다. 미사여구와 현실 사이의 간극과 함께 경제학의 가정 조작은 빈국을 계속 빈곤한 상태에 방치하는 파워 게임에서 중요한 도구이다. 바로 경제학, 권력, 이데올로기가 서로 뒤얽히는 것이다.

경제 권력의 주요 원천인 기술과 수확 체증은 경제적으로 진입 장벽을 만든다. 기술과 수확 체증/체감의 분리를 국제 무역 이론에서 배제함에 따라 경제학자들은 권력을 잡은 국가의 기득권을 위해 유용한 바보/도구가 된다. 일단 이 이분법을 고려하면 세계화 추세에서 어떤 나라는 부유해지고 어떤 나라는 가난해질 것이다(부록 3 참조). 이런 현실에서 올바른 경제 활동을 특화하는 부국은 '힘을 사용하여 규모의 경제학'[25]을 발전시키고, '강압하는 능력'[26]을 키울 것이다.

1700년대 후반이 되자 영국의 경제 이론은 유럽 대륙의 이론과 다른 길을 걸었다. 1차 산업 혁명이 진행되는 동안 (세관 관리이기도 했던) 애덤 스미스는 세계 경제를 생산보다는 구매와 판매에 집중하는 '상업 사회'로 묘사했다. 그와 동시에 괴팅겐의 요한 베크만(Johann Beckmann, 1739~1811) 같은 유럽 대륙의 경제학자들은 부를 창출하는 기반으로서 생산, 기술, 지식에 대해 말하고 있었다. 스미스도 발명을 거론하기는 했지만 그의 이론에서 발명은 시스템 바깥에서 이루어지는 외래적인 요소였다. 생산, 지식, 발명은 스미스의 경제 이론에서는 자취를 감추는데, 이는 생산과 거래를 '노동 시간'으로 환원해 버리기 때문이다. 1817년에 리카도는 스미스의 뒤를 따라 어떤 질적 특성도 없는 '노동'을 가치의 척도로 보는 더욱 추상적인 이론을 만들어 냈다. 19세기 후반 들어 마르크스는 생산에 집중하는 독일 사회과학의 전통에서 자본주의가 만들어 낸 역동성과 사회 문제에 대해 글을 썼다. 그러나 불행히도 자본주의의 문제에 대한 해결책을 제시하는 지점에 오자 마르크스는 리카도의 노동 가치설에 손을 내밀었다. 이는 지식과 새로운 아이디어, 기술이 경제의 추진력이라고 보는 독일의 전통에서는 완전히 외래적인 요소였다. 마르크스의 선택은 리카도의 추상적 사고가 냉전 기간 및 그 이후 좌파에서 우파에 이르는 모든 정치 영역을 지배하게 되는, 장기적으로 매우 심각한 결과를 낳고 말았다. 냉전의 한복판에서 이 사실을 깨달은 니컬러스 칼도(Nicholas Kaldor, 1908~1986)는 "마르크스의 이론은 사실상 다른 옷을 입고 있는 리카도 이론의 단순화된 버전일 뿐"[27]이라고 썼다.

공산주의와 자유주의는 이렇게 하여 현실에 존재하는 사소한 것들 위에 우뚝 서 있는 추상적 이론 시스템으로서, 형제는 아니더라도 못해도 사촌 사이는 될 수 있었다. 두 이론은 모두 앞에서 '인간 정신과 의지의 자본'이라고 언급했던 내용, 즉 신지식, 혁신, 기업가 정신, 지도력, 조직 능력 등을 지니고 있지 않기 때문이다. 생산 과정이 동일한 노동 시간의 적용으로 축소되었으니 세계 경제 역시 이미 생산된 제품의 판매와 구매로 환원될 수 있었다. 인간의 행동도 이와 비슷하게 아무런 질적 특성도 없는 동일한 노동 시간을 공급하는 것으로, 또 소비자가 되는 것으로 축소되었다. 공산주의는 공급과 수요가 만나는 시장을 거대한 계산기로 대체할 수 있으며, 그렇게 하더라도 결과는 동일하다고 주장한다. 자유주의는 하이에크(Friedrich von Hayek, 1899~1992)를 포함하여 경제에서 균형 상태를 창출하는 기업가를 손에 넣었다. 이에 비해 진정으로 중요한 기업가, 즉 스스로를 혁신하여 균형 상태를 깨뜨리며 그로 인해 경제 성장을 창출하는 슘페터적 기업가는 간단히 공식화될 수 없었고, 따라서 시스템 밖에 방치되고 말았다.

리카도의 경제학이 누린 인기는 1840년대 중반에 첫 번째 고점(高點)에 이르렀다. 그러나 1848년에서 1871년 사이에 영국과 러시아를 제외한 유럽의 모든 대국에서 혁명으로 분출된 사회 문제들은 현명한 정책이 없으면 시장이 경제적 조화를 이루지 못한다는 사실을 여실히 보여 주었고, 1890년대에 이르면 정치적 좌파와 우파에서 리카도의 추상적 시스템이 모든 악의 뿌리였음이 분명해졌다. 수확 체감 원리를 제외한 모든 가정이 현실을 반영하지 못했기 때문이다.[28] 1890년대에 교육 받은 유명한 경제 사상가인 미국의 웨슬리 클레어 미첼(Wesley Clair Mitchell, 1874~1948)과 독일의 오트마 스판(Othmar Spann, 1878~1950)은 둘 다 영어 제목으로 옮기면 『경제 이론의 유형(Types of Economic Theory)』이라는 책을 썼다. 여기서 경제 이론은 여러 유형이 있으며, 추상적인 리카도 식 버전은 단지 하나의 선택지일 뿐이라고 밝혔다.

비(非)리카도 경제학이 20세기 전반 40년 동안 미국과 대륙을 지배해 왔음에도 불구하고 제2차 세계 대전 이후 거세진 수식화 풍조에 냉전 체제가 결합되면서[29] 다시 리카도 학설의 지배력이 부활했다. 1840년대와 마찬가지로 이때도 시장은 자동적인 조화의 산물로 받아들여졌고, 1840년대 들끓었던 혁명은 국민 국가 내에서의 사회적 불평등의 결과로 인식되었다. 그리고 오늘날 비슷한 사회 문제가 생겼는데, 이번에는 문제가 발생한 주 무대가 한 국가 안이 아니라 국가들 사이라는 것만 다를 뿐이다.

경제학자들은 공산주의의 계획 경제와 신자유주의 간의 밀접한 관계 덕택에 정치적으로 좌파 리카도주의자에서부터 우파 리카도주의자까지 양극단으로 옮겨 다니기가 쉬워졌다. 리카도의 학설이 경험을 토대로 하는 경제학에 대항하여 좌파와 우파가 연대한 공동 전선을 형성할 수 있었던 것은 그 덕분이었다. 이것이 바로 사회를 결속해야 할 필요와 혁신에 대한 요구를 아우르는 유럽연합(EU)의 리스본 전략(Lisbon Strategy)• 이 직면한 문제에 대한 설명 중 하나이다. 리스본 전략을 구성하는 이 두 기둥은 일반적인 경제학 교과서와는 완전히 이질적인 것이었던 만큼 엄청난 저항에 부딪혔으나, 점차 약화되면서 좀 더 공존 가능한 형태가 되었다. 미국의 상황은 이와 다르다. 미국에서는 수사학과 현실 간의 간극이 더 크기 때문에 오히려 교과서 경제학의 방해를 덜 받은 채 적극적인 산업 정책을 펼 수 있었다.

경제학이라는 직업을 생산의 한 분과로 놓고 분석해 본다면 정상적이라 볼 수 없는 현상이 무수히 눈에 띨 것이다. 하나는 '일차적 인센티브 시스템'이라 말할 수 있는 것으로, 새뮤얼슨이 여러 해 전에 『뉴욕 타임스(New York Times)』와의 인터뷰에서 지적했듯이 "경제학자는 자기 동료들의 갈채를 받기 위해 일한다."[30]라는 점이다. 이와 달리 의학 같은 과학에서는 그런 갈채도 필요하지만, 회복되거나 악화되는 환

• 2000년 리스본 유럽연합 정상회담에서 채택된 2010년까지 유럽의 공동 미래 성장 전략. 유럽연합 차원에서 경제 성장과 일자리 창출을 촉진하고, 궁극적으로는 세계 시장에서의 경쟁력을 높이는 것을 목적으로 한다.

자라는 현실로부터 오는 피드백이 그런 갈채에 균형을 맞출 수가 있다. 또 하나의 비정상적인 현상은 모든 발전이 지나치게 경로 의존적이라는 점이다. 이 세계의 빈민들 관점에서 보면 그 발전이 진보일 수도 있고 퇴보일 수도 있는데도 그렇다. 최근 들어 여러 세대에 걸쳐 경제학 자체는 그런 경로 의존성을 포함하지 않도록 수학적 저항이 최소인 길을 걸어왔다. 세 번째로 토머스 쿤(Thomas Kuhn), 칼 포퍼(Karl Popper), 그 밖의 여러 사람이 지적했듯이 '정상 과학(normal science)'은 주어진 틀 안에서 진행하다가 그 안에서 선택지가 다 막히면 급격한 패러다임 변화가 일어난다. 하지만 경제학이 특이한 점은 상이한 접근법 두 가지가 동시에 나란히 존재하는 것처럼 보인다는 데에 있다. 미국의 경제학자 케네스 애로(Kenneth Arrow)가 쓴 은유를 빌려 말하자면 '다른 전통'의 흐름은 "몇 십 년 만에 한 번씩 지표 위로 솟아오르는 지하 하천처럼 움직인다." 이처럼 두 전통이 나란히 존재한다는 사실에서 우리가 앞에서 언급한 바 있는 기회주의와 가정 조작의 무대가 마련된다. 즉 대외용의 고매한 이론과 국내용의 더 실용적인 이론이 공존하는 것이다. 더 큰 그림을 보면 경제 분석에서 두 유형은 번갈아가며 유행한다. 프랑스의 경우는 1760년대, 유럽 전체로 보면 1840년대, 전 세계적으로는 1990년대 같은 몇몇 시기에 지극히 추상적인 사고방식이 휩쓸었으며, 그럴 때마다 그로 인해 치러야 하는 사회적 대가는 엄청났다.

어떤 도구를 선택하면 그와 관련된 내적 논리가 뒤따르게 마련이다. 마크 트웨인(Mark Twain)이 말했듯이 "우리 손에 있는 것이 오로지 망치뿐이라면 모든 문제는 나사못처럼 보이기 시작한다." 경제학이 '수식화'되는 방식은 리카도의 시스템에 이미 내재해 있던 취약점, 즉 빈부를 결정하는 주요 요인인 현실의 여러 면모를 다루지 못하는 무능력을 더욱 심화시킨다. 독일 철학은 숫자와 기호로 환원시킬 수 없는 질적 이해를 가리키는 말로 '이해(verstehen)'라는 단어를 쓴다.[31] 철학자 한스 게오르그 가다머(Hans-Georg Gadamer, 1900~2002)는 이런 식의 이해가 인간이란 무엇인가 하는 물음의 본질에 가까운 것이라고 설명한다. 우리가 어떤 사람을 오로지 계량화할 수 있는 것, 말하자면 키, 몸무게, 체내 수분과 광물질의 비율에 의해서만 이해하려 든다면 그 외의 다른 중요한 특징은 놓치게 된다. 사실 이렇게 순전히 양으로만 계산된 이해에 따른다면 인간과 커다란 해파리 사이의 차이는 그저 수분 이외의 것이 각각 몇 퍼센트인가를 기준으로 하여 논할 수도 있을 것이다. 경제학자가 사회를 전적으로 수량과 기호에 의해 지배받는 식으로 처리하려 할 때도 이와 비슷한 일이 일어난다. 수학을 너무 자주 활용하면 질적 이해는 들어설 자리가 없기 때문이다. 계몽주의는 우리 주위의 세계를 더 잘 이해하기 위해 분류 체계, 즉 분류학을 만들어 냈다. 척추동물, 무척추동물 등의 범주를 만들어 낸 것은 원래 해파리와 인간을 구별하기 위해서였다. 그러나 경제학에는 그런 분류학이 없는 것이나 마찬가지이다. 경제학의 정확성은 일체의 분류학이 결여된 상태, 관찰 가능한 차이를 관찰하고 분류하려는 체계적인 시도가 없는 상태를 토대로 구축되었다. 예를 들어 수확 체증과 수확 체감같이 일단 하나 이상의 이론이 동시에 도입되고 나면 경제 이론은 평등과 조화가 아니라 불평등과 부조화를 만들어 낸다.

   루트비히 비트겐슈타인(Ludwig Wittgenstein)이 주장했듯이 수학에는 자기 지시적인 경향이 있다. 알베르트 아인슈타인(Albert Einstein)도 수학을 사용하는 것에 관해 똑같이 회의적으로 말한 바 있다. "수학이 현실에 관해 발언할 때는 확실하지 않고, 확실한 언급일 때에는 현실에 관한 것이 아니다." 경제학에서 일반적으로 사용되는 수학의 경우 현실과 관련해서는 내면을 바라보는 '자폐적' 관계를 형성한다. 국제무역 이론에서는 결론이 가정에서 곧바로 도출된다는 주장도 나올 수 있다. 행위자와 투입물이 모두 동질적이고 상황에 대한 고려가 전혀 없는 시스템은 반드시 동일한 결과를 낳게 마련이다. 나는 경제학이 왜 당연히 경제적 조화를 만들어 내는가 하는 데 대한 설명이 바로 여기에 있다고 생각한다. 결론이 이미 가정 속에 들어 있기 때문이다. 오늘날의 경제학에 반발하는 프랑스의 경제학도들이 이 점에 주목하여 재미있는 방식으로 '자폐증 이후의 경제학(post-autistic economics)' 운동을 시작했다.[32]

그러므로 현 상황의 경제학에 대한 불만은 분명히 커지고 있다. 이 분야의 유명한 역사가 마크 블로그(Mark Blaug)가 한 다음과 같은 분석은 거의 대세가 되고 있다.

> 근대 경제학은 '병들었다.' 경제학은 점점 더 실질적인 결과를 내기 위해서가 아니라 자족적인 목적을 위해서 하는 지적 게임이 되고 있다. 경제학자들은 점차 그 주제를 일종의 사회 수학으로 바꾸어 간다. 거기서는 수학과에서 이해하는 것 같은 분석적 엄밀성이 전부이며 (물리학과에서 이해하는 것 같은) 경험적 관련성은 아무것도 아니다. 어떤 주제를 형식적 모델화를 통해 다룰 수 없다면, 그것을 그저 지적 하급 세계로 보내 버린다.[33]

바로 이런 자가당착적이고 현실에 문을 닫아거는 내향적 태도가 학계 인사나 학자들의 등록상표였다. 덴마크와 노르웨이에서 자란 사람이라면 자기 나라에서 최고로 위대한 작가(이자 경제학자)인 루드비그 홀베르그(Ludvig Holberg, 1684~1754)가 당대 과학이 지닌 학자연하는 특징을 두고 조롱한 이야기를 알고 있을 것이다. 홀베르그는 수도 출신의 한 유식한 젊은이로 하여금 가난하고 겁에 질린 한 시골 여성이 실제로는 돌이라는 것을 증명하도록 만든다. "돌은 날 수 없다. 닐리 아주머니는 날 수 없다. 그러므로 닐리 아주머니는 돌임에 틀림없다." 『걸리버 여행기』에서 조너선 스위프트(Jonathan Swift, 1667~1745)도 비슷한 식으로 과학을 조롱한다. 20세기 초반인 1926년 덴마크 경제학자 버크(L.V. Birck)는 같은 문제가 다시 스며들었다는 것을 깨닫고, "현대의 학술주의(Modern Scholasticism)"라는 제목의 논문을 썼다.[34]

추상 수학을 처음 경제학에 도입한 것은 1700년대 중반 이탈리아 경제학자들이었다. 그들은 초반에 열정적으로 달려들었으나 굳이 경제 분석에 수학을 보태지 않아도 문제가 갈수록 복잡해진다는 것을 알고 나서는 이 시도를 포기했다. 1752년 수학자 이냐치오 라디카티(Ignazio Radicati)는 한 경제학자 친구에게 이렇게 경고했다. "학자들이 철학에서 했던 일을 정치경제학에서 다루게 될 걸세. 문제를 점점 더 불가사의하게 만들다가 어디에서 멈추어야 할지 모르게 되는 거지."[35] 오늘날의 경제학자들은 약간은 순진하게 수학을 '중립적'인 도구로 보는 경향이 있다. 그들은 도구의 선택이 선택자의 시각에 엄청난 영향을 끼친다고 말한 마크 트웨인의 속내를 이해하지 못하고 있는 것이다.

나는 수량화와 수학을 반대하려는 것이 아니다. 다만 수학이 경제학을 하는 데 있어 공인된 유일한 방식이라는 견해에 반대하며, 질적 분석을 이론 경제학에 다시 도입할 여지를 달라고 요구하는 것이다. 세계에 대한 양적, 질적 이해는 상호 보완적이다. 문제는 빈부로 양극화된 세계를 만들어 내는 거의 모든 요인은 질적 차이를 이해해야만 다룰 수 있다는 점이다. 경제학자들은 아프리카에서 쓰는 스와힐리어로 온갖 종류의 눈에 관한 논문을 쓰려고 할 때와 같은 식의 장애를 겪고 있다. 눈을 다룰 때에는 북극권에 사는 사미 족이나 이누이트 족의 언어가 훨씬 더 나은 소통 매체가 아니겠는가. 계몽주의 철학자들이 맞서 싸우던 스콜라 학자들처럼 경제학자들은 비효율적인 언어를 골라 버렸다. 상식에 반하는 통념으로 퇴보할 가능성이 있는 언어, '닐리 아주머니는 돌이다.' 따위의 언어 말이다.

일반적인 경제학 교과서가 그렇듯이 극단적인 형태의 스콜라주의는 또 상식과 직관에 상충되는 사실을 '증명'하기도 한다. 자유 무역하에서 요소 가격 균등화가 이루어진다는 새뮤얼슨의 주장은 경제학에서 직관에 반하는 학술주의의 좋은 예이다. 미국의 경제학자 맥클로스키(Deirdre McCloskey)는 반직관적인 명제를 증명하는 일반적인 경제학을 아주 명쾌하게 비판한다. 맥클로스키가 사용한 예는 철도가 국내총생산(GDP)을 2.5퍼센트밖에 올리지 못했으므로 운하에 비해 미국 발전에서 중요하지 않다는 노벨상 수상자 로버트 포겔(Robert Fogel)의 '증명'이다. 1971년에 로버트 하일브로너는 "경제학은 의미가 있는가?"라는 질문을 던졌는데, 이 질문에 대한 답은 점점 더 '아니'라는 쪽으로 기울고 있다.

1장의 첫머리에 실려 있는 토머스 쿤의 인용문으로 돌아가 보면, 주류 경제 패러다임에는 경제 발전을 본질적으로 불균등한 과정으로 만드는 가장 중요한 요소를 한꺼번에 포착할 수 있는 도구가 없음을 알게 된다.

두 종류의 경제 이론과
세계화에 대한 두 가지 이론

여기서 논의되는 두 가지 광범위한 유형의 이론은 세계화에 대해 서로 다른 관점을 내놓는다. 실제로도 노벨 경제학상 수상자 두 명이 세계화가 이루어지면 세계의 소득이 어떻게 될 것인지에 관해 크게 상충하는 이론을 내놓은 바 있다.

새뮤얼슨은 신고전주의 경제 이론의 일반적인 가정에 근거한 첫 번째 유형의 이론에서 제약 없는 국제 무역이 '요소 가격 균등화'를 이루어 낼 것이라고 수학적으로 '증명'했다. 이는 본질적으로 노동과 자본 등의 생산 요소에 지불된 가격이 전 세계에서 동일하게 될 것이라는 뜻이다.[36]

이에 비해 스웨덴 경제학자 뮈르달은 폭넓게 말해 '다른 전통'이라 불리며 대안의 전통을 따르는 두 번째 유형의 이론에서 세계 무역은 빈국과 부국 사이의 기존에 있던 소득 격차가 더 크게 벌어지는 쪽으로 진행될 것이라는 견해를 밝혔다.

세계은행과 국제통화기금(IMF)이 강제하는 경제 정책의 토대인 워싱턴 컨센서스는 철저하게 새뮤얼슨이 제시한 이론에 기초하여 구축되었다. 그러나 1990년대의 상황은 새뮤얼슨의 생각과 격렬하게 충돌하며 뮈르달의 주장을 뒷받침해 주었다. 부국은 전반적으로 부국들끼리 뭉쳐 클러스터를 이루는 데 비해 빈국은 빈곤을 향해 모이며, 그들 사이의 간극이 더 벌어지고 있기 때문이다. 새뮤얼슨의 이론은 부국들 내부에서 벌어지는 일을 설명할 수 있으며, 뮈르달의 이론은 부국과 빈국들 사이의 상대적인 부의 변화를 설명할 수 있는 것으로 보인다. 이미 수확 체증 원리에 따라 비교 우위를 점한 나라들에는 새뮤얼슨의 이론이 그리 해가 되지 않는다. 그러나 산업화 정책이라는 필수 단계를 자체적으로 거치지 못한 나라들에게 새뮤얼슨의 이론은 지극히 해롭다.

뮈르달이 제안한 유형의 이론은 오늘날 거의 사라져 버리고, 간혹 단발적으로만 존재하거나 신고전주의 경제학에 얽매여 '신제도주의 경제학(New Institutional Economics)'이라는 전도된 형태로만 존재할 뿐이다. 원형 그대로의 뮈르달 이론은 오늘날 대표적인 대학교의 경제학과에서는 좀처럼 가르치지 않는다. 따라서 경제학자 집단은 부국과 빈국의 관계를 이해해야 할 때 뮈르달이 새뮤얼슨보다 더 나은 도구를 제공할 수 있다는 사실을 인정하기를 대단히 싫어한다.

세계 발전에 대한 대강의 윤곽만을 다루는 새뮤얼슨 식 이론은 각 그룹의 국가들 내부에서 이루어지는 발전을 예견하는 데에는 상당히 성공했다고 주장할 수 있다. 부국들은 골고루 부유해지는 경향이 있는데 비해 빈국들은 똑같이 빈곤해지는 쪽으로 수렴되는 듯하기 때문이다. 그 결과 중간 수준의 부국이나 중간 소득 국가들은 사라지고, 양극에 있는 빈부 두 그룹은 뮈르달이 예언했듯이 산포도(散布圖)에서 서로 뚝 떨어져 군집 형태로 존재한다.

오늘날 신고전주의의 표준 이론으로 대표되는 물물교환과 거래를 기반으로 하는 이론에서 경제는 그냥 내버려 두면 경제적 조화를 창출하는 기계일 뿐이다. 따라서 오늘날은 금융과 통화 변동성에만 초점을 맞춘다. 이 이론에서 경제 성장을 일으키는 신지식, 신기술, 시너지, 내부 기간 시설 등의 요소는 이론 밖으로 내몰리든가 '대표적 기업'과 같이 평균을 구하는 추상적 탐구를 하는 동안 사라져 버린다. 그러나 생산에 기초를 두는 이론에서는 이와 정반대 현상이 벌어진다. 생산을 중시하는 이론에서는 금융과 통화 변동성은 그 이론의 주요 관심사, 즉 한 국가의 생산 능력을 구축하는 데 필요한 발판이 될 뿐이다. 설사 석기 시대 지식 수준을 벗어나지 못한 나라가 있다 하더라도 세계화가 모든 나라에 똑같이 이로울 것이라고 일반적인 이론(standard theory)이 결론을 내리는 까닭은 바로 위에서 언급한 생산 능력과 관련된 요인들을 무시하기 때문이다. 그 경우 발전은 '지식의 모방과 동화'가 아니라 '자본의 축적'으로 간주되기 쉽다.

두 경제 이론의 차이는 심각하다. 그 차이는 인간의 가장 근본적인 특징과 인간의 가장 근본적인 활동을 정반대로 보는 두 이념이 낳은 결과이다. 애덤 스미스와 링컨은 인간 본성에 대한 이런 두 가지 상이한 견해 및 그것에서 비롯된 경제 이론을 깔끔하게 정의했다.

먼저 '물물거래 이론'은 애덤 스미스의 『국부론』에 나온다.

> 노동 분업은…어떤 물건을 싣고 가서 다른 것과 맞바꾸고 거래하려는 인간 본성에서 비롯된다. 그런 성향은 인간에게는 모두 있으나 다른 동물 종에서는 찾아볼 수 없다. 다른 동물은 이런 사실이나 계약이라는 행위를 알지 못하는 것 같다. …개가 다른 개와 공정하게 논의하고 깊이 생각한 끝에 뼈다귀 하나를 다른 뼈다귀와 맞바꾸는 일은 지금껏 아무도 본 적이 없다.

링컨은 1860년에 있었던 대통령 선거전에서 행한 연설에서 '생산과 혁신을 토대로 하는 이론'을 이렇게 설명했다.

> 비버는 집을 짓습니다. 하지만 그들은 5000년 전에 하던 것보다 더 낫게, 혹은 그것과 다르게 짓지 않습니다. 인간이 노동하는 유일한 동물은 아닙니

다. 하지만 인간은 자신의 노동을 개선하는 유일한 동물입니다. 이런 개선은 발명과 발견을 통해 이루어집니다.

인간의 근본이 되는 경제적 특징에 대한 이런 두 가지 다른 전망은 여러 경제 이론과 경제 정책을 제안하는 것으로 이어진다. 사실 애덤 스미스가 발명을 말하기는 하지만, 그것은 경제 시스템 밖의 어딘가로부터 오며(외래적인 것들), 공짜로 주어진 것(완전한 정보)으로 받아들이고, 모든 사회와 개인들에게 동시에 영향을 미친다. 이와 똑같은 방식으로 혁신과 신기술도 자동적으로, 또 아무 책임 없이 보이지 않는 손에 의해 창출된다. 즉 오늘날의 경제 이데올로기에 따르면 '시장'이라고 하는 것이다. 보통 현대 정치에서 좌우 양극에 있는 것으로 알려진 링컨과 마르크스가 애덤 스미스의 인간관에 반대한다는 점에서는 완전히 일치한다는 사실은 주목할 만하다.

이 두 이론은 인류의 기원에 대해서도 완전히 다른 주장을 편다. 링컨 유형에게 그 기원은 '태초에 사회관계가 있었다.'는 것이고, 스미스 유형에게는 '태초에 시장이 있었다.'는 것이다. 『거대한 전환(The Great Transformation)』(1944)에서 칼 폴라니(Karl Polanyi, 1886~1964)는 애덤 스미스가 "물물교환을 하는 원시인"을 경제학의 법칙으로 정한 결과에 대해 논한다.

정치경제학, 사회사, 정치철학, 일반 사회학에 대해 글을 쓰는 다수의 사람들이 스미스를 추종하여 물물교환을 하는 원시인이라는 패러다임을 그들이 추구하는 개별 과학의 기본 법칙으로 삼았다. 하지만 사실 애덤 스미스가 고대인의 경제 심리에 대해 한 말은 루소가 원시인의 정치 심리에 대해 말한 것만큼이나 틀렸다. 사회만큼이나 오래된 현상인 노동 분업은 성별, 지리, 개인의 천성 등 모든 점들 속에 내재한 차이에서 생긴다. 교환하고 운반하고 거래하는 인간의 천성이라고 말하는 거의 모든 것이 진위가 의심스럽다. 역사와 민속학은 다양한 경제 유형에 관해 간접적으로 말하고 있으며, 대부분의 경우 시장 제도가 있지만, 지금과 같은 식의 경제가 등장하기 이전에는 시장에 의해 통제되고 규제되는 경제는 그 어떤 것도 없었다. 이는 경제 시스템과 시장의 역사를 각기 따로 조감해 보면 얼마든지 분명해진다. 여러 나라의 국내 경제에서 시장이 맡았던 역할이 최근까지는 중요하지 않았으며, 따라서 시장에 의해 지배되는 경제로 주도권이 넘어가는 현상은 더욱 명료하게 부각될 것이다.[37]

링컨과 스미스에게서 나온 위의 두 인용문은 지난 250년 동안 유럽에서 개발된 두 가지 유형의 경제 이론을 요약하고 있다. 두 경제 이론에는 아주 판이한 인간관이 바탕에 깔려 있다. 영국적 전통인 스미스의 A 유형에서는 인간의 두뇌는 수동적인 백지 상태로서, 고통을 피하고 쾌락을 극대화하며 쾌락의 정도를 재는 기관을 내장하고 있다고 본다. 이와 같은 견해는 그에 상응하는 가치 체계와 동기 부여 체계를 가진 쾌락주의적이고 교환에 의거한 경제로 이어진다. 그 경우 경제 성장은 자본을 노동에 투여하는 기계적인 과정으로 받아들이게 된다. 대륙의 전통인 링컨의 B 유형에서는 인간의 본질은 잠재적으로 능동적인 두뇌를 가진 고귀한 정신과 정해진 구도에 따라 자기 주위의 세계를 끊임없이 기록하고 분류하는 것으로 본다. 그렇게 되면 경제학은 교환보다는 생산에 더 집중하게 되고, 생산에서도 동화와 지식과 혁신의 확산에 치중한다. 대륙적 유형의 경제학을 움직이는 추진력은 자본 그 자체가 아니라 니체가 '인간 정신과 의지의 자본'이라 부른 것이다. A 유형을 믿는다면 B 유형은 부적절한 것이 되고 그 역도 마찬가지이다. 첫 번째 인간관은 간결하고 계산 가능하며 수량화할 수 있는 정태적 경제 이론을 만들어 낸다. 두 번째 인간관은 훨씬 더 복잡한 존재를 대상으로 하는, 또 훨씬 더 복합적이고 역동적인 이론을 필요로 하며, 그 핵심은 숫자와 기호로 환원될 수 없다. 한 유형의 이론에서는 통념이지만 다른 유형에서는 완전히 다른 각도로 보일 수 있다는 점에 주목하는 것도 중요하다. 제레미 벤담(Jeremy Bentham)에게 '호기심'은 나쁜 습관이었지만 베블런에게는 '게으른 호기심'이라는 메커니즘을 통해 인간 사회가 지식을 축적한다고 보는 것처럼 말이다.

100년 전 베블런은 맹렬하게 리카도 식 경제학의 기초를 공격했다. 나중에 폴라니가 그랬던 것처럼 베블런은 특유의 조롱 섞인 스타일로, 원시 경제의 행동 양식은 스미스와 리카도 식 용어로는 이해할 수 없다고 주장했다. "조개를 캐기 위해 갈퀴를 들고 마술적인 주문을 중얼거리면서 난파선과 파도 속에서 휘젓고 다니는 알류샨 열도의 원주민들은, 분류학상 현실이라는 관점에서 보면 지대와 임금, 이윤 간의 쾌락주의적 균형 상태라는 묘기를 부리고 있는 것이다." 언제 어디서든, 어떤 상황에서든 간에 경제학이 다루기로 한 대상은 바로 이런 것이다.

1898년에 쓴 "경제학은 왜 진화 과학이 아닌가(Why is economics not an evolutionary science)"라는 논문에서 베블런은 A 유형의 인간관, 즉 외부 사건들에 의해 내던져진 수동적이고 쾌락주의적 존재라는 인간관을 대체할 대안의 기초를 마련하고, 그것 대신에 B 유형의 경제관을 끌어오려고 시도했다. 150년 전에 활동한 스위프트나 루드비그 홀베르그도 그랬듯이 베블런이 사용한 무기 가운데 하나는 아이러니였다.

인간을 쾌락주의적으로 본다는 것은, 인간을 자극의 충동에 이리저리 휩쓸리기는 하지만 사람 자체는 그대로 남아 있어서 근본적으로 쾌락과 고통을 번개처럼 계산하는, 마치 행복 위에 떠다니는 균질적인 작은 물방울 같은 존재로 여기는 것이다. 여기에서는 따를 선례도 없고 염두에 두어야 할 결과도 없다. 인간은 자신을 이쪽저쪽으로 움직이게 하는 힘의 향연이 벌어질 때 외에는 안정적인 균형 속에서 고립되고 제한받는 존재일 뿐이다. 인간은 스스로를 원초적인 공간에 가두고, 그를 압박하는 평행사변형적 힘이 지시하는 것을 따를 때까지는 영혼의 축을 중심으로 회전한다. 충격의 힘이 소진되고 나면 전처럼 자기 충족적인 욕망의 물방울로 안정된다. 정신적으로 쾌락주의자는 제1의 원동자가 아니다. 낯선 외부 상황에 따라 차례로 일어나는 갑작스러운 변화를 접할 때 외에는 쾌락주의자는 삶이 진행되는 무대에 앉아 있는 것이 아니다.[38]

이런 말을 하고서도 베블런은 나중에 미국 경제학회(American Economic Association) 의장이 되는 영예를 안았는데, 요즘 사람들은 이런 결정을 이해하기 힘들 것이다.

빈부에 대한 이해라는 관점에서 애덤 스미스가 끼친 가장 중요한 공로를 약간 매정하게 표현한다면 사실상 그가 원인을 제공하여 후대의 주류 경제학에서 축출되어 사라진 것들이라고 말할 수 있다. 스미스가 등장한 이후 경제 발전을 이해하기 위한 다음의 네 가지 중요 개념이 주류 모델에서 추방되었으니 말이다.

1. 혁신. 17세기 초반에 나온 베이컨의 『혁신에 관한 논문(An Essay on Innovations)』 이후 제임스 스튜어트(James Stewart)의 『정치경제학 원리

탐구(An Inquiry into the Principles of Political Oeconomy)』(1767)에 이르기까지 150년 이상 영국 사회과학에서 중시해 온 개념이었다.

2. 경제 발전이 시너지 효과의 결과이며, 노동 시장에서 혁신적 산업에 속한 사람들이 다른 사람들보다 더 높은 임금을 받는다는 견해. 이는 모두 15세기 이후 유럽의 경제 사상에서 계속해서 등장하는 주제이다.

3. 상이한 경제 활동이 질적으로 다른 경제 발전을 이루는 수단이 될 수 있다는 인식.

4. 애덤 스미스에 의해 생산과 교역이 노동 시간으로 환원됨에 따라 오늘날까지도 여전히 경제학을 주름잡고 있는 리카도의 무역 이론이 들어설 길이 훤히 열린 사실. 리카도의 이론에서는 세계 경제가 스미스의 '물물교환을 하는 개'가 질적 내용이 없는 노동 시간을 서로 교환하는 것으로 구상되고 받아들여진다.

애덤 스미스의 첫 저작은 천문학에 관한 것이었는데, 스미스와 그의 추종자들이 사용한 천문학의 은유는 현대 경제학에서 지금도 큰 영향력을 발휘하고 있다. 행성이 보이지 않는 손에 의해 태양 주위의 궤도를 유지하는 것처럼 시장 경제의 보이지 않는 손은 사람들이 개입하지만 않는다면 자동적으로 균형 상태를 찾아낸다는 것이다. 그렇다면 시장의 보이지 않는 손과 운명 및 섭리에 대한 단순한 믿음 사이에는 별 차이가 없다. 실제로 우리는 스미스가 토지 분배를 사회의 힘이 아니라 섭리의 몫으로 돌렸다는 것을 알고 있다. 그렇다 하더라도 보이지 않는 손이 빈민을 도우러 오기 때문이다.

인구는 늘 땅에서 나오는 산물이 감당할 수 있는 만큼 유지된다. 부자는 수확물 더미에서 가장 귀하고 알맞은 것을 골라 가질 뿐이다. 부자는 천성적으로 이기적이고 게걸스러운 데다 자기들 편의만 생각하고, 수천 명의 고용인들이 하는 노동을 통해 오로지 헛되고 끝 간 데 없는 자기들 욕심이나 채우려는 목표밖에 지니고 있지 않음에도 불구하고 소비하는 것은 빈민보다 그리 많지 않으며, 진보가 만들어 낸 모든 산물을 빈민들과 나눈다. 부자는 보이지 않는 손에 이끌려 생활에 필요한 것을 거의 동등하게 나누는 것이다. 토지가 모든 주민에게 균등하게 분배되었더라면 그런 정도의 필수품은 어차피 각자가 조달했을 터이다. 따라서 토지는 의도하지 않고 의식하지도 못하는 사이에 사회의 이익을 향상시키며, 종의 번식을 위한 수단이 된다. 토지를 소수의 존귀한 주인들에게 나누어 줄 때 섭리는 분배받지 못한 자들을 잊어버린 것도, 포기한 것도 아니다. 그들 역시 자기들 몫의 산물을 누리기 때문이다. 인간의 삶에서 진정한 행복을 기준으로 할 때 그들은 어떤 면에서 보더라도 위에서 군림하는 자들보다 못하지 않다. 서로 다른 계급의 모든 삶이 일정 수준의 심신의 평화와 평안함에 거의 도달해 있으며, 길가에서 햇볕을 쬐는 거지도 왕들이 얻고자 노력하는 안정감을 누리고 있다. (『도덕 감정론』)[39]

스미스는 보이지 않는 손을 이용하여 진정한 팡글로스적 사회의 비전, 오늘날의 일반적인 경제학에까지 영향을 미치는 사고방식을 만들어 낸다. '보이지 않는 손'이라는 개념을 채택하는 한편 앞에서 말한 네 가지 경제적 통찰을 포기함으로써 스미스는 경제를 '조화의 이론(theory of harmony)'으로 간주하는 이데올로기의 단초를 만들어 냈다. 스미스의 이론에서 시장은 자동적으로 조화를 이루고 복지를 균등화하는 것으로 가정한다. 더 말할 필요도 없겠지만 이것이 현대의 경제 정책에 미친 영향은 실로 어마어마하다.

경제가 두 가지 상이한 영역으로 이루어졌다고(도표 4) 보는 것도 편리한 생각이다. 하나는 복잡하고 이질적이며 혼란스러운 현실 경제 세계인데, 거기에는 구두끈에서 호텔 및 이발사에 이르는 수많은 물품과 서비스 생산이 망라된다. 또 하나는 훨씬 더 균질적인 금융이 있는데, 여기서는 현실 경제의 모든 활동이 달러와 센트로 환산된다. 오늘날의 세계화 이론은 현실 경제에 포함되어 있는 서로 다른 경제 활동이 모두 경제 발전의 견인차로서 질적으로 균등하며, 그렇기 때문에 세계화와 자유 무역은 자동적으로 경제적 조화를 이룰 것이라고 가정하는 경향이 있다. 실제로는 현실 경제라는 '블랙박스' 안에 들어 있는 다양성과 복잡성 때문에 경제적 불평등이 생기는데도 말이다.

자유 무역이 조화를 이룰 수 있다는 순진한 믿음을 조롱하는 것과

• 도표 4 • 경제학의 순환도

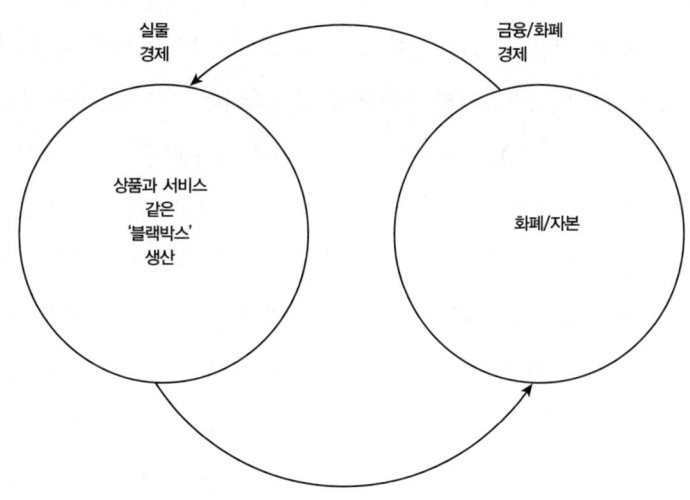

별개로 철학자 니체는 또 한 가지 요소, 즉 인간과 그 밖의 동물계를 나누는 기준으로 물물교환과 혁신 이외에도 인간은 약속을 지키는 유일한 동물이라는 사실도 밝혀 냈다. 이와 같은 관점에 따라 제도, 규약과 관례, 법률과 규칙, 인센티브와 디센티브 등이 필요하다고 주장한다. 그것이 한 사회가 공유하기를 동의한 기대치이든 아니면 그것을 지키지 못한 자들에게 내리는 징벌을 통해 준수되는 공식 규칙이든 말이다. 사실 시장 자체가 그런 기관이라 할 수 있다. 시장은 그와 같은 기능을 하고 있으며, 다수의 공식적·비공식적 규칙에 따라 규제되는 제도이기 때문이다. 그러나 현대 경제학은 그런 제도를 당연한 것으로 받아들인다. 17세기 초반 베이컨 이후로 경제학 저술가들은 오랫동안 제도가 한 사회의 생산 양식을 반영한다고 믿었다. 그러나 오늘날 세계은행은 이런 통찰을 뒤집으려 하며, 또 빈국에서의 생산 양식과 기술 및 제도 사이의 긴밀한 연관성을 무시한 채 그들이 이런 제도를 갖고 있지 않기 때문에 빈곤하다고 설명하고 싶어 한다.

  물물교환과 거래 이론이 처음 주도권을 차지한 것은 프랑스에서 중농주의자가 득세하던 1760년대였고, 두 번째는 1840년대였다. 영국은 주로 산업 노동자들에게 값싼 빵을 공급하려는 목적에서 자국의 농업을 보호하던 관세를 철폐하는 동시에 다른 나라들에게도 산업 보호를 철폐하도록 촉구했다. 당시 사람들은 점점 팽배하는 사회적 불평등, 한 세기 동안 '사회 문제'로 불리던 불평등은 경제에 가해진 모든 제약을 없애면 금방 사라질 것이라고 믿었다. 그러나 결국 불평등은 훨씬 더 심한 사회 불안으로 이어졌다. 근대의 복지 국가는 이런 혼돈에서 출발하여 조금씩 쌓아 올린 것이다. 처음 움직인 것은 독일이었다. 정치적으로 다양한 견해를 지닌 경제학자 집단이 사회정책학회라는 모임으로 통합되었고, 비스마르크(Otttto von Bismarck) 재상은 그들이 제기한 문제 분석과 해결책에 동의했다. 이 경제학자 집단의 분석은 마르크스가 내놓은 것과 상당히 비슷했지만 사회의 피라미드를 뒤집으려는 마르크스의 해결책은 받아들여지지 않았다. 앤서니 기든스(Anthony Giddens)는 『제3의 길(The Third Way)』에서 다음과 같이 말했다. "19세기 후반의 독일 제국에서 사회 보장 시스템을 만든 지배 계급은 자유방임 경제를 사회주의만큼이나 경멸했다."[40] 이것이 바로 지금은 사실상 사라져 버린 경제학의 한 유형이다.

경제 정책을 기준으로 볼 때 역사상 1990년대의 상황과 가장 비슷한 시기는 1840년대이다. 두 시기는 모두 기술 혁명을 바탕으로 한 비합리적이고 무한한 낙관주의를 드러낸다는 특징이 있었다. 1829년에는 조지 스티븐슨(George Stephenson)이 최초의 증기 기관차인 '로켓 호(the Rocket)'를 시험했고, 1840년에는 증기 기관이 전성기를 구가했다. 1971년에 인텔 사는 최초의 마이크로프로세서를 개발했고, 1990년대에는 새로운 기술 경제 패러다임이 또다시 전개되고 있었다. 특정 산업의 생산력 폭발을 기반으로 하는 그런 패러다임은 발전에서 획기적인 대도약이 가능하도록 산업을 이끈다. 하지만 그와 같은 시기에는 평범한 산업을 그 패러다임의 핵심 산업처럼 기능하게 만들려는 투기적 광기, 수많은 사업 계획과 책략이 함께 따르기도 한다.[41] 엔론 사의 수상쩍은 회계 관행은 베블런이 100~200년 전에 맹렬하게 비판했던 모습과 거의 흡사하다. 19세기에 미국의 유에스피혁이 당대의 마이크로소프트 사라 할 유에스스틸이 한 방식대로 주식 가치를 끌어올리려 애를 썼기 때문이다. 20세기가 끝날 무렵 무수한 기업이 마이크로소프트 사와 비슷한 주식 가치를 얻기 위해 노력했으나 실패했다. 역사적인

이 두 시기에 활동한 기업들은 자기들이 진실이라고 믿고 싶었던 것을 모두 너무 쉽게 믿었던 광적인 주식 시장의 도움을 받았다. 또 너무나 많은 사람이 그렇다고 믿었기 때문에 오랫동안 그 믿음은 아주 간단히 사실이 되어 버렸다. 하지만 가죽 생산은 강철 생산과 다르고, 시장에서 마이크로소프트 사와 같은 힘을 가진 회사는 거의 없었다. 그렇기 때문에 대부분은 불행한 결과로 끝나고 말았다.

『대중의 미망과 광기(Extraordinary Popular Delusions and the Madness of Crowds)』는 찰스 매케이(Charles Mackay)가 1841년에 출간한 주식 시장 붕괴에 관해 쓴 책이다. 같은 해에 리스트는 빈국을 더 가난하게 만들지 않으려면 서서히 체계적으로 자유 무역을 실행해야 한다고 주장하는 책을 출간했다. 생산성이 폭발하는 시기에 대중의 의식은 어떤 산업의 주식이든 주가가 천정부지로 솟구치기를 기대한다. 동시에 시장이 자유롭기만 하다면 누구나 더 부유해질 것 같은 착각도 함께 고개를 든다. 존 케네스 갤브레이스(John Kenneth Galbraith)는 이를 '시장 토테미즘(market totemism)'이라 불렀다. 1840년대와 1990년대는 오로지 시장만이 조화와 발전을 보장하는 길이라는 믿음이 가장 강렬했던 시기였다. 차이가 있다면 1840년대에는 이 현상을 '자유 무역'이라 했고, 오늘날에는 같은 현상을 '세계화'라 부르는 것뿐이다. 오랜 기간 동안 주식 시장은 유에스스틸이나 마이크로소프트 사와 같은 기술 경제 패러다임을 따르면서 생산성이 엄청나게 성장하고 시장 지배적인 지위로 올라선 기업과, 가죽을 만들어 내거나 그 밖에 다른 고급 기술이 필요치 않은 제품을 생산하는 성숙 기업들 사이의 차이를 제대로 구별하지 못했다. 지금도 전 세계 정치가들은 실리콘 밸리를 부유하게 만든 것이 기술적 돌파구가 마련되었기 때문이 아니라 개방 경제와 자유 무역 덕분이었다고 믿는 것 같다. 이런 착각은 평생 저축한 것을 IT 버블에다 투자한 소규모 투자자들에게 참혹한 결과를 안겨 주었다. 자유 무역이라는 이와 유사한 착각은 페루나 몽골 같은 나라의 국민에게 똑같이 치명상을 입혔다. 이들은 세계화라는 이름 아래 자국 산업을 잃어 버렸기 때문이다. 리스트는 1846년에 영국이 자국의 농산물에 붙이던 관세를 철폐하고, 유럽 각국에게 산업 제품에 대한 관세를 철폐하도록 설득하는 데 성공할 것처럼 일이 진행되자, 몇 달 후 스스로 목숨을 끊었다. 하지만 자유 무역이 실현되려면 모든 나라가 산업화되기까지 기다려야 한다는 리스트의 이론은 그가 죽은 뒤 유럽 전역과 미국의 현실 정책에서 속속 채택되었다. 유럽연합이 1980년대에 스페인을 서서히, 그리고 성공적으로 통합한 것을 보면 리스트의 이론은 지금도 여전히 유효한 이론이라는 주장이 가능할 것이다.

    여기서 역사의 역설은 1840년대의 증기 기관과 1990년대의 정보 기술과 같은 예에서 보듯이 유독 신기술이 경제와 사회를 근본적으로 변혁시키는 그런 기간에, 경제학자들은 하필이면 신지식과 기술이 아무 역할도 하지 못하는 무역 및 교환에 근거한 이론 쪽으로 눈을 돌린다는 사실이다. 리스트의 정신에 입각하여 우리는 경제학자들이 진보와 무역이 가능하도록 이끈 것을 그 원인인 기술과 혼동한 것이라고 말할 수 있다. 역설적이지만 애덤 스미스의 경제 발전 이론에 대해서도 같은 말을 적용할 수 있다. 스미스는 산업 혁명을 공식화했으면서도 자기 주위에서 진행되고 있던 산업 혁명에 대해서는 알아차리지 못했던 것 같다.

    첫 번째 세계화 기간 동안, 즉 1840년대 이후부터 제1차 세계 대전이 터질 때까지 부국들은 점점 더 산업화되었고, 제3세계는 기술적으로 저개발 상태에 머물러 있었다. 당시의 관행에 따라 식민 국가에 산업화를 허용하지 않음으로써 빈국과 부국 사이의 격차를 크게 만든 것이 바로 이 첫 번째 세계화 물결이었다. 최근의 세계화 물결이 첫 번째 세계화와 동일한 원리 위에 구축되는 한, 달리 표현하면 빈국들이 계속해서 원자재 생산에만 특화하는 한 오늘날의 세계화 물결에서 이룰 수 있는 것은 첫 번째 시기에서 이루었던 것을 넘어서지는 못한다. 새로운 나라가 부국에 편입될 수 있을지는 모르나 부국과 빈국 사이의 격차는 더 벌어지는 식으로 말이다.

독일의 위대한 경제학자 슈몰러는 1872년에 열린 사회정책학회 창립 회의에서 이렇게 말했다. "오늘날 사회는 마치 중간 계단이 썩어 버린 사다리와 같다." 사회는 빈국과 부국 사이에서 양극화되었으며 중간 소득 국가는 사라지는 추세이다. 비록 한 나라의 산업이 아직 국제 경쟁력을 갖추지 못했더라도 산업화를 통해 중간 소득 국가를 만들려는 1950년대에서 1970년대까지의 시도는 너무나 갑작스러운 자유무역이라는 충격 요법에 의해 헛일이 되었다. 뒤에 몽골의 사례를 검토하겠지만 이런 나라들은 탈산업화되고 낙후되면서 빈곤이 증가했다. 제임스 스튜어트나 리스트 같은 과거의 이론가들이 반대한 것이 있다면 그것은 바로 갑작스러운 무역 시스템의 변화였다. 생산 시스템에 적응하려면 시간이 필요하기 때문이다. 유럽 대륙은 19세기에 자기들만 세계에서 유일한 산업국으로 남아 있으려 한 영국의 시도에 속아 넘어가지 않았다. 영국이 보는 세계의 경제적 조화는 자국 이외의 세계가 원자재를 생산하여 영국의 산업 제품과 교환하는 세계였던 것이다. 유럽의 다른 나라들, 또 유럽에서 간 이민자들이 많은 미국, 캐나다, 오스트레일리아, 뉴질랜드, 남아프리카공화국 등은 영국이 15

세기 말 이후에 채택했던 정책을 따랐다. 다시 말해 수입품에 비교적 높은 관세를 매겨 국내 산업을 보호하고 산업화를 장려하는 정책이다. 미국은 높은 운송비 부담 때문에 외국 산업으로부터 보호 효과는 이미 생겼을 텐데도 관세 장벽을 100퍼센트로 더 높이 쌓아 거대한 국내 철강 산업을 육성하는 편을 택했다. 이민자의 대다수는 농민이었지만, 그 농민들은 국내 산업이 존재함으로써 생기는 이득의 주요 수혜자였다. 링컨은 이렇게 지적했다. "왜 그런지는 잘 모르겠지만…〔고율의 관세는〕농민들이 사는 모든 물품의 가격을 싸게 만든다."

1840년대와 마찬가지로 오늘날에도 이와 같은 분배 문제가 일어나지 않을 것이라고 말하는 주류 경제 이론이 있다. 지금은 재포장된 형태이기는 하지만 '물물교환을 하는 개는 없다.'는 신화는 여전히 주류 경제학이 세계 경제를 이해하는 방식의 핵심에 있다. 1990년대에 아시아와 세계를 뒤흔들었던 금융 위기는 경제학자들이 시장 자체가 모든 문제를 해결해 줄 것이므로 일어날 수 없다고 확신했던 전형적인 사례였다. 1840년대에 사회 위기는 대체로 국가 내에 한정되었고, 빈자와 부자를 나누는 격차는 개별 국가의 국경 안에서만 생겼다. 유럽의 복지 국가가 이 문제를 해결하는 데 기여했다. 그러나 오늘날은 빈국과 부국을 갈라놓는 간극이 더욱 벌어짐에 따라 이 '사회 문제'는 국제적인 차원으로 옮겨 갔다.[42]

내 모국인 노르웨이에서도 산업화가 나라를 바로세우는 데 도움이 된다는 생각은 지극히 중요했다. 1814년 나폴레옹 전쟁의 결과로 노르웨이는 덴마크에서 스웨덴에게 할양되었다. 1846년 6월 영국 의회는 유명한 곡물법(Corn Laws)을 발효시켜 옥수수의 자유 거래를 허가했는데, 이는 지금도 자유 무역의 중요한 돌파구로 칭송받고 있다. 그러나 실제로 무슨 일이 일어났는지에 대해서는 거의 말이 없다. 곡물법이 중요한 돌파구가 된 지 1년도 채 지나지 않은 1847년 3월 스웨덴-노르웨이 관세 위원회는 보고서를 제출했다. 이 보고서에서 노르웨이 위원들은 스웨덴산 물품에 관세를 더 늘리자고 주장한 반면에 식민 지배 권력인 스웨덴 인들은 전면적인 관세 동맹을 원했다. 관세 부과를 주장하는 한 가지 논리는 노르웨이 재무부에 관세 수입이 필요하다는 것이었으나, 이에 대해 노르웨이 역사가 욘 산네스(John Sannes)는 이렇게 말한다. "허약한 노르웨이 산업은 더 강하고 더 성숙한 스웨덴 산업에 맞서 관세 보호를 받지 못한다면 질식당해 죽으리라는 것이 더 주된 논지였다." 노르웨이는 결국 이런 점을 인정했고, 그것이 불필요하다든가 도움이 되지 않는다는 반대의견은 없었다. 경제 정책에 관한 당시의 대 토론은 사람들이 국내 산업을 보호해야 하는지 아닌지에 관한 것이 아니라 어떻게 산업 보호를 할 것이냐에 관한 것이었다. 다시 말해 그 필요성은 거의 모든 사람이 동의했다는 말이다. 오늘날 제3세계의 허약한 산업은 노르웨이가 한 세기 동안 맞서 싸워 온 바로 그 자유 무역에 의해 질식당하고 있다. 지금 노르웨이에 자유 무역이 필요하다고 해서 150년 전에도 그 나라에 자유 무역이 필요했다거나 지금의 빈국들에게 자유 무역이 필요하다는 말은 아니다.

    노르웨이와 스웨덴은 당시에 수출 품목이 매우 비슷했기 때문에 경쟁 관계에 있었으며, 따라서 노르웨이의 보호 요청은 스웨덴을 화나게 했다. 노르웨이의 협상자들은 그들의 새 산업이 관세 보호 없이는 살아남을 수 없다고 주장했는데, 당시로서는 어떤 강대국도 관세 보호를 철폐할 엄두를 내지 못했던 때였다. 관세 동맹이란 스웨덴 산업이 노르웨이 산업을 반드시 파멸시키도록 되어 있다는 뜻이며, 당시 어떤 나라라도 산업이 없으면 가난한 나라가 될 운명임을 알고 있었다. "이런 사고방식은 리스트도 그랬지만 당시의 정상적인 산업 보호주의에 해당했다."라고 산네스는 말한다. "새로운 산업은 관세 보호가 필요했다. 하지만 관세는 점차 불필요해질 것이다." 이것이 바로 오늘날 우리가 망각한 사실이다.

산업의 발전과 함께 유럽은 1840년부터 식민지 획득을 위한 새로운 경쟁으로 치달았다. 이러한 쟁탈전은 1884년에 열린 베를린 회의에서 절정에 달하면서 아프리카는 유럽 각국에 조각조각 분할되었다. 그와 동시에 미국이 팽창하기 시작했다. 1845년에서 1848년 사이에 멕시코와 벌인 전쟁의 결과 미국은 그때까지 멕시코 영토이던 광활한 지역을 소유하게 되었는데 지금의 텍사스, 캘리포니아, 애리조나, 뉴멕시코, 콜로라도가 모두 그런 지역이다. 좀 뒤에 미국과 유럽이 여전히 자국 산업을 보호하고 있을 때 중국과 일본은 유럽 군대의 위협과 무력시위의 위력에 떠밀려 자국 산업을 보호하지 않는다고 동의하는 조약에 강제로 서명할 수밖에 없었다. 일본과 중국의 역사책에서 이런 '불공정 조약'은 중요한 사건으로 기록되어 있으며, 여전히 치욕적으로 받아들이고 있다. 아프리카 인들도 이와 동일한 사례, 1888년 로벤굴라 추장(Chief Lobengula)이 세실 로즈(Cecil Rhodes)에게 속아서 과도한 권한을 넘겨준 사건을 기억하고 있다. 나중에 로벤굴라가 빅토리아 여왕에게 항의했지만 소용없는 일이었다.

1990년 이래로 세계무역기구(World Trade Organization, WTO)와 제3세계의 무역 협상은 불공정 조약이 이루어지던 시절의 기억을 다시 생각나게 했다. 제국이라는 것이 또다시 별로 나쁘지 않은 용어가 된 지금 상황에서 '그린 룸(green room)' 협상에 들어가던 아프리카 위원단으로부터 직접 들은 이야기는 로벤굴라 추장과 그의 운명을 떠올리게 했다.

1994년에도 그런 사람을 만난 적이 있다. 나는 일행과 함께 대통령 식스토 두란 발렌(Sixto Durán Ballén)을 만나기 위해 에콰도르의 수도 키토의 카론델레 궁으로 갔다. 원래 건축가이던 대통령은 매력적이고 할아버지 같은 인상을 풍기던 인물로, 헌법이 정한 4년의 임기를 다한 가장 최근의 에콰도르 대통령이었다. 하지만 우리가 도착한 날 그는 불같이 화가 나 있었다. 예전에 워싱턴 기관들이 대규모 원조금과 대출금을 약속하는 반대 급부로 먼저 에콰도르가 세계에서 바나나 수출을 특화하도록 산업 관세를 단번에 없애야 한다고 그를 설득했다. 에콰도르는 탈산업화 과정에서 고용과 임금 수준이 낮아졌는데, 사실 내가 그곳에 간 것도 새로운 고용을 창출하기 위한 소액 금융 대출 제도를 마련하기 위해서였다. 그러나 약속했던 원조금과 대출금은 아직 그림자도 보이지 않는데, 우리가 도착하기 바로 전에 유럽연합이 에콰도르산 바나나에다 무거운 수입 관세를 매겼다는 소식이 대통령에게 전해진 것이다. 바나나 생산에 관한 한 에콰도르는 카나리아 군도와 그리스는 말할 것도 없고, 과거에 프랑스와 영국 식민지이던 카리브 해 국가들보다 효율성이 훨씬 높았다. 그런데 유럽연합은 유럽과 예전 식민 국가에는 무관세로 하면서 에콰도르산 바나나에만 세금을 매김으로써 효율성이 낮은 생산자들에게 주는 사실상의 보조금 부담을 가장 효율적인 생산자인 에콰도르에게 떠넘겨 버린 것이다.[43] 두란 발렌은 자기가 속았음을 깨달았지만 자신과 그의 전임자들이 희생시킨 제조업은 돌이킬 길도 없이 사라져 버렸다. 나는 이 시기의 진상이 어떻게 언급되는지 궁금하여 두란 발렌의 회고록[44]이 출판되기를 기다렸다. 하지만 회고록은 주로 재임 기간에 있었던 에콰도르와 페루 간의 전쟁

이야기로 채워져 있었다. 그는 더욱 심각해지는 탈산업화와 실질 임금 하락에 대한 책임감보다는 페루와 치른 전쟁과 연결되어 자신의 통치 기간이 기억되기를 원했던 것이다.

우리는 리카도의 경제 이론에서 식민주의의 근거, 즉 식민 국가들을 원자재 생산자로만 묶어 두기 위해 도덕적으로 정당화될 수 있는 근거를 찾을 수 있다. 리카도 이전의 경제학자들은 식민지가 의도적으로 빈곤해졌다는 견해에 대체로 동의했다. 영국 경제학자들은 "모두가 다 하는 일이라면 우리도 그렇게 해야 한다."라는 핑계를 댈 때도 있었지만 말이다. 18세기 독일의 가장 중요한 경제학자 유스티는 식민지들은 곧 속았다는 것을 깨달을 터이고, 자기 산업을 손에 넣기 위해 저항할 것이라고 보았다. 1776년에 반란을 일으키고 영국에서 독립한 미국의 경우를 보면 그가 옳았다.

오늘날 우리는 다시 한 번 동일한 성격을 지닌 새로운 세계화의 와중에 있다. 스미스와 리카도라는 똑같은 경제학자의 이론을 바탕으로 하여 '자연스러운' 노동 분업이 이루어지는 균형 잡힌 세계라는 전망, 어떤 나라는 원자재를 수출하고 어떤 나라는 산업 제품과 선진 서비스업까지도 수입하는 세계라는 동일한 전망이 펼쳐지고 있는 것이다. 빈국들의 산업 구조는 점점 더 식민지의 산업 구조와 닮아 가고, 식민주의를 만들어 냈던 바로 그런 경제 이론이 이제는 신식민주의를 만들고 있다. 아프리카는 서로 다른 무역 협정들로 이루어진 복잡한 지역 네트워크로 나누어져 있다. 이른바 '스파게티 볼(spaghetti bowl)'이라는 별명을 가진 이런 네트워크에서 유럽연합과 미국은 저마다 영향력을 키우려고 경쟁한다. 이런 무역 협정 지도는 1884년 베를린 회의의 결과에 따라 그려진 지도와 별반 다르지 않다. 베를린 회의 결과 아프리카 나라들은 그들에게 진정으로 필요한 종류의 무역을 하지 못하게 금지당했다. 그들은 세계 자유 무역을 향해 리스트의 방식으로 성장하기 위한 자체 무역을 하지 못하게 된 것이다. 유럽연합은 많은 보조금을 받고 생산된 그들의 사과를 이집트에 팔려고 애를 썼고, 그렇게 함으로써 지금까지 이집트에게 사과를 판매해 오던 레바논의 사과 생산자들을 따돌렸다. 중심부-주변부라는 식민주의의 사정은 다시 심화되었는데, 지금은 그저 수익을 많이 내는 산업 제품만이 아니라 보조금을 받는 농산물에 대해서도 동일한 상황이 연출된다. 소규모의 아프리카 산업 시장은 아프리카를 산업화해 줄 만한 대규모 시장으로 통합되지 못한다. 그 대신에 아프리카의 산업은 갈수록 작게 갈라지고, 다른 나라보다 형편이 좀 나은 국가가 일부 있기는 하지만 모든 시장은 대체로 북쪽(유럽)으로부터 내려오는 치명적인 경쟁에 노출되어 있는 형편이다. 빈국들이 자체 농산물을 산업 국가들에게 팔 수 있으면 이런 상황이 개선될 것이라는 믿음은 착각이다. 자체 산업(오늘날 우리는 이 용어를 산업과 서비스의 복합 부문이라고 바꿔야 한다)이 없는 나라에서 농민의 임금 수준이 높아진 적은 지금껏 없었기 때문이다.

첫 번째 '세계화' 시대에 노골적인 노예제는 철폐되었고, 1884년의 베를린 회의에서 유럽 국가들은 인권에 관한 미사여구의 베일로 아프리카를 감싼 채 조각내어 나누어 먹을 수 있었다. 그 무렵 선교사들은 주민들이 겪는 최악의 물리적 곤궁을 치유할 수 있었다고는 하지만, 그들이 한 가장 중요한 기여는 더 나은 내세를 약속하며 주민들을 안심시키는 일이었다. 오늘날 많은 아프리카 인들이 이와 똑같은 사태에 직면해 있다. 세계화를 아무리 열렬하게 옹호하는 사람이라도 사하라 이남의 아프리카 대부분이 지난 25년 동안 더 가난해졌다는 사실은 인정하지 않을 수 없을 것이다. 아프리카가 그처럼 심각하게 탈산업화되는 동안 선교 단체가 그랬듯이 수많은 조직이 최악의 빈곤으로 치닫는 징후를 완화시키려고 노력했다. 그리고 사람들이 선교 단체에 기부하던 것과 똑같이 산업화된 나라들은 주민의 고통을 덜어 주기 위해 엄청난 기부를 했다. 국제연합의 지도를 받으며 별로 성공적이지 못한 '발전의 10년(development decades)'을 세 번 보낸 지금 세계 공동체는 최빈국을 발전시키려는 생각을 대체로 포기한 상황이다. 이 '발전의 10년'을 물려받은 밀레니엄 개발 목표(Millenium Development Goals, MDGs)에서 제3세계를 발전시키겠다는 야심 찬 목소리는 상당히 작아졌고, 그 대신에 의약품이나 모기장, 맑은 식수를 공급함으로써 최악의 빈곤 상태를 경감시키려는 시도가 지지를 받았다. 암 환자들이 통증 완화 치료(질병을 낫게 하려는 시도 대신에 고통만 덜어 주는 치료)만 받는 것과 마찬가지로 우리는 개발 경제학의 대체물로서 통증 완화 경제학(임시변통의 경제학)에 점점 더 몰두하는 상황을 맞고 있다.

오랫동안 식민지였고 세계를 더 낫게 만들려는 목표를 가지고 현재 진행되는 여러 사업을 발의하기도 한 노르웨이 같은 나라도 그들이 투쟁해 온 전략, 즉 산업과 경제 성장을 손에 넣는다는 전략을 잊어버렸다. 오늘날 우리는 제3세계에 강요하는 원칙과는 정반대되는 산업 정책이 국가 건설의 중심에 있었던 사실을 망각해 버렸다. 제2차 세계대전이 끝난 뒤에 마셜 플랜의 원조를 받은 노동당 정부는 노르웨이를 매우 성공적으로 재산업화했다. 바로 그 노동당이 현재 노르웨이 정부를 이끌고 있지만 다른 나라에게는 그들을 부자로 만든 것과 같은 정책을 쓰지 못하도록 금지한다. 그러면서도 빈곤의 증상만 덜어 주는 통증 완화 경제학의 주창자가 되려는 야심을 품고 있다.

단계 이론들

모든 일이 한꺼번에 벌어지는 것을 막으려고 역사가 창조되었다는 말이 있다. 따라서 경제학자와 역사가가 역사를 조직하기 위해 시도하는 한 가지 방법은 연속된 시기나 발달 단계를 정하는 일이다.[45] 역사가들은 일반적으로 돌이나 청동 등 인류가 도구를 만든 재료를 가지고 초기 역사 시대를 정하는 기준으로 삼는다. 즉 석기 시대(구석기, 신석기 시대), 청동기 시대라는 식이다. 사회 조직 같은 것을 구분 기준으로 삼을 수도 있겠지만 여기서는 기술이라는 변수가 기준이 되었다.

인류학에서도 기술이 사회를 결정짓는 중요한 결정 요인이라는 생각이 오래전부터 있었는데, 관개(灌漑)와 중앙 집중식 정부의 관계에 대한 논의가 그 고전적인 사례이다. 인류의 발달에서 단계라는 개념은 정치학 및 장 보댕(Jean Bodin, 1530~1596)의 공화국 연구와 함께 등장했다. 사회학을 오귀스트 콩트(Auguste Comte, 1798~1857)에게서 시작된 것으로 정한다면, 단계라는 개념은 사회과학이 출발할 때부터 있었다. 경제학에서 단계 이론은 프랑스의 저명한 경제학자이자 정치가인 로베르 자크 튀르고(Robert-Jacques Turgot, 1727~1781) 및 애덤 스미스의 가르침에서도 중심이었다. 경제학자 로널드 미크(Ronald Meek, 1917~1978)는 1750년에서 1800년 사이에 나온 초기의 단계 이론을 다룬 저서에서 "위대한 18세기의 '고전적' 정치경제학 시스템이 사실은 4단계 이론에서 나왔다는 말은 어느 정도 타당성이 있다."라고 말하기도 했다.[46] 그럼에도 경제 단계에 관한 모든 사고가 요즘은 주변으로 밀려났고, 경제학자들에게는 거의 이질적인 것이 되어 버렸다. 그렇다고 하더라도 각 단계는 생산 양식을 나타내며, 연속된 각 단계가 인간의 진보를 대변한다는 것은 분명한 사실이다.

단계 이론의 초기 아이디어는 고대 그리스와 로마에서 모두 등장한다. 타키투스(Tacitus)의 『게르마니아(Germania)』를 다음과 같은 방식으로 읽을 수도 있다. 즉 "여러 게르만 부족들의 문명은 사냥보다는 농업과 목축에 의존하는 정도가 어떤지에 따라 각 부족의 생존 양식에 영향을 미쳤다."라고 보는 것이다.[47] 단계라는 발상은 정치사에서 오래전부터 있어 온 순환 개념에서 나왔다. 아랍의 경제학자이자 역사가인 이븐 할둔(Ibn Khaldun, 1332~1406)과 마키아벨리도 순환 이론을 중시했다. 역사의 순환이 누진적이고 상향적인 추세를 띠고 있을지도 모른다는 생각, 즉 진보라는 이념은 르네상스의 돌파구를 연 사람 가운데 하나인 장 보댕에게서 나왔다. 보댕은 그와 동시에 배아 상태에 있던 국민 국가(공화국)와 그 제도, 법률, 세금 문제 등도 논했다.

보댕이 지리적, 기후적 여건을 크게 강조한 데 비해 베이컨은 『새 논리학(Novum Organum)』(1620)에서 세계의 다양한 지역에서 영위되는 삶의 조건이 놀랄 만큼 다르다는 점을 논하면서 또 다른 설명을 제시한다. 베이컨은 "이런 차이는 토양이나 기후, 인종이 아니라 기술에서 나온다."라는 가정을 세운 것이다.[48] 이미 말했듯이 베이컨은 경험을 근거로 삼았던 저명한 과학자이지만 생산을 토대로 하는 경제학에서도 중요한 인물이다. 인간의 물적 조건은 그들의 기술에 의해, 즉 그들이 사냥꾼인지 채집자인지 목축민인지 농부인지 제조업 노동자인지에 따라 결정된다는 베이컨의 견해는, 19세기 독일과 북아메리카가 경제 이론 및 산업 정책을 놓고 영국과 빚은 마찰의 핵심에 있었다. 계몽주의 시대의 역사가 윌리엄 로버트슨(William Robertson)은 베이컨의 전통을 이어받았다. "사회로 한데 통합된 인간의 활동에 관한 모든 연구에서 제일가는 관심 대상은 그들의 생존 양식이 되어야 한다. 생존 양식이 다양하기 때문에 그들의 법률과 정책도 다를 수밖에 없다." 제도는 인간의 생산 양식에 따라 결정되는 것이지 그 역이 아니다. 일반적인 경제학 교과서에 기초한 오늘날의 '신제도 경제학(new institutional economics)'은 인과 관계를 거꾸로 돌리려고 하면서 빈곤을 후진적인 생산 양식 때문이 아니라 제도가 결여된 탓으로 돌린다.

계몽주의 시대, 특히 1750년에서 1800년 사이에 나온 단계 이론들은 영국과 프랑스에서 중심 무대를 차지하고 있었다. 1848년 이후로 산업 사회의 팽창과 지리적 확장 및 리카도 경제학이 퇴보하는 기간 동안에 단계 이론은 또다시 경제학자들의 도구 상자에 담기게 되었다. 이번에는 유독 미국과 독일에서 주목받았다. 그때는 근본적인 변화가 눈에 보였으므로 세계가 그 이전의 모든 시기와 질적으로 다른 역사 시대에 들어서고 있다는 것이 분명했기 때문이다.

1차 산업 혁명 기간에 나온 단계 이론인 튀르고 및 스미스의 초기 이론은 수렵 채집자로서, 그다음에는 목축과 가축 사육자로서, 그다음에는 농부로서, 마지막에는 상업 단계에 도달하는 인간을 추적한다. 가장 중요한 사실은 영국의 고전 경제학자들이 18세기 후반 이후로는 생산보다는 진화의 마지막인 상업 단계의 공급과 수요 및 가격 문제에 집중하여 분석하는 경향이 있었다는 점이다. 19세기 독일과 미국의 경제학자들은 발전 단계를 이와 아주 다르게 해석했다. 예전의 단계들은 모두 제품 생산 방식을 기준으로 정했는데, 발전의 다음 단계를 다른 방식으로 분류하는 것은 중대한 착오라고 보았던 것이다. 이런 견해차가 본질적으로 19세기 독일과 미국의 경제 정책이 영국 이론이 처방한 것과 달라지는 발판이 되었다. 영국의 경제학자들에게 발전의 마지막 단계는 상업의 시대였고, 독일과 미국 경제학자들에게는 산업의 시대였다.

이것이 오늘날의 일반적인 경제학 교과서, 애덤 스미스가 말한 '상업의 시대' 후손들이 생산에 기초한 경제학으로부터 일탈하는 중요 지점이다. 생산에 기초한 경제학이란 바로 내가 '다른 전통'이라 부른 것, 유럽 대륙(특히 독일)과 미국 경제학의 후예이다. 앞에서 지적했듯이 현대의 국제 무역 이론은 기술과 생산의 중요성을 무시하고 신석기 시대와 실리콘 밸리 사이의 자유 무역이 두 거래 상대자를 똑같이 부유하게 만들어 준다고 주장한다. 이에 반해 '다른 전통'의 무역 이론은 자유 무역은 거래하는 양자가 동등한 발달 단계에 이르렀을 때에만 모두에게 유익하다고 주장한다.

또 단계 이론은 인구 문제 및 지속 가능한 발전이라는 중요한 사안을 이해하는 데에도 도움이 된다. 콜럼버스가 상륙하기 전에 주로 수렵 채집인이던 북아메리카 인구는 200~300만 명 정도로 추산된다. 이에 비해 콜럼버스 이전의 안데스 지역 주민은 농업 단계에 도달했으며, 인구는 1200만 명가량이었다고 한다. 살기에 적당치 않아 보이는 안데스 지역의 인구 밀도가 비옥한 대평원보다 30배에서 50배나 더 높았던 것이다. 따라서 지속 가능성이라는 개념은 활용 가능한 기술이나 생산 양식과 결합될 때에만 의미가 있다.

영국과 후대의 신고전주의 경제학 이론은 분석의 초점이 생산이 아니라 무역과 상업에 집중되어 있는 탓에 점차 모든 경제 활동이 질적으로 동일하다고 보게 되었다. 오늘날의 일반 이론인 이런 앵글로색슨적 경제학의 전통에 나중에 추가된 생산 이론은 본질적으로 다소 기계적인 방식으로, 노동에 자본을 더하는 과정이 곧 생산이라고 본다. 즉 동일한 조건에서 자라는 유전적으로 동일한 식물에게 물을 주는 것과 비슷한 행동이라는 것이다. 슘페터의 용어를 빌리면 경제학은 "자본가의 엔진을 추진시키는 것은 자본 그 자체라는 범속한 견해"를 개발했다. 기술과 신지식이 아니라 자본을 성장의 근원으로 인식하기 때문에 우리는 산업이 발달하지 않은 아프리카에 돈을, 그것도 유익하게 투자될 수 없는 자본을 보내는 것이다. 100년 전의 독일과 미국 경제학자들이라면 아프리카가 빈곤한 것은 자본 자체가 없어서가 아니라 생산 양식, 즉 산업 부문이 없기 때문이라는 사실을 이해했을 것이다. 보수적인 슘페터와 급진적인 마르크스가 모두 동의했듯이 자본은 본질적으로 신기술과 혁신의 산물인 투자 기회가 없으면 불모(不毛)일 뿐이다. 100년 전의 미국과 독일 경제학자들은 또 시너지에 대해서도 이해하고 있었다. 제조업이 있어야만 농업 근대화가 가능해진다는 것이다.

일반적인 경제학 교과서는 서로 다른 기술적 기회가 어떻게 하여 경제 활동에서 큰 변수를 만들어 내는지 고려하는 데 실패했으며, 결과적으로 잠재 수익을 높일 수 있는 방법에서 노동에 자본을 보탤 또 다른 기회를 폭넓게 고려하지 못했다. 1차 산업 혁명은 본질적으로 목면 생산의 혁명이었다. 목면 산업이 없었던 나라, 즉 식민 국가에는 산업 혁명이 없었다. 산업 혁명의 중요성은 누구나 알지만 리카도의 무역 이론은 석기 시대의 부족들도 자유 무역만 받아들인다면 산업 국가들만큼 부유해질 것이라고 확신한다. 내가 여기서 공연히 공격하려고 없는 말을 지어 내는 것이 아니다. 서문에 인용된 세계무역기구 사무총장 레나토 루지에로(Renato Ruggiero)의 발언에서 보듯이 이것이 바로 냉전이 끝난 뒤 세계의 경제 질서를 형성한 바로 그 비전이라는 것이었다.

자유 무역을 더 극렬하게 옹호하는 『외교 정책(Foreign Policy)』이라는 잡지는 "무역 아니면 죽음"이라는 기고문에서[49], 네안데르탈 인이 사라진 것이 자유 무역을 하지 않았기 때문이라고 주장한다. 하지만 실상은 네안데르탈 인과 현생 인류가 공존했을 때에는 인류가 교역을 시작하기 전이었고, 그 교역이라는 것도 기껏해야 부족들 간의 별 의미 없는 의례적인 선물 교환에 불과했다.[50] 그럼에도 경제학자들은 애덤 스미스가 상상력을 발휘하여 꾸며 낸 교환하는 원시인이 우리의 선조라고 고집했다. 그러나 『외교 정책』은 같은 호의 다른 페이지에서는 영화 입장권의 상대 가격을 거론하면서 국부를 위해 제조업이 중요하다는 상식적 이해에 호소하고 있다. "영화관에서 하루 저녁 보내는 비용은 국내 산업 규모가 큰 나라에서 상대적으로 저렴하다."라는 것이다.

일반적인 경제학 전통은 또 식물에 물을 주는, 즉 노동에 자본을 추가하는 과정에서 '흙'의 역할을 완전히 무시했다. 달리 말하면 이는 발전 과정의 역사적, 정치적, 제도적 맥락을 완전히 무시했다는 뜻이다. 일반적인 경제 이론은 어떤 주어진 시점에서 분명히 기술 변화에 집중했다는 사실도, 그런 집중된 노력의 결과로 상이한 경제 활동들 사이의 '기회(windows of opportunity)'[51]가 지극히 다양해진 것도, 또 이런 과정이 진행되고 있는 상황도 고려하지 않는다.

독일 역사학파의 전통과 미국 제도학파의 전통이 사라져 버리자 부의 진정한 근원으로서 생산에 대한, '산업주의'라 불리던 것에 대한 경제학자들의 이해는 맥이 끊겨 버렸다. 스웨덴의 제도학파 경제학자 요한 에케르만(Johan Åkerman)은 좌파, 우파, 중도파를 막론하고 생산이라는 개념이 어떻게 설 자리를 잃었는지 훌륭하게 설명한다.

자본주의, 재산권, 소득 분배가 본질적인 특징으로 여겨지게 되었고, 반면에 산업주의의 핵심 내용인 기술 변화, 기계화, 대량 생산, 그것의 경제적 사회적 결과는 부분적인 것이 되어 한쪽으로 치워졌다. 이런 변화가 일어난 이유는 아마 다음 세 가지 요인에서 찾을 수 있을 것이다. 먼저 리카도 식 경제 이론이 … (가격, 이자, 자본 등) 경제 개념들 간의 '자연적인' 관계 이론으로 영구히 확립되었다는 사실이다. 둘째, 이런 측면에서 간헐적인 경제 위기가 중요하다. 왜냐하면 위기의 원인이 곧바로 금융 영역에서 발견될 수 있기 때문이다. 성장과 사회 전환을 일으키는 1차적 원인인 기술 변화는 통화 정책과 경제 변동 사이에 생성된 이론적 연관 뒤로 숨어 버렸다. 셋째, 가장 중요하게는 마르크스와 그의 교의가 산업 프롤레타리아들의 불만을 먹고 살 수 있었다는 점이다. 그의 가르침은 '최종 투쟁'으로 이끄는 자연법에 대한 희망을 주었다. 최종 투쟁 단계에서는 소득 분배의 피라미드 구조가 뒤집어질 것이고, 하위 계급이 권력을 가지고 막강해지리라는 것이다. 이렇게 나아가는 과정에서 기술 변화는 그저 계급 투쟁을 위한 한 가지 필수조건으로만 여기게 되었다.[52]

간단하게 말해 모든 정치적 범위에 걸쳐 인간의 경제 활동에서 핵심인 생산 개념이 사라져 버렸다는 것이다. 2006년에 국제연합무역개발회의(UNCTAD)가 낸 최저 개발국에 관한 보고서인 "생산 능력 개발(Developing Productive Capacities)"[53]은 생산을 개발 경제학의 핵심에 되돌려 놓으려는 시도였다. 이 보고서는 내가 여기에서 소개하는 몇 가지 발상을 인용하고 있다.

3

모방,

부자 나라는

어떻게 부유해졌는가

13세기 무렵 피렌체, 피사, 아말피, 베네치아, 제노바의 주민들은 부와 권력을 키우기 위해 서로 다른 정책을 채택했다. 과학, 토지 개간, 기술과 산업의 이용, 대규모 교역의 길을 열면 영토를 더 많이 획득하지 않더라도 인구를 더 늘릴 수 있고, 그들이 원하는 끝도 없는 욕구를 충족시킬 수 있으며, 대단히 사치스럽게 살며 막대한 부를 얻을 수 있다는 것을 알아차렸기 때문이다.

— 세바스티아노 프란치, 밀라노의 계몽주의 개혁가, 1764

How rich countries got rich, and why poor countries stay poor

새로운 세계관,
제로섬 게임에서 혁신과 성장으로

까마득한 옛날부터 지구에 사는 인간들은 비교적 가난한 상태에서 단순한 삶을 살았고, 인구 규모와 그들을 먹여 살리는 자원 간의 균형이 깨질 때가 많았다. 신고전주의 경제학의 기초를 닦은 알프레드 마셜이 지적했듯이 역사에서 일어난 이주는 모두 수확 체감 때문이었다. 인구 밀도는 높아지는데 가용할 수 있는 천연자원의 양과 기술이 변하지 않아서 문제가 생긴다는 것이다. 이런 메커니즘은 이스라엘 부족이 "땅이 그들을 먹여 살릴 수 없었기 때문에" 떠나야 했다는 성서(창세기 13:6)의 설명에서도 볼 수 있다. "다른 곳으로 가면 함께 살 수 있을까 해서 떠난 것이다. 부족의 규모가 너무 커졌기 때문에 그들은 함께 어울려 살 수가 없었다." 점차 사치품도 생겨났지만 그런 것은 선택받은 소수의 몫이었고, 부는 주로 새 영토를 정복함으로써 얻을 수 있었다.

그와 같은 세계에서 부와 빈곤은 제로섬 게임이었다. 부는 기본적으로 이미 존재하는 부의 소유주를 바꾸는 것에 의해서만 얻을 수 있었다. 아득한 옛날부터 존속해 온 것이 분명한 이런 세계관은 아리스토텔레스에 의해 성문화되었고, 중세 후기 유럽의 철학이던 스콜라주의의 세계관을 형성했다. 성 히에로니무스(Saint Hieronymus, 341년경~420년)는 "한 사람의 이익은 다른 사람의 손해"라고 단언한다. 1643년까지도 영국의 토머스 브라운 경(Sir Thomas Brown, 1605~1682)은 "만인이 동시에 행복해질 수는 없다. 한 국가의 영광은 다른 국가의 폐허에 의지하기 때문이다."라고 말할 정도였다. 14세기 아랍의 역사가이자 경제학자 이븐 할둔이 말했듯이 역사는 순환하는 경향이 있었다. 그가 볼 때 사회는 사회적 강제를 통해 형성되었고, 사막 사회와 도시 사회가 있었다. 사막 부족은 도시를 정복했지만 더 세련되고 나약해지면서 쇠퇴했다. 그리하여 여러 세대가 지난 뒤에 그 도시는 또다시 새로운 사막 부족에 의해 정복당했다.

이 장 첫머리에서 세바스티아노 프란치가 이탈리아의 일부 도시에서 일어나는 것으로 묘사한 변화는 전통적 세계관에 대한 근본적인 변화에서 유래한다. 다양하게 드러난 이런 사고방식의 전환은 후기 르네상스 시대의 산물이었다. 제로섬 게임이 점차 지배적 세계관의 지위에서 내려오고, 그와 동시에 진보의 요소가 도입되어 역사의 순환적 본성을 압도하게 되는 과정에는 여러 요소가 복합적으로 작용했다. 이 새로운 요소들 가운데 몇 가지는 아주 오래전으로 거슬러 올라갈 수 있지만, 르네상스 시대가 되어서야 전통적 세계관에 변화가 일어나 새로운 우주관을 만들어 내는 데 필요한 결정적인 것들이 모이게 되었다. 이와 같은 르네상스의 새로운 핵심 요소들, 즉 역사상 최초로 특정 지역에 일반화된 부를 창출할 수 있었던 요소들은 현재의 경제학적 사고에서는 사라지고 없는 것들이다. 오늘날 세계의 빈곤을 치유하지 못하는 근본 원인의 하나는, 현대 경제학자들이 생각한 바를 말하기 위해 선택한 언어로는 르네상스 시대의 이러한 발견 및 나중에 계몽주의 시대에 발견한 것들을 제대로 표현하지 못한다는 데에 있다.

사람들은 대부분의 부가 도시에, 특히 특정한 몇몇 도시에 있다는 사실을 매우 분명하게 알고 있었다.[1] 도시에는 자유 시민이 살았고, 농촌 주민은 대개 토지와 지역 영주에게 예속된 농노였다. 이런 사실을 볼 수 있어야 도시가 농촌보다 그토록 더 부유하게 된 요인들을 탐구할 수 있었다. 도시의 부는 점차 시너지의 결과로 인식되었다. 도시에는 여러 다른 직종과 전문 직업을 가진 사람들이 공동체를 이루고 살았기 때문이다. 피렌체의 학자이자 정치가 브루네토 라티니(Brunetto Latini, 1220년경~1294)는 이 시너지를 일러 '일 벤 코무네(il ben commune)', 즉 '공공복리(the common weal)'로 설명했다. 대부분의 초기 경제학자들, 중상주의자와 독일에서 그와 같은 견해를 지닌 관방학자(cameralist, 독일식 중상주의자)들은 시너지를 부와 빈곤을 이해하는 근본 요소로 활용했다. 또 라티니 이후 약 300년이 지난 뒤 마키아벨리는 이 주장을 반복하며 "도시를 위대하게 만드는 것은 공공의 복리"라고 말한다.

르네상스는 부를 오로지 집단 현상으로서만 이해할 수 있는 어떤 것으로 보는 사회관을 지닌 시대로 개인의 중요성과 창조성을 재발견하고 고취시켰다. 공공의 복리와 개인의 역할을 중시하는 이런 시각을 염두에 두지 않고서는 사회에 대한 르네상스적 견해도, 경제 성장이라는 현상도 이해할 수 없다. 분석 단위로서 사회와 개인의 이익을 모두 염두에 두는, 이론상으로 존재하는 이와 같은 양면 가치는 제2차 세계대전 때까지 유럽 대륙, 특히 독일의 경제 이론에 나타난 특징이었으나 그 이후 거의 모조리 사라졌다. 20세기 들어 이런 문제의 분석은 자유에 대해 상이한 유형들 간의 관계를 논의하는 것으로 이어졌다. (예를 들면 무기를 소지할 개인들의 권리 대 총에 맞아 죽지 않을 나머지 사회의 권리 간의 타협 같은 것이다.) 이런 이원적 관점을 지닌 이론의 상실은 대처의 "사회라는 것은 없다."라는 단언으로 증폭되었고, 우리가 빈곤 문제나 실패하는 국가를 이해하는 데 심각한 영향을 미쳤다. 이와 마찬가지로 일반적인 경제학의 방법론 역시 진정한 시너지를 파악하지 못하게 만드는 경우가 흔하다.

아리스토텔레스가 보는 제로섬으로서의 세계관은 점차 정복 이외에 혁신과 창조성을 통해서도 새로운 부를 일굴 수 있다는 사실을 받아들이는 이들에게 자리를 내주었다. 혁신이라는 단어의 의미에 포함된 점진적 변화가 이런 발전 과정을 명료하게 보여 준다. 1277년에 로저 베이컨(Roger Bacon, 1214년경~1294)은 옥스퍼드에서 '수상한 혁신'을 꾀했다는 이유로 체포되었는데, 이는 성서와 아리스토텔레스의 저작 바깥에서 지식을 추구하는 이단을 가리키는 말이었다. 그 후 약 300년이 지나서 프랜시스 베이컨이 『혁신에 관하여(Of Innivations)』라는 논문을 썼을 때에야 혁신이 인간에게 더 많은 부와 행복을 가져다주는 것으로 받아들여졌다. 프랜시스 베이컨의 유토피아적 비전을 담은 『신아틀란티스(The New Atlantis)』에서는 혁신이 명예로운 자리를 차지하면서 자체 추진 운송 수단, 잠수함, 마이크로폰, 수명 연장 약물이 발명되는 세계를 묘사한다. 그는 또 세계에서 첫 번째 '국립학술협회'인 살로몬의 집에 대해서도 묘사한다. 제조 활동의 성장은 대단히 장기간에 걸쳐 도시의 배타적 특권을 창출하면서 수확 체감의 악순환을 깨뜨렸다. 앞에서 언급했듯이 수확 체증이란 기술 변화가 없더라도 생산이 확대될 때 단위당 생산비가 줄어드는 것을 말한다. 세라는 1613년 전면적인 노동 분업과 결합된 수확 체증을 구성 요소로 하여 부국을 만드는 비법을 공식화하는데, 달리 말하면 그것은 도시에서 행해지는 직업과 경제 활동의 가짓수를 최대화하자는 것이다.

영국은 한 나라가 어떻게 빈곤에서 부로 나아가는지를 보여 주는 전형적인 사례이다. 이는 정책으로 먼저 시행된 뒤 이론으로 만들어진 경우이지만 그래도 1581년에 존 헤일스(John Hales)는 국부를 증식시키는 제조업의 중요성을 알고 있었다. "우리가 가진 원자재가 남의 손에 넘어가게 만들고, 나중에 다시 그들이 만든 제품을 사와야 한다면⋯⋯우리는 얼마나 바보인가."[2] 이것이 바로 차례차례 산업화된 모든 나라에서 볼 수 있는 기본적인 통찰이자 20세기 후반 일본과 한국이 채택한 바로 그 원칙이다.

투입량이 늘어나도 비용은 낮아진다는 조건하에서, 즉 수확 체증 혹은 규모의 경제학이라 불리는 상황에서 17세기 경제학자들은 인구가 많다는 것을 더 이상 문제로 여기지 않았다. 오히려 그와 반대로 생산에서의 규모의 경제학과 새로운 직종에서 행해지는 노동 분업으로 인해 많은 인구가 경제 성장의 전제조건이 되었다.[3] 부를 이루는 필수 조건에는 점점 늘어나는 인구만이 아니라 인구의 집중 또한 대단히 중요하다. 그러므로 영국의 경제학자 윌리엄 페티(William Petty, 1623~1687)는 스코틀랜드 등지의 인구를 런던 근교로 이주시키자고 제안하기도 했다. 그런 도시 지역에서는 인적이 드문 섬에서보다 경제 성장에 기여하는 정도가 훨씬 더 크다는 것이다. 맬서스가 (제조업에서의 혁신과 규모의 경제학이 아니라) 농업에서의 수확 체감에 입각한 경제 이론을 재구축한 1798년까지는 성서의 창세기에서처럼 인구 증가가 다시 문제로 대두된 적은 없었다. 맬서스와 그의 친구 리카도가 수확 체감을 경제학의 핵심 특징으로 다시 소개하면서 수확 체증과 혁신을 모두 버린 덕분에 부를 시너지, 수확 체증, 혁신의 합동 산물로 이해하던 예전의 분위기가 사라지는 극적인 결과를 낳았다. 수확 체감을 강조하다 보니 리카도의 경제학에는 '우울한 학문'이라는 이름이 붙었으며, 그 무역 이론은 지금 이 순간까지도 식민주의와 신식민주의 및 빈국을 계속 빈곤 상태에 붙들어 두는 메커니즘의 핵심이 되었다. 그와 함께 계몽주의 과학의 중요한 특징도 사라졌다. 분류 체계나 분류학의 산물을 통해 차이점을 이해하던 사고방식이 사라진 것이다.

초기 근대 유럽은 또 지리적·과학적 발견과 혁신 사이에, 이론과 실천의 발전 사이에 뚜렷한 연관이 있음을 알아냈다. 끊임없이 팽창하는 무한한 우주에 대한 이해의 확대는 중상주의적 세계관이 나오기 위한 전제 조건이었다. 전 우주는 무한히 팽창할 수 있고, 경제학 역시 그러하다. 따라서 우주가 무한하다는 주장을 내세운 죄목으로 1600년 7월 1일 로마에서 기둥에 묶여 화형당한 과학자이자 은둔 마법사 조르다노 브루노(Giordano Bruno, 1548~1600)는 다른 누구보다도 유럽의 경제적 우주관을 개막하는 데에 탁월하게 기여한 사람이라 할 수 있다.

경제 발전 과정에서 핵심에 있는 것은 노동의 실질적인 전문화 및 분업이 행해지는 환경에서 이루어지는 시너지와 혁신의 역동적인 결합이다. 이르게는 이미 17세기에 경제학자들은 이런 점을 명확히 이해하고 있었다. 이 장 뒷부분에서 우리는 그런 경제 성장 시스템이 네덜란드 델프트 시에서 어떻게 그 기능을 발휘하는지를 보게 될 것이다.

종교는 사회를 장악하고 있던 보편 권력을 서서히 상실하는 동시에 혁신을 향해 스스로를 개방했으며, 혁신에 대한 태도와 용어의 의미도

급변했다. 이런 태도 변화는 13세기에 로저 베이컨이 받은 처우와 16세기 초반에 프랜시스 베이컨이 받은 대접의 차이로도 알 수 있다.[4] 동로마의 비잔틴 제국 수도인 콘스탄티노플이 1453년에 투르크 인들에게 함락당하자 수많은 철학자들이 이탈리아로 옮겨 갔다. 그 결과 서유럽의 철학과 교회는 동유럽의 교회로부터 지대한 영향을 받았다. 그 과정에서 창세기의 좀 더 역동적인 버전이라 할 창조 이야기가 도입되었다. 논리 전개는 대략 다음과 같다. 인간이 신의 모습에 따라 창조되었다면 신을 모방하려고 애쓰는 것이 우리의 임무이다. 그렇다면 신의 가장 전형적인 속성은 무엇인가. 신이 하늘과 땅을 창조했으니 그것은 틀림없이 신의 창조성과 혁신일 것이다. 그리하여 지구상에서 우리가 해야 할 일은 신의 창조물을 가꾸는 정원사나 그것을 유지하는 노동자의 일 이상의 뭔가가 되어야 한다는 것이 점차 분명해졌다. 신은 창조하는 데 엿새 걸렸고, 남은 창조를 인간에게 맡겼다. 그러므로 창조하고 혁신하는 것은 우리의 즐거운 임무가 되었다. 지구에 인간을 살게 하는 것이 우리의 임무인 것이다. 인간이 번성하는 데에서도 그렇지만, 신은 또한 우리가 새로운 것을 발견하는 혁신을 하도록 인센티브를 도입했다. 알렉상드르 코이레(Alexandre Koyré, 1892~1964)는 이를 인류는 방관자의 지위를 졸업하고 자연의 소유주이자 주인이 되는 지위로 올라섰다고[5] 표현한다. 인류는 새로운 지식을 수집하기 위한 원정을 떠났으며, 지금까지 얼마나 많은 지혜를 흡수했든 간에 우리는 지식의 변경을 계속 더 넓혀 나가는 일을 결코 멈추지 않을 것이다.

간단하게 말해 그것은 시너지, 대규모 노동 분업, 수확 체증과 신지식의 합동 산물로서 경제 성장에 대한 이해가 진화해 나가는 이야기이다. 앞으로 보겠지만 성장을 달성하는 잠재력은 언제나 특정 경제 활동에 한정되어 있다는 점도 받아들여졌다. 다른 말로 하면 경제 성장은 특정 활동 의존적이라는 것이다. 질적 차이도 고려하는 이런 전반적인 이해는 오늘날의 주류 경제 이론에서는 기껏해야 일시적인 유행으로만 나타날 뿐이다. 위에서 말한 수확 체증 등의 요소들은 이따금 개별적으로 다시 도입되기는 하지만, 빈국들이 우리 뒤를 따라 채택할 경제 정책에 영향을 주기에 충분할 정도로 모든 요소가 스스로를 강화하는 방향으로 한데 모이는 일은 이제 없다. 오늘날의 빈국은 이런 요소들이 아직 적절한 수준에 도달하지 못한 곳들이다. 식민지는 원래 시너지를 일으키는 이런 상호 작용이 일어나지 못하도록 만들어진 지역이다. 리카도 식 무역 이론은 식민주의를 도덕적으로 정당화할 근거를 마련한 최초의 이론이었다. 명시적으로든 실질적으로든 제조업을 금지하는 것이 모든 식민지와 신식민주의 정책의 핵심인데도, 일반적인 리카도의 무역 이론은 그런 사실이 중요하지 않다고 말한다. 그 결과 세계의 경제 질서는 아마존의 토착 부족과 실리콘 밸리를 경제적으로 통합하면 두 공동체가 똑같이 부유해질 것이라고 예견하는 이론에 기반하게 되었다.

모방, 영국 헨리 7세의 전략적 경제 정책이 출현하다

초기 경제학자들은 유럽의 '부의 섬들'이 대개 지리적 의미에서도 섬이었다는 사실에 내포된 의미를 놓치지 않았다. 어딘가 모순적인 말 같지만 도시나 국가의 부는 그들이 보유한 천연자원의 부와 반비례 관계에 있는 듯하다. 부를 기준으로 할 때 가장 중시되는 네덜란드나 베네치아 같은 곳에는 경작할 만한 땅이 거의 없었기 때문이다. 따라서 그들은 제조업과 해외 무역에 특화하지 않을 수 없었다. 유럽에서 가장 중요한 도시 국가였던 피렌체는 해안에 면하지는 않았지만 대지주들은 여러 세기 동안 정치권력을 누리지 못하게 금지당했다. 이에 따라 해안 국가에서처럼 장인(匠人), 제조업자, 상인의 이익이 이 도시의 삶을 지배했다. 피렌체는 부와 빈곤을 만들어 내는 기본 메커니즘이 무엇인지 아주 일찌감치 이해하고 있었던 것이다. 수세기 동안 피렌체인들에게 지주란 영구적인 위협 세력, 국가의 적들과 동맹할 수 있는 세력이었다. 피렌체 시민들이 지주들을 권력과 격리시킨 데에는 이중의 목적이 있었다. 그렇게 함으로써 제조업과 정치권력을 공고히 하여 경제력과 부를 안정시키려는 것이었다. 투기를 피하고 식량 부족을 막기 위해 피렌체는 도시 곡물창고의 식량 반출을 적극적으로 막았다. 경제 권력은 후견 제도를 통해 비(非)봉건 사회의 한 특징인 예술의 번영을 일구어 냈다. 역사적으로 중요한 정치와 경제 구조 사이의 이 연대, 농업과 원자재에 대한 의존에 집중하지 않고 다각화한 경제와 민주주의 간에 맺어진 연대는, 엄청난 폭력과 어마어마한 비용을 써 가며 본질적으로 봉건적이고 전(前) 자본주의적인 경제 구조를 가진 국가에다가 민주주의를 세우려고 기를 쓰는 오늘날에는 잊고 있는 또 하나의 중요한 역사의 교훈이다.

유럽의 빈국들도 몇몇 부유한 도시 국가의 생산 구조와 그들의 부 사이에 큰 관련이 있었다는 것을 알아차리게 되었다. 가장 부유한 도시 국가인 베네치아와 네덜란드의 도시들은 서로 다른 세 부문에서 지배적인 시장 권력을 차지하고 있었다. 경제학 용어로 그들은 우리가 앞에서 말한 소득, 실질 임금, 조세 수입 증가를 가능하게 해 주는 종류의 지대를 누렸던 것이다. 베네치아와 네덜란드에는 모두 매우 크고 다양화된 제조업과 전문 기술 부문이 있었다. 1500년대 초반 네덜란드의 전체 일자리에서 제조업이 차지하는 비율은 약 30퍼센트였다. 베네치아에서는 조선소에만 약 4만 명이 고용되어 있었다. 두 나라는 또 중요한 원자재 시장을 장악했는데 베네치아는 소금, 네덜란드는 생선 시장이었다. 그때까지도 빈곤한 편에 속했고 막 발달하기 시작하던 초기에도 베네치아는 소금 시장에서의 우위를 지키기 위해 무진 애를 썼다. 네덜란드는 14세기 초에 청어 염장법, 혹은 식초 절임법을 발명하여 자신들이 좌지우지하는 거대한 시장을 창출했다. 세 번째로 둘 다 매우 이윤이 높은 해외 무역을 구축했다. 유럽 최초로 이루어진 이 번영은 삼중 지대(triple rents)를 기초로 했는데, 삼중 지대란 빈곤한 유럽 국가들에서는 전혀 없었던 경제 활동이다. 이 세 가지가 바로 제조업, 주요 원자재에 대한 사실상의 독점, 그리고 이윤이 높은 해외 무역이다. 부를 창출하고 유지하는 길은 다양하다. 더 우월한 지식에 의해, 또는 체계적인 시너지로 창출되는 매우 다양한 제조업을 소유하는 것으로, 시장 권력에 의해, 그리고 개별 산업들과 시스템적 효과 양쪽에서 혁신과 수확 체증을 통해 창출되는 낮은 생산비에 의해 규모를 키움으로써, 혹은 군사력을 활용하는 규모의 경제 등 다양한 방식으로 만들어 낸 거대한 진입 장벽 뒤에서 부가 창출되고 유지되는 것이다. 1485년 이후 영국은 천연자원이 빈약한 유럽 도시 국가들이 만들어 낸 삼중 지대 구조를 모방했다. 매우 강압적인 경제 개입을 통해 영국은 그 자체의 삼중 지대 시스템, 즉 제조업, 원거리 무역, 양모를 토대로 하는 원자재라는 삼중 지대를 만들어 냈다. 영국의 성공은 결국 도시 국가의 해체와 국민 국가의 성장으로 이어진다. 도시 국가에서 발휘되었던 시너지는 더 넓은 지역으로 확대되었으며, 이것이 유럽에서 중상주의적 계획의 본질이 되었다.[6]

잠깐 경제 이론으로 돌아가 보자. 애덤 스미스 이전에는 경제 발전이 집단적 지대 추구를 토대로 하며, 도시에만 몰려 있는 것으로 알려진 수확 체증과 혁신, 노동 분업이 일으키는 시너지에서 비롯된다는 사실을 받아들였다. 이런 인식은 오늘날 일반적인 경제학 교과서가 주장하는 완전 경쟁의 원리와는 정반대이다. 리카도가 글을 쓴 이후 1817년 영국의 산업화가 절정에 이른 다음에도 이런 패턴은 언제나 똑같았다. 부국들은 이렇듯 자국을 부자로 만들어 준 바로 그 요소들이 없다고 가정하는 이론을 토대로 빈국들을 계속 빈곤하게 만들고 있다. 나중에 보게 되겠지만 1485년 이후에 부유해진 나라들은 모두 리카도의 경제 이론에 저항했기 때문에 부유해진 것이다.

역사상 최초로 의도적으로 진행된 대규모 산업 정책은 유럽의 부유한 지역을 부유하게 만들어 준 한 가지 관찰에 기초하고 있었다. 그것은 한 지역, 한 분야에서 이루어진 기술 발전이 나라 전체에 부를 확산시킬 수 있다는 것이었다. 1485년에 왕위에 오른 영국 왕 헨리 7세는 어린 시절과 청년기를 숙모가 있던 부르고뉴에서 보냈는데, 그곳에서 모직 공업이 지역에 미치는 엄청난 영향력을 직접 확인할 수 있었다. 또 양모와 그것을 세척하는 데 사용되는 재료(산성백토 혹은 규산알루미늄)는 모두 영국에서 수입하고 있었다. 나중에 영국을 통치하게 된 헨리는 영국에서 생산하는 여러 해 분량의 양모가 이미 이탈리아 은행가들에게 저당 잡혀 있다는 사실을 알게 되면서, 그는 대륙에서 보낸 사춘기 시절을 떠올렸다. 부르고뉴에서는 직조업자들뿐 아니라 은행가와 다른 직공들도 형편이 넉넉했다는 것이다. 헨리는 영국이 직종을 잘못 선택했음을 깨달았고, 영국을 원자재 수출국이 아니라 직물 생산국으로 변모시키기 위한 정책을 단행했다.7

헨리 7세는 아주 광범위한 경제 정책의 수단들을 고안해 냈다. 그가 사용한 도구 가운데 가장 중요한 것은 수출 관세였다. 그 정책으로 인해 외국의 직물 생산업자는 영국의 동업자들에 비해 더 비싼 원자재를 사들일 수밖에 없었다. 사업을 새로 시작하는 영국의 양모 생산자들은 한동안 세금도 면제 받았으며, 일정 기간 일정 지역에서의 독점권도 누렸다. 특히 네덜란드와 이탈리아에서 직공과 기업가를 끌어오기 위한 정책도 활용했다. 영국의 양모 생산 능력이 나아지자 수출 관세가 늘었을 뿐 아니라 나중에는 자기들이 생산하는 양모를 전부 국내에서 처리할 수 있게 되었다. 그러다가 약 100년 뒤인 엘리자베스 1세 (Elizabeth I) 때에는 영국에서 생산하는 양모 원자재의 수출을 전면 금지해 버렸다. 18세기의 다니엘 디포(Daniel Defoe)와 다른 역사가들은 이 전략이 현명했다고 여기고, 이를 그 왕가의 왕과 여왕의 성을 따서 튜더 계획이라 불렀다. 이처럼 영국은 베네치아나 네덜란드가 했던 것과 똑같은 방법으로 동일한 삼중 지대라는 환경을 누릴 수 있었다. 강력한 산업, 원자재 독점권(양모), 해외 무역을 모두 확보한 것이다.

영국의 여러 역사가들은 튜더 왕가의 산업 정책으로 그 이후 영국이 대제국이 될 수 있었던 진정한 기반을 마련했다고 지적한다. 대륙에서 이 계획은 중차대한 결과를 낳았다. 영국의 경쟁력이 커짐에 따라 가장 큰 타격을 입은 나라는 피렌체였다. 피렌체 인들은 스페인산 양모로 대체하려고 노력하는 동시에 모직 생산에서 견직물로 사업을 다변화했지만, 영국의 정책이 워낙 성공적이었던 탓에 피렌체의 황금시대는 확실하게 막을 내렸다.

스페인의 양모 생산자들은 원자재 생산에서 영국의 주 경쟁자였으며, 그 때문에 1695년 영국의 경제학자 캐리는 스페인산 양모를 모두 사들인 다음 불태워 버려야 한다고 제안했다. 영국이 그 양모를 전부 가공할 능력은 없었지만 타국의 원자재를 시장에서 없애 버리면 자기들의 시장 장악력이 강화되리라는 것이었다.

우리는 스페인 인들과 양모를 전부 사들이는 계약을 맺을 수 있다. 그래서 양모의 양이 너무 많아진다는 반대가 나오면 해외로 내보내기보다는 (네덜란드 인들이 향신료를 그렇게 처리했듯이) 여분의 양모를 공개적으로 태워 버리는 편이 더 낫다. 그렇게 하지 않으면 우리는 양모의 해외 유출을 막을 수 없고, 유럽의 양모가 다른 곳에서 가공되는 것을 보고 있어야 한다.[8]

이 무역 전쟁은 사실상 최고의 이윤을 남기기 위한, 최고의 임금과 최고의 세금을 끌어오기 위한 싸움이었다. 이 싸움에 가담한 모든 사람에게 전략적 무역 정책은 사실상 '수단이 다른 전쟁'이었다.

수백 년 동안 유럽 각 나라의 무역 정책은 자국의 산업을 최대화하는 동시에 때때로 다른 나라의 산업을 파괴하는 원리에 기초하고 있었다. 리스트가 1841년에 말했듯이 수백 년 동안 영국의 경제 정책은 간단한 하나의 원칙에 기초했다. 즉 원자재를 수입하고 산업 제품을 수출한다는 것이다. 부유해지려면 영국이나 프랑스 같은 나라는 베네치아와 네덜란드의 경제 구조를 모방하고 복제해야 하지만 그들의 경제 정책까지 따라 할 필요는 없다. 이미 부유한 나라는 아직 빈곤한 나라들과는 전혀 다른 정책을 쓸 여유가 있으니까 말이다. 사실 한 나라가 확실하게 산업화되고 나면 수확 체증을 달성하고 신기술을 획득하는 등 처음에는 보호가 필요했던 요인들이, 이제는 더 발전하고 번성하기 위해 더 크고 더 국제적인 시장을 필요로 하게 된다. 따라서 성공적인 산업 보호는 그 자체에 파괴의 씨앗을 품고 있다. 성공하고 나면 초기에는 필요했던 보호주의가 이제는 생산을 저해하는 요인이 되기 때문이다. 네덜란드에 온 익명의 한 이탈리아 여행자는 1786년에 이렇게 말했다. "관세는 한 나라에 〔제조업〕 기술을 도입하는 데에는 유용하다. 하지만 일단 확립되고 나면 그만큼 피해도 입는다."⁹ 바로 여기에 자유 무역의 시행 시기가 중요하다는 핵심이 있다. 다시 말하지만 이것은 세계의 많은 지역에 적용되어 발전을 이끌었으나 오늘날의 경제 이론에서는 잃어버린 통찰이다.

헨리 7세의 경제 정책에서 기초가 된 원리는 그 이후 빈곤에서 부로 나아가기 위해 노력한 모든 국가의 경제 정책에서 필수 요소가 되었다. 이 원칙에 예외는 거의 없다. 천연자원은 없지만 어마어마한 배후 지역이 있는 홍콩 같은 작은 도시 국가는 베네치아나 네덜란드가 했던 것과 같은 '자연적인' 방식으로 부유해질 수 있다. 하지만 그런 국가의 내부 메커니즘을 연구해 보면 홍콩에서 택시 면허를 얻든, 그 도시에서 거대 기업을 경영하든 부를 창출하는 원리는 모두 완전 경쟁이 아니라 지대 추구임이 분명해질 것이다.

미국의 초대 재무 장관이었던 해밀턴은 1791년에 『미국 제조업에 관한 보고서(Report on the Manufactures of the United States)』에서 헨리 7세의 것과 매우 유사한 수단을 다시 들고 나왔다. 해밀턴이 제시한 목표도 동일했다. 노동 분업을 더 늘리고 제조업을 육성하자는 것이다. 19세기에는 유럽 주변부의 노르웨이도 포함하여 사실상 유럽 전역에서 동일한 수단을 채택했다. 시민권을 취득할 정도로 미국에서 오래 산 독일 경제학자 리스트의 이론은 영국의 정책과 산업화의 길을 따랐던 유럽 국가들에게 영감의 원천이었다. 리스트의 책은 각국 언어로 번역되었고, 동일한 '리스트 식' 수단들이 1860년대 일본의 메이지 유신과 1960년대 이후 한국에서도 사용되었다. 한국은 1950년대에는 탄자니아보다 더 가난한 나라였다. 현재의 빈국들은 이 수단을 채택하지 않

경제적 모방과 발전의 도구들

…시간이 흐르면 근본적인 문제들에도 적응하게 된다.
– 샘, 영화 〈카사블랑카〉의 피아니스트

1. 수확 체증 활동과 전반적으로 지속된 기계화를 둘러싼 부의 시너지를 관찰할 것. '우리가 직종을 잘못 선택했다.' 는 사실을 인정할 것. 의식적으로 목표를 정하고 수확 체증 활동을 지원하고 보호할 것.
2. 일시적인 독점권/특허권/특정 지역에서 목표로 정한 활동에 대한 보호주의.
3. 발전을 하나의 시너지 현상으로 인식하고, 그럼으로써 다양한 제조업의 필요를 인정할 것.("노동 분업의 극대화", 세라, 1613)
4. 제조업은 국내총생산을 증대시키고, 고용을 늘리며, 임금 균형 문제를 해결함으로써 제3세계에 해로운 세 가지 정책적 문제를 동시에 처리해 준다.
5. 목표로 삼은 경제 활동 범위에서 일하도록 외국인을 끌어들이는 것.(역사적으로 종교 박해가 이에 크게 기여한 바 있다.)
6. 원자재 생산을 토대로 하여 투기 이익을 얻는 지주 귀족 및 다른

세력들에 대한 상대적 억압.(1480년대의 헨리 7세에서 1960년대의 한국에 이르기까지.) 오늘날의 신고전주의 경제학을 창시한 중농주의 학파는 혁명 이전의 프랑스에서 이 목록에 있는 정책에 저항하는 지주 계급의 반란을 대변했다. 미국 남북전쟁(American Civil War)은 자유 무역주의자 및 원자재 수출업자(남부)와 산업 계급(북부) 사이에 빚어진 전형적인 갈등이었다. 오늘날의 빈국은 정치적 갈등과 내전에서 '남부'의 특성을 가진 곳이 이긴 나라들이다. 너무 이르게 개방하여 자유 무역을 시행하면 '남부'가 정치적 승자가 된다. 일반적인 경제학과 워싱턴 기관들의 정책 권고안은 사실상 모든 빈국에서 '남부'를 무조건 지지하는 편에 서 있다.

7. 목표로 삼은 활동에 대한 세금 감면.
8. 목표로 삼은 활동에 낮은 이자율로 자금 대출.
9. 목표로 삼은 활동에 수출 지원금 지급.
10. 농업이 독자적으로 국가를 빈곤에서 벗어나게 할 수 없다는 것이 분명하더라도 농업을 강력하게 지원할 것.
11. 학습/교육에 대한 강조.(영국에서 엘리자베스 1세 때 통용되던 도제 시스템. 베이컨의 『신아틀란티스』, 영국과 유럽 대륙에 설립된 과학 아카데미 등.)
12. 귀중한 지식에 대한 특허권 보호.(베네치아는 1490년대부터 특허권을 지정했다.)
13. 경쟁국에게 원자재를 더 비싸게 팔기 위해 원자재에 관례적으로 수출 관세 부과/수출 금지.(이 관행은 1400년대 후반 헨리 7세 때 성립되었다. 그의 정책은 매우 좋은 성과를 거두어 메디치 가의 피렌체 모직 공업에 심각한 피해를 입혔다.)

앉거나, 혹은 너무 짧은 기간만 채택함으로써 경쟁의 동력이 뿌리 내리지 못하게 만든 고정된 방식을 사용했던 나라들이다. 부록 4에 실려 있는 '좋은' 보호주의와 '나쁜' 보호주의의 비교는 여러 보호주의적 실천 방법들 사이의 질적 차이를 조명해 준다.

스페인, 하지 말아야 할 일의 충격적인 본보기가 되다

1500년대 중반 이후 유럽은 한 국가가 하지 말아야 할 일의 본보기를 보여 줌으로써 경제 이론과 정책에서 한층 더 진전된 설명을 내놓을 수 있었다. 그 나라가 바로 오랫동안 주요 산업 국가였던 스페인이다. 1700년대 포르투갈의 한 경제학자는 이렇게 말했다. "과거 유럽에서 최고급 실크에 대해 설명하려면 그라나다산 물건이라고 하면 그만이었다." 최고급 옷감을 묘사할 때에도 세고비아산이라는 말로 충분했다. 하지만 1700년대에 스페인의 제조 산업은 이미 과거사가 되었고, 서로 앞서거니 뒤서거니 하며 제조업과 부를 쇠퇴시킨 스페인의 메커니즘은 전 유럽에서 연구 대상이었다. 무슨 일이 일어났는지에 대한 결론은 거의 만장일치라 할 만했다.

아메리카 대륙이 발견되고 나서 엄청난 양의 금과 은이 스페인으로 흘러 들어갔다. 그러나 이런 막대한 재산이 생산 시스템에 투자되지 않으면서 실제로는 그 나라를 탈산업화로 이끌었다. 지주들은 신세계라는 점차 커지는 시장에 올리브유와 포도주를 수출하는 독점권을 가졌으므로 우선 신세계에서 모여드는 금으로 이익을 챙겼다. 그런데 이런 재화(올리브와 포도주)의 공급은 매우 비탄력적이어서 수확 체증보다는 수확 체감에 속해 있었다.[10] 생산을 늘리는 데에는, 특히 새로 심은 올리브나무가 오래된 나무만큼 많은 기름을 생산하기까지는 긴 시간이 걸린다. 이런 유형의 산업이 팽창하면서 수확 체증과는 정반대의 결과를 낳았다. 즉 단위 생산 비용이 낮아지는 것이 아니라 올라가는 수확 체감 현상이 나타난 것이다. 따라서 수요가 늘어나자 농산물 가격이 등귀했다. 그와 동시에 토지를 소유한 귀족들 대부분이 면세 대상이었으므로 직공과 제조업자들에게 가해지는 세금 부담은 갈수록 커졌다. 반면에 그들의 경쟁력은 국내 농산물 가격의 급등으로 이미 압박받고 있었다. 이 때문에 도시에서의 시너지와 노동 분업이 와해되고 탈산업화가 진행되어, 스페인은 19세기가 되기 전까지 그로 인한 타격에서 벗어나지 못했다. 성공하는 국가는 제조업을 보호했지만, 성공하지 못한 국가인 스페인은 농업을 보호하려다가 제조업을 무너뜨려 버렸다.

근대적인 도시와 전통적인 농촌의 경제 활동 간에 벌어지는 '내전'에 대해 정치적 시각에서 설명한다면, 스페인은 1520년에서 1521년까지 벌어진 소위 코무네로스의 반란(Guerra de los Comuneros)에서 이미 부분적으로는 패배한 셈이었다. 근대 유럽 혁명의 원형이라 할 만한 이 전쟁은, 장기적으로 세고비아 같은 스페인의 제조업 도시에 심각한 피해를 입히고 말았다. 목양업자조합인 메스타(La Mesta, 이들은 스페인 왕실의 채권자였다)가 가진 강력한 정치적 영향력이 당시 스페인의 친(親)원자재, 반(反)근대화 경제 정책에 힘을 실어 주었다. 실제로 메스타는 권력을 휘둘러 그들이 소유한 양이 농토를 침범해도 좋다는 허가까지 받아냈으며, 일부 농지를 목초지로 전환하기도 했다. 1500년대 스페인과 영국을 비교해 보면 정치권력이 누구 편인지가 얼마나 중요한지를 말해 주는 유용한 본보기를 볼 수 있다. 다시 말해 (스페인처럼) 원자재 생산에 이익을 투자한 편인가, 아니면 (영국처럼) 제조업에 투자한 편인가 하는 것 말이다. 이것은 제조업에 이익을 투자한 쪽이 원자재 생산에 투자한 쪽보다 덜 탐욕스럽다거나 더 낫다는 뜻은 아니다. 늘 그렇듯이 자본주의는 본질적으로 의도하지 않았던 결과를 낳는 시스템으로 이해해야 한다. 단지 제조업에서 의도하지 않았던 이익을 얻은 결과는 모든 주민의 이익이 원자재에서 나오는 나라에서 볼 수 있는 것과는 다르다는 것이다. 일단 이 같은 메커니즘을 이해해야만 헨리 7세처럼 현명한 경제 정책을 통해 원하는 결과를 만들어 내는 일이 가능해진다.

베네치아와 네덜란드가 따라야 할 모범으로 여겨진 것처럼 16세기의 스페인은 점차 무슨 일이 있어도 따라 하지 말아야 할 경제 정책을 채택한 사례이자, 한 나라가 반드시 피해야 하는 경제적 영향을 준 사례로 받아들여졌다. 식민지에서 나오는 부가 사실상 상품과 서비스를 만들어 내는 스페인의 능력을 오히려 피폐하게 만들었기 때문이다. 1485년 헨리 7세가 즉위한 후 제조업을 적극적으로 보호하고 권장했던 영국과는 반대로 스페인은 올리브유와 포도주 같은 농업 생산을 외국과의 경쟁으로부터 보호했다. 이로 인해 16세기가 끝날 무렵 한때 상당한 산업 생산력을 보유했던 스페인은 심각하게 탈산업화되어 있었다.

당시 관찰자들은 스페인으로 흘러 들어간 금은과 같은 엄청난 부가 고스란히 도로 흘러나와서 두 군데로 모이는 것을 목격했다. 그곳은 바로 베네치아와 네덜란드였다. 마치 서서히 움직이는 쓰나미처럼 남부 스페인의 진앙지에서 시작되어 유럽 전역에 확산된 인플레이션의 거대한 물결을 연구하는 것도 가능하다. 그런데 이런 금은의 흐름이 왜 끝에 가서는 그토록 제한된 지역으로 향했을까? 그토록 많은 스페인의 금은의 흐름을 멈추게 한 베네치아나 네덜란드는 유럽의 다른 나라와 어떤 차이가 있을까? 답은 그들이 규모가 크고 다양한 산업을 소유하고 있었고, 농업은 거의 없었다는 데에서 찾을 수 있다. 이로써 세계의 진정한 금광은 실제 금광이 아니라 제조업이라는 깨달음이 유럽 전역에 퍼졌다. 우리는 도시에서 일어난 부의 원인을 서술한 다음과 같은 관찰을 조반니 보테로의 저작에서 찾을 수 있다. "산업의 힘이란 신스페인(즉 신대륙)이나 페루의 어떤 금은광도 당해 낼 수 없는 그런 것이다. 가톨릭 국가의 왕에게는 밀라노의 제조품에서 얻은 관세가 포토시나 잘리스코의 광산보다 더 가치 있다.[11] 이탈리아는 … 별 대단한 금은광도 없는 나라이고 프랑스도 마찬가지이다. … 하지만 두 나라는 모두 산업 덕분에 돈과 보물이 풍부하다."[12]

제조업이 진정한 금광이라는 언급은 1500년대 후반에서 1700년대에 걸쳐 유럽 전역에서 여러 형태로 등장한다. 보테로의 지적이 나온 뒤에는 이탈리아의 토마소 캄파넬라(Tommaso Campanella, 1602)와 제노베시(1750년대)가, 스페인에서는 예로니모 데 우스타리스(Geronimo de Uztàriz, 1724/1751)가 그런 주장을 폈다. 또 독일 밖에서는 최초의 경제학 교수인 스웨덴의 안데르스 베르시(Anders Berch, 1747)가 이렇게 말했다. "진짜 금광은 제조업이다."[13]

스미스 이전의 경제학에서는 제조업을 세우는 것이 사회를 문명화하는 더 포괄적인 사명에 속하는 일로 여겼다. 자본주의는 인간의 에너지를 창조적인 쪽으로 물꼬를 터주기 위해 인류의 열정을 억압하고 족쇄를 채우는 데 대한 논의로 나아갔다.[14] 이탈리아의 경제학자 페르디난도 갈리아니는 "우리는 인류의 가장 큰 두 가지 악, 즉 미신과 노예 근성이 제조업을 통해 치유되리라고 기대한다."라고 잘라 말했다.[15] 이것이 바로 유럽의 경제 정책이 수립된 기초이자 유럽 국가들을 오랜 시간에 걸쳐 하나씩 차례로 산업화시킨 원리였다. '문명'을 건설하는 일, 제조업을 구축하는 일, 나중에는 민주주의를 확립하는 일은 모두 따로 떼어놓을 수 없는 동일한 과정의 부분들로 여겨졌다. 프랑스의 정치가이자 정치 저술가 알레시스 드 토크빌(Alexis de Tocqueville, 1805~1859)도 1855년에 이런 통념을 인용했다. "티루스에서 피렌체와 영국에 이르기까지 제조업과 상업을 주력 산업으로 하면서도 자유 국가가 아닌 나라가 하나라도 있는지 모르겠다. 그러므로 자유와 산업이라는 이 둘 사이에는 밀접하고 필연적인 연관이 있다."[16]

 1550년경 스페인 경제학자들 중 다수가 자기들 나라에서 무슨 일이 일어나고 있는지 깨달으면서 훌륭한 분석과 건전한 조언을 내놓기 시작했다. 이 시기의 스페인 경제와 경제학을 전문적으로 연구하는 미국의 역사가 얼 해밀턴(Earl Hamilton)이 지적하듯이 "역사상 도덕 철학자들이 치명적인 사회악에 대해 그토록 유능하게 진단을 내린 적이 없었고, 정치가들이 건전한 조언을 그토록 철저하게 무시한 적도 없었다."[17] 1558년 스페인의 재무 장관 루이스 오르티스(Luis Ortiz)는 펠리페 2세(Felipe II)에게 올린 비망록에서 당시 상황을 이렇게 설명했다.

 스페인과 서인도 제도에서 온 원자재, 특히 실크, 철, 코치닐(붉은색 염료)을 외국인들은 1플로린에 사들인 다음 완제품을 만들어 스페인에 10에서 100플로린 사이의 가격으로 되팝니다. 스페인은 이렇게 하여 우리가 인디언들에게 강요한 것보다 더 심한 굴욕을 유럽 인들에게 당하고 있습니다. 스페인 인들은 별 가치도 없는 장신구를 주고 금은을 바꾸어 왔지만, 정작 자신의 원자재[로 만든 가공품]를 엄청난 가격에 도로 사들임으로써 온 유럽의 비웃음거리로 전락했습니다.[18]

여기에서 중요한 사실은 완제품 가격이 그것을 만들기 위한 원자재 가격의 열 배에서 백 배에 달한다는 생각으로, 이는 유럽의 경제 정책에 관한 문건에서 여러 세기 동안 반복하여 등장하는 것이다. 원자재와 완제품 사이에는 가치를 증식시키는 것이 있다. 산업화 과정은 지식과 기계화, 기술, 노동 분업, 수확 체증, 무엇보다도 빈국의 특징인 실업과 반(半)실업 상태의 하층민 고용을 필요로 하며, 또 고용을 만들어 낸다. 오늘날 세계은행이 제시하는 경제 모델은 개발도상국에서의 완전 고용을 가정하는데, 실상을 보면 그런 곳에서 '직업'이라 부를 만한 일자리를 갖고 있는 노동력은 고작 20~30퍼센트에 불과하다. 과거에 경제 정책을 입안하는 사람들은 실업자 및 반실업자와 부랑자가 어느 정도인지 알고 있었으며, 원자재를 완제품으로 만드는 데 필요한 노동이 도시와 국가의 부를 증대시키리라는 사실을 이해하고 있었다. 그러나 논의의 핵심은 원자재를 완제품으로 가공할 때 일어나는 경제 활동이 원자재 생산과는 다른 경제 법칙을 따른다는 것에 있다. 바로 '가치를 증식시키는 제조업'이 진보와 정치적 자유의 핵심이었다.

그러므로 15세기 말부터 제2차 세계 대전이 끝날 때까지 비록 경제 이론은 아니지만 경제 정책에서 주요 주제는 '제조업 숭배'라 할 수 있었다. 그 중에는 외국 땅에서 쓸모 있는 '식물'을 가져와서 '심는' 것처럼 산업을 '이식하는' 것에 관한 논의도 있었다. 이와 같은 목적을 이루는 데 도움이 되는 두 가지 상이한 제도가 1400년대 후반에 제정되었다. 특허권을 통해 신지식을 보호하는 것과 관세 보호를 통해 동일한 지식을 새로운 지역으로 이전시키는 것이다. 두 가지 모두 경제에 대한 동일한 이해, 즉 불완전 경쟁을 부추겨서 신지식을 창조하고, 지리적으로 확산시키는 것을 기반으로 삼고 있었다. 이런 발전 과정에서 꼭 필요한 것이 시장에 그냥 일임했을 경우와 비교해 '가격을 부당하게 정하는' 제도들이었다. 다시 말해 새로운 발명을 위해 잠정적으로 독점권을 주는 특허권과 제품 가격을 왜곡시켜서 처음 발명된 곳 이외에도 신기술과 신산업을 일으킬 수 있도록 해 주는 관세 같은 것들이다.

이런 발명과 혁신은 시장만으로는 도저히 창출되지 못했을 것이다. 그러나 이런 여러 제도들 가운데 오늘날의 경제 정책과 워싱턴 기관들이 적극적으로 옹호하는 것은 단 하나뿐이다. 그들은 점점 커지는 수익이 극소수의 최부국으로 유입되도록 만드는 특허권만 열렬하게 옹호하는 것이다. 반면에 바로 그 워싱턴 기관들은 새로운 산업이 다른 나라로 옮겨짐에 따라 불완전 경쟁이 지리적으로 확산될 수 있도록 했던 도구는 철저히 금지한다. 부국에서의 불완전 경쟁은 보호 받을 수 있지만 빈국에서는 그렇게 하지 못하게 막는 것이다. 이것이 내가 경제학 이론에서의 '가정 조작(assumption-juggling)'이라 일컬은 것으로, 구(舊)식민 시대의 유형을 답습하여 국내에는 제3세계에 적용하는 것과 다른 이론을 적용한다. 경제적 힘 겨루기의 결론은 늘 똑같다. 바로 금을 가진 자가 규칙을 만든다는 황금률 원리이다.

1700년대 초반에는 쌍무적 무역에서의 경제 정책을 세우기 위해 주먹구구식 원칙이 개발되었는데, 그 원칙은 유럽 전역에 급속도로 퍼져 나갔다. 어떤 나라가 원자재를 수출하고 완제품을 수입한다면 이것은 나쁜 무역이었다. 같은 나라가 원자재를 수입하고 완제품을 수출한다면 이것은 좋은 무역이었다.[19] 한 나라가 산업 완제품을 수출하고 다른 나라의 산업 완제품과 교환한다면, 이는 양쪽 모두에게 좋은 교환으로 받아들여졌다. 국제연합무역개발회의가 쓰는 용어를 빌리자면 대칭적 무역은 참여자들 모두에게 좋은 것이고, 비대칭적 무역은 빈국들에게 불리한 것이다.

이것이 바로 리스트 같은 이들이 관세 보호 대신에 산업화를 가장 열렬하게 옹호한 이유였다. 이것은 또 세계의 모든 나라가 왜 산업화된 뒤에 자유 무역과 세계화를 그렇게 열성적으로 지지하는지에 대한 이유이기도 하다. 1840년대 초반에 리스트는 이미 '좋은 산업화'를 위한 처방전을 갖고 있었다.[20] 세계의 모든 나라가 산업화된 뒤에 자유 무역이 발전한다면 그것은 모든 이에게 최선일 터이다. 다만 자유 무역을 채택하는 시기 문제, 자유 무역을 향한 발전이 일어나는 지리적, 구조적 순서에 대해 의견이 다를 뿐이다.

제2차 세계 대전이 끝나고 나서 유럽이 재건되던 기간에도 경제에 대한 이런 식의 이해가 면면히 이어졌음을 볼 수 있다. 전쟁 뒤에 미국의 산업은 유럽의 산업에 비해 훨씬 우월했다. 그렇다고 유럽이 비교 우위에 있는 농업에 종사해야 한다고 주장하는 사람은 아무도 없었다. 오히려 그와 반대로 마셜 플랜을 통해 유럽을 재산업화하기 위한 모든 수단이 강구되었는데, 이는 본질적으로 전통적인 정책 수단들을 써서 유럽을 재산업화하려는 계획이었다. 그런 정책들 중에는 제조업에 대한 강력한 보호도 들어 있었다. 과거와 다른 것이 있다면 제2차 세계 대전 이후 유럽에서는 농업도 보호해야 할 필요가 있었다는 점이다. 그러나 20세기에 이루어진 농업 보호는 제조업 보호와는 완전히 다른 이유에서 행해졌다는 사실을 기억해야 한다. 제조업 기반을 강화하는 것은 산업화와 더 높은 실질 임금을 위한 공격적 보호주의인 데 비해,

농업 보호는 농업 부문의 소득이 너무 떨어지지 않도록 막기 위한 방어적 보호주의였다. 이는 공격적 보호주의가 성공함에 따라 그 경제 내 비농업 부문의 임금 수준을 끌어 올렸기 때문에 필요한 조처였다. 달리 말하면 새로운 일자리를 창출하고 국내의 임금 상승을 이끌기 위한 제조업 보호는 더 가난한 나라의 경쟁자들로부터 농업의 일자리를 보호하기 위해 나온 것과는 질적으로 다른 논리에 기초하고 있었다. 첫 번째 유형은 보호주의가 창출하는 시너지에 의해 국가의 전체 임금 수준을 올리기 위한 것이고, 두 번째 유형은 농민과 농업이 주력 산업인 지역을 도와주기 위한 것이다. 4장에서 제조업과 농업의 질적 차이를 설명하고 나면 두 가지 상이한 보호주의의 필요성을 충분히 이해할 수 있을 것이다.

독일, 영국의 뒤를 따르다

프랑스와 다른 나라들도 곧 영국이 튜더 왕조 치하에서 엄청난 성공을 거둔 전략을 모방하게 되었다. 이와 같은 전략들은 작은 도시 국가들이 차지하고 있던 권력이 국민 국가에게 돌이킬 수 없을 만큼 넘어가고, 국민 국가에서 더 큰 시장을 가진 더 넓은 지역으로 '공공복리'를 확대하고 공고히 하는 일이 성공적으로 이루어지던 시기에 국가 건설을 위한 대규모 계획 사업이었다. 프랑스에서는 유명한 정치가 장 바티스트 콜베르(Jean Baptiste Colbert, 1619~1683)가 산업과 기간 시설을 발달시켰고, 그것으로 국가 통합의 기틀을 마련했다. 콜베르의 목표는 국가를 내부에서 '완전 경쟁'으로 통합하는 것이었고, 수확 체증과 노동 집약적 산업을 외국과의 경쟁으로부터 지키는 데 있었다. 18세기 내내 콜베르는 유럽 전역에서 '위대한 콜베르'로 일컬어졌다.

이제 유럽의 '후진국'인 독일을 자세히 들여다보자. 루드비히 폰 제켄도르프(Veit Ludwig von Seckendorff, 1626~1692)는 독일 경제학의 기초를 세운 인물로, 그가 살던 시대는 전쟁과 빈곤으로 얼룩져 있었다. 독일에서는 30년 전쟁(1618~1648)으로 인해 주민의 70퍼센트가 사라진 곳이 있을 정도였다. 이 전쟁은 처음에는 독일 안에서의 종교 갈등으로 시작했으나 점차 스페인, 프랑스, 덴마크, 스웨덴 등 당시 유럽의 여러 강대국들이 개입하게 되었다. 이 전쟁에서 승자는 없었지만 대다수 독일인들 눈에 패배한 것은 문명 그 자체임이 명백해졌다. 제켄도르프가 열여섯 살이었을 때 스웨덴 군대에서 복무하던 독일인 아버지가 북독일의 한 마을에서 간첩 혐의로 참수당했다. 제켄도르프가 예순여섯의 나이로 죽었을 당시는 루이 14세(Louis XIV)의 군대가 독일의 라인란트 팔라티나테 공국을 막 유린한 참이었다. 그 사이에 독일은 투르크와 전쟁을 벌였다가 빈이 포위되어 거의 함락될 뻔했고, 프랑스와는 두 차례 더 전쟁을 치렀다. 이 전쟁으로 제켄도르프가 공부했던 스트라스부르는 프랑스 수중에 넘어갔다. 30년 전쟁을 종결시킨 1648년 베스트팔렌 평화 조약(Peace of Westphalia)으로 독일은 300개 이상의 소국으로 쪼개졌다. 이런 이야기를 늘어놓는 이유는 독일이 이처럼 전쟁으로 파괴된 야만 상태를 벗어났던 방식 중에는 오늘날 실패한 나라나 실패하고 있는 나라가 들어야 할 중요한 교훈이 있기 때문이다. 독일이 빈곤에서 탈출한 방법은 생산 전략에 기초한 것으로, 농업과 원자재 생산에서 의식적으로 다각화된 무역과 산업을 구축하는 것이었다.

성공에 이르는 열쇠는 평화와 번영이 지배하는 나라의 경제 구조를 모방하는 것이었고, 그들이 모방한 본보기는 네덜란드였다.[21]

제켄도르프는 아버지 동료의 도움을 받아, 스웨덴 군대의 퇴역 장교이자 경건한 에르네스트라 불린 작센 고타 공작 에르네스트(Duke Ernest of Saxe-Gotha) 밑에서 일자리를 얻었다. 그의 임무 중에는 에르네스트 공작이 전리품으로 획득한 방대한 책을 소장한 도서관을 관리하는 일이 있었다.[22] 에르네스트 공작이 고타에 세운 인상적인 성과 관리소 건물에 가면 지금도 이 도서관에 들어갈 수 있다. 그리하여 젊은 제켄도르프는 당대의 경제학과 정치학에서 가장 중요한 문헌을 두루 볼 수 있었는데, 이런 문헌을 요약하여 공작에게 제출하는 것이 그의 임무 중 하나였다. 1656년 서른 살이 된 제켄도르프는 『독일 공국(The German principality)』이라는 중요한 저서를 출판했다. 이 책의 논지는 두 가지 오래된 전통에 기초하고 있었다. 하나는 13세기 이탈리아 이후 관행으로 기록되어 오던 한 나라와 그 나라의 역사, 주민, 행정, 제도, 자원에 대한 상세한 묘사였고, 또 하나는 말 그대로 옛 독일의 '왕의 거울(King's mirror)', 즉 왕이나 군주들을 위한 통치 교재 혹은 지침이었다. 제켄도르프의 책은 교재로서는 대단히 오래 살아남아 그 뒤 98년 동안 출간되었다.

책을 낸 후 몇 년 지나 제켄도르프는 에르네스트 공작의 네덜란드 공화국 여행길을 수행했다. 당대의 수많은 관찰자들이 그랬듯이 네덜란드에서 경험한 풍요, 평화, 자유, 관용의 분위기는 제켄도르프에게 지워지지 않는 깊은 인상을 남겼다. 고국으로 돌아온 그는 독일 군주들에게 올린 조언을 보완해야 할 필요를 느껴 1664년에 『부록(Additiones)』을 출간했으며, 그 뒤로는 늘 본서와 부록이 함께 인쇄되었다. 이 증보

판에는 제켄도르프의 탁월한 경제적 통찰이 들어 있다. 네덜란드에서의 경험은 고타 도서관에서 구상한 이론, 즉 부를 창출하는 데에는 도시와 산업이 중요하다는 이론이 옳았다는 것을 뒷받침해 주었다. 이탈리아 경제학자 조반니 보테로의 저작들, 그중에서도 가장 중요한 『도시의 위대함에 관하여(On the Greatness of Cities)』는 원래 1588년에 나왔는데, 고타 도서관에는 지금도 이 책의 상이한 판본이 서른 종 정도 남아 있으며 모두 1655년 이전에 출판된 것들이다. 그 대부분은 제켄도르프 생존 당시에 이미 그곳에 있었을 것으로 짐작된다.

제켄도르프는 도시에 다양한 직업과 직종이 등장하고, 또 직인들이 농촌에서 돈을 더 벌 수 있는 도시로 이주하는 것의 중요성을 알고 있었다. 이와 동시에 직인들 간의 경쟁이 부족하다고 걱정한 점을 미루어 보면 그는 근대적인 인간이었음을 알 수 있다. 에르네스트 공작은 기간 시설에 투자하여 공국의 강을 네덜란드의 운하처럼 항행할 수 있도록 만들기 위해 시도했으나 네덜란드에 비하면 성공적이지 못했다. 제켄도르프의 정책은 세금과 관세를 없앰으로써 사람들이 더 자유롭게 이동하도록 해 주는 것이었다. 그와 함께 그의 정책에서 우리는 국가가 노인과 병자를 도와야 할 책임을 지는 복지 국가의 단초를 발견할 수 있다.

제켄도르프와 당시의 다른 경제학자들은 네덜란드에서 어떤 것을 보았기에 그토록 깊은 인상을 받았을까? 우리는 제켄도르프가 방문했을 무렵 네덜란드의 델프트 시에서 이루어지고 있던 산업과 무역에 대해 상당히 많은 것을 알고 있고, 그가 델프트를 방문했는지 아닌지와 전혀 상관 없이 이 도시를 하나의 사례로 활용할 수 있다. 독일의 경제학자 좀바르트가 전쟁[23]과 사치[24]에 대해 설명한 이론을 델프트 시를 무대로 할 때에는 자본주의의 발전에 강력한 인센티브로 작용한 해군과 도장(塗裝) 기술의 관계로 설명할 수 있다. 델프트 클러스터의 중심부에는 직물 산업의 품질 관리에 사용되었던 유리 렌즈, 즉 돋보기 렌즈 제조업이 있었다. 하지만 현미경 제작자가 과학자로 변신한 이 도시는 이윤 추구의 동기와 무관하게 게으른 호기심이 자본주의의 또 다른 강력한 동력이라는 베블런의 견해도 확실히 증명해 주었다. 17세기의 델프트는 해양 전쟁, 사치품으로서의 회화, 과학적 호기심이 어떻게 하여 폭넓고 다양한 생산 클러스터이자 혁신과 풍요를 창출할 수 있는지를 잘 보여 준다. 오늘날의 일반적인 경제학에서는 사라진 또 다른 요소인 다양성 그 자체의 중요성을 당시 네덜란드를 지켜보던 모든 외국인들이 강조했다고 해도 과언이 아닌 것이다.

15세기 무렵 플랑드르와 네덜란드 화가들은 캔버스천에 그리는 유화의 개척자였다. 이에 비해 이탈리아 화가들은 석회를 갓 바른 벽에다 수채 물감으로 그림을 그리는 프레스코 화법을 사용하고 있었다. 이는 네덜란드 화가들이 해군과 승조원들로부터 나무를 가공하고 돛을 만드는 데 쓰던 아마씨유와 아마천, 대마 범포천을 얻을 수 있었기에 가능했다. 1600년대 들어 델프트는 피렌체를 밀어내고 유럽 최고 수준의 과학용 유리를 만들어 내는 도시가 되었다. 앞에서 말했듯이 손으로 드는 확대경은 원래 직물 산업에서 쓰기 위한 것이었는데, 렌즈 제조업자들은 다른 용도도 찾아냈다. 해군은 쌍안경과 망원경을 필요로 했으며, 일부 렌즈 제조업자들은 현미경을 만들기 시작했다. 이런 현미경 제작자들은 스스로 과학자가 되어 현미경으로 발견한 새로운 세계를 묘사했다. 델프트의 위대한 현미경 제작자이자 과학자 레벤후크(Antoni van Leeuwenhoek, 1632~1723)는 유리 렌즈를 중심으로 집결된 직물 산업과 현미경 제작, 자연과학 간의 시너지를 창출했다. 레벤후크는 자신이 발견한 내용을 기록하기 위해 화가들을 삽화가로 고용했다. 그의 집에서 길모퉁이만 돌아가면 나올 정도로 인근에 살던 화가 얀 베르메르(Jan Vermeer, 1632~1675)는 유리 렌즈를 끼운 일종의 원시적인 사진기라 할 카메라 옵스큐라(camera obscura)를 그림 그릴 때 활용하기 시작했는데, 최근에 나온 베르메르에 관한 영화에도 이 이야기가 나온다.[25] 베르메르가 죽기 전에 레벤후크를 자신의 유언 집행자로 임명했다는 사실은 회화와 과학 간의 밀접한 관계를 잘 보여 준다.

해군의 활동이 낳은 또 다른 결과는 지도의 필요성이었다. 베르메르의 여러 그림들 중에서 이런 지도들은 중요한 위치를 차지한다. 실제로 어떤 전기 작가는 베르메르가 지도 마니아였다고 말하기도 한다. 이탈리아에서는 대개 지도를 목판으로 제작했으나 네덜란드는 동판화로 제작하기 시작했다. 구리와 황동은 해군 쌍안경과 세밀한 현미경을 만드는 데에도 사용된 재료였으며, 따라서 과학과 회화, 해전 사이에

• 도표 5 • 1650년대 네덜란드 델프트: 다양성에 기초한 혁신 시스템

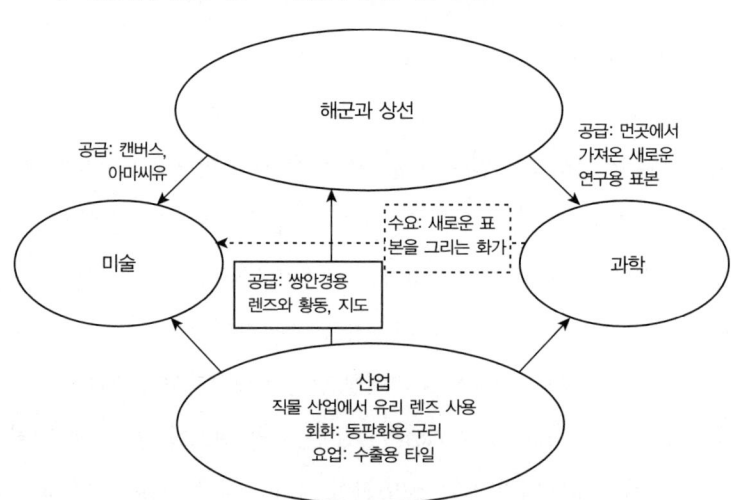

또 다른 관련이 생긴다. 역시 1632년에 태어났고 유리 렌즈 제작을 생업으로 삼은 또 다른 네덜란드인이 있었으니, 바로 철학자 바뤼흐 스피노자(Baruch Spinoza)였다. 도표 5는 30년 전쟁 직후에 네덜란드를 방문한 사람들이 볼 수 있었던 '국가 혁신 시스템'의 개요이다. 한 부문에서 지식이 발달하면 얼핏 보기에 관련이 없을 것 같은 다른 분야로 지식이 도약하고, 그럼으로써 예전에는 무관하던 사실이나 사건들이 연결되면서 새로운 지식이 창출되는 지점이 생긴다. 다양성도 경제 성장에서 핵심 요소로 받아들여졌는데, 이 다양성은 같은 물건을 만들어 내는 농촌에서는 일어날 수 없었다.[26] 이런 다양성의 결여는 원자재를 생산하는 지역이 가진 문제 중 하나로 인식되었는데, 그런 지역에서는 서로 거래할 것이 거의 없기 때문이다.

당시의 네덜란드는 경제 발전의 메커니즘을 관찰할 수 있는 하나의 실험실이었다. 당대의 관찰자들에게는 혁신과 풍요란 농업 밖에서 이루어지는 발명을 위해 수많은 기회가 낳은 결과임이 명백했다. 도시 활동에서는 생산 단가가 낮아지고 수확 체증 현상이 나타나며 전면적인 노동 분업과 다양한 직업들이 이루는 시너지가 풍요를 창출하는 것이다. 베네치아에서 이와 동일한 현상을 관찰한 세라는 1613년 저작에서 이 세 가지 원리를 설명하고 "한 요인이 다른 요인을 강화한다."라고 덧붙였다. 다른 말로 하면 그는 스스로 촉매 작용을 하는 경제 성장 시스템을 설명하고 있었다. 세라의 저작에는 또 한 국가가 이런 시스템에 따라 부를 창출하는 데 필요한 경제 정책을 서술하는 장(章)도 포함되어 있다. 이 이론가들은 마치 한 도시의 부를 평가하고 싶다면 그 도시의 성벽 안에서 볼 수 있는 직업의 수를 세어 보라고 말하고 있는 듯하다. 직업의 수가 많을수록 도시는 더 부유하다는 것이다. 도표

5에서 보았듯이 경제 활동의 다양성은 새로운 지식이 한 부문에서 다른 부문으로 도약할 수 있게 해 주는 목표 그 자체였다. 이와 같은 이론의 발달은 13세기에 라티니가 말한 '공공복리'의 전통을 이어갔다.

그러므로 경제 정책의 목표는 베네치아와 네덜란드의 경제 구조를 모방하는 것이 되었다. 즉 수확 체증과 기술 변화를 필요로 하는 다양한 직업들을 최대한 모두 한 자리에 모으는 것이다. 베네치아와 네덜란드 공화국의 경제 정책을 복제하는 것이 논란거리가 된 적은 한 번도 없었다. 당시의 경제학자들은 베네치아와 네덜란드의 경제 구조가 농경지 부족과 해양 활동이라는 목표를 위해 전략적이고 지리적인 태도를 취한 결과로 출현한 것임을 알고 있었다. 부록 5는 제켄도르프와 같은 세기에 활동한 또 다른 독일 경제학자 필립 윌리엄 폰 회르니크(Philipp Wilhelm von Hörnigk, 1638~1712)가 제시한 9개 항목의 전략을 보여 주는데, 이는 낙후한 독일어권 국가들이 유럽 부국들의 경제 구조를 모방하기 위해 따라야 하는 원칙이었다. 이 전략이 시행된 대상이 주로 오스트리아였고, 이 책이 처음 출간된 시기가 투르크 군대의 빈 공성전이 끝난 지 고작 1년 뒤인 1684년이라는 사실에 주목할 필요가 있다. 회르니크의 책은 16판을 거듭했고 100년 이상 계속해서 출간되었다. 1784년에 이 책의 100주년 기념판이 나왔는데, 오스트리아를 경제적 성공으로 이끄는 데 그 원리가 중요했음을 거듭 강조했다. 이 책은 오늘날 일반적인 경제 사상사에서 거론조차 되지 않는 대표적인 사례이다.

도시와의 근접성도 농촌의 현실을 개선시킨다는 점은 진작부터 주목받아 온 사실이다. 보테로에 따르면, "네덜란드의 양은 한 번에 새끼를 서너 마리는 낳으며, 암소는 흔히 송아지를 두 마리씩 낳는다. 암소는 보지 않은 사람은 믿지 못할 정도로 많은 젖을 생산한다."[27] 그러나 도시와 농촌 사이의 시너지라는 것의 핵심적인 의미, 즉 산업 도시와 노동 시장을 공유하는 농민들만이 부유해질 수 있다는 주장은 계몽주의 시대에 와서야 제대로 부각되었다.

영국 동인도 회사의 총독을 지낸 조시아 차일드(Josiah Child, 1630~1699)는 경제 정책을 모방하는 세계에 대해 다음과 같은 말로 견해를 요약한다. "세계의 무역을 손에 넣으려 한다면 우리는 네덜란드를 모방해야 한다. 그들은 모든 제품 가운데 최악의 것도 최고의 것도 만든다. 우리도 그렇게 해야 모든 시장, 모든 기질의 사람들의 필요를 채워 줄 능력을 지니게 될 것이다." 이와 비슷하게 차일드는 1668년에 쓴 『무역과 금리에 관한 짧은 논평(Brief Observations Concerning Trade and Interest of Money)』을 이렇게 시작한다. "네덜란드 인들이 이룬 경이적인 성장은 현재와 미래의 모든 세대의 경이이자 질투의 대상이다." 그러면서도 그들이 이처럼 스스로를 진보시킨 수단은 대단히 알기 쉬우면서도 대부분 다른 나라가 모방할 수 있는 방법이다. … 다음의 논의에서 이 점을 입증해 보고자 한다."[28] 이처럼 조시아 차일드에게는 명백했던 것을 현재의 일반적인 경제학 교과서는 알아차리지 못했다.

독일인들은 또 적어도 단기간에는 네덜란드나 베네치아의 보다 민주적인 정치 시스템을 모방할 수 없다는 사실을 알고 있었다. 한 국가의 경제 구조와 정치 구조 사이에는 명백한 관련성이 있었다.[29] 간단하게 말하자면 독일은 그들의 통치자와 공존해야 했다. 그러니 나라를 발전시키려면 통치자들에게 경제 정책을 바꾸도록 설득하는 방법밖에 없으며, 그렇게 하다 보면 정부 형태도 장기적으로는 더 민주적으로 바뀌게 된다는 것이다. 독일 통치자들의 전제 정치는 빌헬름 로셔가 나중에 계몽 전제 군주제(1868년)라 부른 것으로 발전했다. 1648년경이 되자 철학자와 경제학자들은 성공적인 왕정을 만든다는 것이 무엇인지에 대한 통치자의 인식을 바꾸기 위해 서서히 움직이기 시작했다.

제켄도르프는 다음 세기에 유럽을 휩쓸게 되는 이런 경제학자들과 정치 평론가들의 견해를 일찌감치 지지한 사람이었으며, 정치 평론가들은 한 나라를 지배할 권리에는 그 나라를 발전시킬 임무도 뒤따른다는 점을 왕과 통치자들에게 납득시켰다. 그런 나라들이 최초의 개발도상국으로 20세기 후반의 한국과 대만의 선배였다. 크리스티안 볼프가 철인 군주라 부른 계몽 군주는 이 개발도상국에서 독재 정권의 역할이었고, 제켄도르프 이후 경제학자들의 임무는 조언하고 안내하고 수정하고 치켜세우고 구슬러 군주들이 임무를 제대로 수행하게 만드는 것이었다. 많은 경제학자들이 1인 연구 협회이자 왕들이 최후에 의지하는 기업가 노릇도 했는데, 이런 활동으로 재정상의 어려움에 빠질 때도 많았다. 그 결과 등장한 것이 "군주가 더 훌륭하면 백성들은 더 부유해진다."라는 논리였다. 군주의 성공은 그 자신의 부가 아니라 그가 다스리는 백성들의 부와 행복에 근거한 것이어야 했다.

세계 최초의 경제학 교수는 1727년에 독일의 할레 대학에서 '경제학, 정책, 관방학' 교수직을 맡았던 지몬 페터 가세(Simon Peter Gasser)였다. 영국이 첫 경제학 교수를 세우기까지는 거의 100년이 더 지나야 했다.(애덤 스미스는 도덕철학 교수였다.) 세계 최초의 경제학 교수가 쓴 최초의 경제학 교과서인 『경제학, 정치학, 관방학 입문(Introduction to the Economic, Political and Cameral Sciences)』은 제켄도르프가 쓴 시로 시작한다. 그 시는 옛날 왕들의 이상은 좋은 사냥꾼, 기수, 검객이 되는 것이었다고 설명한 다음, 현대 왕들의 성공은 그가 다스리는 영토에서 볼

수 있는 복리와 정의로 가늠한다고 말한다.[30]

아일랜드, 과거에서 배우다

1980년 7월에 나는 로셔가 말한 '계몽 전제 군주'를 생각해 냈다. 당시 는 박사 학위를 마친 뒤 첫 직장인 미국의 컨설팅 회사 텔레시스에서 일하고 있을 때였다. 첫 임무는 텔레시스 사장을 수행하여 아일랜드 총리인 찰스 호이(Charles Haughey)의 집무실에 가는 것으로 시작했다. 우리는 제2차 세계 대전 이후 아일랜드의 산업 정책을 평가하고 미래 에 대해 조언해 주는 과제를 맡았고, 그런 다음 총리 집무실에 직접 보고하도록 되어 있었다.

회계사 출신인 호이는 같은 해 1월 9일에 다음과 같은 아일랜드 대 국민 선언을 발표했다.

오늘 저녁, 나는 여러분께 나라의 형편과 내가 보여 드려야 하는 상황이 불행히도 별로 즐거운 것이 아님을 말씀드리고자 합니다. 현재 우리가 파악한 수치에서 한 가지 사실은 매우 분명합니다. 공동체로서 우리는 자기 능력이 감당할 수 없는 수준으로 살고 있습니다. …우리는 우리가 만들어 내는 제품과 서비스의 양으로 볼 때 도저히 정당화될 수 없는 수준으로 살아 왔습니다. 이런 격차를 메우기 위해 우리는 엄청난 돈을 빌려왔고 그런 채무 수준을 이제 더는 감당할 수 없게 되었습니다. 몇 가지 수치를 말씀드리면 이 사실은 매우 분명해질 것입니다. …정부 지출을 개혁하여 반드시 우리가 감당할 능력이 있는 만큼만 일을 벌이게 해야 합니다.

아일랜드는 1973년에 유럽 공동체(EC)에 가입하면서 거액의 EC 펀드가 농업으로 흘러 들어왔다. 그러나 이것은 감당할 수 있는 수준을 넘어섰고, 매우 어려운 시장에서 엄청난 빚에 쪼들리는 농민들을 양산했다. 호이 총리와의 만남에서 나는 그가 어떤 전망을 품고 있었다는 것을 기억한다. "저 밖에서는 신기술이 오고 있습니다. 내가 여러분에게 부탁하는 것은 아일랜드가 그 기술에서 1등이 되도록 도와달라는 것입니다." 호이가 염두에 둔 것은 정보 기술이었고, 그의 전망은 부국들을 모방하고 그들을 따라잡아 신기술을 가지고 앞으로 나아가는 것이었다. 아일랜드에 간 팀에서 경제학 전문가는 나뿐이었는데, 우리는 나중에 비즈니스 분석이라는 방향에서 조언을 했다.[31]

호이는 1980년대 이후로 정보 기술 부문에 일찌감치 진입하여 아일랜드 경제를 매우 성공적으로 변모시킨 공로를 인정받고 있다. 얼마 후 아일랜드의 실질 임금은 식민 지배자였던 영국의 실질 임금 수준을 능가했다. 자신의 비전과 지도력으로 호이는 18세기 유럽의 계몽 전제 군주들과 똑같은 역할을 수행한 것이다.

호이와 첫 만남 이후 그해 대부분의 시간을 더블린에서 보냈다. 트리니티 칼리지 도서관에서 나는 아일랜드 인 동료들을 비롯해 아일랜드의 과거 산업의 역사에 대해 알게 되었다. 1600년 후반 영국의 식민지인 아일랜드는 당시 핵심 산업인 모직물 생산에서 선두를 다툴 정도로 발전해 있었다. 유럽 대륙에서 들어온 숙련된 가톨릭 이주민들이 이와 같은 발전에 기여한 것이었다. 피렌체와의 싸움에서 승기를 잡아가던 영국의 모직물 생산자들은 아일랜드와의 경쟁에서 우위를 내줄 수는 없었다. 그들은 왕에게 청원하여 1699년 이후 아일랜드의 모직물 수출을 전면 금지시켜 버렸다.

이는 리카도의 무역 이론이 나오기 전의 일이었기 때문에 아일랜드의 제조업을 죽이고 양모 원자재를 영국에게 넘기라고 강요하면 그 나라가 곧바로 빈곤으로 굴러 떨어지게 된다는 것은 다들 알고 있었다. 하지만 그러한 관행은 유럽의 모든 권력이 각자의 식민지에게 똑같은 일을 저질렀다는 사실로 대개 정당화되었다. 앞에서 이미 "자유 무역과 원자재 수출이 가하는 사형 선고"라는 통찰에 대해 논의한 영국의 경제학자 캐리를 언급한 바 있다.

아일랜드의 모직물 수출을 전면 중단시키는 일에 관여한 것이 바로 이 캐리였다. 그의 논지는 당시 통용되던 인체 은유를 토대로 하고 있었다. 캐리는 영국은 영연방이라는 신체의 머리인 데 비해 아일랜드는 주변의 팔다리라고 주장했다. 공공복리라는 신체에서 갈등이 일어나면 머리의 이익을 우선해야 했다. 이 때문에 아일랜드 인들이 깊은 원한을 품게 된 것은 당연했다. 트리니티 대학 학장이던 존 헬리 허친슨(John Hely-Hutchinson, 1724~1794)은 1699년 이후 아일랜드에 대한 상업 규제가 그 나라를 어떻게 빈곤으로 몰아넣었는지에 대한 책을 한 권 썼다(『한 귀족에게 보내는 일련의 편지에서 고찰한 아일랜드에 대한 상업 규제에 관하여 The Commercial Restraints of Ireland Considered in a Series of Letters to a Noble Lord』). 익명으로 출간된 이 책은 선동적인 주장 때문에 대중 앞에서 불에 태우라는 선고를 받았는데, 영국에서 이런 처벌을 받은 책은 이것이 마지막이었다.

19세기에 미국으로 건너간 아일랜드의 이주민 노동자들은 나라를 산업화하도록 허용하는 보호 시스템인 '미국 식 제조업 시스템'을 열렬하게 지지했다. 그들은 아일랜드 산업이 도둑맞았던 일을 기억하고 있었고, 자신들의 새 나라가 영국으로부터 똑같은 처우를 받기 원하지 않았다.(영국은 100년 이상 미국의 산업화를 극심하게 반대했다.) 비유하자면 당시의 상황은 1990년대의 실리콘 밸리에게 전자 제품 수출 금지령을 내리는 일이나 마찬가지였다. 1699년에 아일랜드는 모방을 금지당했다.

1980년 그 나라는 앞으로 몇 십 년 동안 세계를 지배할 기술을 정복하는 전략을 출범시킴으로써 복수를 한 셈이다. 이는 국가의 임금 수준을 예전의 식민지 본국보다 더 높이 끌어올림으로써 생산력 폭발을 만들어 내는 것으로 가능하다. 내가 이 사실을 지나치게 중시하는지는 모르지만 1699년의 식민지 아일랜드가 당시의 중요 기술이던 모직물 생산업을 수출에 사용하지 못하게 금지당한 일과, 그 300년 뒤 우리 시대의 기술인 정보 기술로 그것을 되갚을 만한 성공을 거둔 일은 하나의 서사시라 할 만하다.

4

세계화,

지지 논리가

곧 반대 논리

원시 국가는 관행과 습관을 개선하지 못하는 탓에 쓸모 있는 산업을 찾아내지 못한다고 알려져 있지만 현실은 그와 정반대로 나아간다.
— 요한 야콥 메이엔, 독일 경제학자, 1769

부르주아들은 모든 생산 수단을 급속히 개선하고 엄청나게 편리해진 통신 수단을 이용하여 가장 야만적인 나라까지도 모두 문명으로 끌어들인다.
— 카를 마르크스, 프리드리히 엥겔스, 「공산당 선언」, 1848

How rich countries got rich, and why poor countries stay poor

세계은행과 국제통화기금이 해석한 바에 따르면 세계화란 실제로는 무역과 투자에 관한 부국과 빈국 간의 대단히 급속한 경제 통합이다. 자유 무역과 통합에 관해서는 다양한 논의가 있다. 자유 무역이 상이한 국가와 문화 사이에서 교류와 이해의 폭을 넓힌다는 식의 문화적 논의도 일부 있지만 대부분은 경제적 논의이다. 경제 통합이 올바른 방식으로 올바른 나라에서 확대된다면 통합은 관련된 부국과 빈국을 모두 경제적, 사회적으로 개선시켜 나아갈 잠재력을 지니고 있다. 관건은 그 시기에 달려 있다.

 세계화를 지지하거나 반대하는 최상의 논의는 모두 생산 영역에서 나온다. 여기서 중요한 것은 재화와 서비스가 상당한 규모의 수확 체증(규모의 경제학) 원리에 따라 일어날 때가 많다는 논의이다. 시장이 클수록, 그리고 생산 품목이 더 많을수록 우리가 소비하는 재화와 서비스의 생산 가격이 낮아진다는 것이다. 여기에 모두의 복리를 증진시키는 엄청난 잠재력이 있다. 생명을 구하는 약품을 생산하는 공장을 세우는 데에는 수억 달러가 든다. 그러나 판매량이 더 늘어나 고정비가 분산될수록 약으로 환자를 치료하는 비용은 낮아지게 되어 있기 때문이다.

자유 무역을 하는 또 다른 강력한 이유는 신지식이 지속적으로 발전함에 따라 일어나는 기술 변화와 혁신이 있기 때문이다. 더 큰 시장에서는 혁신과 기술 변화의 비용이 더 많은 소비자에게 분배될 수 있으며, 혁신과 개량의 혜택이 세계 시민 모두에게 더 빠르고 값싸게 도달할 수 있다. 더 큰 시장에서는 더 많은 혁신이 가능하다. 예를 들어 토머스 에디슨(Thomas Edison)과 빌 게이츠가 인구 30만밖에 안 되는 아이슬란드 같은 작은 시장에서만 활동했더라면 나는 지금 이 책을 석유 등잔불 아래에서 훨씬 더 단순한 필기도구로 쓰고 있을지도 모른다.

세 번째는 시너지와 클러스터 효과에 관한 논의이다. 상호 보완적이면서 경쟁적인 회사들이 보다 많이 네트워크에 참여하여 작업하는 환경은 단지 더 나은 지식을 창출하는 것으로 그치지 않는다. 네덜란드의 예에서 보았던 것처럼 다양한 분야의 회사들 사이에, 또 여러 활동들 사이에 일어나는 시너지가 존재하기 때문이다. 역사적으로 보면 제조업과 농업 사이에서 이루어졌던 시너지 효과가 가장 중요하다. 세계 경제에서 모든 나라는 자기들만의 특정 클러스터(다른 말로 하면 '발전의 블록'과 '성장의 기둥')를 개발할 수 있을 것이고, 그 속에서 보완 기술을 가진 회사들은 혼자서는 해내지 못했을 방식으로 번성하고 성장할 수 있다. 여기에 경제 통합을 통해 창출된 더 큰 시장은 노동을 더 분업화하고 전문화하여 더 많은 지식을 다룰 수 있다.

이 모든 논의는 우리 모두에게 생산자로서, 또 소비자로서 엄청난 이득을 가져다주는 잠재력을 지니고 있다. 이 세 가지 요인이 어울려

서 임금이 오르고 새롭고 더 값싼 재화와 서비스를 얻을 기회를 만들어 몇몇 국가에서 보는 굉장한 부를 이루게 되는 것이다.

규모, 기술 변화, 시너지라는 이 요인들은 한데 모여 작용하고 상호 의존적으로 서로를 강화한다. 이 요소들은 서로 별개의 이론적 현상이지만 실전에서는 규모의 수확 체증과 기술의 진보를 분리하기가 매우 어려울 때가 많다.[1] 오늘날 자동차 생산에 사용되는 기술은 100년 전에 소규모로 이루어지던 자동차 제작 수준에서는 나올 수 없다. 헨리 포드(Henry Ford)가 자동차 생산에서 달성한 엄청난 생산성 증가는 전적으로 대량 생산이었기에 가능했다. 포드는 돈을 벌려면 자기 회사의 노동자 같은 일반인들이 자동차를 가질 수 있을 만큼 많은 차를 생산해야 한다는 사실을 알고 있었다. 그는 이 문제를 간단하게 풀었다. 1914년 1월 어느 날, 포드는 자기 공장 노동자들의 임금을 기존의 두 배인 일당 5달러로 올렸다. 이로써 그는 구매력을 가진 노동자들을 거느리게 되었고, 생산 라인의 단조로운 작업에도 불구하고 노동력을 더 안정적으로 확보할 수 있었다. 그러나 여기서 요점은 기술 변화(혁신)와 규모의 경제(수확 체증)의 결합이 만들어 낸 진입 장벽 때문에 자동차 가격은 계속 낮아지는 동시에 이런 특정 산업에서의 명목 임금은 상당히 높아질 수 있었다는 데에 있다.

기술이 변화하려면 표준화로부터 창출된 수확 체증이 필요할 때가 아주 많다. 중세 도시 국가들의 무게와 길이 측정 표준에서부터 철로 규격과 오늘날 사용되는 휴대 전화를 위한 기술 표준의 제정 등에 이르기까지 말이다. 그런 표준화는 또 일종의 수확 체증을 창출하는 네트워크 효과(사용자 수가 많을수록 개별 사용자가 얻을 수 있는 잠재적 이득도 커지는 것)를 위한 조건이기도 하다. 네트워크의 한 사례로 전화를 들어보자.

어떤 사람이 혼자만 전화에 연결되어 있다면 최소한 한 명의 가입자가 더 연결되기 전에는 이 발명품은 아무 쓸모가 없다. 네트워크의 유용성은 그 규모와 함께 커지는 것이다. (범위의 경제학과 네트워크 효과를 포함하는) 규모의 경제학은 모두 그런 네트워크 시스템에서 나오는 시너지에 의존한다. 대학 역시 그런 혁신 시스템의 중요한 부분이다. 세계 여러 지역에서 부와 복지를 창출한 경제 발전의 핵심은 혁신, 수확 체증, 시너지/클러스터 효과가 서로 교차하고 함께 작용하는 지점에서 발견되는 학습 과정 바로 그것이다. 오늘날 이런 식의 사고는 산업, 정부, 대학 간의 연계가 이루는 삼중 나선이라는 개념으로 표현된다.

역사적 관점에서 본다면 이 세 요소는 오랫동안 작동하고 있었고 그 중요성 또한 오래전부터 알고 있었다. 인류 역사는 생산성 증가로 특징지을 수 있으며, 높아지는 생활수준은 날로 커지는 시장을 필요로 했다. 기원전 400년경에 살았던 철학자 크세노폰의 저작에서도 체계적인 수확 체증이라는 발상을 확인할 수 있다. 앞에서 언급한 이탈리아 경제학자 세라는 1613년에 수확 체증, 시너지, 계몽된 정부 정책을 한데 묶어 유럽의 일부 부유한 도시 국가와 그 외의 빈곤한 지역을 구별해 주는 특징으로 규정했다. 이런 유형의 이론, 즉 어떤 경제 활동을 선택하는지가 빈부를 결정한다는 이론은 매우 오랫동안 경제 정책을 지배해 왔다. 어떤 직업을 선택하느냐가 한 개인의 부를 결정하는 것과 똑같은 방식으로 경제 정책이 한 사회의 부를 결정한다는 것이다.

19세기 말에 미국과 독일의 경제학자들은 인류 역사를 더 큰 경제 단위를 향해 나아가는 발전 과정과 관련지어 설명했다. 이것이 앞에서 말한 단계 이론의 지리적 추론 결과였다. 간략히 설명하자면 다음과 같다. 초기에 인류는 가족 등 씨족 단위로 모여 살았고 시장보다는 호혜적 작업을 중심으로 조직되었다. 소득 분배는 오늘날 전형적인 핵가족 안에서 일어나는 것과 대체로 비슷하게, 즉 필요에 따라 이루어졌다. 어떤 사람이 결혼하여 새 집이 필요하면 집단 전체가 함께 무보수로 일했다. 다음번에 어떤 사람에게 이런 도움이 또 필요하면 다른 사람들이 와서 일해 줄 것이다. 평생을 함께 지내는 사람들의 집단에서 이와 같은 호혜성이 있으면 시장 없이도 만족스러운 소득 분배가 이루어질 수 있었다. 이런 환경에서는 시장 거래란 어머니가 자기 젖을 친 자식에게 판다는 것만큼이나 이상하게 들릴 것이다.

마을의 규모가 커지고 먼 곳과도 거래를 하다 보니 점차 도시 국가와 인간 사회에 질적인 변화가 일어났다. 거리가 멀어지다 보니 직업의 전문화 정도가 커졌고, 더 먼 거리를 옮겨 다녀야 하는 어려움 때문에 예전 같은 호혜적 시스템이 차츰 무너지게 되었다. 시장은 처음엔 부족들 간에 선물을 교환하는 장소로 출현했을 테지만 다음에는 (양 한 마리에 감자 한 자루같이) 정해진 가치 비율에 따른 교환 메커니즘이 형성되었을 것이고, 그다음에는 화폐 경제가 출현했을 것이다. 경제 인류학자는 최초의 거래는 개인 간이 아니라 씨족과 부족 사이에서 행해졌다고 한다. 이미 지적했듯이 13세기 유럽에서 농촌의 빈곤과는 대조적인 도시의 부는 시너지의 결과라는 점은 분명했다. 도시에서 이룬 부는 '공공복리' 덕분이었던 것이다.

다음 단계는 국민 국가의 등장이었다. 국민 국가를 만든 이들은 도시에서 이룬 시너지를 더 넓은 지역으로 확산할 방법을 찾았다. 대규모 자원인 도로, 운하, 항만, 나중에는 철도, 전화선 같은 기간 시설은 국가 건설 프로젝트에서 핵심 투자가 되었다. 국민 국가를 건설한 경제와 정치의 합동 프로젝트에는 중상주의라는 이름이 붙었다.[2]

국민 국가가 발달하자 가장 성공한 도시 국가이던 베네치아와 네덜란드의 도시들은 낙후되어 상대적으로든 절대적으로든 쇠퇴하고 빈곤이 증가했다. 당시의 경제학자들은 더 큰 국내 시장을 향한 경쟁에 동참하지 않았던 정치 집단이 결국 어떻게 경제적으로 낙후되었는지를 분명히 파악했다. 훨씬 뒤, 지금부터 약 100년 전쯤에는 기술과 지리 간의 역사적 관계에 관심을 가진 경제학자들이 다음에 올 기술적-경제적 단계는 세계 경제가 되리라는 사실을 이미 분명하게 알아차렸다. 그들은 그 이전의 이행 과정에서와 마찬가지로 지리적으로 더 넓은 지역에까지 영향을 끼치게 될 첫 번째 부문은 금융이 될 것이라고 지적했다.

이것이 지리와 기술에 관련된 인류 역사의 본질이라면, 더 넓은 지리적 단위에서 더 큰 복리를 달성하게 해 주는 경제의 메커니즘이 그토록 많이 존재한다면, 심지어 인간 사회의 규모가 어쩔 수 없이 증가하게 된다는 철의 법칙이 있는 것처럼 보인다면, 자유 무역과 세계화의 확대에 반대하는 사람은 제정신이 아니라고 해야 하지 않을까?

여기서 말하려는 요점은 세계화를 지지하는 사람들이 근거로 삼은 논리가 위에서 본 것과 같은 유형의 추론이 아니라는 데에 있다. 그들이 하는 분석과 권고는 역사적 사실에 대한 분석이 전혀 없는, 즉 기술 변화나 수확 체증, 시너지 등이 모두 빠져 있는 생명력이 없고 공허하기만 한 이론적 논의에 바탕을 두고 있다. 세계화 지지자들의 분석은 리카도의 무역 이론(부록 1)을 토대로 하는 것으로, 한 국가는 다른 국가와 비교하여 자신이 가장 경쟁력 있는 부문에 집중하여 특화해야 하며, 이런 식의 특화가 모든 이들의 복리를 달성하게 해 준다는 것이다. 애덤 스미스는 제조업이든 상업이든 인간의 경제 활동을 모두 일체의 품질을 배제한 노동 시간으로 환원시킴으로써 리카도의 무역 이론이 나올 수 있었던 단초를 마련했다. 리카도의 이론은 앞에서 이미 논의한 바 있는 교환을 토대로 한 사회관 위에 구축되어 있다. 앞에서 논의한 경제 요소에서 핵심은 내생성(內生性)이다. 국제통화기금과 세계은행이 이론의 근거로 삼는, 즉 현재 우리의 세계 경제 질서를 떠받치고 있는 주류 무역 이론의 사고에는 없는 부분인 것이다. 더 복잡한 모델이 있지만 그런 모델은 정책에 영향을 미치지 않는다.

리카도의 이론 구조에서는 어디에도 석기 시대의 노동 시간과 실리콘 밸리의 노동 시간을 구별해 주는 것이 없다. 완전 고용도 보장되었다. 따라서 오늘날 통용되는 국제 무역 이론은 실리콘 밸리와 새로 발견된 아마존 강 유역의 신석기 시대 부족 사이에 이루어지는 자유 무역이 임금 균등화라는 경제적 조화(요소 가격 균등화)를 창출할 것이라고 자랑스럽게 선언할 수 있다. 국제 무역은 부의 창출을 위해 지극히 중요하지만 그것이 리카도가 제시한 이유 때문에 중요한 것은 아니다. 리카도가 예상하는 정태적 이득(부록 1 참고)은 획득 가능한 동태적 이득에 비하면 완전히 하찮은 수준이다. 그러나 국제 무역에서는 부의 동태적 손실이 크게 날 수도 있다. 부유하고 발전한 나라에서 리카도는 옳았지만 그는 그저 잘못된 이유 때문에 옳았을 뿐이다. 그러나 부를 창출할 요소가 없는 빈국은 리카도가 범한 오류 때문에 계속 가난한 채로 남아 있다.

오늘날의 자본주의 사회, 즉 경제 성장이 본질적으로 노동에다 자본을 더하는 데에서 발생한다고 보는 사회가 공산주의 이념에서나 살아남았을 법한 노동 가치설을 토대로 하는 무역 이론을 채택하고 있다는 사실을 주목해야 한다. 자본주의 무역 이론은 사실상 자본이 없는 상황에서 이루어지는 생산을 말한다. 따라서 앞에서 말했듯이 다시 냉전 자본주의와 공산주의가 리카도 경제학이라는 공통된 뿌리에서 유래한 데 따른 혼란이 발생한다. 자본주의 사회가 세계를 통제하는 수단인 무역 이론은 자본주의가 성장을 설명하는 방식과 완전히 상반되는 입장을 취하므로 여기서는 자본이 맡을 역할이 없는 것이다. 이는 결국 정치 문제가 되어 버리는 주류 경제학의 핵심 특징인 가정 조작의 사례 중 하나이다. 단순히 서로 다른 경제 활동이 언제라도 서로 다른 양의 자본을 흡수하여 이윤을 낼 수 있다는 가정만으로도 세계 경제를 떠받치고 있는 구조 전체를 무효화하기에 충분한 것은 물론이고, 심지어 그것을 무너뜨릴 수도 있다. 이것이 노벨 경제학상 수상자 제임스 뷰캐넌(James Buchanan)이 경제학에서 '평등성 가설(equality assumption)'이라 말한 것의 결정적인 가치이다.[3] 평등성 가설은 거의 논의되지는 않지만 경제학에서 가장 중요한 가설이다. 모든 경제 활동이 질적으로 다르다면 일반적인 경제학 교과서는 무너지고 만다. 일반 이론에서는 '완벽한 정보'와 '완전 경쟁'이 석기 시대 사회를 실리콘 밸리 사회로 곧바로, 아무 대가 없이 전환시키는 것으로 이 문제를 해결한다. 그러나 대단히 존경받는 진화 경제학자 리처드 넬슨(Richard Nelson)의 말을 인용하자면, "일은 그런 식으로 진행되지 않는다."

수확 체증, 기술 효과, 학습 및 시너지 효과를 추가한다면 우리는 세계화를 지지하는 훨씬 더 강력한 논리를 개발할 수 있고, 세계화가 지금 주변부 빈국에게 미치는 영향을 근거로 세계화에 반대하는 강력한 논리도 개발할 수 있다. 여기서 우리가 분석한 요소들은 경제 발전에 대한 이론뿐 아니라 경제 성장이 여러 국가에서 왜 그토록 불균등하게 이루어지는지에 대한 설명 또한 내놓는다. 세계화를 열성적으로 지지하는 이들은 변화가 없고 실제로 경제 성장을 일으키는 동력과 심하게 괴리된 논리를 사용한다. 여기에 새롭고 동적인 요소를 끌어들임으로써 우리는 세계화가 잘못된 순서로 실행될 경우 일부 나라는 부를 특화하는 데 비해 다른 나라는 빈곤을 특화하는 상황에 이른다는 이론의 토대를 세울 수 있다.

수확 체증과 그 부재

생산량이 확대된다고 해서 모든 재화와 서비스가 수확 체증 원리에 따르는 것은 아니다. 마이크로소프트 사가 첫 제품을 만드는 데에는 1억 달러가 들었을 수도 있다. 그러나 두 번째 제품 이후 2억 번째 제품을 생산하고 공급하는 데에는 아마 몇 센트도 들지 않을 것이다. 높은 고정비는 '규모의 경제학' 혹은 수확 체증을 창출하는 데에 중요하다. 결국 이것은 경쟁자들에게 매우 높은 진입 장벽을 만들어 경제 이론의 일반 가정과는 거리가 한참 먼 독과점 시장 구조로 이어진다. 이런 식의 비용 구조를 가진 회사들을 상대하여 경쟁하기란 매우 어렵다.

  주택 페인트칠을 생업으로 하는 사람은 매우 힘든 처지에 놓여 있다. 일단 일을 배우고 나서도 두 번째 집을 칠하는 속도가 첫 번째 집을 칠하는 속도보다 많이 빨라지지는 않는다. 반면에 주택 페인트공이 치르는 고정비인 사다리와 붓의 가격은 얼마 되지 않는다. 고정비가 낮기 때문에 경쟁자들의 진입 장벽도 낮다. 그 때문에 주택 페인트공은 때때로 불법 노동자 같은 값싼 노동력과 경쟁해야 한다. 마이크로소프트 사와 빌 게이츠는 이런 일을 겪을 필요가 없다. 한쪽에는 수확 체증을 이룬 반면에 다른 한쪽에는 수확 체증이 없는 상황이야말로 왜 주택 페인트공이 빌 게이츠의 소득 수준을 따라잡을 수 없는지에 대한 중요한 이유로 기술은 별개의 문제이다.

원자재 공급에 특화하는 국가는 머지않아 수확 체감이 시작되는 지점에 도달한다. 수확 체감 법칙은 본질적으로 어떤 요소가 (농업, 어업, 광업에서처럼) 자연에 의해 생산될 때 더 많은 단위 자본과 더 많은 노동을 투입할 때마다 그에 상응하는 보상이 점점 더 적어진다는 것이다. 수확 체감은 두 가지 범주로 나누어진다. 확장적(열악한 여건에까지 생산이 확장될 때) 수확 체감과 집약적(토지나 기타 고정 자산 같은 동일한 분량에 더 많은 노동이 투입될 때) 수확 체감이 그것이다. 두 경우 모두 국가가 생산을 늘려도 생산성은 오히려 줄어든다. 우리가 이용할 수 있는 천연자원의 질은 저마다 다르다. 비옥한 땅과 덜 비옥한 땅, 좋은 기후와 나쁜 기후, 비옥한 목초지와 척박한 목초지, 고품질의 광산과 저품질의 광산, 풍부한 어장과 빈약한 어장 등 다양하다. 이런 요인들을 파악하고 나면 그 나라는 가장 비옥한 땅과 최상의 목초지, 가장 매장량이 풍부한 광산을 제일 먼저 사용하게 된다. 그에 따라 국제적으로 특화되어 생산이 늘어나면 날수록 점점 더 척박하고 품질이 낮은 토지와 광산으로까지 활용 범위가 넓어진다. 천연자원은 재생할 수 없다. 광맥은 고갈될 수 있고 어족은 멸종될 수 있으며 목초지는 과도한 방목으로 황폐해질 수 있다.

천연자원에 의존하는 것 이외에 달리 고용의 여지가 없다면 그곳 사람들은 오로지 천연자원에만 의존하여 살게 된다. 어느 시점에 가면 예전과 같은 산출량을 얻기 위해 더 많이 일해야 하고, 이것이 그 나라의 임금 수준을 떨어뜨리는 압력으로 작용한다. 어떤 한 국가, 예를 들어 노르웨이가 세계에서 당근 생산에 가장 적합하다고 가정하자. 우선은 가장 비옥한 농경지를 당근 생산지로 전환하지만 점점 경작하기 힘든 농지까지 개간하여 당근 재배에 활용할 수밖에 없다. 당근을 1톤이라도 더 산출하는 비용은 점차 비싸지겠지만 세계 시장의 당근 가격은 이 비용을 보전해 주지 않는다. 이처럼 이 나라가 세계 경제에서 당근 생산을 특화할수록 나라는 점점 더 빈곤해진다. 이 같은 사실에 대한 이해는 천연자원이 풍부한 오스트레일리아가 산업을 건설하는 과정에서 매우 중요하게 작용했다. 설사 그 나라의 산업이 영국이나 미국 같은 선도적인 산업국에 비해 효율성이 낮더라도 제조업이 있는 경우에는 과도한 자원 개발이나 대양 어족, 광맥의 고갈로 인해 그 나라가 너무 지나치게 수확 체감으로 치우치게 되는 사태를 막을 수 있고 임금 수준도 안정시킬 수 있다. 빈국들이 수확 체감 품목을 특화하도록 내버려 둠으로써 초래되는 환경 문제는 "수확 체감과 경제적 지속 가능성: 자유 무역 체제하에서 자원에 기반한 경제가 겪는 딜레마(Diminishing Returns and Economic Sustainability: The Dilemma of Resource-based Economies under a Free Trade Regime)"라는 내 논문에서 거론되어 있다.

  국제적인 노동 분업에서 대안의 역할을 하는 노동 시장도 없이 원자재 공급 분야를 특화한 국가는 마이크로소프트 사와는 정반대의 효과를 경험한다. 즉 생산이 늘어날수록 생산 단가가 더 높아지는 것이다. 이런 측면에서 보면 주택 페인트공의 직업은 비교적 중립적이며, 그의 작업은 규모에 대한 수확 불변의 법칙에 따른다. 지난 20년간 이루어진 세계화의 유형과 그 속도는 여러 나라에서 탈산업화를 초래했는데, 이들 나라는 수확 체감이 생산의 주요 특징이 되는 상황으로 내몰렸다.

  기본적으로 수확 체증을 특징으로 하는 세계를 가정하는 경제학자들은 수확 체감이 핵심적인 세계를 가정하는 경제학자들과 비교하면 정반대 결론에 이르게 된다. 실제로 1750년경에는 모든 경제학자가 수확 체증과 제조업의 시너지로부터 성장이 일어나는 것으로 보았다. 따라서 모두 국내 시장을 북돋우려면 인구가 많아야 한다고 생각했다. 앞에서 보았듯이 맬서스와 그의 친구 리카도가 나중에 수확 체감을 핵심 특징으로 하는 경제를 재구성했을 때 그들의 학문에 '우울한 학문'이라는 별명이 붙은 데에는 일리가 있었다. 빈곤을 설명하는 데 사람들이 걸핏하면 인구 과잉을 핑계로 대곤 했던 멀지 않은 과거에 이 논쟁을 둘러싸고 빚어진 혼란에서 하나의 결론이 도출되었다. 그것은 빈국의 처지에서 본다면 인종주의적이라고 여기기 충분한 것이었다. 그 결론에 따르면 부유하고 산업화되었으며 인구 밀도도 높은 네덜란드 같은 나라가, 볼리비아 같은 가난한 나라는 인구 과잉 때문에 가난한 것이라는 판에 박힌 이야기로 끝나기 때문이다. 하지만 네덜란드는 1평방킬로미터당 인구 밀도가 477명인 데 비해 볼리비아는 1평방킬로미터당 고작 7명이다. 생산 양식과 인구 밀도 사이의 관련성은 생산 양식과 정치 구조의 관계만큼이나 소홀히 다뤄지곤 한다. 두 경우 모두 관련된 현상을 연결 짓지 못한 탓에 빈곤의 원인이 무엇인지에 대한 우리의 무지를 심화시켰다. 이러한 견해들이 오늘날의 세계 사회를 '훈제 청어(평계대기)' 식 이론의 미끄러운 몸체를 따라 끌고 가고 있으며(6장), 또 빈곤의 원인이 아니라 그 징후에만 관심을 기울이는 상황(7장)으로 유도하고 있다.

　최근에 실제로 벌어졌던 수확 체감의 극단적인 사례가 르완다와 몽골이다. 몽골에서는 1990년대 초반에 자유 무역의 충격이 가해진 뒤 거의 모든 산업이 사라졌다. 비대칭적인 조건의 세계화, 즉 일부 국가는 수확 체증 활동을 전담하고 또 다른 국가는 수확 체감 활동을 맡는 상황에서 수확 체감의 경제 활동을 하는 국가는 쉽사리 빈곤을 특화하는 상황에 빠진다. 부록 3을 보면 미국 경제학회의 전임 의장 그레이엄이 이 변화 과정을 수치로 분석한 것이 있다. 부국들은 인위적인 방식으로 비교 우위를 전담하며, 빈국들은 자연에 의한 비교 우위를 전담하는데, 자연에 의한 비교 우위는 조만간 수확 체감의 길을 가게 된다. 자연이 제공하는 생산 요소는 품질이 고르지 않은 데다가 대개는 최고 품질을 가장 먼저 사용하기 때문이다.[4] 그런 빈국들에는 일반적으로 사회 정책이나 노령 연금 제도 같은 것도 없다. 그렇기 때문에 노후를 보장 받으려면 자녀를 많이 낳는 수밖에 없다. 그러나 이로부터 비롯된 인구 증가는 곧 몽골이나 르완다에서처럼 수확 체증에 대한 '신축적인 장벽'에 부딪히게 된다. 세계의 지속 가능한 발전은 따라서 빈국들이 천연자원을 토대로 하는 수확 체감 부문 밖에서 고용을 창출할 수 있는지 여부에 달려 있다. 수확 체증을 낳는 산업이 없으면 천연자원에 의존하는 부문에서는 맬서스적인 빈곤과 자연 수탈의 악순환이 휩쓸기 때문이다.

기술 변화와 그 부재

혁신과 기술 변화를 위한 기회는 늘 경제 활동에 따라 매우 불균등하게 분포된다. 어느 시기가 되면 석유 등잔 생산에서는 더 이상의 기술 진보가 없는 데 비해 전등에서는 많은 기술 변화가 일어났다. 앞으로 보게 되겠지만 한 국가가 세계의 자본을 다 쏟아붓더라도 혁신과 생산력 향상을 이루어 낼 수 없는 경제 활동에 특화하는 일은 언제든지 가능하다. 이 메커니즘 역시 한 국가가 빈곤을 특화하게 만든다.

19세기에 유럽을 지배했던 거대한 '사회 문제'(라 불리는) 담론에서 중요한 한 가지 요소는 이른바 가내 수공업 노동자들의 존재였다. 그들은 수확 체증이나 기술 혁신의 잠재력을 전혀 실현하지 못하는 생산과정에 속한 채 아직 공장 공업에서 기계화하지 못한 물품을 만들어 냈다. 이런 것들은 가내 수공업 제품이지만 산업 제품으로 판매되었다. 오늘날 미국에서 기계화되지 않은 재화 생산을 멕시코나 다른 인접 국가들에게 아웃소싱하는 것은 19세기 유럽에서 가내 수공업 노동자들이 처했던 작업 여건의 재현이라 할 수 있다. 멕시코에서 이런 유형의 산업, 즉 미국과의 국경 근처에서 행해지는 마킬라(maquila)˙ 산업이 멕시코의 전통 산업을 희생시키면서 성장하고 있지만 마킬라이기 때문에 임금 수준은 전통 산업보다 낮다. 농업에서도 이와 비슷한 마킬라 효과가 있다. 기계화가 가능한 (밀과 귀리를 수확하는) 생산 공정은 미국이 맡는 반면에 멕시코는 (딸기나 시트론, 오이, 토마토 등을 수확하는) 기계화할 수 없는 부분을 전문화한다. 이로 인해 멕시코는 기술 혁신을 할 기회가 줄어들고 기술적으로 막다른 길, 또는 노동 집약적 과정에 머무르는 생산 활동으로 내몰린다.

미국의 국가적 스포츠인 야구의 공을 세계에서 가장 효율적으로 만들어 내는 이들은 아이티, 온두라스, 코스타리카에 있다. 야구공은 처음 발명되었을 때나 지금이나 일일이 손으로 꿰매야 한다. 미국의 엔지니어와 자본이 모두 달려들었지만 아직 야구공 제작을 기계화하지

• 보세 임가공. 가공 요금이라는 의미이다.

못했다. 세계에서 가장 효율적인 야구공 제작자의 임금은 비참한 수준이다. 아이티에서는 시간당 30센트가량의 임금을 받는데, 1990년대 중반에는 시간당 14센트인 곳도 있었다고 한다. 야구공은 손으로 개당 108번을 꿰매야 하며 각 노동자는 시간당 공 4개를 꿰맬 수 있다. 야구공 제작은 수작업이지만 기계가 한 것처럼 정확하게 꿰매야 한다. 미국에서 야구공 소매 가격은 개당 15달러 정도이다. 아이티에서 정치적 문제가 생기자 대다수 공장들이 온두라스와 코스타리카로 옮겨 가 버렸다.(대통령 장 베르티앙 아리스티드 Jean-Bertiand Aristide가 최저 임금을 시간당 33센트에서 50센트로 올리려 한 것이 그의 실각을 가져온 원인 중 하나였다.) 이 두 나라는 임금 수준이 더 높았는데, 코스타리카에서는 시간당 1달러를 약간 웃돈다.

  한편 골프공은 첨단 기술 제품으로, 주요 제작자 중 하나는 매사추세츠 주의 오래된 포경업 도시 뉴베드퍼드에 있다. 골프공 생산에서는 연구와 기술 개발이 중요한 몫을 차지하며, 이 지역의 높은 임금 수준에도 불구하고 골프공 가격 중에서 직접 인건비가 차지하는 비율은 제작 단가의 15퍼센트에 불과하다. 정유 공장에서와 같이 직접 인건비가 차지하는 비중이 낮고, 인건비가 전체 생산에 별 영향을 미치지 못하며, 숙련된 노동력과 엔지니어, 전문 공급자가 필요하기 때문에 골프공 생산은 아이티 같은 저임금 지역으로 옮겨 가지 않는다. 뉴베드퍼드 지역의 임금 수준은 시간당 14달러에서 16달러에 달한다. 이처럼 야구공과 골프공 제조업이라는 두 산업에서 볼 수 있는 임금 격차는 불균등한 기술 발전에 따른 직접적인 결과이다. 아이티의 빈곤과 미국의 부는 두 나라 모두에게 무엇을 생산할 것인지를 결정하는 원인인 동시에 결과이다.

우리가 '시장'이라 부르는 제도는 세계에서 가장 효율적인 골프공 제작자들에게 세계에서 가장 효율적인 야구공 제작자들에 비해 12배에서 36배(시간당 30센트에서 1달러 대 14~16달러)에 달하는 소득을 보상한다. 구매력에 차이가 있으니 이 격차가 좀 줄어든다고는 해도 실질 임금에서의 차이는 여전히 엄청나다. 그뿐 아니다. 가난한 야구공 노동자들은 손목 관절 이상인 터널증후군 같은 직업병에 시달린다. 아이티에 비하면 사정이 확연히 나은 코스타리카에서 한 회사 소속 의사는 야구공 공장에 다니는 노동자의 90퍼센트가 어떤 종류든 직업병에 시달리고 있는 것으로 추산했다. 나는 수작업을 하는 야구공 공장에 들어가 둘러보고 싶다는 생각을 늘 하고 있었다. 온두라스의 산페드로 술라의 한 소매 금융 회사에서 일하고 있었을 때의 일이다. 하숙집 주인의 여동생이 야구공 공장의 공장장이었는데, 내가 부탁을 하자 공장 견학을 해도 좋다고 허락했다. 그러나 마지막 순간에 그 견학 허가는 취소되어 버렸다. 아마 외국인이던 소유주가 안 된다고 한 모양이었다.

부록 6은 기술 변화가 왜 실질 임금을 높일 수 있는 불균등한 기회를 제공하는지에 대한 역학 관계를 보여 주면서, 이런 결과가 나오기까지 복합적으로 작용하는 여러 요소를 지적하고 있다. 부록 6에서 정리한 표는 높은 생활수준에 이르는 능력이라는 관점에서 경제 활동의 질을 분류하는 시스템인 분류법을 보여 준다. 신기술과 혁신은 새로운 지식을 필요로 하고 또 지식을 만들어 내며, 높은 지식 수준과 소득을 특징으로 하는 경제 활동을 창출한다. 이런 산업을 지배하는 것은 슘페터 식의 역동적인 불완전 경쟁, 높은 진입 장벽, 고위험과 큰 보상이다. 이는 원자재 시장이 작동하는 원리인 완전 경쟁이나 상품 경쟁과 대비되는 것이다. 혁신과 제품과 제조 공정이 성장하고 성숙함에 따라 제품의 지위는 부록 6에 실린 지표에서 보듯이 자연계의 중력처럼 떨어진다. 그 표는 부를 창출하는 잠재력 면에서 야구공을 저품질 활동에 속하게 만드는 특징, 또 같은 기준에서 골프공 생산을 고품질 활동에 속하게 만드는 특징이 무엇인지도 보여 줄 수 있다.

일단 실질 임금에서 상당한 격차가 생기고 나면 세계 시장은 기술적으로 막다른 경제 활동을 저임금 국가에게 자동적으로 배당한다. 그러므로 야구공 생산과 같은 비숙련 노동만 필요로 하는 활동은 자연스럽게 저임금 국가가 맡게 된다. 설사 언젠가 야구공 생산에서 기술적 돌파구가 생긴다 할지라도 그것이 가난한 노동자를 도와주지는 않는다. 다음의 예를 보면 그 이유를 알 수 있다. 1980년대 미국에서 판매되는 파자마 한 벌에는 다음과 같은 제품 정보가 붙어 있었다. "미국산 직물, 과테말라에서 재단과 봉재." 섬유 산업은 고도로 기계화되었으므로 옷감은 미국에서 생산되었다. 그에 비해 옷감의 재단은 기계가 하는 일이지만 균일한 크기와 품질을 보장하려면 작업 단위가 세분되어야 한다. 그래서 재봉틀로 파자마를 박아내는 값싼 노동력이 재단도 담당했던 것이다. 그러나 1990년대 언제부터인가 파자마에는 새로운 라벨이 붙었다. "미국에서 생산되고 재단된 직물, 과테말라에서 봉재." 새로운 레이저 기술이 개발되어 많은 분량의 재단도 기계로 매우 정확하게 할 수 있게 되었으므로 값싼 노동력이 불필요해졌다. 따라서 직물을 재단하는 일이 다시 미국으로 갈 수 있었다.

이 장에서 우리는 기계화 과정에서 중요하지만 간과되었던 요소를 설명했다. 시장은 그냥 내버려 두면 여러 국가 간에 이미 존재하는 임금 격차를 없애기보다는 더 넓히는 경향이 있다는 것이다. 시장의 마법은 부국과 빈국 간에 존재하는 비대칭적 경향을 더 심화시키기 때문이다.

시너지, 클러스터 효과 및 그 부재

클러스터 효과와 시너지는 중요하지만 그런 효과가 없거나 아주 미약한 경제 활동도 있다. 미국에 인접한 빈국의 야구공 생산에는 지역 클러스터 효과가 없다. 완제품에 들어가는 재료가 전부 미국에서 오기 때문이다. 고무로 된 야구공 속은 미주리 주 소재의 한 공장에서 만들어지고, 공을 꿰매는 실은 버몬트에서 생산되며, 가죽은 테네시에서 가져온다.

빈국들에게 외주로 주는 이와 같은 생산에는 부를 설명하는 제3의 요인인 시너지 효과가 없을 때가 많다. 심지어 시너지 효과가 일어나지 않도록 계약하는 경우도 아주 많은데, 대개 제작에 필요한 재료를 미국에서 수입해 와야 한다는 조건하에서만 미국으로 면세 수출 허가를 받을 수 있기 때문이다. 아프리카 성장 기회법(African Growth and Opportunity Act, AGOA)에 따라 미국이 아프리카에서 후원하는 산업도 그런 식으로 이루어진다. 아프리카 인들은 모든 재료를 미국에서 가져와야만 그들의 비숙련 노동력이 만든 제품을 미국에 수출할 수 있다. 아프리카 인들은 아이티 인들과 경쟁해야 하며 생산을 유치하기 위해서는 그들보다 더 가난해져야 한다. 경제협력개발기구(Organization for Economic Cooperation and Development, OECD)에 따르면 한 나라의 경쟁력은 세계 시장에서 경쟁력을 유지하는 동시에 실질 임금을 올리는 것에 있지만 오늘날 제3세계 대부분의 국가에서는 이와 정반대 상황에 처해 있다. 국제 경쟁력을 갖추기 위해서는 임금을 낮추어야 하기 때문이다.

사람들은 점차 교육을 제3세계에서 부를 확대하는 해법으로 받아들이고 있다. 그러나 기술적으로 막다른 길에서 기계화되지 않은 생산을 전담하는 아이티 같은 나라에서는 주민들의 교육 수준을 높여 봐야 그들의 부를 향상시키는 데에는 도움이 되지 않는다. 그런 나라에서는 교육 받은 인재를 필요로 하는 곳이 극히 적다. 그렇기 때문에 교육은 다른 나라로 이주하려는 성향을 높일 가능성이 더 크다. 교육을 강조하는 전략은 동아시아에서 그랬듯이 교육 받은 인재들을 필요로 하는 일자리를 만드는 산업 정책과 결합되었을 때에만 성공한다. 하지만 지난 15년 동안 진행된 세계화 과정의 핵심은 그런 유형의 경제 정책, 즉 오늘날의 부국들이 수백 년 동안 시행해 온 정책이 세계은행과 국제통화기금에 의해 불법화되었다는 사실이다. 부국의 지원을 받으려면 빈국은 부국이 사용해 왔고 지금도 사용하고 있는 정책을 사용하지 말아야 한다. 이것이 바로 워싱턴 기관들이 내건 '조건'이다.

베를린 장벽이 무너진 직후 승리의 기쁨에 가득 차 있던 기간에 에스토니아에 있던 내 동료들은 제1세계의 금융 컨설턴트들로부터 자기 나라의 대학 문을 닫으라는 조언을 들었다고 말해 주었다. 장래에 에스토니아는 대학 교육이 필요하지 않은 경제 활동에서 비교 우위를 가지게 된다는 것이다. 지금은 세계은행의 경제학자들 가운데 이 같은 말을 하는 사람도 없을 테고, 또 에스토니아 인들이 그 조언을 듣고 불쾌하기는 하겠지만(에스토니아의 타르투 대학교는 1632년에 설립되었다) 이런 조언에는 그 이후에는 보기 어려운 현실적 태도와 정직성이 들어 있었다. 경제 활동은 지식을 활용하는 능력 면에서 엄청나게 다양하므로 한 나라가 지식이나 교육을 필요로 하지 않는 경제 활동에 특화하는 일이 실제로 일어날 수 있다. 유럽이 지난 500년 동안 해온 것처럼 교육 받은 인재의 수요를 창출하는 산업 정책은 고려하지 않는 채 교육의 중요성만 강조합으로써, 워싱턴 기관들은 결국 부국들에서 채용하게 될 인재들의 교육비를 빈국에게 떠넘겨 재정 부담만 더 늘릴 뿐이다.

경험상 고등교육을 받은 아이티 인이 가장 흔한 업종은 캐나다의 프랑스어권에서 일하는 택시 운전이다. 자메이카의 의사 가운데 82퍼센트는 외국에서 일하고 있다. 대학 교육을 받은 기아나 인 가운데 70퍼센트는 국외에서 일한다. 북아메리카의 병원은 트리니다드토바고 같은 빈곤한 영어권 국가의 간호사 인력을 흡수하는 한편, 카리브 해 여러 지역의 보건 부문은 쿠바 간호사들에게 맡기고 있다. 카리브 해 지역 간호사들을 고용하는 미국은 피델 카스트로(Fidel Castro)가 임금 불균형 문제를 해결하는 데 간접적으로 도와주는 셈이다.

고등교육을 받은 빈국의 인재들이 부국에서 필요한 존재가 되고 훨씬 더 높은 생활수준을 영위할 수 있다는 사실은 가난한 나라의 전체 사회 구조에는 위협이 된다. 가장 유능하고 가장 교육을 잘 받은 사람들이 나라를 버리게 만들기 때문이다. 이런 이민자들이 본국의 친척들에게 송금하는 돈이 상당한 밑천이 되기는 하지만 그것은 대개 소비용으로 쓰이지 투자용 자금은 아니다.(같은 나라에서는 이런 이민자들이 보내는 자금이 외환의 최대 원천이다.) 아이티에 있던 내 동료들 역시 미국과 캐나다에 간 이민자들이 보내는 돈 때문에 국내 노동자들은 시간당 고작 30센트의 일자리를 가질 의욕이 사라진다고 말한다.

따라서 (특정 여건 하에서) 세계화를 지지하는 논의는 지금 진행되는 방식대로라면 동시에 그것을 반대하는 논의가 된다. 경제 성장을 창출하는 메커니즘을 잘 이해한다면 성장이 여러 나라와 개인들 사이에서 그렇게 불균등하게 분포되는 이유를 명확하게 밝힐 수 있다. 논리적으로 이것은 수세기 동안 그렇게 해 왔듯이 경제 정책을 한 나라의 특정 상황에 맞게 세워야 한다는 뜻이다. 의학에서 (미국인들이 흔히 뱀기름이라 부르는) 만병통치약은 그저 속임수에 지나지 않고 전혀 과학적이지 못하다. 19세기에 어떤 미국인 경제학자는 영국의 경제학자들을 만병통치약을 파는 돌팔이라고 비난했다. 한 나라의 상황을 고려하지 않은 채 어떤 증세에든 똑같은 약을, 경제적인 뱀기름(만병통치약)을 처방한다는 것이다. 워싱턴 기관들이 선전하는 세계화도 바로 그런 식으로 접근한다고 비난받을 수 있다. 우리는 오늘날의 지배적인 경제 이론은 이 만병통치약식 접근법밖에는 택할 수 없다는 사실을 알아야 한다. 그런 이론은 어떤 맥락과도 무관하고, 어떤 분류 체계나 등급 체계에서도 질적 차이를 관찰할 도구가 없기 때문이다.

그런 이론의 내적 논리는 흠 잡을 데 없지만, 1장 첫머리의 인용문에서 토머스 쿤이 말했듯이 그 패러다임은 사회적으로 중요한 문제를 설명해 줄 개념적 수단을 가지고 있지 않다.

세계화는 몇몇 국가에게 가격과 생활수준의 평준화(요소 가격 균등화)를 누리도록 하는 대신에 소득 양극화(요소 가격 양극화)라는 결과를 낳을 것이다. 워싱턴 기관들의 세계화 논의는 우리가 앞에서 언급한 것들과는 다른 전제에 기반을 두고 있다. (노동 가치설에 근거해) 어떤 자본도 포함하지 않는 무역 이론, 그리고 지식과 혁신이 아니라 자본 자체가 자본주의 성장의 엔진이라고 보는 성장 이론이 그것이다. 마치 자본, 즉 돈이 자동적으로 인간의 지식을 구현하는 것과 같다. 이 이론은 모든 사람이 ('완벽한 정보'라는) 동일한 지식을 갖추고 있고, (본질적으로 고정 비용이라는 것이 없는 탓에) 규모의 경제학도 없으며, 신지식은 모두 공짜여서 세계 모든 사람에게 동시에 전해진다고 전제한다. 여기서 볼 수 있는 역설은 국제 무역에서 (예를 들면 요소 가격 균등화 같은) 조화로운 결과를 만들어 내는 데 필요한 가정이 바로 원자재 이외의 모든 무역이 사라지는 상황을 만들어 내는 가정이기도 하다는 점이다. 그것은 현대 경제학의 스콜라주의적 성격을 강조하는 역설이기도 하다. 만약 인간으로서 우리가 모두 똑같은 지식을 지니고 있고 고정 비용도 없다면 특화할 필요도 없고 (원자재 무역만 제외하면) 무역을 할 필요도 없어진다. 노벨상 수상자 뷰캐넌은 이를 이렇게 설명한다. "모두 개인 소유이고, 모든 생산물에서 생산 규모에 대한 수확 불변 원리를 구현하는 모델에서라면 이 경제에는 무역이 없어질 것이다. 그런 조건에서 개인은 저마다 전체 사회의 완벽한 소우주가 된다."[5]

세계화 논의에 들어 있는 역설

중국, 인도, 한국에서의 놀라운 경제 성장은 세계화의 성공 사례로 치켜세워지지만 다음과 같은 질문은 나오지 않는다. 중국, 인도, 한국이 처방전에 쓴 약, 즉 즉각적인 경제 통합이라는 약을 먹었느냐 하는 것이다. 그 답은 명백하게 '아니다'이다. 세계화의 뛰어난 사례로 거론되는 나라는 워싱턴 기관들이 처방해 준 약을 먹지 않은 곳들이다. 중국, 인도, 한국은 세계은행과 국제통화기금이 오늘날 빈국들에게 모방하지 말라고 금지하는 온갖 정책들을 무려 50년 동안 시행해 왔기 때문이다. 반면에 러시아는 처방된 충격 요법을 따랐다가 재앙이라 부를 만한 결과를 낳았고, 동유럽에서는 시장 경제에서 활동하기 위해 필요한 비용을 계산할 기회도 얻기 전에 사라진 제조 업체들이 많았다.

가장 원시적인 단계의 세계화 논쟁은 냉전 시대에 행해지던 이분법적 논쟁의 지속이다. 시장은 좋고 국가와 계획은 나쁘다는 것이다. 계획 경제 체제가 무너지고 난 뒤 우리는 시장이 모든 문제를 해결해 줄 것이라고 안심했다. '다른 전통'의 시각에서 보면 한 나라의 부는 그들이 무엇을 생산하는가에 달려 있다. 역사라는 실험실은 비슷한 발전 수준에 이른 국가들 간에 행하는 대칭적 자유 무역은 양측 모두에게 이롭다는 것을 보여 준다. 그에 비해 비대칭적 자유 무역은 빈국은 빈곤을 전담하고 부국은 부를 전담하게 만든다. 빈국이 자유 무역에서 이득을 얻으려면 우선 국제적으로 빈곤을 특화하는 역할에서 벗어나야 한다. 문제는 500년 동안의 경험으로 보면 시장에 대한 대대적인 개입 없이 그 일이 성공한 적은 한 번도 없었다는 것이다.

의견차는 자유 무역의 상황과 시기에 달려 있다. 상이한 정책을 언제 어떤 상황에서 수행할 것인가 하는 문제 말이다. 오늘날의 노르웨이에는 자유 무역이 필요할지 몰라도 완전히 다른 상황에 놓인 다른 나라에는 똑같은 자유 무역이 매우 파괴적일 수 있다. 뒤에 가서 우리는 단기적으로 자유 무역을 가장 맹렬하게 반대하던 사람들이 장기적으로 보면 자유 무역과 세계화의 가장 열렬한 옹호자라는 점을 살펴볼 것이다. 그들은 다른 상황에서는 다른 해결책이 필요하다는 태도를 취한다. 그러나 오늘날의 경제학 이론은 너무나 추상적이어서 상황이 다른 나라를 고려하지 못한다.

앞에서 세계화의 광기라 할 만한 오늘날의 시장 숭배 현상이 세 번째라는 말을 한 적이 있다. 첫 번째는 1760년대(중농주의자) 프랑스에서였고, 두 번째는 1840년대에 절정에 달했다. 프랑수아 케네(François Quesnay, 1694~1744)는 저명한 중농주의 저술가이자 오늘날의 경제학 이론을 세운 창시자로 알려진 인물이다. 케네는 원래 루이 15세의 궁정 의사였는데, 당시만 해도 경제학을 설명하는 데 흔히 인체 비유가 사용되곤 했다. 인체 연구에서 정치체(政治體, body politic) 연구로 넘어가는 것은 지금 생각하는 것만큼 그렇게 억지스러운 일은 아니었다. 케네가 쓴 첫 번째 주요 저서는 1730년에 출간되었다. 736쪽에 달하는 묵직한 이 책은 사혈(瀉血, 피 뽑기) 혹은 방혈(放血) 기술과 실습에 대해[6] 다루었는데, 당시는 이것이 대부분의 질병에 대한 치료법으로 알려져 있었다. 케네 및 그와 동시대인들의 사혈 이론과 케네의 경제 이론에는 적어도 두 가지 점에서 공통점이 있다. 하나는 두 이론이 다 케네가 소홀히 다룬 다양한 요소와 원인들 때문에 발생한 대다수 문제를 해결할 수 있다고 가정한다는 것이다. 또 하나는 급속한 자유 무역(세계화)과 사혈 요법이 기본적으로 건강한 사람에게는 해가 없지만 약한 사람에게는 잠재적으로 매우 위험할 수 있다는 것이다. 탄탄하고 기초가 튼튼한 산업을 보유한 선진국은 '자연적인' 시장 힘이 조정하도록 내버려 두라는 케네의 이론으로 피해를 입지 않는다. 하지만 오늘날의 '자연적인' 시장 힘에 의해 빈국이 탈산업화를 겪고 빈곤이 심해지는 것처럼 허약한 사람은 출혈로 죽을 수도 있는 것이다.

"부국과 빈국 간의 '간극'은 자본주의를 구현하는 데 성공한 나라와 실패한 나라를 나타낸다"

이 제목은 『파이낸셜 타임스(Financial Times)』의 경제 자문 위원 마틴 울프(Martin Wolf)가 『외교 정책(Foreign Policy)』이라는 미국의 유력지에 기고한 논문에서 인용한 것이다. 이 논문은 오늘날 양극화된 세계에 존재하는 부와 빈곤의 원인에 대한 표준적인 견해를 분명하고도 간결하게 요약하고 있다. 일부 국가는 자본주의를 선택하여 부유해졌고 다른 나라는 다른 시스템을 선택했기 때문에 계속 가난하다는 것이다. 우리가 볼 때 사실상 울프는 옳다. 하지만 울프가 옳다기보다는 그가 자본주의에 대한 또 하나의 정의를 따르기 때문에 옳은 것일 뿐이다. 자본주의를 하나의 생산 시스템으로 보는 이런 대안적 정의에 따르면 실제로 식민지나 농업은 절대 자본주의 단계에 이르지 못했다.

냉전이 진행되면서 자본주의에 대한 정의는 두 가지로 굳어졌다. 먼저 '자유 세계'에서 자본주의는 생산 수단의 사적 소유권을 옹호하는 시스템으로 드러났다. 또 회사 외부의 모든 조정은 시장에 맡긴다. 그리하여 정의상 자본주의는 생산에 대해서는 어떤 언급도 하지 않게 되었다. 이 정의에 따르면 중앙 집중식 계획 없이 교환이 이루어지기만 하면 석기 시대 부족도 자본주의자라 할 수 있다. 두 번째, 마르크스주의에서는 자본주의를 사회의 두 계급 간에 형성된 관계로 정의한다. 즉 생산 수단의 소유주와 노동자 간의 관계라는 것이다. 그러나 자본주의에 대한 세 번째 정의도 존재한다. 그것은 냉전이 시작되기 전까지 통용되던 정의로서, 좌파와 우파의 축을 따라 딱 떨어지게 설 자리를 찾지 못한 탓에 밀려났다. 냉전식 자본주의에 대한 정의 대신에 독일 경제학자 좀바르트가 내린 이 세 번째 정의를 따른다면, 우리는 오늘날 정의하는 것과 같이 자본주의가 어떻게 부나 가난을 특화하도록 만드는 시스템인지를 이해할 수 있다.

좀바르트는 자본주의를 온갖 다양한 상황에 의해 여러 요인이 그 속에 한데 모이는 일종의 역사적 우연성으로 여긴다. 그렇지만 그는 여전히 경제적 부는 의지에 따른 결과이자 의식적 정책을 쓴 결과라는 태도를 분명히 한다. 좀바르트는 자본주의 시스템의 기초와 존재 조건을 창출하는 자본주의의 추진력을 다음과 같이 열거한다.[7]

1. 기업가: 니체가 '인간 정신과 의지의 자본'이라 부른 것을 대표하는 존재, 무언가를 생산하고 거래하기 위해 주도권을 쥔 주체인 인간.
2. 근대 국가: 생산량 증대와 분배가 가능하도록 제도를 만들고, 기업가의 기득권이 대개는 사회 전체의 기득권과 일치하도록 인센티브를 만드는 존재. 여기서 제도란 입법에서 기간 시설, 새로운 아이디어를 보호하는 특허권, 학교, 대학, 측정 단위의 표준화에 이르기까지 모든 것을 포괄한다.
3. 기계화 과정, 즉 오랫동안 산업이라 불렸던 것: 더 높은 생산성을 창출하는 생산의 기계화와 기술 변화, 혁신. 이를 통해 규모의 경제와 시너지가 일어난다. 이 개념은 오늘날 우리가 '국가 혁신 시스템'이라 부르는 것과 매우 비슷하다.

좀바르트가 내린 자본주의에 대한 정의에 따르면 부국은 선도적인 산업 국가를 모방하여 '산업 시대'로 들어선 나라들이다. 자본주의를 이런 식으로 정의하면 부국이란 자본주의라고 부르는 생산 양식을 도입한 나라라고 주장하는 마틴 울프의 말은 실제로 옳다. 그러나 울프가 염두에 둔 것은 이런 식의 정의라기보다는 오히려 냉전 시대식 정의일 가능성이 더 크다.

좀바르트가 자본주의의 추진력이라고 말한 요소들이 제자리를 잡을 때 자본주의는 제대로 기능하고 발전하기 위해 자본, 노동, 시장과 같은 보완적 요소를 필요로 한다. 일반적인 경제학 이론의 핵심 그 자체인 이 세 요소는 좀바르트의 견해에 따르면 결코 자본주의의 추진력이 아니며, 그저 핵심적인 추진력의 보조적 요소일 뿐이다. 핵심 추진력이 없으면 자본, 노동, 시장이라는 보조적 요소만으로는 아무런 결실을 맺지 못한다. 보수적인 슘페터와 급진적인 마르크스는 모두 혁신과 기업가 정신이 없는 자본 그 자체는 불모라는 데 동의한다. 애덤 스미스의 '물물교환을 하는 개'가 자본과 노동 시간, 시장을 갖고 있더라도 자본주의를 창출하지는 못한다. 인간의 의지와 주도적 행위가 없는 자본, 노동, 시장은 무의미한 개념이기 때문이다.

빈국에게는 불행한 일이지만 일련의 사건들로 인해 좀바르트 식의 자본주의에 대한 정의가 경제학에서 사라지게 되었다. 애덤 스미스가 무역과 생산이라는 요소를 한데 합하여 노동 시간으로 환원시킴으로써 경제학에서 생산을 없애 버렸기 때문이다. 그리하여 세계 경제를 기술이나 규모의 경제, 시너지 효과도 없이(모든 사람이 똑같은 방식으로 일을 수행한다고 보는 것) 불확정의 '노동 시간'을 교환하는 시스템으로 인식하자 자유 무역이 모든 이에게 이롭다는 견해를 펼칠 수 있는 길이 훤히 열렸다. 자본 그 자체만 늘린다고 자본주의가 창출되는 것은 아닌데도 말이다. 그러나 좀바르트 같은 미국과 유럽 대륙의 경제학자들은 오랫동안 생산을 중심으로 하는 대안 경제학 전통의 명맥을 이어왔다.

제2차 세계 대전 이후 경제학이 일정한 형태를 갖추는 과정에서 애덤 스미스 이론의 약점은 더욱 심화되었다. 양차 대전 중에는 경제학자들이 편견 없는 상식과 자가당착적 모델 사이에서 오락가락했지만 그 뒤로 경제학은 더 내향적으로 변모했다. 세계 대전 후 경제학자들은 좀바르트가 말한 자본주의의 주요 추진력을 공식화할 수 없자—자기들이 가진 도구로는 주요 추진력을 숫자와 기호로 환원시킬 수 없었으므로—그것을 그냥 무시해 버렸다. 이는 연관성을 멀리하고 수학적 저항이 최소인 길을 따라 나아가는 경제학의 또 하나의 사례이다. 사혈법의 경우에서처럼 모델이 단순화된 체제에서 고통받는 것은 가난하고 힘없는 이들이다. 경제학은 영어나 각자의 모국어로 소통하는 대신 점점 더 순수 수학 쪽으로 기울었으며, 그럼으로써 핵심인 질적 요소를 잃고 말았다. 과학은 '엄밀할수록' 더 '과학적'이 된다. 경제학은 사회학 같은 '말랑말랑한' 사회과학과 거리를 두면서, 물리학 같은 더 '엄밀한' 과학을 끌어들여 더 특권적인 학문이 되었다. 그러나 경제학자들이 사용한 것은 물리학이 1930년대에 이미 내다버린 균형 상태 모델이었다. 경제학자들은 과거에 그랬던 것처럼 이론적 모델과 현실 세계 사이에서 왔다 갔다 하면서 일반 상식과 명백하게 어긋나는 모델에 대한 수정 능력을 상실해 버렸던 것이다.[8] 이런 변화의 제물이 된 것은 경제학자들에게 정치적 위협이 되지 못하는 먼 나라와 그곳 주민들이었다. 미국 같은 나라에서는 정치가들이 자국의 이익에 위배되면 그 이론이 채택되지 못하도록 조치하기 때문이다. 실용주의는 국내용이고 고매한 이론은 대외용이었던 것이다.

이것이 역사 지식에 대한 전반적인 소양 결여와 복합적으로 작용하여 베블런이 진단한 본능의 오염(contamination of the instincts)이라는 결과로 나타났다. 연관성이 부족한 교육은 현실적인 사람들이 '상식'이라 부르는 것을 통해 소통하지 못하는 무능력으로 이어진다. 놀라운 사실이지만 1991년에 미국 경제학회의 한 분과 위원회는[9] 대학교가

'고등교육을 받은 멍청이' 경제학자를 배출한다고 지적했다. "(경제학과의) 대학원 프로그램은 너무나 많은 천재 백치(idiots savant, 특이성 정신지체)를 배출하고 있다. 다시 말해 특정 기술에는 숙달되었지만 실제 경제 쟁점에는 무지한 이들이 너무 많다."[10] 보고서에 따르면 한 일류 대학에서 졸업생들이 "왜 이발사의 임금이 시간이 지나면서 오르는지를 밝혀 내지 못했다. 하지만 한 부문에서 체화되지 않은 기술 진보에 따른 두 부문에서의 일반 균형 모델은 쉽게 풀 수 있었다." 워싱턴 기관들이 개발도상국에 파견한 경제학자들이 바로 이런 세대였다.

경제학의 도구들 중에서도 기업가 정신, 독창성, 정부 정책 같은 요소들과 기술 변화, 혁신, 규모의 경제와 시너지로 이루어지는 전반적인 산업 시스템은 숫자와 기호로 환원될 수 없으며, 수량화할 수 없다는 사실이 드러났다. 유일하게 수량화할 수 있는 것은 좀바르트가 그저 부차적 요소로만 여겼던 자본, 시장, 노동뿐이다. 공식에 사로잡힌 신고전주의 경제학 이론가들은 자본주의의 추진력에 대해서는 연구하지 않고 부차적인 요소에만 몰두해 버렸다. 언제나 그렇지만 현실 정책이 이론의 발전을 따라잡으려면 시간이 좀 걸리는 법이다. 그런 일은 베를린 장벽이 무너진 뒤에야 일어났다. 마틴 울프는 저서에서 세계화를 옹호하면서 실제로 좀바르트를 언급하지만 그를 마르크스주의자이자 파시스트라는 한 문장으로 규정하고 끝내 버린다.[11]

이론의 발전은 슘페터가 "자본 그 자체로 자본주의라는 엔진을 추진하는 범속한 관점"이라 부른 것으로 나아갔다. 서구는 기업가 정신도, 정부 정책도, 산업 시스템도 전혀 없는 빈국에게도 자본을 투입하면 자본주의를 만들어 낼 수 있다고 생각하기 시작한 것이다. 그 결과 오늘날 우리는 사실상 생산 구조도 없는 나라의 목구멍에 돈을 털어 넣고 있다. 빈국에게는 현재의 부국들이 했던 산업화 전략이 허용되지 않기 때문에 돈을 쓸모 있게 투자하기 어렵다. 개발도상국이 유용하게 쓸 수도 없는 차관을 받게 되자 개발 금융으로 이루어지는 모든 과정은 끝말잇기나 피라미드 게임과 비슷한 것이 되어 버린다.[12] 머지않아 경제 구조가 붕괴되면 문 가까이에 있던 경제 구조를 입안한 이들은 다들 몰려나갈 때 가장 먼저 나가서 상당한 금융 이익을 챙길 수 있다. 그동안 손해를 보는 것은 빈국이다. 이것이 부국에서 빈국으로 자금 이동이 이루어지는 것이 아니라 빈국에서 부국으로 자금 이동이 더 많아지게 되는 메커니즘의 일부이다. 바로 뮈르달이 빈곤의 '전도된 후유증(perverse backwash)'이라 부른 것 중 하나이다.

좀바르트의 정의에 따르면 자본주의에 농업이 포함되지 않은 점에 주목할 필요가 있다. 식민지 역시 배제되었는데(식민지를 규정하는 주요 기준 하나는 제조업을 배제하는 것이다), 바로 그런 이유 때문에 그들은 계속 가난을 벗어나지 못할 운명이었다. 그렇다면 좀바르트가 내린 자본주의에 대한 정의에 따를 때 빈곤 문제는 마틴 울프가 진단한 것과는 아주 다르다. 아프리카와 다른 빈국들은 생산 시스템으로서의 자본주의를 발전시킬 기회를 얻지도, 허용 받지도 못한 것이기 때문이다.

냉전으로부터 물려받은 자본주의에 대한 두 가지 정의에는 좀바르트가 규정하는 자본주의의 추진력을 전혀 찾아볼 수 없다. 자유주의자들의 정의에는 기업가 정신, 국가, 역동적 제도, 기술과 기계화 과정 등이 전혀 들어 있지 않다. 이 정의는 자본주의를 사실상 생산 시스템이라기보다는 거래 시스템으로 파악하는데, 이는 애덤 스미스에게서 물려받은 취약점이다. 그들은 이미 생산된 제품의 조정자로서 시장의 역할에, 생산보다는 교환에 집중한다. 앞에서 보았듯이 마르크스주의의 정의는 생산 수단의 소유권에 집중한다. 이런 좌우 양극단의 자유주의자와 오늘날의 피상적인 마르크스주의자는 공통적으로 기업가 정신, 국가의 역할, 생산 과정 자체를 배제하는 견해를 지니고 있다. 이렇게 하여 좀바르트에게서 나온 다른 전통이라는 경제학의 오랜 흐름, 애덤 스미스와 리카도의 자유주의보다 훨씬 더 오래된 전통은 제2차 세계 대전 이후 사라져 버렸다.

기술적 동력, 혁신, 불균등 성장

신지식이 생활수준을 높이는 핵심 요소라는 데에는 누구나 동의한다. 의견 불일치는 이 과정을 모델링해야 하는 시기에 생겨난다. 여기서 우리는 슘페터의 주장을 토대로 하는 설명을 택할 것이다. 슘페터에게 있어서 경제 성장의 진정한 추진력은 발명과 이런 발명이 새 제품이나 생산 과정을 통해 시장에 나왔을 때 창출되는 혁신이다. 혁신은 투자 자본의 수요를 창출함으로써 혁신이 없었다면 불모였을 자본에 생명과 가치를 불어넣는다. 애덤 스미스의 물물교환을 하는 개라는 은유로 돌아가 보면, 개의 입장에서 자본이란 나중에 먹으려고 묻어 둔 뼈다귀일 것이다. 하지만 이 자본은 더 많은 뼈다귀, 혹은 혁신의 산물인 개먹이 통조림이나 깡통따개를 만들어 낼 수 없다. (개먹이 통조림이든 깡통따개든) 혁신 및 그 혁신을 사용하는 데 필요한 지식이 외부에서 왔기 때문이다. 즉 그 이론이 설명하려고 했던 것들에서 만들어진 것이 아니라는 말이다. 해결해야 할 문제는 평등성 가정을 버리고 이질성(異質

性)을 받아들여서 우리가 여기서 논의하고 있는 핵심 변수를 인정하고, 그것들을 내인화해야 한다는 점이다.

혁신은 규모 면에서든 절차 면에서든 획일적으로 이루어지지 않는다. 소규모 혁신의 예로는 영화 〈샤크 시즌 3(Shark III)〉과 〈샤크 시즌 4(Shark IV)〉에서 보이는 차이 같은 것을 들 수 있다. 이보다 더 큰 혁신은 라디오 진공관 시장을 와해시키고 그 이전에는 존재하지도 않았던 수많은 제품을 창조하여 그 산업 전체에서 가치 사슬을 변모시킨 트랜지스터 같은 것을 꼽을 수 있을 것이다. 기술 발전에서 사회를 뒤흔들고 의미심장한 불연속성 혹은 단절을 이끌어 내는 진정으로 거대한 혁신의 물결는 아주 드물다. 1980년대 초반 카를로타 페레스(Carlota Perez)와 크리스토퍼 프리먼(Christopher Freeman)은 이런 거대한 혁신의 물결을 일러 '기술 경제 패러다임의 전환(techno-economic paradigm shifts)'이라 불렀다.

기술 경제 패러다임의 전환은 증기 기관이나 컴퓨터처럼 모든 생산 시스템의 바탕에 깔린 범용 기술(general purpose technology, GPT)을 바꾸는 것이므로 근본적인 변화라 할 수 있다. 이런 의미에서 패러다임 전환은 우리가 앞에서 논의한 기술 변화와 닮았다. 인류가 도구를 만드는 재료로 돌 대신에 구리와 청동을 사용함에 따라 석기 시대가 종식된 것처럼 말이다. 기초 기술에서의 이와 같은 변화는 증기 기관이나 컴퓨터가 그랬듯이 사실상 모든 산업 분야에서의 가치 사슬을 변화시키곤 한다. 이런 혁신이 바로 슘페터가 '창조적 파괴(creative destruction)'라 부른 것을 창출한다. 수많은 새로운 제품을 거느리는 신산업 분야가 출현하는 것이다. 한편 수요 패턴이 완전히 바뀌기 때문에 기존의 낡은 산업은 사라지고 거의 모든 산업의 생산 과정에서 급격한 변화가 일어난다. 경제 발전은 점차 마차같이 단일 제품의 테두리 안에서 이루어지던 것에서부터 점점 더 자동차처럼 뭔가 새로운 제품의 출현으로 바뀌게 된다.

가내 수공업에서 공장으로의 변화처럼 생산 방식도 변한다. 그러나 20세기까지 농업은 패러다임 전환에 속하지 못했다. 농업에서 생산성의 증가 속도는 대체로 느렸고, 생산력 폭발은 제조업에만 한정되는 것처럼 보였다. 페레스가 지적하듯이 급격한 기술 변화는 '상식'의 변화와 함께한다. 사람들이 더는 집에서 작업하지 않고 대규모 공장에서 일할 수밖에 없게 되자 얼마 지나지 않아 건강에 대한 우리의 태도 역시 급변했다. 이제 집에서 태어나고, 집에서 건강을 돌보고, 집에서 죽지 않는다. 그 대신에 큰 공장 같은 병원이 이런 일들을 처리한다.

환경 문제 역시 변했다. 19세기 후반에는 엄청난 양의 말 배설물이 도시 거주자들의 건강을 위협했으나 지금은 자동차 매연이 비슷한 역할을 한다. 이런 혁신이 처음에는 낡은 시스템에서 이질적인 요소로 보이며, 구식 제도와 신기술에 대한 요구들이 서로 어울리지 않고 혼재한다. 관성 때문에 변화의 속도가 더뎌지기도 한다. 구식 제도를 폐기하는 속도가 느리다 보니 새것을 받아들일 여지가 빨리 생기지 않는 것이다. 나이든 세대와 젊은 세대 간의 불화 역시 급격한 기술 변화의 속도를 늦추는 데 한몫한다. 니체는 관념과 견해가 먼저 변하고 제도는 그보다 훨씬 느린 속도로 따라가기만 하는 현상인 제도상의 미비를 대단히 시적으로 묘사하고 있다. "제도의 전복은 견해의 전복을 곧바로 따라가지 않는다. 새로운 견해는 그 전임자의 황량하고 기묘하게 낯선 집에서 오랫동안 머물게 되고 심지어 그것을 자기 집으로 삼기도 한다. 어떤 게 되었든 거처는 필요하니까."[13]

석기 시대와 청동기 시대처럼 기술 경제 패러다임은 생활수준을 끌어올리기 위한 새롭고 완전히 다른 방식으로 받아들여질 수도 있다. 모든 시대는 끝이 다가오면 구식 기술의 궤적이 소멸되었다는 것이, 그것이 할 수 있는 바를 다 했다는 것이 분명해진다. 완벽한 석제 도끼가 나오면 석기 시대의 종말이 '역사의 종말'로 오인될 수도 있다. 아주 급격한 변화 없이는 더는 갈 곳이 없고, 더는 개선의 여지가 없기 때문이다.

근대사에서 우리는 이와 같은 식으로 생활수준을 높이기 위해 오랫동안 각 시대를 휩쓴 다섯 시기를 구분할 수 있다. 다음에 프리먼과 페레스가 그 특징을 도표로 보여 주고 있다.[14]

모든 패러다임에 들어 있는 기본적인 특징은 새롭고 값싼 자원을 급격히 떨어지는 가격으로 무한정 쓸 수 있는 것처럼 보인다는 것이다. 이는 오늘날 마이크로 전자 산업에서 우리가 경험하고 있다. 기술 경제 패러다임의 전환이 가진 특별한 점은, 즉 다른 거대 혁신과 구별되는 점은, 이런 혁신의 물결은 우리가 '경제학'으로서 생각할 수 있는 영역을 뛰어넘는 수준까지 사회를 변모시킨다는 데에 있다. 간헐적으로 일어나는 이 같은 거대 전환은 심지어 지리와 인간의 정착 생활에 대한 견해마저도 바꿔 버린다. 산업주의 역시 정치 구조를 바꾸었으며, 대규모 제조업의 쇠퇴가 또다시 정치 구조를 바꾸는 중이다. 패러다임의 전환기는 또 세계의 권력 관계를 재편하는 시기이기도 하다. 한 패러다임에서 활동하던 경제 지도자들이 반드시 그다음 패러다임에서도 지도자로 남아 있으라는 법은 없기 때문이다. 영국(브리튼)은 증기 기관과 철도 패러다임하에서 권력의 정점에 도달했고, 독일과 미국은 전기와 중공업 시대에 선두에 나섰다. 포드주의 시대에 미국은 타

기술 경제 패러다임의 역사

시대	시대명	주요 산업	싼 자원	기간 시설
1770-1840	초기 산업화	양모	수력 면화	운하 도로
1830-1890	증기 기관과 철도	제철 수송	증기 석탄	철도 증기선
1880-1940	전기와 중공업	전기 기계 화학 산업	전기 제철	배 도로
1930-1990	대량생산(포드주의)	차 합성 물질	석유	도로, 비행기, 유선
1990-?	정보와 통신	데이터/소프트웨어 바이오 기술	마이크로 전자공학	디지털 전기통신 인공위성

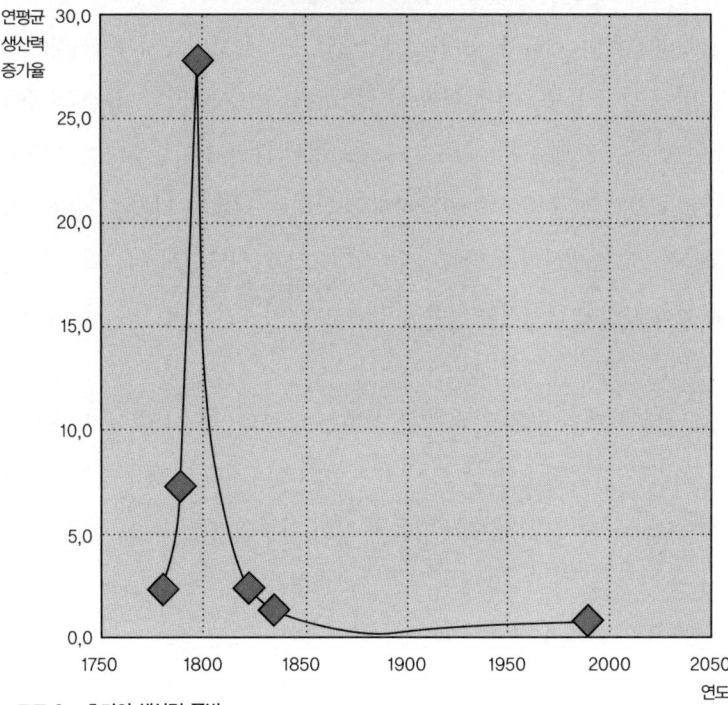

● 도표 6 ● 초기의 생산력 폭발

· 출처: Carlota Perez, *Technological Revolutions and Financial Capital. The Dynamics of Bubbles and Golden Ages*, Cheltenham, 2002; 계산은 David Jenkins, *The Textile Industries*, vol.8 of *The Industrial Revolution*, Oxford, 1994.

의 추종을 불허하는 선두가 되었다.

　패러다임 전환에서 기초를 이루는 가장 중요한 현상은 핵심 산업에서 볼 수 있는 '생산력 폭발'이다. 도표 6은 1차 기술 경제 패러다임 시기에 면방직업에서 일어난 생산력 폭발 양상을 보여 준다. 이와 같은 생산력 폭발을 일으킬 수 있는 산업을 식민지에 허용하지 않는다는 것이 식민 정책의 핵심이다. 역사적으로 보면 생산력 폭발을 일으키도록 하기 위한 논의는 각 나라마다 무수히 있었다. 이를테면 패러다임 이행 산업을 위한 관세 보호 논의 같은 것이다. 생산력 폭발을 일으키는 산업은 인구 증가에 대비하여 고용을 창출하고, 더 높은 임금을 지급하며, 국제 수지 문제를 해결하고, 화폐 유통을 증대시켰다. 그리하여 모든 통치자에게 중요하던 세금을 대개는 가난했던 농민들보다는 유복한 직인과 장인, 공장 소유주들에게 훨씬 더 많이 부과할 수 있었다. 특히 미국에서는 벤저민 프랭클린(Benjamin Franklin)에서 링컨에 이르기까지 일반적으로 제조업의 존재는 농민들에게 공급되는 재화의 가격을 낮춘다고 알려져 왔다. 생산력 폭발이 노동 시장으로 확산되면서 임금이 높아지고 제품 가격이 떨어지는 것은 분명했는데, 이 요소가 결합된 효과는 엄청났다.

　패러다임 전환이 임금에 끼친 영향은 노르웨이에서 범선이 증기선으로 바뀌는 과정에서 잘 드러난다. 1900년도 『노르웨이 통계 연감』에는 1895년의 임금 액수가 다음과 같이 기록되어 있다.

범선 1등 항해사　　　69크로네
증기선 1등 항해사　　91크로네
증기선 기관사　　　　142크로네

증기선보다 범선을 운항하는 것이 훨씬 더 많은 기술을 필요로 하는데도 1등 항해사의 임금은 범선보다 증기선이 30퍼센트나 더 높다. 한편 증기선 기관사의 임금은 범선 1등 항해사에 비해 두 배가 넘는다. 따라서 증기선에 투자하여 성공한 배 주인은 자기 고장의 임금 수준을 높이는 데 큰 기여를 한 셈이다. 이런 고임금은 증기선 선원들과 가족들이 그 지역에서 소비할 테고, 따라서 지역의 소비 수준을 높이는 데 기여할 것이다. 이렇게 형성된 고임금은 해운업같이 새로운 기술에 바탕을 둔 활동으로부터 제빵 업자, 목수, 기타 그 고장의 다른 직공들에게로 퍼지고 심지어는 이발사에게까지 확산된다. 그렇게 하여 그들 역시 생산성을 높이는 새로운 기술에 투자할 여력이 생기는 것이다. 기업이 사회에 주는 혜택은 실제로 기업가가 돈을 버는 과정에서 생기는 의도하지 않았던 부수적인 효과이다.

한 국가에게는 신기술을 도입하여 이윤을 내는 사람들이 범선을 계속 운항하여 돈을 더 벌 수 있도록 해 주는 선주들보다 훨씬 더 중요하다. 이런 것이 바로 영국의 헨리 7세가 1485년에 즉위했을 때 이해하고 있었던 원칙이자 지난 20년 동안 아일랜드와 핀란드 같은 국가에서 목격할 수 있었던 것이다.

한 산업에서 생산성이 대단히 빠른 속도로 변하는 생산력 폭발은 발진 장치 역할을 하며 생활수준을 급격히 끌어올린다. 그러나 우리의 생활수준은 다른 방식으로도 높일 수 있다. 하나는 높은 임금을 받아서 부유해지는 것이고, 또 하나는 구매 물품의 가격이 낮아져서 부유해지는 것이다. 가격이 하락함으로써 부유해지는 것을 나는 '고전적' 모델이라 부른다. 신고전주의 경제학자들이 그렇게 된다고 추정하는 유일한 상황이기 때문이다. 실제로 상황이 이렇게 단순하지는 않지만 말이다.[15] 다른 대안 모델은 '공모적(collusive)' 모델이라는 것으로, 여기서는 기술 발전의 산물이 다른 여러 세력들에게 분산되기 때문에 그렇게 부를 수 있다. 그 결실은 a) 경영주와 투자자들에게, b) 노동자들에게, c) 노동 시장의 나머지 사람들에게, d) 더 큰 납세 기반이라는 형태로 국가에게 배분된다. 이에 대해서는 좀 더 자세히 검토해 보자.

- 경영주와 투자자들의 이익

  생산성 발전으로 이어지도록 투자자들을 유도하는 진정한 인센티브는 대개 돈을 벌게 해 주겠다는 것이다. 그러므로 우리는 성공적 투자는 이윤으로 환산되는 생산성 증가로 이어진다고 추정해야 한다. 최초로 성공한 기업가는 높은 수익을 얻지만 시간이 지나면 따라 하는 사람들이 그 분야에 끼어들기 때문에 수익이 줄어드는 것은 기본 상식이다.

- 노동자들의 이익

  앞에서 예로 든 범선에서 증기선으로의 이행기에서와 같은 방식으로 생산성 증가는 그 산업에 고용된 사람들에 대한 고임금으로 이어진다. 이는 필요한 신기술을 익힌 사람이 드물거나 노동조합의 힘 때문일 수 있다. 때로 포드가 1914년에 노동자들의 임금을 두 배로 올렸을 때처럼 자기 노동자들을 소비자로 만들 필요가 있고, 노동자들이 더 많이 벌면 자신에게도 이익이 된다는 것을 인식한 영리한 기업가가 있을 수도 있다. 물론 제조 업체가 임금을 두 배로 올리고도 살아남을 수 있는 것은 생산력이 폭발하는 비정상적인 상황에서뿐이다.

- 노동 시장의 나머지 사람들의 이익

영국의 헨리 7세 시대에 목격했듯이 신기술은 기술 변화가 일어난 산업에서 나온 구매력 증가의 결과가 그 지역의 전체 노동 시장으로(그리고 점차 전국적으로) 확산된다. 또 노동 시장 내에서 임금 격차에 한계가 있기 때문에 전체 노동 시장으로 확산되기도 한다. 생산력 폭발이 일어난 분야에서의 임금 상승이 자동적으로 모든 분야의 임금을 끌어올린다는 말이다. 아리스토텔레스 시절 이래 이발사들은 생산성 향상이 거의 이루어지지 않았지만 산업 국가에서 이발사의 보수는 몇 차례의 생산력 폭발을 거치면서 산업 노동자들의 보수와 어느 정도 보조를 맞추어 왔다. 생산력 폭발이 없었던 나라의 이발사들은 다른 동포들과 마찬가지로 여전히 가난한 상태에 있다. 지금의 필하모닉 오케스트라가 쇼팽 시절의 오케스트라보다 〈강아지 왈츠(the Minute Waltz)〉를 더 효율적으로 연주하는 것은 아니지만 연주자들의 임금은 쇼팽 시절에 비해 엄청나게 올랐다. 이와 마찬가지로 가난한 나라의 이발사와 연주자들은 부자 나라의 같은 직업인들에 못지않게 유능하더라도 매우 가난한 상태에 있다. 이는 대부분의 직종에서 그렇지만 특히 서비스업의 경우가 심하다. 빈국의 서비스업 노동자들은 부국의 노동자들과 마찬가지로 유능하지만 실질 임금에서의 차이는 엄청나다. 우리가 '경제 발전'이라 부르는 것은 다른 말로 하면 향상된 재화와 서비스를 생산하는 데에서 나오는 일종의 독점 지대이다. 그런 면에서 부국들은 한 부문에서의 생산력 폭발이 그다음 부문으로 도약하면서 서로를 모방한다.

- 납세 기반의 확대에 따른 이익

로빈 후드(Robin Hood)의 모험을 그린 만화에서 노팅엄의 주지사가 가난한 농민들에게 세금을 더 걷는 전략은 말 그대로 그들을 거꾸로 들고 흔들어서 마지막 동전 한 푼까지 털어내겠다는 것이었다. 하지만 유럽의 재무 장관들은 제조업을 유치함으로써 과세 기반을 늘리는 것이 세수(稅收) 확대를 위한 훨씬 더 쉬운 방법임을 오래 걸리지 않아 알아차렸다. 기계를 써서 일하는 사람들은 생산성을 엄청나게 늘릴 수 있었고, 들판에서 일하는 사람들보다 훨씬 더 많은 세금을 낼 수 있었다. 또 부국의 생산 구조를 모방하여 산업주의의 대열로 들어서면 재무 장관들에게도 보상이 돌아왔다. 과세 기반이 계속 넓어지므로 부국들은 사회 안전망과 기간 시설, 교육과 보건 부문을 확장할 수 있었기 때문이다.

위에서 열거한 경영주의 이익에서 납세 기반의 확대에 이르기까지의 요소들은 빈국(식민지)의 임금에 비해 생산력 폭발이 빈번하게 일어나는 산업 국가에서 임금이 꾸준히 오르는 이유를 설명하는 '공모적 유형(collusive mode)'을 만들어 낸다. 식민 국가들은 설사 지금은 이론상 독립했다 할지라도 실제로는 식민지였을 때와 마찬가지로 워싱턴 기관들이 정한 조건 때문에 부국들이 과거에 사용한 모방 전략을 쓸 길이 막혀 있다. 일찍이 (베네치아, 네덜란드, 농업이 없는 작은 도시 국가 같은) 타고난 부자 나라들이 출현한 이후로 제조업을 목표로 삼아 장기간 후원하고 보호하지 않고서도 산업을 가지게 된 나라는 없었다. 애덤 스미스가 『국부론』에서 보이지 않는 손을 언급한 시기는 영국이 항해 조례(Navigation Acts)로 높은 관세를 부과한 것을 찬양하고 난 후가 유일하다. 그들은 성공적으로 보호 정책을 이끈 뒤에야 마치 보이지 않는 손에 의해 영국의 소비자들이 자국의 산업 제품을 구매한 것처럼 말한다. 그러나 '보이지 않는 손'이란 사실 오랜 시간이 지난 뒤 영국의 제조업이 국제 경쟁력을 갖추고 나서야 높은 관세를 대신하여 나온 것이다. 이런 식으로 애덤 스미스를 읽다 보면 그가 원래는 중상주의자인데 잘못 받아들여졌다는 말도 나올 수 있다. 또 스미스에게 중요한 문제는 자유 무역의 시기였다고 말하는 것도 가능하다. 헨리 7세와 애덤 스미스 사이에는 300년 동안 실시한 철저한 보호 관세가 있었다는 사실을 지적하는 것도 중요하다.

식민주의는 무엇보다도 경제 시스템이다. 그것은 일종의 나라 간의 긴밀한 경제 통합인 것이다. 식민주의가 명목상의 독립을 내세우든 말든, 자유 무역의 기치를 내걸든 아니든 그 어떤 정치적 구호 아래 이런 일이 일어나는지는 그리 중요하지 않다. 중요한 것은 어떤 종류의 재화가 어느 방향으로 흘러가느냐 하는 점이다. 앞에서 말한 분류 체계를 받아들이자면 식민지는 나쁜 무역, 즉 원자재를 수출하고 첨단 기술 재화를 수입하는 무역을 전문화한 국가들이다. 그 재화가 산업 제품이든 지식 집약적인 서비스 부문이든 상관없다. 뒤에 가서 원자재만 생산하는 국가가 왜 부유해지지 못하는지를 설명하는 장에서 우리는 농업 안에도 부국에서 만들어 내는 (기계화 가능한) 전형적인 산물과 (기계화 불가능한) 식민지산 생산품을 구별할 수 있다는 사실을 보게 될 것이다.

임금 수준에서 보이는 제조업과 농업의 이런 차이는 부국에도 존재한다. 비록 유럽에 사는 사람 대다수는 여전히 농민이었지만 마르크스주의자 및 초기 사회주의자들의 저작에서 농민은 오랫동안 흔적도 보이지 않았다. 당시 가장 지독한 빈곤층은 산업 노동자들이었다. 도시의 빈곤은 농촌의 빈곤보다 훨씬 더 추악할 때가 많았다. 그러나 노동자들은 점차 정치적 지지를 받으면서 더 높은 임금을 요구할 수 있었고, 당시 제조업에서 거둔 생산성 증가의 혜택을 받을 수 있었다. 그에 비해 농민들은 경제적으로 뒤처진 존재였다. 산업과 함께 노동자들 또한 점차 거대한 시장 권력에 의해 보호 받았고, 높은 가격을 유지하며 완전 경쟁을 피할 수 있었다. 산업주의는 갤브레이스가 말한 '대항 세력들 간의 균형'이라는 모습으로 구체화되었다. 이를테면 노동 시장과 생산품 시장에서 지극히 불완전한 경쟁을 토대로 부가 구축된 시스템이라는 것이다. 산업주의는 자본가, 노동자, 국가라는 3자의 지대 추구를 토대로 한 시스템이다. 그러니까 경제학 교과서에 나오는 완전 경쟁은 제3세계에만 해당되는 시스템이었던 것이다.

  1900년경 유럽의 복지 시스템과 산업으로부터 나오는 3자의 대항 세력은 산업 노동자들의 처지를 상당히 개선시켰다. 그러면서 서서히 제조업 노동자들만 착취당하는 것이 아니라 농민들도 도시에 의해 착취당할 수 있다는 인식이 일깨워졌으며, 이는 농민들의 소득 역시 빈국의 농민들, 혹은 더 나은 기후 여건에서 일하는 농민들과의 경쟁에서 보호 받아야 한다는 인식으로 이어졌다. 농산물 보호는 제조업 관세와는 완전히 다른 논리에서 나왔다. 공업 제품에 매겨지는 제조업 관세는 좋은 무역을 창출하기 위한, 다시 말해 앞선 나라의 산업 구조를 모방하고 모든 국가의 생산 부문을 직물 산업이든 철도나 자동차 산업이든 생산력 폭발이 일어난 지역으로 편입시키기 위한 공격적 전략의 일부였다. 그에 비해 농산물 관세는 산업 국가의 빈곤한 농민들을 그보다 더 빈곤한 나라의 더 빈곤한 농민들로부터 보호한다는 목표를 가진 방어적 전략이었다.

도표 7은 농업에 대규모 보조금이 지급되기 전의 일정 시기에 제조업과 농업 사이에 벌어진 실질 임금 격차를 보여 준다. 일본 농민들의 임금은 제조업 노동자들의 15퍼센트에 지나지 않으며, 노르웨이에서는 24퍼센트에 불과함을 알 수 있다. 제조업이 없다면 일본과 노르웨이 같은 나라의 국가 평균 임금은 심각하게 떨어질 게 분명하다. 세계에서 농업이 가장 효율적인 미국에서도 농업의 임금 수준은 제조업보다 훨씬 낮다. 유럽과 계절이 반대이며 영국 및 영연방 국가들과 매우 우호적인 관계에 있는 오스트레일리아와 뉴질랜드에서만 농업 임금이 제조업과 비슷하거나 제조업보다 높은 편이다. 그러나 오스트레일리아와 뉴질랜드는 건국 이후 늘 대단히 보호주의적인 산업 정책을 시행해 왔으며, 모국인 영국 역시 경계해야 할 대상에 포함되었다. 이런 나

● 도표 7 ● 제조업의 임금이 나머지 경제 부문의 임금 수준을 결정: 1928~1936년 10개국의 제조업 임금을 기준으로 한 농업에서 중간 임금의 구매력 지수(2차인 제조업을 100으로 설정)

	1차	2차
영국, 1930	72	100
미국, 1935	40	100
프랑스, 1930	36	100
노르웨이, 1934	24	100
일본, 1934	15	100
이탈리아, 1928	70	100
스웨덴, 1930	25	100
오스트레일리아, 1935~36	96	100
독일, 1928	54	100
뉴질랜드, 1936	113	100

· 출처: Colin Clark, *The Conditions of Economics Progress*, London, 1940에서 환산한 것.

라들은 산업화를 거치면서 경제 성장의 '공모적' 방식이 가능해졌다.

도표 7은 제조업의 존재가 국가 전체의 소득 수준을 어떤 식으로 높이는지를 일별하게 해 준다. '역사적인 수확 체증'에 의해 창출된 큰 시너지 효과, 수확 체증과 기술 변화가 결합된 효과가 어떤지를 보여주는 것이다. 이것은 영국만이 아니라 그 전에는 가난했지만 영국의 산업 구조를 모방하는 경제 정책을 집행한 나라가 '좋은 무역'과 모방을 창출해 낸 결과였다. 현재의 빈국들이 여전히 가난한 것은 처음에는 식민지였기 때문이고, 나중에는 워싱턴 기관의 정책으로 인해 이와 같은 큰 시너지 효과를 낼 수 없었기 때문이다.

도표 7에서 바로 알 수 없는 것은 표에서 관찰되는 사실이 유발하는 2차적, 3차적 시너지 효과들이다. 그런 시너지 효과 가운데 대단히 중요한 하나는, 제조업 분야의 지식 수준과 고비용이 서서히 흘러넘쳐 농업에서의 효율성을 증대시킨다는 것이다. 제조업의 지식이 농업에 영향을 미치는, 동시에 국가의 임금 수준이 높아짐으로써 노동 시간을 절약해 주는 농사 기계에 투자할 수 있도록 한다. 또 농민들은 제조업 부문과의 지리적 근접성으로 인해 구매력이 큰 시장을 갖게 된다. 이런 방법만이 농촌에서의 자급자족적인 농사에서 벗어나 노동 분업을 증대시킬 수 있다. 농장의 과잉 노동력인 젊은 세대가 도시와 동일한 노동 시장에 속하게 되면 도시의 제조업에서 고소득 일자리를 찾을 수 있는 것처럼 말이다.

1700년대에도 조금만 관심이 있다면 누구라도 산업 부문과 인접한 농업이 효율적이고 고소득을 올린다는 사실을 알 수 있었다. 계몽주의 경제학자들은 마드리드와 나폴리는 제조업이 없었기 때문에 농업의 효율이 매우 낮았고, 공장이 많은 밀라노 주변 지역은 농업의 효율성이 높았다고 주장했다. 제조업과 인접한 농업은 누적적인 선순환[16]을 창출하지만 제조업이 없는 빈국의 농업은 그런 효과를 내지 못한다는 것이다. 18세기 유럽에서 제기되던 이런 식의 전형적인 주장은 실제로 사용된 논리였다. 특히 1820년 이후 미국에서도 농민들에게 보호 정책하에 산업화를 하는 것이 그들에게도 이익이라고 설득하는 데 실제로 사용된 바 있다. 단기적인 시각에서 보면 국내에서 생산된 제조품을 구입하는 것이 예전처럼 영국 제품을 사는 것보다 더 비용이 많이 들지만 말이다. 이런 논리를 미국 농민들에게 성공적으로 전달하는 책임을 주로 맡은 경제학자는 해밀턴의 초기 저작을 제외하면 매슈 케어리(Mathew Carey, 1820)와 다니엘 레이먼드(Daniel Raymond, 1820), 그리고 정치가 헨리 클레이(Henry Clay, 887) 등이다.[17] 하지만 이 중 경제학자 두 사람은 사실상 기억에서 사라졌다.

성장과 발전을 평가하는 또 다른 방식은 학습 곡선을 통하는 것이다. 학습 곡선은 시간에 따른 노동 생산성을 측정한다. 우리는 사람들의 임금에 관심이 있고, 또 한 사람의 생산성과 임금 사이에 중요한 관련이 있다고 보기 때문에 다른 종류의 생산성보다는 노동 생산성에 주목한다. 우리가 학습 곡선에서 보는 것은 도표 6과 같은 생산력 폭발이지만 보는 각도는 좀 다르다. 학습 곡선은 생산력 폭발과 동일한 대상을 측정하기 때문에 생산력 폭발처럼 비교적 짧은 기간에 급격히 하강한다는 특징이 있다. 각 기간은 특정 산물, 대개는 아주 새로운 산물이 엄청난 생산성 발전을 이룬다는 사실을 특징으로 한다. 그런 생산성 발전은 대체로 급속한 수요 증가와 연결된다. 네덜란드의 경제학자 이름을 딴 베르둔 법칙(Verdoon's Law)에 따르면 새로운 생산력을 보탬에 따라 유발된 기술 변화와 수확 체증 덕분에 산출량이 더 빨리 증가하면 생산성이 늘어난다고 한다.

도표 8은 1850년에서 1936년 사이에 미국에서 표준적인 남자 신발 한 켤레를 만들기 위한 생산성의 발전 양상을 나타낸다. 1850년에는 남자 신발 한 켤레를 만드는 데에 평균 15.5노동 시간 필요했다. 그러다가 신발 제조업에서 생산력 폭발이 일어났고 기계화가 대폭 이루어져 그 50년 뒤인 1900년에는 신발 한 켤레를 만드는 데 1.7노동 시간밖에는 들지 않았다. 이 기간에 미주리 주의 세인트루이스는 신발과 맥주 산업을 기반으로 하여 미국에서 가장 부유한 주 가운데 하나가 되었다. "먼저 신발과 맥주로, 나중에는 야구로"라는 것이 1904년 올림픽과 세계 박람회를 유치하여 전 세계에 부를 과시한 이 도시를 일컫는 표현이었다. 1900년 이후 신발의 학습 곡선은 완만해졌다. 1923년에는 동일한 남자 신발 한 켤레를 만드는 데에 1.1노동 시간이 소요되었고, 1936년에는 그것이 0.9노동 시간으로 줄었다. 학습 곡선이 완만해지자 임금 부담이 커졌고 신발 생산은 점차 더 가난한 지역으로 옮겨 갔다. 미국은 오랫동안 신발 수출국이었지만 지금은 거의 모든 신발을 수입하고 있다. 부국이 기술 발전이 큰 분야에서는 수출하고 기술 발전이 거의 없는 부문에서는 수입하는 이런 현상은 국제 무역에서 제품 수명 주기(product life cycle)라고 하는 것과 관련 있다. 제품 수명 주기는 1970년대에 하버드 비즈니스 스쿨의 레이먼드 버논(Raymond Vernon, 1913~1999)과 루이스 T. 웰스(Louis T. Wells) 교수가 설명한 현상이다.[18]

도표 8에서는 시간에 따른 기술 발전의 전형적인 모습으로 급속한 기술 발전이 점차 완만해지는 것을 볼 수 있다. 신기술이 나오고 그 잠재력이 차츰 줄어들면서 그 궤적인 학습 곡선이 평평해지는 것이다.

이런 형태는 세계 무역이 이루어지는 데에도 반영된다. 기술 혁신에 도달한 부국은 학습 곡선이 가파른 동안에만 생산하고 수출한다. 이 시기에 들어서면 모두 이와 같은 메커니즘이 작용하는데, 앞에서 우리는 이런 것을 일컬어 부를 창출하는 '공모적 방식'이라는 말로 설명한 바 있다.

이런 주기가 위에서 말한 '공모적 방식'과 연계되지 않는 한 해를 끼치지는 않을 것으로 보인다. 일반적인 경제학은 (세계의 모든 사람이 1900년의 세인트루이스에서처럼 신발을 만들어 낼 수 있다고 가정하고) 생산이 아니라 무역에 집중하고, 완전 경쟁을 가정하여 기술 변화의 산물이 고전적인 방

• 도표 8 • 1850~1936년 미국의 중급품 남자 신발 한 켤레 제작 시 최상의 생산력을 가진 학습 곡선

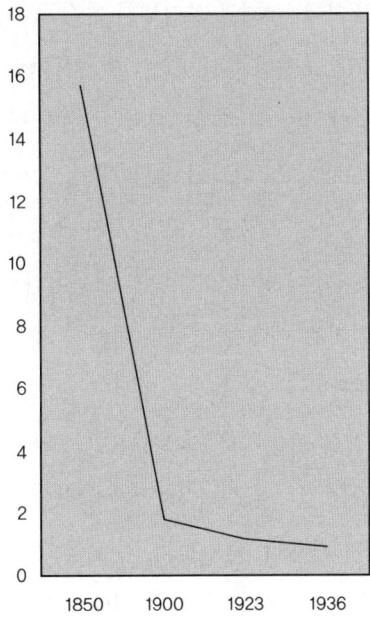

주어진 시기에 미국에서 중급품 남자 신발 한 켤레 제작 시 최상의 업무 처리 순서를 요구했던 노동 시간	
연도	소요 노동 시간
1850	15.5
1900	1.7
1923	1.1
1936	0.9

· 출처: Erik Reinert, *International Trade and the Economic Mechanisms of Underdevelopment*, 1980년 코넬 대학교 박사 학위 논문.

식으로만, 즉 더 값싼 신발 같은 형태로만 확산된다고 본다. 일반적인 경제학 교과서가 사용하는 도구 상자에는 1800년대 말의 신발 공장이나 그로부터 75년 뒤의 자동차 공장, 또는 오늘날의 휴대 전화 공장처럼 어떤 시대이더라도 단지 몇몇 산업은 제대로 작동한다는 사실을 기록하는 도구는 없다. 이런 식의 경제학 이론은 특정 활동 의존적인 성장 요인, 즉 성장이 특정 시점에 소수의 특정 산업에서만 일어난다는 사실이라든가 산업들 간에 확산되는 시너지 효과를 알아차리지 못한다. 신발 산업의 고임금이 맥주 생산과 도시의 보건 부문에 기여했으며, 이처럼 번영을 누리는 도시 시장이 미국 농민들을 위해 높은 수요와 높은 구매력을 창출했다는 사실도 주목하지 못한다. 간단하게 말해 누적적 인과 관계(cumulative cautions)의 선순환이 이 과정의 본질을 이룬다는 사실을 인식하지 못했다는 뜻이다. 실제로 평평해진 학습 곡선은 부의 증대를 위한 잠재력을 대부분 소진한 상태이다. 물론 신기술 패러다임이 나와서 나중에 같은 제품에 적용될 때까지이기는 하다. 빈국이 점차 신발 생산을 넘겨받지만 그것이 그 나라의 생활수준을 높이기는 거의 불가능하다. 이런 종류의 생산이 빈국 몫으로 남겨진 본질적인 이유는 생산 과정에서 더 이상 배울 것이 남아 있지 않기 때문이다.

혁신과 학습이 경제 성장을 창출한다는 데에는 아무도 이의를 제기하지 않지만 애덤 스미스 이후 경제학은 이런 측면을 외적인 요소로 받아들였다. 기술 변화와 새로운 혁신은 하늘에서 쏟아지는 만나 같은 것으로, 모든 사람이 공짜로 쓸 수 있는 것으로('완전 경쟁') 가정하곤 한다. 지식, 특히 신지식을 얻는 데에는 비용이 많이 들며, 누구나 얻을 수 있는 것이 아니라는 사실은 고려되지 않았다. 지식은 거대한 진입 장벽으로 보호 받고 있으며, 규모의 경제와 축적된 경험이 그 장벽을 쌓는 주재료들이다. 한 회사의 누적된 생산 규모가 크면 클수록 단위 비용은 낮아진다. 이것을 측정하는 것이 바로 제조업에서 많이 사용하는 학습 곡선의 친척격인 경험 곡선(experience curve)이다. 학습 곡선이 노동력의 생산성 변화를 측정한다면, 경험 곡선은 전체 생산비의 변화를 측정한다. 여러 공장이 동일한 기술을 보유하고 있다면 대체로 생산량을 가장 많이 축적한 회사의 단위 비용이 가장 낮은 법이다. 비용을 더 낮추기 위한 방법을 찾아 경험 곡선을 떨어뜨리는 경쟁에서 전략적 가격 결정으로 현재 비용보다 더 낮은 가격(덤핑 가격)을 매기는 것이 실제로 더 이익이 될 수도 있다. 그렇게 하여 생산 규모를 키우면 나중에는 단위 생산 비용이 다시 전략적 덤핑 가격보다 더 낮아지기 때문이다.

이렇게 경험 곡선이 저비용을 향해 내려가는 역동적인 경쟁에서 빈국의 공장들은 시장 규모가 작고 신기술을 가까이 접하기도 힘들기 때문에 살아남을 기회가 거의 없다. 이와 같이 초기 기술 단계에서는 노동 비용이 높더라도 문제가 되지 않는다. 생산은 고도로 숙련된 노동력에 달려 있으며, 연구와 개발이 얼마나 밀접한지에 의존하기 때문이다. 생산 규모가 커지기만 하면 금방 비용이 낮아져서 돈을 벌 수도 있다. 미국의 보스턴 컨설팅 그룹은 30년이 넘도록 그런 경험 곡선(도표 8에 나온 것처럼 처음에는 가파르다가 나중에는 완만해지는 학습 곡선과 같은 모양)이 보여 주는 교훈에 따라 성장해 왔다. 빈국은 학습 곡선과 경험 곡선이 평평해지고 지식이 공공 영역으로 넘어간 뒤에야 경쟁에 참여할 수 있는데, 그 경쟁에서 그들이 쓸 수 있는 무기라고 해 봐야 그들의 낮은 임금과 상대적 빈곤뿐이다.

산업 혁명이 일어나고 좋은 무역 및 나쁜 무역에 대한 이론이 성립된 이후 부국들은 모두 생산력 폭발이 가능한 한 자국 안에서 이루어지도록 조치하는 것으로 이런 문제를 해결해 왔다. 유럽의 부국들은 자국의 섬유 산업을 20세기 초반에 대국들이 자체 자동차 산업을 구축한 것과 동일한 방식, 즉 선도 국가를 모방하는 방식으로 쌓아 올렸다. 자체 산업을 갖지 못한 나라는 식민지들이었다. 수백 년이 지나는 동안 사람들은 선도 국가들에 비해 패러다임 전환에서 효율성이 떨어지는 나라일지라도 근대적 산업이 전혀 없는 경우보다는 형편이 낫다는 사실을 대개는 이해했다. 누가 보든 신산업이 구산업에 비해 생활 수준을 더 높여 준다는 것은 명백했기 때문이다. 마찬가지로 1990년대에는 분명히 세계에서 가장 솜씨가 좋은 접시닦이가 되느니 변변찮은 데이터 컨설턴트가 되는 편이 더 나았다. 그러나 리카도의 무역 이론에서는 이런 상식이 빠져 있었다. 리카도의 이론에는 그 이전에는 명백했던 논리, 즉 각자의 수명 주기 안에서 각기 다른 시점에 희귀하거나 평범한 기능과 다양한 기술을 모두 필요로 하는 여러 산업을 가진 세계에서는 가난한 상황에서 비교 우위에 따라 빈곤을 특화하는 일이 정말로 일어날 수 있다는 논리를 배제했기 때문이다.

그러나 어떤 상황에서는 학습 곡선에서 설명한 동력이 기술 수준을 차례차례 높여 나감으로써 빈국을 부유하게 만드는 데 사용될 수도 있다. 1930년대 일본의 경제학자 아카마쓰 카나메(赤松要, 1896~1974)는 이 모델을 '기러기 편대형(flying geese)'이라 이름 붙였다(도표 9 참고).[19]

또 다른 일본 경제학자이자 1980년대에 외상을 지낸 오키다 사부로(大來左武郎)는 이 '기러기 편대형' 모델을 받아들여 빈국들은 한 가지 제품에서 더 많은 지식을 쌓고, 그것을 바탕으로 하여 다른 제품으로 도약함으로써 기술 수준을 높여 나갈 수 있다는 이론을 세웠다. 처음

날아가는 기러기(여기서는 일본)는 뒤따라오는 기러기들을 위해 공기 저항을 깨뜨리고, 그리하여 그들 모두가 순차적으로 같은 기술 변화로 인한 혜택을 입을 수 있다. 예를 들어 여러 해 전에 일본은 값싼 의류를 만들면서 생산성 향상을 이루어 생활수준을 워낙 높여 놓았으므로 의류같이 상대적으로 간단한 생산으로는 더 이상 이윤을 내지 못하게 되었다. 그래서 일본은 의류 생산을 한국으로 넘기고 자신들은 좀 더 정교한 제품, 이를테면 TV 같은 제품을 생산하는 쪽으로 제조업을 향상시켰다. 다음 단계에서 한국의 기술 수준이 높아지자 의류 생산은 한동안 대만으로 넘어갔다가 그곳에서도 같은 상황이 벌어져서 생산

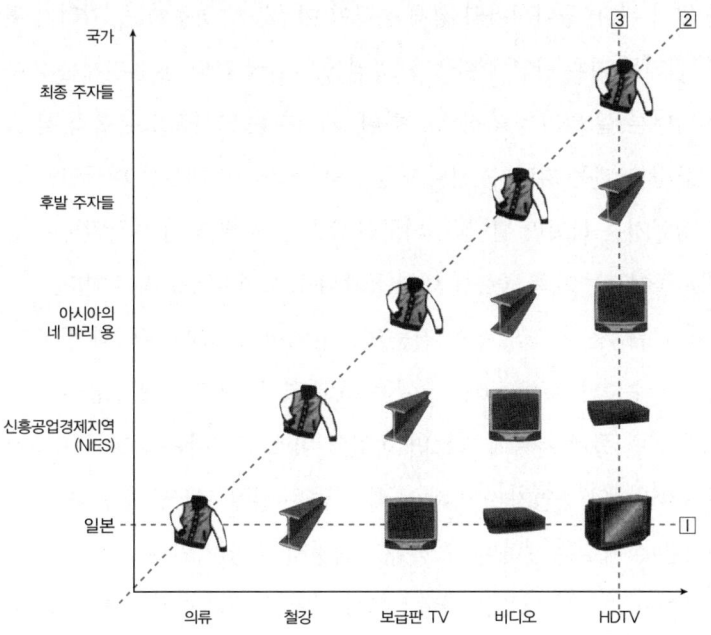

• 도표 9 • 기러기 편대형 모델: 동아시아에서 잇달아 일어나는 구조 변화

· 출처: http://www.grips.ac.jp/module/prsp/FGeese.htm

단가가 너무 높아짐에 따라 그다음에는 태국과 말레이시아로 옮겨 갔다. 역사는 이렇게 되풀이되었고, 의류 생산은 마침내 베트남으로 넘어갔다. 그러나 이 나라들은 모두 한동안 의류 생산을 자신들의 생활 수준을 높이는 수단으로 활용했다. 그들은 동일한 학습 곡선의 물결을 잇달아 타고 넘었고 모두가 더 부유해졌다. 물론 이 게임에서는 선두에 있는 기러기가 계속 신기술 연구에 가담한다는 전제가 필요하다.

여기서 순차적으로 기술 수준이 향상되는 모델을 다른 모델, 즉 우리가 막다른 길 모델이라 부를 수 있는 식민주의 모델과 혼동해서는 안 된다. 아이티의 야구공 제조업 사례에서 보았던 것처럼 한 나라는 일상적으로 기술적인 막다른 길을 특화할 수 있다. 파자마 재단의 예에서 보았듯이 기술 변화가 일어나면 막다른 길에 몰린 빈국은 일거리를 잃게 된다. 동아시아의 경제 통합이 대부분의 경우에는 '기러기 편대' 원리를 따른 반면에 미국과 그 남쪽 인접국 간의 경제 관계는 대부분 막다른 길 원리를 특징으로 한다. 캐나다는 역사적으로 유럽 식 초기 모방 모델을 따랐다. 캐나다 공장의 소유권이 대부분 미국인들 손에 있었기는 하지만 말이다. 외국인 소유권 문제 역시 외국인들이 국내로 들여오는 제품 종류에 대한 문제와 동시에 다루어져야 한다.

이제 우리는 이 책의 원래 질문으로 넘어갈 수 있다. 부국과 빈국 간의 생활수준의 차는 250년 전에는 두 배였다. 그에 비해 오늘날 세계은행이 낸 통계 자료에 따르면 독일의 버스 운전사는 똑같이 유능한 나이지리아의 동업자에 비해 16배나 높은 실질 임금을 받는다. 이런 현상은 실제로 존재하며 그 영향도 측정할 수 있지만 왜 이런 현상이 생기는지 그 메커니즘을 만족스럽게 설명해 주는 이론은 현재 없다. 나는 그렇게 된 원인이 부유한 세계가 경제 성장의 원인인 혁신, 신지식과 신기술을 자유 무역과 혼동한 데에 있다고 본다. 자유 무역이란 그저 국경을 넘어 재화를 운송하는 것에 불과하다. 애덤 스미스가 그랬듯이 부국들은 제조업의 시대를 상업의 시대와 혼동했던 것이다.

시간이 지나면서 경제 성장은 우리의 필요를 충족시키는 신제품과 생산성 증대로 나타난다. 하지만 이런 생산성 증대는 서로 다른 경제 활동 사이에서 매우 불균등하게 전개된다. 앞에서 보았듯이 야구공 제작에서는 지난 150년 동안 기술 진보라는 것이 사실상 없었다. 그에 비해 골프공 제조에서는 같은 기간 동안 급속한 기술 변화가 일어났다. 도표 10을 보면 신기술을 손에 넣은 부국들이 학습 곡선의 가파른 부문에서 연속하여 알짜배기만 걷어 감으로써 실질 임금을 높였던 방식이 드러난다. 프랑스의 몇몇 경제학자들은 이 원리를 '포드주의'라 불

● 도표 10 ● 부국과 빈국 사이에는 왜 일련의 '생산력 폭발'의 차이가 임금 지대로 변형되는가

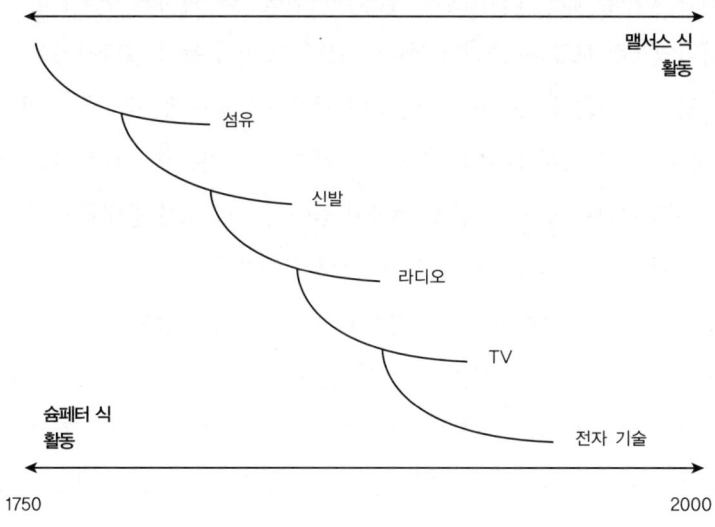

· 출처: Erik Reinert, *International Trade and the Economic Mechanisms of Underdevelopment*, 1980년 코넬 대학교 박사 학위 논문(약간 수정됨).

렀다. 제조업의 생산성 증가가 산업에서, 나아가서 나머지 경제 전체에까지 임금 상승이라는 형태로 확산되는 것이다. 전통적으로 매년 4퍼센트가량의 생산성 증가는 4퍼센트의 임금 상승으로 이어졌다. 이 시스템은 고용인과 고용주 사이 대항 세력의 균형에 의존했고, 최근까지 그런 균형이 유지되는 곳은 유럽과 북아메리카뿐이었다.

이 시스템은 분명히 생산성 증대에 의존하는 면이 있다. 임금 상승의 요구가 생산성 증대를 추월하게 되면 인플레이션이 일어난다. 임금 상승에 대한 지속적인 요구는 산업에 중요한 동기를 부여했다. 노동 비용에 비하면 자본 비용, 요컨대 기계화 비용이 갈수록 낮아지고, 계속적인 선순환으로 이어졌던 것이다. 1970년대와 1980년대에 나는 이탈리아의 한 제조 회사 매니저로 있으면서 인플레이션이 일어나는 동안 자동적으로 이루어지는 임금 지수 연동(indexing of wages)을 경험했다.[20] 처음에는 그 시스템이 인플레이션을 영구화하는 무책임한 메커니즘처럼 보였다. 그러나 돌이켜 보니 그 기간 동안 이탈리아의 제조업이 기계화되었고 노동 생산성이 엄청나게 성장했음을 알 수 있었다. 오르는 임금과 인플레이션으로 인해 노동을 자본으로 대체하는 편이 이익이었던 것이다. 실질 임금이 높아지고 수요가 증대함에 따라 더 많은 일자리가 창출되는 한편, 이렇게 증가하는 임금으로 인해 새로운 기계화를 위한 동기가 유발된다. 그것이 새로 생산성 증대를 창출하고, 그럼으로써 임금이 또다시 높아지므로 이런 것이 모두 복지 수준을 높이는 상승 나선형을 이루는 것이다. 생산성 증대가 거의 없는 부문에 고용된 사람들, 예를 들어 이발사 같은 사람들도 제조 업계의 임금 증가에 발맞추어 자신들의 보수를 끌어올린다. 이발사들이야 생산성 증대가 거의 없었다 할지라도 부국의 이발사들은 똑같은 능력을 지닌 빈국의 동업자들에 비해 복지 수준을 개선시킬 수 있는 것이다. 달리 표현하면 서비스 업계의 임금 향상은 산업 부문에서의 생산성 증대 물결에 편승한다. 이발사의 실질 임금은 자신의 유능함이 아니라 노동 시장을 공유하는 이들에게 의존한다는 말이다. 가장 부유한 나라와 가장 빈곤한 나라 간의 임금 격차가 1 대 2에서 1 대 16까지 벌어지게 만든 것이 바로 이런 메커니즘이다. 따라서 제조 업계와 노동 시장을 공유하지 않는 이발사들은 계속 가난한 상태에 머물렀다.

주도적 산업 분야의 생산성 증대와 발맞춰 임금이 계단식으로 오르는 시스템인 포드주의는 20세기 대부분의 기간 동안 국내총생산을 노동과 자본 사이에서 비교적 안정적으로 배분해 온 흥미로운 결과였다. 나는 이런 종류의 나선형 복지는 최소한 일시적으로는 거의 무너졌다고 본다. 지금 우리의 실질 임금은 갈수록 임금 상승보다는 가격 인하에 더 많이 의존하고 있다. 이는 어느 정도까지는 생산력 폭발에 뒤이은 디플레이션(가격 인하)이라는 순환 현상의 반복일 수 있다. 그러나 오늘날에는 그것이 점점 더 영속화하여 구조적 특징이 되고 있다. 이는 포드주의 임금 체계로 굴러가지 않는 인도와 중국이 지구촌 경제에서 큰 세력으로 등장하고, 또 노조 세력이 많이 약화된 결과이다. 결국 여러 나라의 국내총생산에서 실질 임금이 차지하는 비율이 낮아지기 시작했다. 이 마지막 요인은 특히 새로운 현상이며 미국 같은 나라에서도 뚜렷이 관찰된다. 최근 미국에서 감세 혜택을 받는 경우는 주로 사회의 최고 부유층이다. 그들은 자기 수입의 극히 일부만을 국내에서 소비하며, 길모퉁이 식당에서 햄버거를 사먹기보다는 더 높은 가용 소득을 가지고 프랑스의 성을 사들일 가능성이 더 크다. 그런 잠재적 과소 소비는 자본주의에서는 되풀이하여 나타나는 현상이며, 미국의 세금이나 임금 정책으로는 개선되지 않는다. 또 1930년대 이후 처음으로 유럽은 실질 임금을 낮춰야 한다는 압박을 점점 더 많이 받고 있다. 실질 임금이 가장 빨리 증가한 시기는 갤브레이스 식 '대항 세력들 간의 균형'이 이루어졌을 때, 즉 1950년대와 1960년대에서처럼 산업 세력과 노동 세력이 포드주의 식 임금 체계를 만들었을 때였다.

주어진 기술의 수명을 연구함으로써 우리는 여러 요인이 서로 연결되어 있음을 알 수 있다. 학습 곡선에 대해서는 도표 8에서 이미 다룬 적이 있다. 도표 11에서 우리는 학습 곡선이 다른 변수와 어떻게 관련되는지를 볼 수 있다. 새로운 산업이 발전함에 따라 회사 숫자는 늘어난다. 아직은 비교적 진입 장벽이 낮기 때문에 어떤 회사도 학습 곡선과 경험 곡선을 따라 축적된 규모에 따른 비용의 우위를 누리지 못한다. 여러 회사가 설립되겠지만 산업의 성숙기에 따라오는 산업 구조조정(industry shake-out) 과정을 거치고 살아남는 곳은 대개 몇 안 된다. 1920년 무렵 미국에는 약 250개소의 자동차 공장이 있었는데 40년 뒤에는 네 군데만 살아남았다. 노르웨이에서는 한동안 성냥 공장의 수가 급증하였지만 결국 모두 하나로 합병되었고, 좀 뒤에는 성냥 생산 공장이 모두 스웨덴으로 옮겨 갔다.

그와 동시에 신제품에 대한 수요는 전형적으로 전염병 곡선처럼 성장한다. 처음에는 느리게, 그러다가 시장이 포화 상태에 이를 때까지 기하급수적으로 팽창하는 것이다. 사실 모든 사람이 자동차와 식기세척기, 전화를 갖게 되는 이런 상황에 이른 다음에는 교체용품 시장만 남기 때문에 성장 곡선은 완만해진다. 휴대 전화 시장에서 볼 수 있듯이 옵션 기능을 추가하는 식의 사소한 혁신과 유행의 변화를 통해 이 곡선의 기울기를 계속 높게 유지할 수도 있다. 이와 같은 세 요소는 각

• 도표 11 • 산업의 역동성: 세 가지 다양한 예

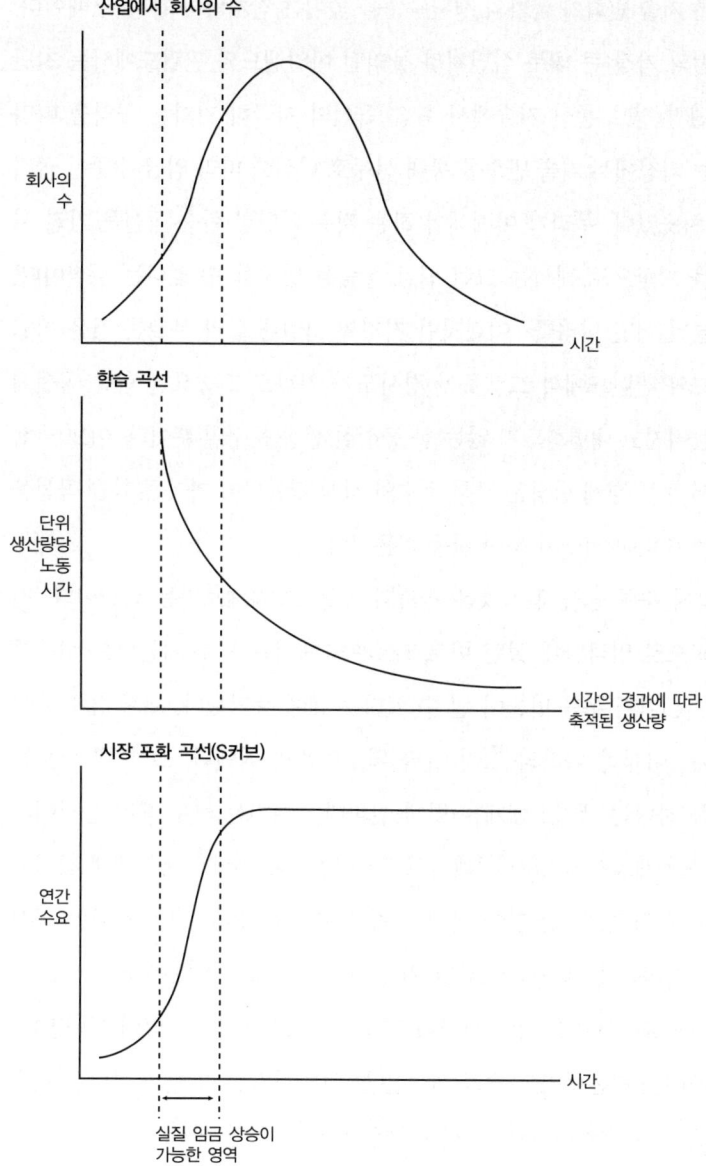

각 한 제품의 수명 주기 내내 뒤따른다. 그래프를 보면 점선 사이의 구간은 기술 변화가 국가의 생활수준을 높이는 잠재력이 가장 클 때이다. 유럽의 가장 큰 내부 식민지라 불리던 아일랜드와 핀란드에서는 지난 20년간 정보 통신 기술에서 학습 곡선의 지극히 가파른 구역을 따라가는 과정에서 기술 변화를 통해 선두로 나섬에 따라 임금 수준이 급격히 치솟았다. 우리가 이해해야 하는 것은 완만한 학습 곡선을 가진 사업을 기반으로 해서는 그런 임금 상승을 달성할 수 없다는 사실이다. 오늘날 어떤 나라를 '이런저런 지역의 아일랜드'라 부르는 것은 아일랜드와 핀란드에서 그랬듯이 경사도가 가파르고 중요한 학습 곡선에 길들여지고 내면화되지 않는 한 공허한 선동 문구일 뿐이다. 어느 시점에서 보든 경제 성장은 극히 소수의 경제 활동만이 가파른 학습 곡선을 보여 준다는 점에서 특정 활동 의존적이다.

복지 수준을 높이는 것은 저축과 자본 그 자체보다는 혁신이다. 정치적으로 양극단에 섰던 마르크스와 슘페터는 모두 자본만으로는 불모(不毛)이며 부를 만들어 낼 수 없다는 데에 동의했다. 세계 경제는 어딘가 『이상한 나라의 앨리스』와 비슷하게 움직인다. 그 책에 나오는 인물 하나는 앨리스에게 이렇게 말한다. "여기는 너무 빨리 움직이기 때문에 제자리에 있기 위해서라도 이 정도로 달려야 해." 세계 경제에서는 끊임없는 혁신만이 복지 수준을 유지해 준다. 세계 제일의 범선 제작자라는 월계관에 도취된 기분은 증기선에게 무대를 빼앗기고 나면 끝난다. 그때가 되면 임금과 일자리 체계는 어쩔 수 없이 무너진다. 슘페터는 자본주의를 호화 객실은 늘 만원이지만 그 안의 사람은 계속 바뀌는 호텔에 비유했다. 세계 제일의 석유 등잔 제작자는 전기가 등장하자 곧 가난해졌다. 현상유지에 안주하면 가난해지지 않을 도리가 없는 것이다. 자본주의 시스템이 그토록 역동적이 되는 까닭이 바로 여기에 있다. 또 이 메커니즘은 부국과 빈국 사이에 엄청난 격차를 만들어 내는 원인이기도 하다. 하지만 이 역학을 잘 이해할수록 개발도상국이 빈곤에서 벗어나는 데 도움이 될 수 있다.

여러 면에서 세계 경제는 온갖 종류의 피라미드형 체계, 이를테면 지식의 위계질서로 보일 수 있다. 그 피라미드에서는 계속 혁신에 투자하는 이들만이 복지의 정점에 남아 있을 수 있다. 여기서 중요한 것은 사실 능력이 아니다. 개발도상국의 아주 유능한 잡역부가 스웨덴의 평균적인, 아니 무능한 변호사보다 훨씬, 아주 훨씬 적은 소득을 올리고 있는 것이 너무나 명백하니 말이다. 이 위계질서의 맨 밑바닥은, 예를 들면 미국의 국민 스포츠에 쓰이는 야구공을 세계에서 가장 효율적으로 만드는 아이티와 온두라스의 직공들이 차지하고 있다. 부록 6은 기술의 위계질서로서 세계 경제를 보여 주는데, 거기서는 (골프공 같은) 고품질의 활동이 꼭대기에, (야구공 같은) 저품질의 활동이 밑바닥에 배치되어 있다.

고품질의 경제 활동은 일반적으로 연구를 통해 나온 신지식에서 비롯된다. 그러므로 수많은 나라가 기초 연구에 투자하는데, 처음 연구를 시작할 때에는 어떤 결과가 나올지 예상할 수 없을 때가 많지만 그래도 그런 기초 연구가 혁신의 주재료가 된다. 발명에는 우연적인 것이든 다른 뭔가를 찾는 도중에 나온 결과이든 뜻밖의 발견이라는 중요한 요소가 포함되어 있다. 알렉산더 플레밍(Alexander Fleming)이 페니실린을 발견한 것이 그런 예이다. 발명에서 발명품을 실용화하는 혁신으로 나아가는 길은 요원하다. 1917년에 아인슈타인은 순수하고 거의 단색인 집중된 빛이 존재할 가능성을 제기했다. 하지만 레이저 광선이 실용적인 목적으로, 혹은 혁신으로 활용된 것은 1950년대의 일이었다. 따라서 기초 연구는 오래 걸리는 과정이지만 결국 다양하고 많은 것에 적용된다. 레이저는 학술적 가설이었다가 안과 수술에서 중요한 도구로, 발사체 안내용으로, 항해용으로, 위성 추적용으로, 주형(鑄型)용으로, CD 플레이어용으로, 수술 과정에서 메스 대신으로, 또 레이저 포인터로 지위가 변했다. 레이저가 발명되지 않았더라면 현대의 정보 통신 기술은 생각도 못했을 것이다.

제품 혁신(product innovation)이 업무 혁신(process innovation)과 다른 형태로 경제에 확산되는 경향이 있다는 점을 기억하는 것도 중요하다. 제품 혁신은 20세기 초반에는 포드가, 오늘날에는 빌 게이츠가 그렇듯이 높은 진입 장벽과 고수익을 만들어 낸다. 하지만 바로 이런 발명이 업무 혁신으로 다른 산업에 영향을 미칠 때는 주로 임금 상승보다는 가격 하락 쪽으로 작용한다. 포드의 자동차가 트랙터가 되어 농업에 쓰이거나, 빌 게이츠의 기술이 호텔 예약에 사용될 때가 그런 경우이다. 정보 기술은 베네치아에서든 스페인의 코스타 델 솔에서든 호텔 업계의 이윤율을 끌어내렸다. 그래서 호텔 업계가 투덜거리는 것이다.

왜 원자재만 생산하는 국가는 부유해지지 못하는가

농업은 몇 가지 예상치 못한 역설을 보여 준다.
 1. 무엇보다도 식량 부족과 기근이 주로 식량 생산을 특화하는 국가에서 일어난다는 것은 분명하다. 국내총생산에서 농업이 차지하는

비율이 낮은 나라일수록 기근이 미치는 위험률도 낮은 편이다. 실제로 어떤 나라는 농업이 거의 없는데도 너무 많이 먹어서 죽을 지경이다. 이런 예상 밖의 반전은 어떻게 설명할 수 있을까?

2. 생산력 폭발은 여러 세기 동안 제조업에만 한정되었다. 하지만 지난 50년가량은 농업이 다른 어떤 산업보다 더 높은 생산성 향상을 이루었다. 미국은 1에이커당 밀 생산량이 1940년 이후 거의 여섯 배 가까이 늘었다. 농업의 많은 부분이 첨단 기술 산업이 되었고, 농민들은 GPS 위성의 도움을 받으며 자동화된 트랙터로 밀을 경작하기에 이르렀다. 불과 75년 전에는 열 명이 생산했던 양을 오늘날은 농부 한 명이 산출할 수 있다. 여기서의 역설은 세계에서 가장 효율적인 미국과 유럽의 농업이 보조금이나 보호 없이는 살아남을 수 없다는 사실이다. 스위스는 사실상 소 한 마리당 사하라 이남 아프리카의 1인당 소득의 네 배나 되는 보조금을 지급하고 있다. 무엇 때문에 이런 현상이 일어나는가?

3. 1970년에 노먼 볼로그(Norman Borlaug)는 수확량과 생산성을 엄청나게 증대시키는 신종자를 개발하여 농업에서 녹색 혁명을 일으킨 공으로 노벨 평화상을 받았다. 이렇게 획기적으로 농업 생산력의 폭발이 있었는데도 가난하고 굶주리는 사람들의 수는 대폭 줄어들지 않았다. 왜 그럴까?

나는 겉으로 드러난 이 세 가지 역설이 내부에서 심각하게 뒤엉켜 있다고 본다. 일단 이런 관계를 이해하고 나면 왜 어떤 나라도 제조업과 선진화된 서비스 부문 없이는 부유해질 수 없는지도 이해할 수 있다. 또 왜 개발도상국이 제1세계에 식량을 수출해 봤자 부유해지지 못하는지도 명백해질 것이다. 크게 농업, 제조업, 서비스로 나눌 수 있는 상이한 경제 부문들은 국가 경제에서 서로 다른 역할을 맡으며, 어느 정도 서로 다른 경제 법칙을 따라 구축되거나 축소된다. 여러 경제 활동들 사이에 있는 이런 질적 차이를 인정하지 않으면 왜 세계 경제가 그토록 불균등한 방식으로 발전하는지를 이해하지 못할 것이다.

도표 12는 경제 활동의 두 가지 전형적인 유형이다. 첫 번째 범주는 슘페터 식 활동이라 한다. 이런 활동은 임금 상승으로 이어지는 지속적인 혁신을 통해 복지와 발전을 창출한다. 두 번째 범주는 맬서스 식 활동이라 부르겠다. 이런 활동은 임금 수준을 최저 생계비에 가깝게 유지시키는데, 이는 바로 맬서스가 전 인류에게 예언했던 그대로이다.

하나는 원칙적으로 제조업에서 일어나며, 또 하나는 전형적으로 농업과 원자재 생산을 순전히 시장의 힘에 맡겼을 때 나타난다. 1930년대의 불황은 두 활동 유형 간의 차이를 매우 잘 보여 주었다. 제조업에서 불황은 실업이라는 형태로 나타났다. 그런데 일자리를 잃지 않은 노동자들은 임금을 계속 유지했다. 그 결과 위기 기간 동안 미국의 국민총생산에서 임금이 차지하는 비율이 실제로 증가했다. 갤브레이스는 농업의 경우 농산물 가격이 떨어지고 소득이 낮아져서 불황을 겪었다고 보고한다. 농산물과 농업 비용 간의 비율, 즉 '패리티 가격(parity price)'•은 농민들이 생산에 투입해야 하는 비용과 소득 간의 비율을 반영한다. 1918년에 이 비율은 200이었다. 이 비율의 하락은 미국 농민들이 미국 경제의 다른 부문에 비해 점점 더 가난해지는 정도를 판단하는 척도이다. 1929년에 그 비율은 138로 떨어졌고, 1932년에는 갤

• 농산물 가격을 결정할 때 생활비로부터 산출하지 않고 공산품 가격과 균형을 유지하도록 뒷받침해 주는 가격. 최저 공정 가격의 일종으로 농가 보호가 목적이다.

• 도표 12 • 슘페터 식 대 맬서스 식 경제 활동

슘페터 식 활동의 특징	맬서스 식 활동의 특징
수확 체증	수확 체감
역동적인 불완전 경쟁	완전 경쟁(상품 경쟁)
안정적인 가격	극단적인 가격 불안정
전반적으로 숙련 노동	전반적으로 비숙련 노동
중산 계급 창출	봉건제적 계급 구조 창출
불가역적 임금(임금의 고정성)	가역적 임금
생산자의 고임금으로 이어지는 기술 변화(포드주의 임금 체계)	기술 변화는 소비자의 낮은 가격으로 이어짐
거대한 시너지 창출(연계, 클러스터)	시너지를 거의 만들지 못함

브레이스가 '절망적이고 살벌하기까지 한 57'이라 부른 수준에 도달했다.[21] 농산물 가격은 농민들이 필요로 하는 비농업적 투입물 비용에 비해 3분의 2 이상 떨어졌다. 존 스타인벡의 『분노의 포도(Grapes of Wrath)』는 당시 미국 농업의 이 같은 상황을 묘사하고 있다.

두 가지 전형적인 경제 활동 유형 간의 차이를 더 잘 설명하기 위해 그것들을 아주 판이한 형태를 띤 해외 원조에 결부시켜 보자. 하나는 제2차 세계 대전이 끝난 뒤 유럽과 일본을 재건시킨 원조이고, 또 하나는 요즘 일반적으로 시행되는 것 같은 원조이다. 흔히 생각하는 것과 달리 마셜 플랜은 허덕이는 나라에게 막대한 돈을 퍼주는 단순한 프로그램이 아니라 유럽을 재산업화하고자 하는 분명한, 그리고 결과적으로 성공한 시도였다. 하지만 마셜 플랜이 활용한 선순환을 창출하는 기본 메커니즘은 300년도 더 전에 세라가 이미 밝혔던 것이다.

오늘날 개발도상국의 생산 구조는 워싱턴 기관들에 의해 정확하게 그 반대 효과를 내는 프로그램에 종속되어 있다. 내 식으로 말하자면 개발도상국들은 마셜의 음울한 쌍둥이 형제 때문에 고통받고 있다. 바로 1945년 독일에서 시행되었던 모겐소 플랜(Morgenthou Plan)이다. 연합국이 제2차 세계 대전에서 승리하리라는 것이 분명해지자 30년 동안 세계 대전을 두 차례 일으킨 독일에 대한 처리 문제가 대두되었다. 1934년에서 1945년까지 재무 장관을 지낸 헨리 모겐소 2세(Henry Jr Morgenthau)는 독일이 다시는 세계 평화를 위협하지 못하도록 막기 위한 계획을 입안했다. 그의 주장에 따르면 독일은 철저하게 탈산업화되어서 농업 국가로 전환되어야 했다.[22] 산업 시설은 모두 없애거나 파괴해야 하며, 광산에는 물이나 콘크리트를 쏟아부어 폐광시켜야 한다는 것이다. 1943년에 캐나다에 모인 연합국들은 이 프로그램을 승인했고, 1945년 5월에 독일이 항복하자 즉시 실행되었다.

그러나 1946년에서 1947년 사이 모겐소 플랜이 독일에 심각한 경제적 문제를 일으켰다는 것이 명백해졌다. 탈산업화로 인해 농업 생산성이 곤두박질쳤기 때문이다.[23] 이는 정말 흥미로운 실험이었다. 계몽주의 경제학자들에게 너무나 중요하던 제조업과 농업 간의 시너지 메커니즘이 여기서 그 역방향으로 작용했다. 즉 죽어 가는 제조업이 농업의 생산력도 떨어뜨렸던 것이다. 제조업에서 일자리를 잃은 많은 사람들이 농장으로 돌아갔지만 2장에서 말한 대로 성서에서 나온 수확 체감이 경제를 지배하는 메커니즘이 되어 버렸다. 그 무렵 현명한 원로 정치가의 역할을 하던 전직 대통령 허버트 후버(Herbert Hoover)가 독일로 파견되어 문제가 무엇인지 워싱턴에 보고하는 일을 맡았다. 그는 1947년 초반에 조사를 시작하여 세 편의 보고서를 썼다. 1947년 3월 18일자로 된 마지막 보고서에서 후버는 이렇게 결론지었다. "사람들은 합병의 결과물인 새로운 독일이 '농업국'으로 축소될 수 있으리라고 착각한다. 그런 착각은 독일 국민 가운데 2500만 명을 죽여 없애거나 이주시키지 않는 한 실현될 수 없다."

탈산업화의 암담한 결과를 지켜본 후버는 오래된 중상주의적 인구 이론을 다시 꺼내 왔다. 산업 국가는 같은 영토를 점유하고 있는 농업 국가보다 훨씬 더 많은 인구를 먹여 살리고 유지할 수 있다는 것이다. 다른 말로 하자면 산업은 한 나라가 더 많은 인구를 부양하기 위한 능력을 크게 높인다. 기근이 오로지 농업에만 특화된 나라에서 발생한다는 사실은 제조업의 위력, 노동 분업과 복지를 창출하고 유지해 주는 부문들 간의 시너지의 중요성을 분명히 보여 준다.

후버가 이 보고서를 제출한 지 석 달도 지나지 않아 모겐소 플랜은 조용히 폐지되었다. 그와 정반대 결과를 만들어 내기 위해, 즉 독일과 나머지 유럽을 다시 산업화하기 위해 마셜 플랜이 고안되었던 것이다. 독일의 경우 제조업은 전쟁 이전 마지막으로 '정상적인' 해로 간주되던 1936년 수준을 회복했다. 오늘날의 문제는 교환에 집중하는 주류 경제 이론이 마셜 플랜과 모겐소 플랜 사이의 차이를 인정하지 못한다는 데에 있다. 1장의 첫머리에 실린 토머스 쿤의 인용문으로 돌아가 보면, 이 두 계획을 구별하는 데 필요한 개념적 도구가 일반적인 성장 이론의 도구 상자에는 들어 있지 않다. 맬서스 식 활동을 특화하는 나라는 계속 가난해지는 반면에 슘페터 식 활동을 특화하는 나라는 속도는 느리더라도 확고하게 임금 수준과 생산 시스템을 구축하여 더 높은 생활수준을 달성할 수 있다. 두 가지 전형적인 활동 유형이 어떤 차이가 있는지 검토해 보자.

세라가 지적했듯이 원자재 생산과 제조 제품의 생산은 서로 다른 경제 법칙을 따른다. 이 논의는 주로 원자재를 생산하는 나라 역시 산업을 필요로 한다는 견해를 정당화하는 데 사용되곤 했다. 오늘날 제3세계에 적용되는 경제학은 이 점을 인식하지 못했고, 그로 인해 세계화는 특히 작고 가난한 나라들에서 파괴적인 결과를 낳았다. 그러나 이런 점을 통찰하지 못한 경제학자만 있었던 것은 아니다. 미국의 경제학자 크루그먼은 1980년경 수백 년 묵은 이런 사고를 되살려 냈지만 그의 혁신안은 전혀 실질적인 성과를 내지 못했다. 불행하게도 지금 경제학에는 신고전주의 패러다임의 '수식화'가 시장 경제를 조화와 평등의 유토피아로 묘사하는 가정을 필요로 하는 이데올로기 및 방법론과 일치하여 뒤섞여 있다. 그러므로 수학적 필터를 거쳐 경제를 보는 데에는 강력한 이데올로기적 함의가 깔려 있으며, 그것을 가지고 경제학이 무관련성(irrelevance)에 빠져 버리도록 한 이유를 설명할 수 있을지도 모른다. 무관련성이 특정한 정치 아젠다를 지지했던 것이다. 크루그먼은 수확 체증이 부를 창출하며 수확 체감은 빈곤을 창출한다는 해묵은 이분법을 입증할 수 있는 도구를 발명했지만, 그의 이론은 어떤 정치적 필요에도 부응하지 못했다.

원래의 생산성 수준이 어느 정도였든 간에 농업과 원자재 생산은 대개 언젠가는 수확 체감을 겪는다. 앞에서 언급했듯이 수확 체감은 집중적인 것과 광범위한 것 두 범주로 나타난다. 같은 분야에 점점 더 많은 인력을 투입한다면 결국은 한 노동자가 생산하는 양이 그 직전에 투입된 노동자의 생산량보다 적어지는 시점이 오게 된다. 이것이 당근 재배 사례를 통해 앞에서 논의한 바 있는 집약적 변종(intensive variety)이다. 작고 가난한 나라는 국가의 전체 경제를 커피나 당근 같은 단일 작물의 수출로 향하게 하는 경우가 많다. 대안이 될 만한 고용 기회가 없다면 이런 수확 체감은 결국 실질 임금의 하락을 불러온다. 한 나라가 원자재 생산에 특화하면 할수록 그 나라는 더욱 더 가난해지는 것이다.

예전의 영국 고전 경제학자들은 수확 체감의 원리를 잘 알고 있었다. 시인이자 저술가이고 철학자인 토머스 칼라일(Thomas Carlyle)이 경제학을 '우울한 학문'이라 부르게 된 것도 바로 이 원리 때문이었다. 그에 따르면 조만간 인류의 활동은 예전과 같은 품질을 도저히 얻을 수 없는 천연자원 고갈이라는 장벽에 부딪힐 것이다. 물론 이것은 융통성이 있으며 해마다 사정이 달라지는 신축적 장벽인 것은 사실이지만 조만간 사회는 인구 과잉이라는 아주 현실적인 벽에 부딪힐 것이라고 했다.

이와 같이 근본적으로 염세적인 영국의 경제학이 기술 변화 및 수확 체증과 결합하면 금방 낙관적인 경제학이 될 수 있다. 생산 규모가 커지면서 비용이 하락한다면 이는 좋은 소식이다. 네트워크는 사람들이 더 많이 가입할수록 더 쓸모가 많아진다. 기술이 더 확산될수록 단일 사용자가 부담하는 비용이 더 저렴해지기 때문이다. 맬서스의 우울한 인구 이론은 실제로 이 같은 수확 체증이나 규모의 경제학에 의해 뒤집혔다. 한 나라에 인구가 많을수록 그들이 쓰는 물품은 더 싼 값으로 만들어지고 보급된다. 인간 사회는 신지식과 신기술의 끝없는 미개척지를 향해 계속 몰려감으로써 전진하는 사회가 될 수 있다. 이런 비전을 가진다면 경제학은 초낙관적인 것이 된다. 사람이 많으면 많을수록 더 좋다. 잠재 고객이 많을수록 우리는 더 많이 연구하고 더 다양한 제품을 공급할 수 있다. 이것이 1798년 맬서스가 지배하는 염세주의가 나오기 전 중상주의자들의 시대에 이미 우세했던 세계관이다. 앞에서 보았듯이 맬서스 이전에는 한 나라로 가능한 더 많은 주민을 끌어들이는 것이 목표였고, 그들을 한 도시로 끌어모은다면 더 좋았다. 중상주의자들은 산업을 원했고, 그와 동시에 국내에서든 국외에서든 최대한 큰 시장을 찾아내야 했다. 따라서 규모의 경제학은 그들의 이론과 정책에 결정적으로 중요한 것이었다.

그러나 제조업이 없는 나라는 여전히 수확 체감이라는 철칙에 복종해야 한다. 설사 기술 변화가 신축적인 장벽을 옮길 수 있다 하더라도 장벽은 여전히 남아 있다. 이것이 선진국과 개발도상국의 경제 구조 간의 주된 차이이다.

18세기 나머지 기간 동안 영국의 경제학을 지배했던 『정치경제학 원리(Principles of Political Economy)』에서 존 스튜어트 밀(John Stuart Mill)은 수확 체감의 결정적인 중요성을 고취한다.

나는 [수확 체감이 사라지는 현상이] 정치경제학의 모든 영역에서 나타나는 것은 착오일 뿐만 아니라 가장 심각한 문제임을 우려한다. 이 문제는 다른 어떤 것보다 더 중요하고 근본적이다. 거기에는 빈곤의 원인이라는 주제 전체가 다 들어 있다. …그리고 이 문제를 철저하게 이해하지 않는 한 탐구를 더 계속하는 것은 무의미하다.[24]

영국의 분위기를 이어받아 존 메이너드 케인스(John Maynard Keynes, 1883~1946)가 나올 때까지 그 분야를 지배하게 되는 다음 세대 교과서는 알프레드 마셜의 『경제학 원리(Principles of Economics)』(1890)이다. 마셜은 선임자인 밀의 정신을 계승하여 역사상 중요한 이주(移住)는 모두 수확 체감으로 인해 일어났다고 주장했다. 1980년에 박사 학위 논문을 쓰기 위해 조사를 하면서 나는 세라에서 알프레드 마셜에 이르기까지 빈곤을 수확 체감과 결부시키는 이론 체계들을 검토해 보았다. 내 논문에는 페루(목면), 볼리비아(주석), 에콰도르(바나나)의 주요 수출 품목이 20세기 동안 모두 상당한 정도의 수확 체감 아래에서 생산되었음이 드러나 있다. 이 부문에서는 생산량이 하락할 때 생산성이 증가하는데, 이는 제조업에서 일어나는 것과 정반대 현상이다. 도표 13은 1961년에서 1977년 사이에 벌어진 에콰도르에서 바나나 생산량의 변화를 보여 준다. 생산성의 급격한 하락은 처음 볼 때는 유리한 것처럼 보이는 사건으로 인해 촉발되었다. 뮈르달이 개발도상국에서 '전도된 후유증 효과'라 부른 것을 조명해 줄 이 사례를 좀 더 면밀하게 살펴보자.

1960년대 초반에 중앙아메리카의 바나나 농장들은 시가토카 병의 습격을 받았다. 이 병은 당시에 상당히 규모가 작은 생산자이던 에콰도르를 피해 갔고, 에콰도르는 그 기회를 이용하여 시장 점유율을 높

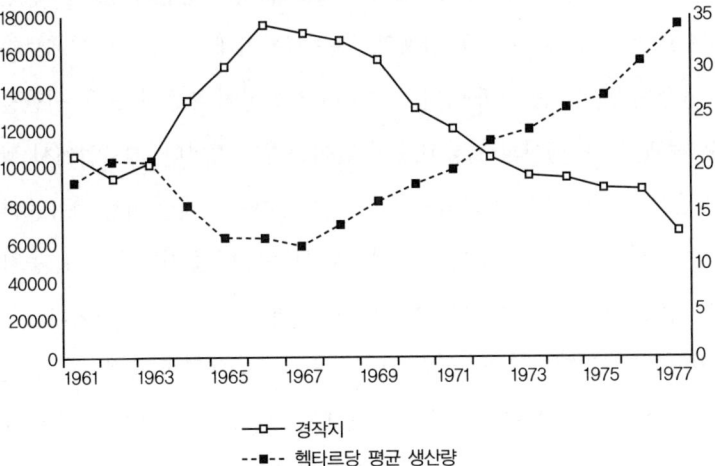

• 도표 13 • 에콰도르: 바나나 생산에서 수확 체증과 수확 체감

― 경작지
--■-- 헥타르당 평균 생산량

· 출처: Erik Reinert, *International Trade and the Economic Mechanisms of Underdevelopment*, 1980년 코넬 대학교 박사 학위 논문.

였다. 1962년에서 1966년 사이에 에콰도르의 바나나 재배 면적은 75 퍼센트까지 늘어났다. 몇 년 뒤에 나는 에콰도르의 과야킬에서 뜨거운 날씨로 땀을 흘리면서 자료 더미를 뒤지다가 같은 기간에 1에이커당 생산성이 40퍼센트까지 떨어졌음을 알아냈다. 에이커당 19톤이던 것이 12톤 이하로 하락한 것이다. 늘 그렇듯이 이런 변화의 원인이 하나인 것은 아니지만 이와 같은 생산성 쇠퇴의 주원인은 바나나 생산 무대가 최고의 바나나 생산 지역인 오로(el Oro)에서 여건이 더 열악한 지역으로 옮겨졌다는 데에 있었다. 원래는 에콰도르의 시장 지위를 개선할 엄청난 기회로 보였던 것이 실제로는 생산성 하락으로 이어졌고, 바나나 생산자들의 임금을 끌어내렸다. 이는 농업 경제학자들에게는 전혀 새로운 사실이 아니다. 그러나 문제는 거시적 차원에서 이런 사태가 초래하는 결과가 도무지 받아들여지지 않고 있다는 것이다. 여기서 아무리 강조해도 지나치지 않을 중요한 점은 제조업에서라면 그와 정반대의 사태가 일어났으리라는 것이다. 제조업에서 생산의 증가는 일반적으로 비용을 낮춘다. 두 번째로 작동하는 기계가 첫 번째 기계보다 효율성이 떨어지는 것이 아니라 오히려 효율성이 오른다. 노동 시간을 추가하면 단위 생산의 고정 비용이 줄어든다는 것이다. 제조업에서 생산 증가는 단위 비용의 하락으로 이어진다. 제조업에서 시장 점유율의 증가는 학습 곡선이 내려가는 경쟁에서 선두에 나설 기회를 준다. 농업에서는 그것이 수확 체감이라는 장벽으로 내몰리게 하지만 말이다.

1994년 르완다의 인종 학살에 대해 우리는 대체로 민족적 증오심을 부추기는 사악한 사람들의 행동을 세계가 그냥 팔짱만 끼고 지켜본 사건으로 알고 있다. 그러나 이는 1차 산업인 농업 이외에 다른 일자리가 거의 없는 상황에서 인구 증가가 농경지에 가한 압박으로 발생한 수확 체감 현상 아래에서만 이해될 수 있는 사건이다. 수확 체증의 기회가 거의 없는 그런 상황에서 맬서스적 염세주의는 온전히 정당화된다. 인구 증가가 위기를 만들어 내는 것이다. 르완다의 인구 밀도는 1평방킬로미터당 281명이다. 이는 몇몇 산업 국가에 비하면 그다지 높다고 할 수 없다. 일본의 인구 밀도는 단위당 335명, 네덜란드는 477명이다. 하지만 가난한 농업 국가라면 이 수치는 엄청난 것이다. 비교해 보면 부유한 덴마크의 인구 밀도는 1평방킬로미터당 125명, 탄자니아는 20명, 남아프리카공화국은 36명, 나미비아는 2명, 노르웨이는 14명이다.

르완다의 인종 학살에 대해서는 대규모로 진행된 두 종류의 연구가 있었다. 하나는 1997년 세계은행이 주도한 연구이고, 또 하나는 1999년 국제연합개발계획(UNDP)이 진행한 것이다. 이런 연구에서 정말 놀라운 점은 르완다 사건에서 수확 체감이 미친 영향을 전혀 고려하지 않는다는 사실이다. 즉 인구는 증가하는데 농업에서의 한계 생산성이 하락할 때 어떻게 되는지를 고려하지 않는 것이다. 오늘날의 세계는 더 이상 경제 활동 사이의 차이를 파악하지 않는다. 정확히 말하면 그것이 제3세계에 대한 우리의 정책으로 인해 발생한 사태일 경우에는 그렇다. 우리는 수확 체감으로 고통받으면서 농업 이외 부문의 고용 기회가 부족한 사태와 인종 학살 간의 관련성 같은, 예전에는 아주 명백하던 사실에 대해 더 이상 알아보려 하지 않는다. 르완다의 농업은 물론 그다지 효율성이 높지 않지만 국가 경제를 다각화하지 않은 채 농업만 더 효율적으로 만들려는 시도는 역사의 교훈을 모두 거스르는 일이다. 농업을 효율적으로 만들 수 있는 것은 제조업뿐이다. 실제로 실패한 나라들은 모두 식량 공급 문제를 자주 겪으며 산업이 취약하다는 공통점이 있다. 한때 경제학자들은 그런 구조적 관련성을 알고 있었다. 지금은 실패한 국가와 기근을 경제 구조와는 분리된 전혀 상관없는 두 현상인 것처럼 연구하지만 말이다. 그러나 실제로 그것은 동일한 기본 문제들이 초래한 서로 연결된 결과이다. 결국 세계 공동체는 세계의 비참한 상황과 빈곤에 대한 원인을 규명하기보다는 징후를 치료하는 방법만 찾고 있는 것이다.

생물학자 재레드 다이아몬드(Jared Diamond)는 『문명의 붕괴(Collapse)』[25]에서 르완다 사건을 조사한 사람들이 하지 못한 일을 탁월하게 해낸다. 맬서스와 밀, 마셜의 전통에 서서 그는 인종 학살 문제를 수확 체감에 연결한 것이다. 인종 학살이 벌어지기 전에 르완다에서는 한동안 1인당 식량 생산량이 감소했다. 생산량 감소는 수확 체감과 가뭄, 토양의 남작(濫作) 때문이며, 그것은 또 대규모의 삼림 벌채로 이어졌다. 결국 토지가 없고 굶주린 젊은이들이 저지르는 절도와 폭력의 수위가 급격히 높아졌다. 다이아몬드는 동아프리카를 연구하는 프랑스 학자 제라르 프루니에(Gerard Prunier)의 말을 인용한다. "학살 결정은 물론 정치가들이 정치적인 이유에서 내렸다. 하지만 평범한 농민들이 왜 그토록 철저하게 살인을 자행했는가에 대한 이유 가운데 최소한 일부는 … 너무 좁은 땅에 인구가 너무 많다는 느낌, 수가 줄어들면 살아남는 자가 더 많아질 것이라는 느낌 때문이었다."

오스트레일리아는 전통적으로 원자재 생산을 특화하는 데 어떤 위험이 뒤따르는지 너무나 잘 알고 있었다. 오스트레일리아의 경제학자들은 자국이 전통적인 무역 이론을 추종하여 세계에 원자재를 공급하는 일을 특화했다면, 무엇보다도 먼저 양모의 과잉 생산 및 급속한 가격 하락에 직면하리라는 것을 깨달았다. 그다음으로는 다른 종류의 일자리가 없다면 양 사육과 양모 생산이 그런 활동에 적합하지 않은 지역에까지 확산될 것이라는 사실도 알았다.

이 때문에 오스트레일리아는 자체 제조업을 건설하겠다고 고집했다. 설사 그것이 영국과 미국의 제조업과 결코 경쟁할 수 없을지라도 말이다. 이것이 바로 중간 소득 국가를 만들기 위해 필요한 태도이다. 오스트레일리아 인들은 자국의 제조업이 불모지에까지 생산을 확장하지 않도록 원자재 생산자를 막는 대안 임금을 창출할 것이라고 판단했다. 제조업이 있어서 임금 수준이 유지된다면 불모지에서의 생산이 이득이 아니라는 것을 깨닫는 계기가 된다는 말이다. 정의상 수확 체증 하에서 생산하는 제조업의 존재는 양모 생산을 기계화하는 데에도 기여한다. 제조업에서의 수확 체증과 농업에서의 수확 체감이라는 이분법을 토대로 하는 바로 이런 논리가 19세기 내내 진행된 유럽과 미국의 산업화 과정에서 주된 것이었다.

자연의 변덕 때문에 주기적으로 일어나는 생산성의 큰 기복 또한 농업이 가진 문제이다. 제조업과는 달리 농업은 일단 자연이 생산 과정을 시작하고 나면 생산을 중단하거나 반가공품을 저장할 수가 없다. 농민들은 제조업에서 하듯이 가격을 올리기 위해 생산을 유보하며 경제적 영향력을 행사할 수 없다. 농업에서는 수요가 생산과 공조하여 움직이지 않기 때문에 농산물 가격은 기복이 매우 심하다. 때때로 가격 변동 폭이 워낙 커서 흉년에 생산된 한 해분 곡물의 전체 가격이 풍년에 생산된 곡물 가격 전체보다 더 높을 수도 있다. 기초를 이루는 경제의 비즈니스 사이클까지 함께 변한다면 결과가 심각해질 수도 있다. 사실상 농업은 일반적으로 경기가 하강하면 가장 빨리 어려워지고 상승기에는 가장 늦게 회복된다. 옛날 노르웨이의 격언으로 "농부가 부자면 모두가 부자이다."라는 말이 있었다. 1930년대의 불황을 겪으면서 서구 세계는 농업을 제조업처럼 만들어 농업의 문제를 해결해 보려고 시도했다. 미국과 유럽에서는 농민들이 시장 독점을 형성할 수 있었다. 미국은 지금까지도 농업에 반트러스트 법령을 적용하지 않으며, 따라서 우리는 미국산 아몬드와 건포도를 합법적인 독점 공급자에게서 사는 셈이다.

농업에서는 포드가 했던 것처럼 임금을 두 배로 올리는 일은 생각도 할 수 없다. 그뿐 아니라 임금을 전혀 올리지 말아야 할 적당한 이유도 있다. 원자재 생산은 주로 비숙련 노동력이 필요한데, 빈국에서는 그런 노동력이 무한정 공급되기 때문이다. 포드의 생산성 증대는 영구적인 이득을 가져온 데 비해, 농민들이 높은 가격으로 얻는 이득은 원래대로 되돌아 갈 수 있다. 바로 주기성(週期性)이 큰 차이를 만드는 것이다. 풍년에 임금이 올랐다면 그 뒤에 반드시 따라오는 흉년에는 임금이 떨어져야 할 테니 말이다. 또 농산물 생산에서는 신기술을 사용하는 투자를 통해 효율성 증대와 같은 적절한 인센티브가 반드시 구현되는 것도 아니다. 그런 산업에서는 흔히 생산에서 비용 효율성보다는 판매 시기와 금융의 영향력에 의존하여 성공하는 경우가 더 많다.

요약하자면 원자재 생산자는 제조업 생산자들과는 완전히 다른 세계에 살고 있다. 가격은 큰 폭으로, 때로는 예측도 못할 정도로 요동친다. 빌 게이츠는 자기 제품의 가격을 결정할 수 있지만 원자재 생산자들은 자기들이 생산한 물건 가격이 얼마인지를 매일 신문을 읽고서야 알 수 있다. 원자재 생산자들은 일반적인 경제학 교과서가 설명했던 것과 비슷한 세계에 살고 있다. 완전 경쟁이 있고 진입 장벽이 낮은 세계 말이다. 도표 12에서는 빈국들이 일반적으로 맬서스적 활동을 특화한다는 것을 볼 수 있다. 그런 나라에서 생산자들은 자신들의 생산성 향상을 더 낮은 가격이라는 형태로 고객들에게 넘겨주게 되는 완전 경쟁하에 있다. 생산성 증가가 농업과 제조업 분야에서 다르게 적용된다는 사실은 영국의 경제학자 한스 싱거(Hans Singer)가 1950년에 쓴 독창적인 논문에서[26] 거둔 가장 중요한 사항이다. 그러고 보니 싱거는 슘페터의 제자이다.

라틴아메리카의 다른 나라들처럼 페루도 제2차 세계 대전이 끝난 뒤 야심찬 산업화 프로그램에 착수했다. 수입되는 공산품에 부과하는 관세를 통해 수많은 공장을 세웠고, 다양한 새 일자리가 생겨 임금 수준이 점차 상승했다. 도표 14에서 볼 수 있듯이 그 시도는 성공적이었다. 본래 그 전략은 1485년에 헨리 7세가 영국에서 시작했던 것이고, 모든 산업 국가가 거쳐 온 정책과 별로 다를 바가 없다. 그러나 1970년대가 끝날 무렵 세계은행과 국제통화기금은 개발도상국을 대상으로 '구조 조정 프로그램'을 시작했다. 페루는 강제로 경제를 개방해야 했고 산업체들은 사라졌다. 그리고 도표 14에서 볼 수 있듯이 전국적으로 임금 수준은 급격히 떨어졌다.

리스트는 관세와 자유 무역의 시기 문제를 이론화했다. 그 순서는 다음과 같이 진행된다. 1) 모든 나라는 처음에 소비 패턴을 바꾸고, 그럼으로써 산업 제품의 수요를 창출하기 위해 한동안 자유 무역을 시행하는 것이 필요했다. 그런 다음 두 번째 기간이 이어진다. 2) 작은 나라들이 자체 산업(선진 서비스업을 포함하여 수확 체증에 속하는 활동)을 보호하고 건설하며 시너지를 쌓는 기간이었다. 이것이 이행되고 난 뒤에 리스트는 다음 단계를 제시했다. 3) 더 넓은 지역이 경제적으로 통합되는 기간이다. 1830년경에는 한때 서른 개 이상의 독일 공국들을 각각

• 도표 14 • 1960~2000년 페루: 실질 임금과 수출액의 양극화 노선

이 그래프는 워싱턴 기관들이 페루가 모든 것을 잘못 하고 있다고 했을 때 왜 그 나라의 실질 임금이 가장 높았는지를 보여 준다. 세계적 수준의 경쟁력이 없더라도 당시에는 제조업이 국내에 있었기 때문에 실질 임금이 지금의 두 배에 달했다. 냉전 이후 시대는 인간의 복지보다는 세계 무역을 극대화하는 경제 질서를 만들어 냈다. (수출 수치는 미국 달러화로 환산되어 있기 때문에 시각적 효과를 좀 과장하는 면이 있다.)

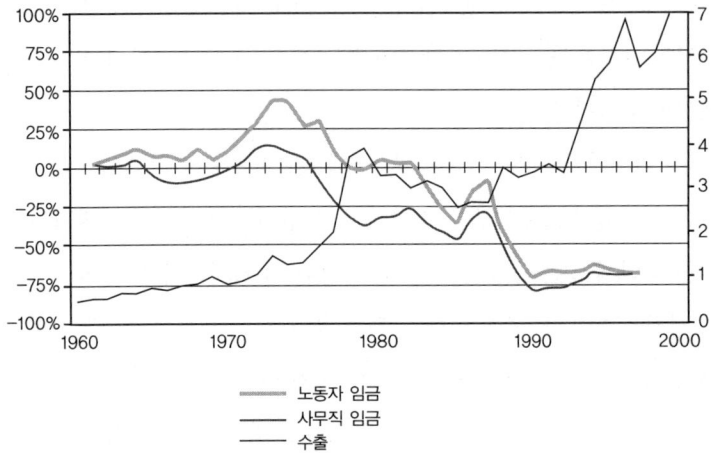

· 출처: 실질 임금 Santiago Roca, Luis Simabuco, "Natural Resources, Industrialization and Fluctuating Standards of Living in Peru, 1950~1997: A Case Study of Activity-Specific Economic Growth", Erik Reinert(ed.), *Globalization, Economic Development and Inequality: An Alternative Perspective*, Cheltenham, 2004. 수출: Richard Webb, Graciela Fernandez Baca, *Peru en Numeros*, Lima, 2001.

보호해 주던 관세 장벽이 철폐되어야 했고, 경제적으로 통합된 독일을 중심으로 건설되어야 했다. 이어서 모든 나라가 그들만의 경쟁력 있는 산업을 확립했고, 4) 전 세계 자유 무역을 위해 개방하는 것이 만인에게 서로 이익이 되었다.

리스트가 한 국가의 발전 단계에 따라 보호주의자이면서도 자유 무역 지지자로 규정되는 것을 이해해야 한다. 리스트의 시각에서 보면 페루 같은 나라는 2단계에서 4단계로 바로 건너뛰는 잘못을 저질렀다. 국가적 보호주의와 세계적 자유 무역의 중간 단계인 라틴아메리카

자유무역연합(Latin American Free Trade Association, LAFTA)이 계획되기는 했지만 끝내 실현되지 못했다. 상대적으로 작은 나라의 산업 기업가들은 워낙 좋은 형편에서 거의 독점적 지위를 누리고 있어서 그 이웃들과의 자유 무역을 받아들이지 않았기 때문이다. 그리하여 리스트가 말한 2단계에서 4단계로 곧바로 이행하게 되자 라틴아메리카의 제조업은 마치 온실 속의 식물이 갑작스럽게 추운 기후에 이식된 것 같은 충격을 받았다. 대부분의 제조업이 사라졌고, 제조업에서 수요가 없자 부국에서 일어났던 것과 같이 경제가 지식 집약적인 서비스업으로 향상될 길이 막혀 버렸다. 제조업과 지식 집약적 서비스업 사이에도 제조업과 농업 사이에 있는 것 같은 시너지가 매우 비슷한 형태로 존재한다. 라틴아메리카가 리스트의 조언에 따라 세계화의 과정을 거쳤더라면 훨씬 더 많은 제조업이 살아남았을 테고, 현재 그들의 생활수준은 월등히 나아졌을 것이다.

그러나 여기서 지난 수세기 동안의 경제학자들은 이해했지만 오늘날의 많은 경제학자들이 전혀 이해하지 못하는 한 가지 중요한 문제가 제기된다. 앞에서도 말했지만 비효율적 제조업을 가진 나라가 제조업이 아예 없는 나라보다 훨씬 사정이 낫다는 사실이다. 도표 14에는 페루에서의 실질 임금이 탈산업화와 함께 어느 정도로 급락했는지가 드러나 있으며, 우리가 세계의 소득이 아니라 세계의 무역을 최대화하는 경제 질서를 만들어 냈음이 분명해진다. 세계은행은 페루의 산업이 '비효율적'이고 '경쟁력이 없다'는 논리 및 그와 관련된 경제 이론을 써서 자기주장을 밀어붙였다. 여기서 중요한 사실은 제조업 부문이 '비효율적'이었다고 하더라도 페루는 오늘날의 세계화된 경제가 제공할 수 있는 것보다 두 배는 더 높은 임금 수준을 창출했다는 것이다.

이는 국내총생산 통계 수치보다 임금 통계에 훨씬 더 명료하게 드러난다. 임금이 하락하면 금융과 보험 및 부동산이 국내총생산(GDP)에서 차지하는 비율이 상당히 높아진다. 그 결과 주민들의 생활수준이 하락하는 정도는 국내총생산에서 나타나는 수치보다 훨씬 더 심각하다.

유럽이 그 역내 시장에서 그렇게 했듯이 전 세계가 경제 통합과 세계화로 나아가는 리스트의 길을 따랐더라면, 세계화는 모든 나라에게 포지티브 섬(positive-sum) 게임이 될 수 있었을 것이다. 그러나 오늘날 시행되는 세계화는 뒤처지고 탈산업화된 나라에서 실질 임금이 급락한다는 점에서 문제가 있다. 실제로 대부분의 라틴아메리카 국가들에서 임금 수준이 절정에 달했던 시기는 대략 페루와 같다. 세계은행에 따르면 이들 나라가 모든 일을 잘못 처리하고 있었으며, 비효율적인 산업을 보호했던 시기에 사실상 가장 부유했던 것이다. 몽골 같은 아시아의 여러 나라도 이와 비슷했고, 러시아를 포함하여 예전의 제2세계의 거의 모든 나라도 그러했다. 이 점에 대해 논쟁하고 싶은 마음은 조금도 없지만 동일한 나라에서 중앙 집중식 계획 경제일 때 악명 높게 비효율적이던 산업에서도 오늘날 자본주의가 이룬 것보다 대개는 훨씬 더 높은 생활수준을 달성했다는 것은 여전히 사실이다. 심지어는 가장 큰 성공을 거둔 나라 가운데 하나로 드는 에스토니아가 2005년 유럽연합에 가입했을 때 휴대 전화를 만드는 노동자는 시간당 1유로의 임금을 받았는데, 이는 프랑크푸르트와 파리의 거리 청소부가 받는 임금의 십분의 일에도 미치지 못했다. 세계화 이론과 똑같은 경제 이론을 채택한 유럽은 세계 경제에 존재하는 것과 비슷한 역내 갈등을 유발한 것이다.

우리가 페루에서 관찰한 메커니즘, 또 뒤에 몽골의 사례에서 더 자세히 살펴보게 될 메커니즘은 중간 소득 국가의 등장을 무척 어렵게 만든다. 국가 경제가 워낙 강력하여 산업 부문이 살아남아 부국들 클럽에 계속 남아 있든지, 아니면 탈산업화하여 밑바닥에서 씨름하는 그룹에 끼든지 둘 중 하나의 길밖에는 없어 보인다.

이 현상을 오늘날 국적 항공사들이 직면하고 있는 문제와 비교해 보자. 많은 산업이 그렇듯이 항공사도 규모가 아주 크든가 아니면 어느 한 분야에 특화해야 한다. 오늘날 중간 규모의 항공사들은 힘든 시기를 보내고 있다. 항공사는 단독 허브로 운영될 만큼, 아니면 여러 개의 허브 체인으로 운영될 수 있을 만큼 규모가 큰 네트워크로 성장하든가, 아니면 탑승률이 기준 이하로 하락하여 파산하거나 더 큰 항공사가 운항하는 허브 공항으로 승객을 실어 나르는 지역 항공사가 되거나 둘 중의 하나이다. 유럽의 거의 모든 항공사들이 그렇듯이 스위스에어와 스위스 항공이 이런 메커니즘이 작동한 사례이다.

질서가 사라진 시장에서 중간 규모의 항공사들이 세계적인 회사로 살아남는 데 어려움을 겪는 것과 똑같이, 작거나 중간 규모인 산업 경제는 갑작스럽게 자유 무역을 만나면 살아남을 수가 없다. 국가든 항공사든 모두 수익을 남기면서 생존하기가 불가능한 최소 효율 규모 이하가 존재한다. 두 경우 모두에서 생존이나 파산에 대한 유일한 대안은 이웃과 통합하는 것이다. 페루와 몽골 같은 중간급 산업 경제가 보호주의를 통해 각자의 산업을 발전시키고 점차 이웃들과 통합을 이루도록 허용되었더라면 언젠가는 이들이 전 세계의 자유 무역 시장에서 경쟁할 만큼 강해질 수 있었을 것이다. 신고전주의 경제 이론은 그렇게 하지 않고 몽골에게 말 그대로 폭격을 퍼부어, 미국이 베트남 전쟁에서 쓴 표현을 빌리자면 그 나라를 "석기 시대로 되돌려 놓았다." 세계은행 총재를 지낸 로버트 맥나마라(Robert McNamara)는 국방 장관으로 있을 때 이 말을 만들어 냈다는 죄목으로 고소당했다. 하지만 이 표현은 원래 직업 군인들이 쓰던 말인 것 같다. 앞으로 보게 되겠지만 국가를 석기 시대로 되돌려 놓으려면 융단폭격이나 네이팜탄을 퍼붓는 것보다 훨씬 더 세련된 방법이 있다.

5

세계화와 원시화,
가난한 나라는
왜 더 가난해지는가

리넨이나 모직을 짜는 일, 양모 빗질이나 실잣기, 무쇠나 쇠막대기를 만드는 단계 이상의 제철 작업장에서는 흑인이 일하지 못하게 해야 한다. 또 모자, 스토킹, 가죽류 등을 만드는 작업장에서도 일하지 못하게 해야 한다. 흑인들이 정말로 공장을 세운 뒤에는 정부가 발전을 저지해야 할 일이 생길 터인데, 지금처럼 손쉽게 금지할 수 있을 것이라 생각해서는 안 된다.

— 조슈아 지, 「대영제국의 무역과 항해에 대해(Trade and Navigation of Great Britain Considered)」, 1729

How rich countries got rich, and why poor countries stay poor

식민지와 빈곤

우리를 불쾌하게 만드는 앞의 인용문은 슬프지만 몇 백 년 동안 시행된 경제 정책의 단면을 보여 주는 말이다. 그러나 이는 특정한 경제 정책에 한정된 것이 아니라 유럽이 근대 초기 경제적으로 급성장할 때 추구한 정책 그 자체를 드러낸 말이다. 이 글은 요즘 시각에서 보면 워낙 솔직하기 때문에 그만큼 더 충격적이다. 정책의 목적이 식민지를 순전히 원자재 공급처로만 남겨 두려는 데 있다는 것을 너무나 노골적으로 드러내고 있기 때문이다. 전통적으로 식민지는 늘 원자재 공급에 집중하도록 만들기 위해 제조업 건설을 강제로 금지당해 왔다. 지금은 그런 조건 자체를 정치적으로 부당한 것으로 여기기는 하지만 그와 같은 관행은 여전히 남아 있다.

4장에서 우리는 산업화가 자본주의의 핵심이라는 점을 좀바르트의 견해와 함께 논증했다. 따라서 식민지가 산업화하지 못하게 막는 것은 그들에게 가난해지라고 저주하는 것이나 마찬가지이다. 이 장에서는 어떻게 탈산업화가 발전을 거스르고 퇴보와 경제의 원시화로 이어지는지를 논하려 한다. 이 논의에 기여하는 메커니즘 하나가 바로 바넥-라이너트 효과(Vanek-Reinert effect)이다.[1] 이것은 자유 무역을 곧바로 시행하면 그로 인해 가장 뒤처진 무역 국가의 가장 선진적인 경제 부문이 가장 먼저 사라지는 현상을 가리킨다. 수확 체증을 토대로 한 선순환이 역방향으로 돌아가면 세계의 주변부는 탈산업화와 농업의 피폐, 인구 감소를 연속적으로 겪게 된다. 이는 오늘날 남부 멕시코와 몰도바 등에서 볼 수 있는 현상이다. 이런 곳에서 살아남을 수 있는 유일한 길은 수확 체증에 속한 경제 활동이 지배하는 지역으로 이주하는 것뿐이다.

조슈아 지(Joshua Gee)가 살던 시절 경제학 저술가들은 식민지 주민들이 산업화 금지와 자기들이 겪는 빈곤 사이에 무슨 연관이 있지나 않은지 의심할 때 어떤 조처를 취해야 할지에 대해서도 조언해 줄 말이 있었다. 그들은 식민지에 농산물을 자유롭게 수출하도록 허용함으로써 경제 발전에 대해 생각하지 못하도록 방해하면 된다고 말했다.

> 유럽 전역에 자기들이 기른 작물을 자유롭게 내다 팔 수 있다는 것에 혹한 농장 주민들은 광범위한 자유 무역에 따른 엄청난 수요를 맞추기 위해 작물을 기르는 데 모두 정신없을 것이기 때문에 우리와 그들의 이익이 상충할 수 있는 제조업에 대해서는 전혀 생각하지 못할 것이다.… 매슈 데커(Mathew Decker), 『해외 무역 쇠퇴의 원인에 관한 논문(An Essay on the Causes of the Decline of the Foreign Trade)』, 1744

오늘날과 닮은 이런 상황은 의미심장하다. 탈산업화한 개발도상국은 농산물을 유럽연합과 미국으로 자유롭게 수출할 수 있다는 유혹에 빠지며, 그럼으로써 산업화의 필요성을 잊어버린다. 하지만 어떤 나라도 제조업 없이 식량 수출로만 부유해진 경우는 없다. 문제는 부국들이 너무나 가난하여 자신들에게 필요한 것조차 제대로 충족하기 어려운 이들이 생산하는 식량에 기대게 된다는 것이다.

앞에서도 보았듯이 신세계에서 빼앗아 온 금과 은의 유입으로 탈산업화된 스페인은 18세기 초반에 다시 조금이나마 제조업을 발전시킬 수 있었다. 그러나 스페인은 왕위계승 전쟁이 끝난 1713년에 네덜란드와 맺은 우트레히트 강화 조약에서 관세 수준을 낮추어야 했기 때문에 또다시 탈산업화의 제물이 되었고, 국민 모두의 빈곤이 심화되었다. 탈산업화가 참혹한 결과를 낳자 스페인 인들은 자유 무역을 허용한 협상 책임자들을 불태워 죽였다. 그나마 운이 좋은 경우에는 화형을 당하기 전에 참수되었다.[2]

그 때문에 1750년경 독일의 경제학자 유스티는 원자재만을 생산하도록 강요당한 모든 나라가 자기들이 '인위적으로' 빈곤 상태에 머물도록 만들어졌음을 당연히 알게 될 것이라고 생각했다. 그러나 그는 애덤 스미스와 영국의 고전 경제학자들이 곧 식민지 건설을 도덕적으로 정당화해 주는 최초의 경제학 이론을 만들어 내리라는 것까지 예측하지는 못했다. 스미스의 도덕 경제학 저술들이 식민지 자체를 지지했다는 것은 아니지만 그가 선전한 이론적 추상화 덕분에 어떤 나라는 제조업자가 되는 반면에 또 어떤 나라는 원자재 생산을 떠맡아야 한다는 논리가 정당성을 지니게 되었다. 이제 노동이 측정 기준이 된 이후, 다시 말해 모든 종류의 노동을 노동 시간으로 측정할 수 있게 된 후 후발 국가들은 산업화를 해 봤자 이득이 없을 테니 산업화할 필요가 없어졌다.

애덤 스미스와 영국 고전 경제학자들에 따르면 식민지 미국과 유럽의 다른 지역들이 영국의 산업화 사례를 따르려는 것은 큰 잘못이다. 스미스와 그의 추종자들은 세계의 경제적 조화를 이루는 시대는 시장의 힘이 자유를 얻을 때 자동적으로 창출된다고 주장했는데, 이는 오늘날 보는 세계화의 열성적 지지자들과 흡사한 방식이다. 그렇게 되면 영국은 세계 각지로부터 원자재를 수입하고 자기들의 제조품을 수출할 수 있게 되는 것이다. 그러나 유럽의 대국들은 이런 식의 조언을 따르지 않았다. 심지어 19세기 노르웨이에서는 열렬한 자유주의자로 간주되던 경제학자들, 예를 들면 안톤 마르틴 슈바이고르(Anton Martin Schweigaard, 1808~1870) 같은 사람마저도 국가는 적극적인 정책을 펼쳐 산업화해야 한다고 주장했다. 19세기 유럽 대륙에서 있었던 이데올로기 논쟁의 핵심은 유럽의 다른 나라들이 영국의 길을 따라 산업화해야 하는지 여부가 아니라 국가와 개인의 행위 사이에 어떻게 균형을 잡아야 하는지에 대한 것이었다. 산업화 여부는 거의 모든 사람이 동의한 사안이었기 때문이다.

오늘날 미국이 세계화 논리를 어떤 식으로 주도하는지를 보면 19세기에 영국이 했던 역할과 놀랄 만큼 닮아 있다는 것을 알 수 있다. 당시의 미국이 오늘날 열렬하게 지지하는 경제 이론과 정책에 반대하면서 오랫동안 맹렬하게 싸워 왔다는 사실은 특히 주목할 만하다. 미국의 초대 재무 장관 해밀턴은 산업화의 중요성을 강조하는 주요 이론가였다. 10년 넘게 나는 강의할 때마다 워싱턴 기관들에게 받아들여지지 않은 경제 전략을 내놓았던 미국 정치가들의 얼굴이 새겨진 달러 지폐를 가져가서 소개하곤 했다. 프랭클린, 조지 워싱턴(George Washington), 해밀턴, 율리시즈 S. 그랜트(Ulysses S. Grant), 링컨이 바로 그런 정치가들이다. 이들은 모두 관세 보호하에서 미국을 산업화하고자 했다. 이는 영국 경제학자들의 조언에 명백하게 반하며, 150년이 넘도록 영국 정치가와 경제학자들의 줄기찬 조롱을 감내하면서 내린 조처였다. 19세기 미국에서 전해 내려오는 말은 "영국인들이 하라는 대로 하지 말고 그들이 했던 대로 하라."라는 것이었다. 2장에서 잠깐 언급했듯이 오늘날 제3세계 국가들에게 가장 바람직한 조언은 "미국인들이 하라는 대로 하지 말고 그들이 했던 대로 하라."라는 것이다.

미국이 빈국의 권리를 옹호하다가 전형적인 제국주의 세력 쪽으로 태도를 바꾼 것은 비교적 최근 일이다. 1941년에 윈스턴 처칠(Winston Churchill)이 온갖 말을 동원해 가며 프랭클린 루스벨트(Franklin Roosevelt) 대통령을 전쟁에 끌어들이기 위해 애쓸 무렵, 루스벨트는 이 기회를 이용하여 영국의 경제 정책이 지닌 부당성에 대한 좌절감을 분출시켰다. 루스벨트의 아들 엘리엇(Elliot Roosevelt)은 뉴펀들랜드 연안의 한 전함에서 이루어진 역사적 만남에 대해 이렇게 전한다.

처칠은 안락의자에서 흔들거리다가 느릿느릿 입을 열었다. "대영제국의 무역 협정은…"

아버지가 끼어들었다. "그렇습니다. 제국의 이런 무역 협정이 적절한 예입니다. 바로 그것들 때문에 인도와 아프리카의 사람들, 근동과 극동의 모든 식민지 국민이 지금까지도 그렇게 낙후되어 있는 겁니다."

목줄기가 벌개진 처칠이 몸을 앞으로 수그렸다. "대통령 각하, 영국은 한순간이라도 우리 영토에서의 유리한 지위를 내놓겠다는 제안은 하지 않습니다. 영국을 위대하게 만든 무역은 계속될 것이며, 그것도 영국의 장관들이 정한 조건 아래에서 계속될 것입니다."

"이보십시오. 당신과 내가 의견 일치를 보지 못하는 지점이 바로 여기예요. 나는 우리가 안정적으로 평화에 이르려면 반드시 후진국의 발전, 후진 국민의 발전이 있어야 한다고 굳게 믿습니다. 어떻게 하면 그 일을 이룰 수 있을까요? 분명한 것은 18세기식 방법으로는 어렵습니다. 이제…"

"누가 18세기식 방법을 주장하고 있습니까?"

"누구라 할 것도 없이 당신의 장관들은 식민지 국가의 원자재로 부를 쌓으면서도 그 나라 국민에게는 아무것도 돌아가지 않는 정책을 권장합니다. 20세기 방식은 그런 식민지들에서 산업을 일으키는 것을 말합니다. 20세기식 방법은 국민의 생활수준을 높이고, 그들을 교육시키고, 위생을 강화함으로써 국민의 부를 증대시키는 것을 포함합니다. 그들 공동체가 가진 천연자원에 대해 틀림없이 보상 받게 해 줌으로써 그 국민의 부를 증대시키는 것입니다."[3]

여기서 겨우 60년 전만 해도 미국은 모든 나라가 무엇을 생산하든지 상관없이 부유해질 수 있다는 경제 이론에 이의를 제기하는 데 전력을 다하고 있었음을 알 수 있다. 라틴아메리카의 더 냉소적인 동료들은 이것 역시 영국에서 세계의 헤게모니를 빼앗기 위한 미국의 음모였다고 주장하겠지만 말이다. 하지만 마셜 플랜에는 그 이상의 목적이 있었다고 생각한다. 1776년 이후 제2차 세계 대전이 끝나기까지 미국의 경제 관행은 사실상 지금 그들이 개발도상국에게 강요하는 경제 이론과 상반된 장기전 방식이었다. 그러나 이런 관행에 가담한 것은 미국만이 아니었다. 앞에서 보았듯이 이런 유형의 사고방식은 끊이지 않고 일관되게 계속되어 왔다. 그것은 근본적으로 특정 경제 활동만이 부를 창출한다는 인식으로, 15세기 후반 이후 루스벨트가 처칠을 공격할 때까지 이어져 왔다. 사실 역사라는 더 장기적인 시각에서 본다면 자동적으로 조화를 이루는 시장 능력에 대한 믿음은 금방 끝나 버린, 몇 번 안 되는 역사의 예외 기간에만 존재했다.

이런 예외 기간 가운데 하나가 애덤 스미스의 무역 이론이 처음으로 이론과 실천 사이의 경계를 넘어갔던 1840년대였다. 하지만 그것도 그리 오래 지속되지는 않았다. 그렇기 때문에 1904년에 케임브리지 대학교의 경제학자 커닝햄(W. Cunningham)은 『자유 무역 운동의 흥망성쇠(The Rise and Decline of the Free Trade Movement)』라는 책을 아무 거리낌 없이 쓸 수 있었다. 세계의 빈민들을 위해서는 이 책이 다시 출판되었으면 한다. 그러나 전에 일어났던 세계화의 물결이 종식된 까닭은, 흥미롭게도 그 헤게모니 자체가 상처를 입었기 때문이다. 당시 영국의 농업을 망쳤던 세계화는 지금 미국의 농업을 파괴하고 있는 것과 대체로 비슷한 식으로 진행되었다.

1990년 이후 우리는 다시 한 번 이런 역사의 예외 기간을 경험하고 있다. 그러나 19세기 영국의 무역 이론은 오늘날과는 달리 미국과 유럽 대륙이 성공적으로 실천해 온, 균형을 잡아 주는 이론적 전통에 의해 끊임없이 비판을 받았으므로, 그 이론이 입힌 피해는 대체로 제3세계에 국한되었다. 오늘날 더욱 암울하게 드리워진 위협은 생산에 집중하는 대안 이론이 거의 전멸했다는 데에 있다. 신고전주의 패러다임과 그 계승자들이 이른바 용인될 수 있는 경제 이론의 자격을 배타적으로 규정해 버렸기 때문이다. 상황이 더 나아지기 전까지는 빈국의 상태가 훨씬 더 악화될 수밖에 없는 이유가 바로 여기에 있다. 어쩌면 우리는 1848년 혁명의 전 세계적 버전을 기다려야 할지도 모른다. 지금까지 세계적인 패권 국가가 자유 무역과 자유주의 이데올로기를 강요하는 것을 포기함으로써 가난하고 낙후된 나라들이 뒤늦은 산업화를 통해 따라잡을 기회를 허용한 적이 두 번 있었다. 1848년과 1947년 이후 벌어진 두 경우 모두 공산주의가 전 세계 경제 시스템에 위협을 가한 덕에 이루어진 결과였다. 오늘날의 종교 근본주의가 어떤 결과를 만들어 낼지는 아직 아무도 모른다.

경제적 현상으로서의
원시화 및 그 작용 원리

르네상스 시대에 등장한 진보의 이념은 정반대 현상, 즉 퇴보가 일어날 가능성도 내포하고 있다. 사실 다시 태어난다는 의미의 르네상스(renaissance) 이념은 고대 문헌들의 재발견 및 고대 로마의 폐허에서 양들이 풀을 뜯고 있는 광경에서 영감을 얻었다. 상승과 하락은 서로 뗄 수 없이 뒤엉켜 있었다.

 1960년대에는 발전을 주로 진보와 근대화라 불렀는데 이를 뒤집으면 퇴보와 원시화가 된다. 경제 활동, 기술, 경제 시스템 전체는 이미 지나간 과거에 속하는 생산 양식과 기술로 인해 퇴보할 수도 있다. 수확 체증, 시너지, 체계적 효과를 토대로 한 시스템이 작동하려면 바람직한 결과를 얻기 위해 필요한 양이 모두 축적되어야 한다. 어느 정도의 규모와 양이 필요하기 때문에 '최소 유효 크기(minimum efficient size)'라는 개념이 나오는 것이다. 팽창 과정이 뒤집히고 필요한 양과 규모가 없으면 그 시스템은 와해된다. 1980년 이후 충격 요법의 대상이 된 국가의 경제 시스템은 하룻밤 새 승객의 절반을 잃은 항공사 네트워크처럼 붕괴되었다. 이른바 충격 요법으로 인해 불거진 갑작스러운 양적 감소는 (전통적인 서비스업과 농업에 해당하는) 수확 불변이나 수확 체감에 따르는 경제 활동만 남겨둔 채 규모에 의존하던 활동을 없애 버렸기 때문이다. 이런 요인들 간의 상호 연관성은 제임스 스튜어트에서 리스트에 이르는 경험을 토대로 한 경제 이론가들이 자유 무역에서 왜 그렇게 점진주의의 중요성을 강조했는지를 설명해 준다.

약 10년 전에 원시화 문제를 제기한 매우 흥미로운 박사 학위 논문 한 편을 외부 검토자로서 심사한 적이 있다.[4] 그 논문은 동남아시아에서 외부 장착 엔진 같은 현대적 기술을 사용함으로써 어류 자원의 감소가 빚어지고, 그에 따라 수익성이 날로 악화되었다는 사실을 보여 주었다. 어부들은 결국 덜 자본 집약적이고 더 원시적인 방식으로 되돌아갔다. 여기서의 핵심은 경제 현상으로서 원시화의 정상적 형태는 수확 체감에 결부되어 있다는 점이다. 수확 체감에서는 자원이라는 생산 요소가 신의 활동에 의해 먼저 만들어져 있고, 시간이 갈수록 우리가 그 요소에서 얻는 품질은 나빠진다. 그런 여건에서는 현대 경제가 제공하는 기술을 적용해도 수익성이 나빠지고 점점 더 가난해져서 달리 갈 곳이 없다면 점점 더 원시적인 도구와 낮은 생산성을 무릅쓰고라도 생산하기 위해 분투해야 하는 것이다. 오늘날 한때는 런던 다음으로 큰 세계 제2의 도시였던 볼리비아의 포토시 광부들이 손도끼를 가지고 이미 한번은 제련한 것에서 다시 광물을 찾아내려고 악전고투하고 있는 것처럼 말이다.

독일의 경제학자 요한 하인리히 폰 튀넨(Johann Heinrich von Thünen, 1783~1850)은 문명 사회의 지도를 그렸는데 거기에는 수확 체증 활동의 중심지, 즉 도시를 중심으로 네 개의 동심원이 그려져 있다. 도심부에서 밖으로 나오면 자본의 사용은 점차 줄어들고 자연의 활용은 늘어난다. 도시 근처에서는 가장 상하기 쉬운 낙농 제품, 채소, 과일 등을 생산하고, 곡물은 좀 더 먼 곳에서, 그리고 주변부인 벌판에서는 수렵이 이루어진다. 오늘날의 경제학자들은 튀넨의 경제 지리학적 접근 방식을 재발견했지만 그가 강조하는 결정적인 점을 완전히 놓치는 사람들도 있다. 바로 수확 체증에 따르는 도시 경제 활동의 시스템이 제대로 기능하려면 관세 보호가 절실하다는 사실 말이다.[5]

튀넨은 가장 '근대적'인 제조업이 도심부를 이루고 가장 후진적인 수렵과 채집이 도시에서 먼 주변부를 이루고 있는 지도 위에다 우리가 이미 논의했던 단계 이론을 그려 넣었다. 진정한 수확 체증은 도시에서만 일어나며, 그것만이 균질하지 않은 품질의 재료를 공급하는 자연의 변덕에서 자유로울 수 있다. 도시 바깥으로 나갈수록 인공적인 비교 우위는 점차 줄어들고 천연의 비교 우위가 커지기 때문이다.

원시화는 더 이상 도심부 경제 활동이 없는 노동 시장에서, 그리고 사람들이 수확 체감 활동을 하도록 강요당할 때 일어난다. 그것은 존 스튜어트 밀이 말하는 '수확 체감의 신축적인 장벽'에 마주치는 것이다. 수확 체감은 "매우 신축성 있고 탄력적인 끈이므로 어지간히 심하게 잡아당겨도 좀처럼 끊어질 지경까지 가지는 않는다. 하지만 마지막 단계에 이르기 전에 느끼는 압력이 너무 길기 때문에 한계가 가까워질수록 압력을 더 심하게 느낀다."[6]

제조업이 사라져 감에 따라 시스템적 효과 역시 떨어진다. 마리오 치몰리(Mario Cimoli)는[7] 멕시코 국가 혁신 시스템에 대한 연구에서 미국과 멕시코의 경제 통합인 북미자유무역협정(North America Free Trade

Agreement, NAFTA)이 멕시코의 국가 혁신 시스템에 어떤 식으로 영향을 주었는지를 보여 준다. 그 전에는 멕시코의 시스템이 상대적으로 독자성을 띠고 있었지만 이제는 북아메리카의 소유주와 멕시코의 하수인들 간의 중심부-주변부 관계로 전락해 버렸다. 이는 고전적 개발 경제학(classical development economics)이 말하던 중심부-주변부 의존 관계 이론을 떠올리게 한다. 튀넨이 말하는 시스템의 핵심인 도시 활동을 말살하면 곧 시스템 전체가 원시화된다. 튀넨 및 유럽 대륙과 미국의 그와 동시대인들은 이 점을 이해했지만 그의 동년배인 리카도와 그 후계자들은 그렇지 못했다. 그들은 이런 유의 추론에 필요한 도구들을 도구 상자에서 없애 버렸다. 그 이유는 워싱턴 기관들이 몽골에서 왜 그런 일을 했는지를 살펴보면 설명이 될 것이다.

수확 체증의 상실과 실질 임금의 급락, 몽골의 사례

2000년 3월 몽골의 수도 울란바토르의 상황은 심각했다. 나는 몽골의 의사당에서 열린 회의에 비아시아 인으로서는 유일한 참석자였다. 회의는 몽골 경제가 어떤 전략적 과정을 밟아야 할지 결정하기 위해서였다. 냉전의 후유증으로 몽골은 기존에 적지 않게 있던 제조업이 사실상 초토화되어 버렸다. 통계 수치를 보면 이 나라의 다양한 산업은 그 중 가장 선진적인 부문부터 시작하여 하나씩 하나씩 모두 사라졌다. 수입품이 현지 생산을 대체하지 않은 경우에도 생산량이 급락했다. 인구가 줄어들지 않았는데도 빵 생산은 71퍼센트, 책과 신문의 생산은

79퍼센트나 감소했다. 달리 표현하면 몽골 인들은 예전보다 덜 먹고 덜 읽고 산다는 뜻이다. 몇 년 안 되는 사이에 실질 임금은 거의 절반으로 떨어졌고 실업은 엄청나게 늘어났다. 이 나라의 수입액은 수출 총액의 두 배에 달했으며, 인플레이션을 감안한 실질 이자율은 35퍼센트였다.[8]

국내 산업 통계에 따르면 유일하게 확대된 산업은 양조업인데, 이것도 아주 조금 성장했을 뿐이다. 베를린 장벽이 무너진 뒤에 (이것을 산업이라 부를 수 있다면) 새 깃털을 모으고 빗질하여 손질하는 산업은 두 배 가까이 늘었다. 나라의 제철소와 신문사의 문을 닫고 새 깃털을 모으라고 사람들을 내보내는 것은 경제의 원시화라고밖에는 달리 할 말이 없다. 그 뒤 몇 달 동안 몽골을 연구하면 할수록 냉전에서 패배한 이 나라가 실제로는 모겐소 플랜의 과녁이었음이 훤히 보였다.

1991년에 개혁이 일어나기 전 50년 동안 몽골은 다양한 산업을 느리지만 성공적으로 구축해 오고 있었다. 국가총생산에서 농업이 차지하는 비율은 1940년에 60퍼센트에서 1980년대 중반에는 16퍼센트로 낮아졌다. 하지만 사실상 모겐소 플랜과 다를 바 없는 경제 개혁은 몽골을 매우 성공적으로 탈산업화해 버렸다. 반세기에 걸쳐 건설된 몽골의 산업은 1991년에서 1995년까지 고작 4년 만에 사실상 전멸했다. 1991년에 이 나라가 세계에 개방된 뒤 하룻밤 사이에 거의 모든 산업에서 생산 물량의 90퍼센트가 감소했기 때문이다.

한편 2000년 3월 내가 회의에 참석하고 있던 수도에서 멀지 않은 곳에 200~300만 두의 목축 동물이 목초지 부족으로 죽었거나 죽어 가고 있었다. 세계의 언론이 이 사건을 보도한 내용에 따르면 이는 지구 온난화 탓이었다. 그러나 내가 구한 자료를 연구한 결과 이 동물들을 죽인 것은 지구 온난화가 아니라 지구 경제임이 분명했다. 몽골이 세계 경제로 통합된 방식 때문에 아주 오래된 경제 메커니즘이 부활했다. 즉 토지 자원을 수탈하는 수확 체감 현상이 되살아난 것이다. 여러 해 전에 미국의 대학에서 경제학을 가르쳤을 때 이 법칙은 학부 1학년생들이 가장 처음 배우는 것 중 하나였다.

탈산업화와 국가 해체가 합쳐지자 몽골에서는 대규모 실업이 발생했다. 수많은 사람들이 선조들의 생활 방식인 유목으로 돌아갈 수밖에 없었다. 공간이 부족하지는 않았다. 몽골은 프랑스, 영국, 오스트리아를 한데 합친 것만큼 넓지만 인구는 250만 명에 불과하니 말이다. 그러나 몽골은 살기 힘든 한대 기후이며, 지형은 트랙터 바퀴 자국이 수백 년이 지나도록 남을 만큼 건조하다. 서리가 내리지 않는 달은 유일하게 7월뿐이므로 수많은 가축 떼들은 언덕에서 마치 냉동 건조된 풀 같은 것을 뜯어먹고 산다. 베를린 장벽이 무너지기 전인 1990년에 몽골 인들은 양, 소, 염소, 낙타 등 2100만 두의 가축과 함께 살았다. 제조업과 정부 기관에서 일자리를 잃은 수많은 몽골 인들이 선조들의 생산 양식이던 목축업으로 돌아가자 가축의 수는 십 년 만에 3300만 두로 늘어났다. 몇 년 동안 따뜻한 기후가 계속된 뒤 평년 수준의 추운 겨울이 오자 200~300만 두의 가축이 그해에 죽었으나, 이는 전체 가축이 2~3년 동안 증식된 수에 불과하다. 따라서 몽골은 21세기에 발을 들여놓았지만 그들을 기다리고 있는 것은 창세기에서 이미 선언되었지만 산업 세계에서는 영향을 미치지 않던 메커니즘, 즉 "땅이 그들 모두를 먹여 살릴 수 없도다."라는 선언이었다.

베를린 장벽이 무너지고 먼지가 가라앉자마자 몽골은 재빨리 과거의 제2세계 국가 가운데 세계은행의 '모범생'으로 등장했다. 몽골은 하룻밤 사이에 경제를 개방했고, 국가의 역할을 최소화하고 시장에 주도권을 맡기라는 세계은행, 국제통화기금 등 워싱턴 기관들의 조언을 충실하게 따랐다. 몽골에 비교 우위가 있는 부문을 특화함으로써 세계 경제에서 자기 자리를 찾아가도록 한다는 것이었다. 그 결과 몽골의 경제는 산업 시대에서 목축 시대로 되돌아갔다. 그러나 목축 경제로는 산업 시스템이 하던 만큼의 인구를 유지할 수 없으므로 생태적, 경제적, 인간적 재앙이 한데 밀려들게 되었다.

그런 변화에 반대하는 경고는 성서나 비전통파(non-canonical) 경제학자들의 잊힌 저작에만 있는 것은 아니었다. 그에 대한 가장 요란한 경고도 워싱턴 기관들을 통해 몽골에게 조언한 경제학자들이 자랑스럽게 선조라고 선언한 바로 그 영국 경제학자들에 의해 나왔다. 앞에서도 보았듯이 존 스튜어트 밀과 알프레드 마셜은 모두 문명의 경제 메커니즘을 이해하는 데 규모의 수확 체증과 수확 체감이라는 것이 결정적으로 중요함을 너무나 잘 알고 있었기 때문이다.

울란바토르 의사당에서 열린 회의에서 세계은행의 몽골 담당 직원들은 앞으로 이 나라의 발전을 위해 할 수 있는 가상 시나리오를 세 가지 제시했다. 몽골은 매년 각각 3퍼센트, 5퍼센트, 7퍼센트 성장률을 달성할 수 있다는 것이었다. 매년 7퍼센트의 누적 성장률을 나타내는 곡선은 당연히 천정부지로 치솟는 경향이 있었다. 하지만 그것은 매년 그 정도로 성장할 경우를 가정한 것일 뿐 경제의 급격한 쇠퇴를 어떻게 멈출 수 있는지에 대해 설명하려는 노력이 없고, 또 이자율이 35퍼센트인 상황에서 신산업이 어떻게 발전할 수 있는지에 대해서도 논의되지 않았다. 그 대신에 미국 국제개발처(USAID)의 지역 담당은 몽골에 기업 문화가 없다는 불평만 늘어놓았다. 나는 그가 좀 바보 같다는 생각을 했다. 어떤 기업가가 실질 이자율이 35퍼센트나 되는 상황에서 돈을 벌 수 있다고 생각하겠는가 말이다. 이 이자율은 몽골 버전의 아시아 금융 위기를 막기 위해 계속 유지되었는데, 결과는 은행 및 금융 부문을 구하기 위해 실물 경제를 희생시킨 꼴이 되었다.

울란바토르에서의 회의는 차츰 현실과 동떨어진 방향으로 나아갔다. 높은 보수를 받는 세계은행의 컨설턴트들은 몽골의 현실과 거의 무관한 자료와 모델을 가지고 왔다. 그런 자료는 표준화된 연구들로서 모든 개발도상국에게 개별적인 상황과는 무관하게 제시되었다. 세계은행과 밀접한 서구의 동료들은 나중에 그런 제안이 어떤 식으로 진행되는지를 설명해 주었다. 모든 나라는 표준 제안서를 받는데, 그런 제안서의 각 사례 분석에서 다른 점은 사실상 해당 나라의 이름뿐이라는 것이었다. 이론 자체가 상황에 영향을 받지 않으니 이런 식의 접근이 퍽 논리적이기는 하다. 문제는 제안자가 가끔 워드프로세스에서 '검색과 교환' 기능을 제대로 사용하지 못했을 때뿐이다. 이를테면 '에콰도르'의 국명을 '몽골'로 제대로 바꿔 놓지 않아서 문제가 생기는 것이다. 당황한 정부 관료는 장기 개발 계획 보고서에서 군데군데 나오는 잘못된 국명을 무시하는 수밖에 없다. 어떤 일이 벌어졌는지를 몽골의 국회의원들이 알았더라면 그들 역시 머쓱해졌을 테지만 다행히 그들은 알지 못했다.

이런 상황은 프란츠 카프카(Franz Kafka)의 소설 『심판』의 한 장면이 떠오르게 한다. 소설의 주인공이자 희생자인 요제프 K와 아주 비슷하게 몽골 인들은 존재하지 않는 현실을 토대로 하여 내려진 결정에 짓눌렸으나 이 결정은 어쨌든 현실과는 아무 상관이 없었다. 그 결정에 따르면 몽골은 국경을 세계 경제에 개방하기만 하면 매년 3퍼센트, 5

퍼센트, 7퍼센트의 성장 곡선을 자동적으로 따라가게 된다. 여기서 워싱턴 기관으로 대표되는 〔『심판』의〕 '법정'은 그들이 제기한 이론을 올바르게 사용하지도 않았고, 순전히 이데올로기를 위한 어리석은 핑계 거리일 뿐이었다. 이 이데올로기가 내세우는 논리에 따르면 빌 게이츠가 몽골 유목 부족 출신이었더라도 지금과 같은 부자가 되지 못할 이유는 하나도 없었다. 그러나 모든 경제 활동이 질적으로 동일한 경제 발전을 이루지 않는 한 일반적인 경제학 교과서는 무너지도록 되어 있다.

    미국의 경제학자이자 몽골의 실질 임금을 절반으로 떨어뜨린 경제 정책에 나름대로 책임을 져야 할 제프리 색스(Jeffrey D. Sachs)가 『이코노미스트(Economist)』에서 그 나라의 컴퓨터 소프트웨어 생산을 특화해야 한다고 제안함으로써 더 극단적인 초현실주의 쪽으로 가 버린 것은 그로부터 몇 달 지나지 않은 때였다. 의도 자체는 아주 선했을지는 몰라도 세계은행이 처방한 이론이 현실과 전혀 관련이 없는 영역에서 행복하게 안주하고 있다 보니 색스는 몽골 국민이 컴퓨터를 구입할 만한 돈도 없고 컴퓨터 사용법도 배우지 못했다는 명백한 사실은 물론이거니와 수도 이외의 지역에서 전기를 쓸 수 있는 국민이 4퍼센트밖에 안 된다는 사소한 사실조차 고려하지 않은 채 이 탁월한 전략을 제안할 수 있었다.

    전화도 없고 전기도 없는 야크 유목민들이 갑자기 실리콘 밸리와 경쟁하고 부품 공급자가 될 수 있다는 주장은 경제학 교과서 안의 이 이상한 세상에서만 통용된다. 나무를 키우는 데 드는 시간이나 자르는 데 드는 시간이 똑같다는 주장도 경제 이론일 뿐이다. 두 활동 모두 나노세컨드(1나노초)밖에 안 걸린다는 것이다. 허구이기는 하지만 백성들이 빵이 없다면 왜 케이크를 먹지 않느냐고 했던 마리 앙투아네트(Marie

Antoinette)는 한때 조롱거리였고, 근대사에서 가장 강력한 혁명에 기름을 부은 이야기였다. 그런데 그런 이야기가 슬프게도 꾸며 낸 것이 아니다. 지금은 섹스처럼 실제로 가장 기초적인 기간 시설과 산업도 없는 몽골 인들에게 왜 선진 기술을 전문적으로 익히지 않는지 묻고 있으니 말이다. 어리석어 보이는 이런 일이 일어나는 주된 이유는 대부분의 교육 기관에서 행하는 경제학의 구조에 뿌리박혀 있다. 전문 지위와 특권은 현실 세계에 대한 연구가 아니라 비슷한 사고방식을 가진 사람들이 논평하는 학술 잡지에 실리는 논문으로 얻는다. 카프카의 소설에서처럼 당국이 보고하는 현실과 현장에서 관찰되는 현실 사이에는 관련이 없다. 카프카의 주인공처럼 몽골의 경제는 그 국민을 이해할 마음이 없었던 세력에 의해 파괴되었다. 워싱턴 기관들이 제공한 몽골의 산업 통계는 산업의 대부분이 이미 사라진 뒤에야 작성되었다. 그들이 가지고 있는 유일한 통계는 같은 기간 동안 몽골에서 내가 구할 수 있었던 것들과 똑같은 것이다. 그러므로 자료가 누락된 것은 아니다. 이처럼 통계상으로 역사를 말소하는 전략은 곧 카프카 은유의 완성형이다. 세계은행과 국제통화기금의 공식 통계에 따르면 몽골은 한 번도 산업이 존재한 적이 없었다. 조지 오웰(George Orwell)의 '진리성(眞理省, Ministry of Truth)'은 멀리 있지 않았다.

일반인들도 워싱턴 기관들이 제안한 정책의 결과가 어떤지 분명히 알게 될 무렵, 1970년대 말 리마에서 처음 겪은 그런 일들이 일종의 패턴을 이룬다는 것을 발견했다. 갑작스러운 자유 무역은 산업의 죽음을 불러왔으며 중요한 수확 체증 활동을 없애 버렸다. 대량 실업과 실

• 조지 오웰의 소설 『1984』에 나오는 사상 통제와 정보 통제 및 조작을 담당하는 부서이다.

질 임금의 하락(도표 14 참조), 영양 부족 사태의 증가 등은 당연히 자유 무역과 시장의 힘이라는 것에 들어 있는 교조적 신념과 관련 있었다. 그런 자유 무역과 시장의 힘은 사실상 빈곤 및 인간의 고통 증가를 초래하는 '관리된 자유 무역'과 동의어였다. 낡은 산업 대신에 새롭고 더 나은 기회를 제공하는 슘페터적인 '창조적 파괴'는 없었던 것이다.

페루에서는 보조금을 받고 생산된 유럽산 분유로 만들어진 질 낮은 우유가 슈퍼마켓 선반을 점령하는 동안 다량의 생우유가 강물에 버려졌다. 그럼으로써 이미 균형이 깨진 무역 수지는 더욱 압박을 받았다. 페루 농민은 유럽의 농민 때문에 자기들 시장에서 쫓겨났다. 하지만 이런 일이 '시장' 때문에 일어난 것은 아니었다. 정치권력이 수입 분유와 생우유의 운송비를 자유 시장에 맡겨 둘 때의 가격과는 전혀 다르게 결정했기 때문에 그런 사태가 빚어진 것이다. 유럽은 세계 시장에서 경쟁력을 상실한 농민들이 과잉 생산한 우유를 보조금을 받은 가격으로 페루 같은 나라에 수출했고, 그와 비슷한 미국의 수출품이 그렇듯 페루는 그것을 해외 원조로 받아들였다. 이와 동시에 세계은행과 국제통화기금은 페루에게 국내 휘발유 가격을 올리라고 압력을 넣었다. 다른 말로 하면 그들은 더 이상 자국이 생산한 원유로 만드는 국산 휘발유의 국내 시장 가격을 자체적으로 결정할 수 없게 된 것이다. 휘발유 가격은 올라야 했다. 페루의 국내 우유 생산량은 시장이라는 명분 뒤에 외적으로 강요된(수입되는 우유 가격은 인위적으로 낮게 하고 국내의 휘발유 가격은 인위적으로 높게 책정하는) 인위적인 가격을 거친 유럽 때문에 남아돌게 된 것이었다. 그러면서도 유럽 인들은 페루의 굶주리는 아이들을 도우면서 뿌듯해했다.

당시에는 이것이 터무니없는 하나의 사례, 즉 힘의 정치학이 저개발 경제에 피해를 입혀 전도된 결과를 가져온 사례일 뿐이었다. 하지만 나중에는 그것이 더 광범위한 형태이자 발전과 근대화를 후퇴시키는 과정의 일부임이 명백해졌다. 미국의 경제학자 제임스 갤브레이스(James K. Galbraith)가 지적했듯이 이런 상황에서 가장 믿기 힘든 것은 제2세계와 제3세계에서의 실패한 경제 정책에 책임을 져야 할 경제학자들이 오늘날도 여전히 그 문제에 관해 가장 권위 있는 전문가로 떠받들리고 있다는 사실이다. 어떤 면에서는 훈족의 왕 아틸라를 로마 재건의 책임자로 임명한 셈이니, 무엇이 이런 피해를 낳게 했고 어떻게 하면 그런 일을 막을 수 있었는지에 대한 논의가 없으리라는 것은 짐작할 수 있다. 그런 사람들 가운데 하나인 색스는 임시변통의 경제학(palliative economics)의 탁월한 대변자가 되었는데, 그는 자신의 경제 정책이 일조하여 초래한 빈곤과 고통을 위무하기 위해 거들고 있다.

제3세계에 대한 모겐소 플랜으로서의 세계화

1940년대 말에 행한 두 가지 중요한 경제 실험을 통해 당시 세계는 많은 것을 배웠다. 여러 면에서 미국인들과 세계는 처칠 및 영국의 제국주의 경제 정책에 대한 루스벨트의 비난이 옳았다는 것뿐 아니라 한 나라의 탈산업화가 낳은 결과는 너무나 강력하고 파괴적이며 장기적인 영향을 미치기 때문에 고작 2년 실험한 뒤에는 방향을 바꾸어야 했다는 사실도 배웠다. 그러나 사람들은 힘들게 배운 모겐소 플랜과 마셜 플랜의 교훈을 잊어버렸다.

오늘날 정치인들은 마셜 플랜이라는 개념을 남용하여 빈국들에게 대규모로 쏟아붓는 온갖 자원을 가리키는 말로 사용한다. 하지만 마셜 플랜의 골자가 재산업화라는 사실은 아무리 강조해도 지나치지 않다. 자본의 수요와 공급은 한 나라의 산업 수명을 개발한다는 주된 전략에 비하면 완전히 부차적이다. 마셜 플랜은 한 국가의 산업을 높은 관세로 보호하고 통화를 엄격하게 규제하는 것으로 이행된다. 다들 장기적인 보호가 있어야 일자리가 만들어지고 외환은 희소 자원이라는 것을 제대로 인식하고 있었던 것이다. 내 모국인 노르웨이를 예로 들어보면 그런 인식에 힘입어 해외 자금의 이동이 엄격히 규제되었고, 외국 의류의 수입은 1956년까지 전면 금지되었으며, 개인 용도의 자동차 수입은 1960년까지 허용되지 않았다.

내가 볼 때 1980년대 중반 이후, 특히 베를린 장벽이 무너진 이후 진행된 세계화 과정은 모겐소 플랜의 모습을 띠고 있다. 제2세계와 제3세계 국가들의 허약한, 말하자면 '체제 전환기에 있는' 산업 경제는 충격 요법의 대상이 되었고, 일부 경우에는 말 그대로 하룻밤 사이에 완전히 자유 무역으로 전환되었다. 몽골 같은 나라는 2~3년 만에 주요 산업의 90퍼센트가 무너졌다. 러시아와 페루의 경우는 산업체 일자리의 절반이 몇 년 만에 사라졌고 실질 임금도 반으로 깎였다. 이런 고용율과 실질 임금의 하락 사이의 상관관계는 우연의 일치가 아니다. 세계화는 사실상의 모겐소 플랜을 통한 새로운 '식민화' 과정이었다. 500년 전이나 지금이나 식민지란 근본적으로 원자재 생산만 허용되는 국가이기 때문이다.

그 결과 오늘날에는 과거보다 재산업화가 훨씬 더 어려워졌다. 아무리 극단적인 이데올로기일지라도 조만간 세계화라는 이름으로 세계의 경제 주변부에 저지른 경제 범죄에 대한 혐오에 굴복하게 되겠지만, 이런 반전은 1947년보다 훨씬 더 어려운 과정이 될 것이다. 20세기에는 빈국들이 '역설계(reverse engineering)'를 통해 부국들을 따라잡을 수 있었다. 예를 들어 미국산 자동차를 해체해 본 뒤 설계를 약간 달리하여 엇비슷한 국민차종을 생산해 내는 것이다. 그러나 수많은 지식 집약적 산업이 특허권으로 보호 받는 상황에서는 이런 일이 일어나기 어렵다. 또 산업은 예전보다 점점 더 '무게가 없어지고' 특정 지역에서 육성하기가 더 힘들어지고 있다. 동시에 새로운 서비스 산업이 산업의 역할을 차지해 버렸다. 이런 서비스 산업에서 그나마 전통적인 산업과 가장 유사한 것이 투자신탁회사들(Investment Trust Companies, ITCs)이다. 그러나 선진적인 서비스 산업은 구(舊)산업의 수요에 의존한다. 간단하게 말하자면 서비스 산업은 염소 사육을 생업으로 하는 나라에는 출현하지 않는다. 이런 나라는 필요한 제품과 서비스를 요구할 만한 구매력이 없기 때문이다. 또 서비스 산업은 보호하기도 힘들다. 앞에서 말했듯이 서비스 산업 같은 것들은 무게가 없고 장소에 얽매이지 않기 때문이다. 늘 그렇지만 발전과 퇴보의 배후에는 모두 누적된 원인과 결과가 있고, 그것들이 선순환과 악순환을 만든다.

자유 무역의 탈산업화와 승자 제거 효과

일반적인 무역 이론의 립친스키 정리(Rybczynski Theorem)는 국제 무역에서 자본이든 노동이든 한 나라가 수출품에 가장 집중적으로 사용하는 요소를 특화하는 추세로 심화될 것이라고 예견한다. "예를 들면 노동만 성장할 때에는 노동 집약적 제품의 생산량이 늘어나고 자본 집약적 제품의 생산량은 줄어든다. 반대로 자본만 성장하면 자본 집약적 제품의 생산이 팽창하고 노동 집약적 제품의 생산은 감소한다."[9]

이를 확대한 것이 내가 바넥-라이너트 효과라 부른 것, 즉 국제 무역에서 승자(勝者) 제거의 효과이다. 상대적 자립 경제의 단계에서 상대적 선진국과 후진국 간에 갑작스럽게 자유 무역을 시행하면 후진국에서 가장 앞서 발전한 지식 집약적 산업을 없애 버리는 경향이 있다는 것이다. 가장 발전한 부문은 수확 체증에 가장 밀접하므로 해외로부터 들어오는 느닷없는 경쟁에 의한 생산량 감소에 가장 민감한 처지에 놓인다. 이런 바넥-라이너트 효과는 19세기의 이탈리아 통일 이후 확연해졌고, 1990년대에 실현된 자유 무역의 첫 번째 희생자가 체코와 브라질의 컴퓨터 산업이었다는 것에서도 드러났다. 극단적인 경우에는 1990년대의 몽골처럼 나라 전체가 거의 완전히 탈산업화되기도 했다.

아웃소싱을 통해 국제적인 가치 사슬이 '끊어지면' 최선진국은 자본 집약적, 혁신 집약적 제품 생산을 특화하는데, 그런 부문에서는 규모와 수확 체증이 결정적인 요소이다. 후진국은 조립 단계에서 규모 효과를 박탈당하여 열등한 기술로도 가능한 마킬라(부품 조립 공장, 보세 임가공) 제품 생산에 특화하게 된다. 이 때문에 자유 무역은 국부(國富)라는 기준에서 볼 때 흔히 기여보다는 피해를 더 많이 끼친다. 예를 들어 멕시코에서는 북미자유무역협정(NAFTA) 합의로 전통적인 완제품 산업이 초토화되고 단순 조립(마킬라) 생산만 늘어나면서부터 실질 임금이 급격히 낮아졌다. 수확 불변 활동이 늘어나서 국가 생산 시스템이 원시화되는 동안 수확 체증 활동은 사라져 버린 것이다. 따라서 이런 나라에서는 그 어떤 재생 활동도 없는 '파괴적 파괴'를 겪게 된다.

탈산업화의 제2단계 효과는 한 나라의 교역 조건(Term of Trade)에 미치는 영향이다. 교역 조건이란 한 나라의 수출품 가격과 수입품 가격 간의 관계를 가리킨다. 수출품 가격이 수입품 가격에 비해 높아지면 그 나라는 부유해지고 반대 결과가 나오면 그 나라는 가난해진다.

교역 조건의 변화는 복잡한 문제이지만 라틴아메리카의 몇몇 소국들에서 산업이 가장 발전했던 1970년대에 교역 조건이 가장 유리했던 것은 주목할 만하다. 산업이 와해되자 그 나라들이 수출하는 원자재의 가격도 낮아졌다. 이런 현상은 도표 15에 있는 페루의 예에서도 알 수

• 도표 15 • 1950~2000년 페루의 교역 조건
교역 조건의 변화는 예를 들면 1970년대의 오일쇼크 같은 것으로부터 영향을 받기도 하여 복잡한 양상을 띠지만, 페루가 산업화함에 따라 무역 조건이 놀랄 만큼 개선되는 것을 볼 수 있다. 반면에 탈산업화는 그 반대 결과를 낳았다.

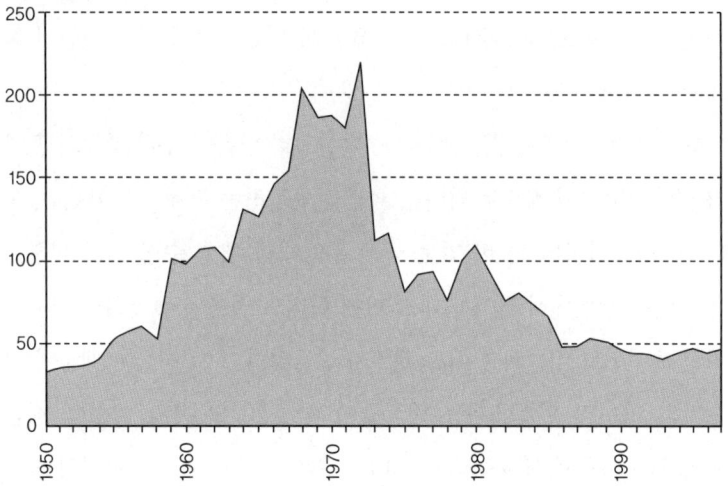

· 출처: Santiago Roca, Luis Simabuci, "Natural Resources, Industrialization and Fluctuating Standards of Living in Peru, 1950~1997: A Case Study of Activity-Specific Economic Growth", Erik Reinert(ed.), *Globalization, Economic Development and Inequality: An Alternative Perspective*, Cheltenham, 2004.

있다. 탈산업화와 교역 조건의 악화는 한 국가가 부정적인 경제적 충격 두 가지에 의해 동시에 타격을 입도록 연결되어 있다는 생각이 들게 한다. 그 연결 관계는 두 요인의 복합으로 설명할 수 있다. 노조 세력이 와해되고 산업체의 일자리가 사라지면 노동 시장의 최저한도가 무너져 임금 수준이 하락하는 것이다. 그렇게 되면 국제 소비재 시장의 압력으로 상품의 상대 가격과 국내 임금 수준을 모두 끌어내린다. 노동 인구를 위한 대안 일자리가 전혀 없을 때는 소비재 생산 역시 수확 체감 영역으로 확산될 수 있고, 노동의 한계 생산력을 떨어뜨릴 수 있다.[10] 이로써 자가 강화적인 악순환이 만들어지면, 이를 멈출 수 있는 것은 수확 체증 활동을 이 나라에 재도입하는 길뿐이다.

20세기 초반에 오스트레일리아가 국제 경쟁력은 없지만 산업을 건설하자고 주장한 것은 바로 이런 연쇄 사태가 벌어지지 못하게 막기 위해서였다. 산업에서의 대안 노동 시장은 심지어 1차 상품에서도 '최저 임금' 아래로 임금이 내려가지 않도록 막음으로써 양모 생산이 한계 분야가 되지 않도록 한다.[11]

특히 멕시코 같은 몇몇 경우에는 탈산업화 다음에 수확 체증의 효과가 없어지고 기술적으로 막다른 제품을 특화하는 단계가 뒤따랐다. 우리가 4장에서 살펴본 바 있는 국제 무역에서 제품 수명 주기 이론은 1960년대 후반에서 1970년대 초반에 하버드 비즈니스 스쿨의 경제학자인 레이먼드 버논과 루이스 웰스가 만들었다.[12] 그 이론은 제품 수명 주기의 마지막 단계에서는 빈국들이 (낡은 기술을 사용하는) 성숙 제품(mature products)에서 자동적으로 비교 우위를 갖게 되므로 혁신의 잠재력을 방해받는다는 견해였다. 이는 서문에서 암시한 바 있는 논의로서 세계화된 가치 사슬이 깨지고 빈국들이 기술적으로 막다른 산업에 특화하는 방향으로 나아간다는 것이다. 이런 생산 유형은 그 생산이 오로지 노동 집약적인 것이기 때문에 곧장 빈곤 세계에 하청으로 맡겨진다.

일본과 중국에서 그랬듯이 성숙하고 단순한 제품에서의 비교 우위가 지속적인 향상을 위한 도약대로 사용될 수 있다면 일시적인 문제로 그칠 수 있다. 그러나 지리적으로 미국의 인접국들이 미국과 중국의 산업 틈바구니에서 압박받은 경험을 보면, 혁신이 없는 경제 활동에서의 비교 우위는 영구화될 수 있다. 앞에서 주장했듯이 제품과 기술 두 가지의 수명 주기에 대한 이해는 '슘페터적 저개발'을 파악하기 위해 반드시 고려해야 하는 중요한 요인이다.[13]

'1차 상품 제비뽑기'의 위험

경제사가들은 최근에 경제 발전을 논의하면서 '1차 상품 제비뽑기(commodity lottery)'라는 용어를 소개했다. 서로 다른 상품의 특성이 국가 경제에 갖가지 방식으로 영향을 준다는 점에서 이는 쓸모 있는 용어이다. 1차 상품 제비뽑기는 다양한 방식으로 국가 경제의 방향을 정하고, 혁신과 불완전 경쟁을 계발하기 위한 잠재력을 결정한다.

다른 자원에 비해 지식 집약적 부문에 더 밀접하게 연관된 천연자원도 일부 있기는 하다. 20세기 초반에 폭포를 전기 생산에 활용한 것은 이런 '강제적 결합'의 완벽한 사례였다. 당시는 킬로미터당 전기 에너지의 손실률이 워낙 높았기 때문에 전기를 많이 쓰는 새로운 산업의 중심지는 폭포 근처에 건설되어야 했다. 노르웨이의 원자재인 수력 전기는 먼 거리로 수송할 수 없는 자원이므로, 이 원자재를 시장과 투자

자가 모두 있는 유럽 대륙으로 옮기기보다는 경제 주변부인 노르웨이를 산업화시키는 것이 유리했다. 이에 비해 볼리비아산 주석은 오랫동안 영국으로 운반되어 제련했다.

쿠바의 사회과학자 페르난도 오르티스(Fernando Ortiz)는 1940년에 쓴 『쿠바 식 대위법(Cuban Counterpoint)』에서 특히 흥미로운 사례를 하나 내놓았다.[14] 경제적 관점에서 쿠바는 설탕과 담배라는 두 열대작물 생산에서 절대 우위를 점하고 있었다. 쿠바 사회에서 담배는 영웅이고 설탕은 불한당이었다. 섬의 서쪽 지역에서 주로 재배되던 담배는 자유로운 부르주아인 중산층을 만들어 냈고, 섬의 나머지 지역에서 재배되던 설탕은 주인과 노예라는 계급을 만들었다. 담배 재배와 수확에는 전문 기술이 필요했다. 담배 잎은 하나씩 손으로 따야 했고, 제품의 시장 가격은 수확자의 기술에 의존했다. 담배 재배는 기술과 개인의 이익, 약간의 부를 낳았다. 그에 비해 "설탕은 아무나 할 수 있는 산업이며 대규모 노예 노동력이나 고용된 노동자들이 자본의 감독관들로부터 지시를 받으며 작업했다." 담배 재배는 국가 소유제를, 설탕 재배는 외국의 다국적 기업에 대한 의존성을 만들어 냈다.

담배 재배에는 기술, 관리와 판단력이 필요한 데 비해 설탕 재배에는 상품을(수숫대를) 잘라 낼 수 있는 육체적 힘만 있으면 된다. 오르티스의 표현에 따르면 쿠바 담배의 기원에는 '파르타가스'나 '우프만' 같은 값비싼 시가처럼 그 브랜드 이름에 으레 따라붙는 불완전 경쟁 관계가 여전히 남아 있는 반면에, 설탕은 "노예처럼 이름 없이 세상에 나오는" 상품이다. 담배는 안정적 가격을 의미하고, 설탕은 기복이 매우 심한 가격을 의미한다. 숙련된 감별자는 담배가 가진 칠팔십 가지의 미세한 차이를 구별할 수 있을 정도인 데 비해, 사탕수수 절단 작업에서는 절단 시기조차 중요하지 않다. 담배를 수확할 때는 잘 드는 작은 칼로 식물의 잎사귀를 한 장씩 잘라 내고 다른 부분은 꼭 남겨두어야 한다. 그에 비해 사탕수수는 큰 기계로 무자비하게 닥치는 대로 베어 버린다. 설탕 제조는 생업이고 담배 제조는 예술이다. 이처럼 서부 쿠바의 부의 원천과 동부 쿠바의 빈곤의 원천은 '특정 활동 의존적'이었다. 다시 말해 작물 자체에 경제적, 사회적 결과가 내재해 있었던 것이다.

르네상스와 계몽주의를 배운 네덜란드 공화국과 베네치아 인들, 그리고 오늘날에는 일본과 스위스 인들까지 선언했듯이 1차 상품 제비뽑기에서 가장 좋은 패는 어떤 상품도 뽑지 않는 것이다. 이로 인해 국가는 자연을 기반으로 하는 비교 우위보다는, 수확 체감이 아니라 수확 체증을 낳는 인위적인 비교 우위로 곧바로 들어갈 수 있기 때문이다. 위대한 몽테스키외(Montesquieu, 1689~1755)는 이렇게 말했다.

지구의 황량함 때문에 인간은 근면하고, 진지하고, 고난에 단련되고, 용기 있고, 전쟁에 적합한 존재가 되었다. 인간은 지구가 스스로 주기를 거부한 것을 노동으로 얻어 내야 했기 때문이다.[15]

기술 변화, 중심부 대 주변부 효과

우리는 기술 환경을 주기적으로 변모시키는 신기술의 물결이 갖는 중요성을 이미 살펴보았다. 그러나 이런 기술 경제 패러다임은 중심부와 주변부에 서로 다른 방식으로 영향을 미친다. 페레스는 소득 분포를 기준으로 할 때 그 주기적 측면을 분석하고, 또 중심부와 주변부 국가들의 금융 위기가 보이는 지리적 측면에도 주목한다.[16]

신기술 생산을 특화한 국가들은 대개 소비 국가 혹은 신기술에 필요한 원자재를 공급하는 국가들과는 매우 다른 효과를 경험한다. 19세기에 미국 남부에서 면화를 재배하는 주들이 겪은 일은 북부의 면방적을 주업으로 하는 주들의 경험과 판이하게 달랐으며, 사실 이런 두 주 사이에서 일어난 마찰, 그리고 면방적을 산업화하려는 북부의 노력이 남북전쟁을 일으킨 주요인이었다. 포드주의의 기술 혁명으로 인한 고무 수요의 증대는 고무 생산 국가들의 복지에 매우 부정적인 영향을 미쳤다. 특히 아마존 강 유역의 인디언 고무 채취자들에 대한 부당한 대우와 노예제, 잔혹 행위와 관련하여 추악한 사례인 이른바 푸투마요 사건(Putumayo Affair)은 1912년에서 1913년 사이에 영국과 유럽에서 중대한 스캔들이었다. 이에 대한 영국의 공식 자료 분량만 보아도 당시 이 사건이 얼마나 중요했는지를 짐작할 수 있다.[17] 북부는 새로운 포드주의 기술 경제 패러다임의 단계에 들어섰지만 그것이 길도 없는 아마존 주변부에 미친 영향은 대개는 부정적인 방향이었다. 아마존 강 유역의 마나우스에 세워진 오페라 하우스는 지금도 천연고무라는 자연으로부터 나오는 생산에서보다는 그것의 거래를 통해 이윤이 창출되었다는 사실을 증언해 주고 있다.

지리적 여건이 기술 변화에 각기 다르게 미치는 효과, 즉 중심부에서는 창조적이지만 주변부에서는 파괴적으로 작용하는 효과는 초기의 개발 경제학자들이 저개발 국가의 핵심 특징으로 확인한 바 있는 '이

중 경제(dual economy)'라는 개념을 상기시킨다. 근대적인 수출 부문 — 경제상의 고립 지역(economic enclave)* — 이 나머지 경제 부문과 통합되지 않았던 것이다. 수출 대체 산업 및 산업화가 증대되어 산업이 더 다양해졌을 때에야 비로소 '근대적' 부문과 '후진적' 부문 사이의 이런 격차는 대폭 줄어들게 된다.

1980년대 후반 탈산업화 및 보호막의 상실에 따른 현상으로 수많은 작은 나라와 중간 규모의 빈국은 국내 생산에서 다양성이 줄어드는 경험을 했다. 그들은 또다시 원자재 수출에 기반을 둔 경제적 단일 문화인 고립 경제에 가까워지고 있었던 것이다. 그와 동시에 국가의 역할이 줄어들기 때문에 (대부분 외국인 소유인) 그런 고립 지역을 감독하기가 갈수록 어려워졌다. 최근의 한 예를 보면 페루에서 칠레 인이 소유한 대다수의 광산은 식품과 음료를 포함한 필수품을 모두 칠레로부터 공수해 오면서도 페루 세관을 전혀 거치지 않는다. 아프리카에서는 광산 회사를 보호하는 데 필요하다는 이유로 불러온 사병(私兵)의 규모가 점점 커져, 사병들이 정세를 좌지우지하던 초기 식민주의 시대로 돌아가는 '퇴보'의 또 다른 예가 나타나기도 한다. 따라서 제3세계 국가들은 이제 제2차 세계 대전 이후 지금까지 이루어 낸 발전의 이익을 잃어버릴 위기에 처해 있다.

기술 변화의 또 다른 측면은 신기술이 노동 숙련도를 높이는 데나 낮추는 데에 모두 사용될 수 있다는 점이다. 이런 현상은 중심부 국가와 주변부 국가 모두에서 벌어지고 있다. 신기술 덕분에 버거킹의 현금 단말기에 글자 대신 상징 그림을 넣어 글을 읽고 쓸 줄을 모르는 점원도 계산을 할 수 있다. 하지만 그런 식의 발전이 개발도상국에서는

* 국내의 다른 부문과 연관이 없는 고립된 구역을 말한다.

훨씬 더 심각한 결과를 낳는다. 그곳에서는 숙련된 일자리(대학 졸업생에게 맞는 일자리는 극히 부족하다)가 없다는 것이 중요한 문제이기 때문이다. 개발도상국은 자기 나라의 자원을 활용하지 못할 뿐 아니라(이들의 생산력은 자국의 '생산 가능성의 한계production possibility frontiers'에 한참 못 미친다). 부국에서 '일자리'라고 부를 만한 것에 종사하는 경제 활동 인구는 불과 20~30퍼센트에 지나지 않는다. 혁신은 숙련된 일자리의 수가 줄어드는 모습으로 나타날 수도 있다.

라틴아메리카-카리브경제위원회(Economic Commission for Latin America and the Caribbean, ECLAC/CEPAL) 소속 경제학자 치몰리와 호르헤 카스(Jorge Katz)는 한 논문에서 아르헨티나의 자동차 생산이 엔지니어들의 일자리에 미친 '단순 작업화(deskilling)'의 결과를 보여 준다.[18] 그들은 이런 발전이 라틴아메리카 경제를 덫에 몰아넣고 있다고 주장하며, 이 지역이 어떻게 하여 부국과 빈국 사이의 기술 간극을 심화시키는 저성장 패턴에 갇히게 되는지를 밝힌다. 다른 말로 하면 빈국은 빈곤을 특화한다는 것이다.

국가 혁신 시스템이라는 아이디어를 중심으로 형성된 전략 역시 제3세계를 대상으로 한다. 하지만 '혁신을 토대로 하는 사회'에 관한 그런 비전 역시 보통은 서로 다른 비즈니스에서 서로 다른 방식으로 혁신이 임금에 영향을 미친다는 데 대한 질적 이해가 부족한 상태에서 형성되었다. 예를 들어 정보 기술(IT)은 시애틀에 있는 마이크로소프트 본사와 호텔 업계에 각각 매우 다른 결과를 낳는다. 호텔 업계나 유럽 전역의 중고 서적업은 정보 기술을 사용함으로써 이윤율이 낮아지고 임금과 수익성에 대한 하락 압력이 커졌다. 더 높은 실질 임금을 창출하기 위한 능력을 일컫는 '경쟁력'이라는 일반적인 정의를 이런 산업들만

따로 분리해서 적용하면 정보 기술을 토대로 하는 혁신은 경쟁력 향상보다는 하락에 영향을 미친다.

혁신은 일반적으로 두 범주로 나누어진다. 마이크로소프트 사의 제품은 엄청난 수확 체증, 높은 진입 장벽, 막대한 이윤 및 매우 높은 임금 지급 능력 아래 생산된 제품 혁신을 만들어 낸다. 바로 이런 혁신이 베네치아의 호텔 업계에는 예약 방식에 영향을 미치는 업무 혁신으로 표현된다. 인터넷상에서 완벽한 정보를 더 많이 찾을 수 있게 되자 베네치아 소재 호텔들 사이에 가격 경쟁이 불붙었고, 이윤율 및 고임금 지불에 부담이 생겼다. 이와 같은 업무 혁신은 항공 업계에도 비슷한 상황을 초래했다. 정보 기술이 마이크로소프트 본사 주변의 임금은 높였겠지만 동일 기술이 유럽의 스튜어디스의 임금에는 하락 압력으로 작용했던 것이다.

제품 혁신과 업무 혁신이 고용에 미치는 효과가 각기 다를 때가 많다는 사실은 혁신 경제학에서 잘 알려져 있는 일이지만, 혁신 때문에 특정 산업과 지역이 얻는 부가가치가 실제로 줄어들 수도 있다는 사실에 대한 환기는 충분하지 않았다.

'거리의 파괴', 주변부를 위한 암시

지리와 거리는 늘 생산이 세계 전역으로 확산되도록 촉진하는 경제적 요소로 받아들여져 왔다. 우선 독일의 경제학자 프란츠 오펜하이머(Franz Oppenheimer, 1864~1943)가 제안한 아이디어를 활용하여 지리나 시간으로 인한 비용이나 갈등, 시차 없는 세상을 상상할 수 있다. 실제 세계에서는 여기에다 시간과 지리에 대한 이 같은 비용과 갈등, 시차를 나타내는 요소를 추가해야 하겠지만 말이다. 경제적 요소로서 지리의 중요성은 시간 요소와 섞이고 혼합된다. 알프레드 챈들러(Alfred Chandler)가 '속도의 경제학'이라 부른 게 바로 이것이다. 오펜하이머는 이 요소를 '수송 감당력', '수송 저항', '시간과 지리가 초래한 저항'이라 부른다. 역사적으로 볼 때 지리적으로 고립되어 있는 오스트레일리아는 아일랜드보다 수송 저항이 컸다. 다른 말로 하면 시간과 거리가 그 나라의 제조업에 천연 보호막을 제공했다는 것이다.

지난 세기 동안 있었던 기술 변화의 중요한 특징 하나는 가끔 거리의 파괴라 부르기도 하는 이런 수송 저항의 감소였다. 이 때문에 주변부 국가들의 따라잡기, 즉 국가 경제를 수확 체증 활동으로 끌어들이는 일이 더 어려워졌다. 공공 행정을 포함하여 제1세계 일자리의 많은 부분을 차지하는 전통적인 서비스 산업이 세계의 요소 가격 하향 균등화를 향한 흐름을 심하게 겪지 않는 주된 이유는 극심한 수송 저항이 노동 시장의 비글로벌화와 결합된 덕분이라는 것이 우리의 주장이다. 수송 저항이 완전히 없어지고 전통적인 서비스 산업에서도 국제 무역이 이루어질 수 있으려면 공상 과학 영화에서처럼 순간 이동이 일어나는 길뿐이다.

실제로 수송과 시간의 저항이 없다면 여러 신산업에서 보호주의가 무의미해진다. 이와 함께 예전에는 한 국가의 혁신 시스템 안에서 개발되어 이득을 낼 수 있었던 아이디어들이 이제는 혁신적 환경과 필요한 벤처 캐피털이 있는 나라를 찾아 세계를 돌아다녀야 한다. 몇 년 전 위스콘신 주 메디슨에서 열린 대학연구단지연합(Association of University

Research Parks, AURP)의 연례 총회에 참석했을 때 미국 중서부의 대학에서 온 대표단의 말에 충격을 받았다. 그들은 훌륭한 연구 아이디어를 지닌 사람들이 중서부 지역을 떠나 산업 여건이 좋고 벤처 캐피털이 있는 동부나 서부 해안으로 가버린다고 불평했던 것이다. 이런 영향력이 제3세계에서는 확실하고 더욱 강력하게 작용하고 있다. 따라서 주변부의 국가 혁신 시스템이 만들어 낸 좋은 아이디어는 제1세계의 경제로 흡수될 위험에 처한다. 발명은 주변부에서 일어나더라도 혁신은 중심부에서 이루어질 때가 많다는 것이 슘페터 식 발전 지리학이라 부를 수 있는 것의 또 하나의 관점이다.

파괴적 파괴와 슘페터 식 발전 지리학

창조적 파괴는 슘페터 식 경제학에서 중요한 용어로, 원래는 니체가 쓴 말이다.[19] 슘페터처럼 니체는 창조적 파괴의 과정을 긍정적인 것으로 보았다. 그러나 니체의 친구이자 바젤 대학의 동료이던 저명한 르네상스 역사가 야콥 부르크하르트(Jacob Burckhardt, 1818~1897)는 생각이 좀 달랐다. 그는 "그 발굽 밑에서는 풀도 다시 자라지 못하는 철저하게 파괴적인 힘이 있다.(혹은 있는 것 같다.)"라고 보았다.[20] 파괴와 창조가 전혀 다른 지역에서 일어날지도 모른다. 맨체스터의 직조 기계가 벵골의 베 짜는 장인들을 대체하는 것이 그런 예이다. 이 극적인 효과를 설명하기 위해 마르크스는 영국 총독이 고향 런던으로 보낸 편지를 인용했다. "상업의 역사에서 이런 참상에 필적할 만한 일은 달리 없을 거요.

무명 짜는 이들의 뼈가 인도의 들판에서 백골이 되고 있소."

점차 세계화되는 경제에서도 노동 시장 자체는 세계화되지 않는다는 사실이 이런 '파괴적 파괴'의 유형으로 곧바로 이어진다. 그리하여 때로는 몽골에서처럼 매우 심각한 결과를 빚기도 한다. 더욱이 갈수록 더 많은 제품이 저작권과 특허권의 적용 대상이 되기 때문에 일부 지역에 창조가 집중되는 경향은 더 커질 것이다. 포드주의의 대량 생산 같은 예전의 기술 경제적 패러다임에서는 역설계를 통한 발전이 실행 가능한 선택지가 될 수 있었다. 하지만 앞으로는 이런 가능성이 훨씬 더 줄어들 것으로 보인다. 세계의 불평등 문제에서 특허권과 저작권이 갖는 엄청난 의미에 대해 우리는 이제야 눈을 뜨기 시작한 것이다.

내가 볼 때 이런 원시화 메커니즘의 조합은 제3세계의 경제 발전에 심각한 장애물을 만들어 내는 쪽으로 가고 있다. 그것들이 한꺼번에 영향을 미치면 뮈르달이 '전도된 후유증'이라 부른 것이 만들어진다. 즉 더 숙련된 노동력과 더 많은 자본이 부국에서 빈국을 향해서가 아니라 그 역방향으로 흘러가기 쉽다는 말이다.

원주민, 정부 정책을 통한 원시화의 사례

원주민들에게 세계화는 그들이 국민 국가 아래에서 이미 받아왔던 강력한 경제적 압박을 더 크게 만들 뿐이다. 유대인들이 그랬듯이 원주민은 국민 국가 건설이라는 18세기식 프로젝트에 장애물이었다. 프랑코 치하의 스페인에서도 소수 언어는 모두 국가 통합을 위협하는 것으로 간주했다. 그래서 옛날 유럽 속담에 사투리와 국어의 차이는 자체 군대를 가진 사투리가 곧 국어라는 말이 생긴 것이다.

북구의 복지 국가들에도 원주민이 있다. (덴마크의 자치령인) 그린란드에는 이누이트 족이 있고 노르웨이, 스웨덴, 핀란드에는 사미 족이 있다. 아주 최근까지만 해도 노르웨이에서 사미 족은 학교에서 고유 언어를 쓰지 못하게 금지당해 왔다. 또 사미 족 순록 사육자에 대한 조치를 보면 칭찬받는 복지 국가들마저도 자국의 원주민 문화를 어떻게 '원시화'해 왔는지를 알게 된다. 다른 많은 원주민 문화에 비하면 이 원주민 집단은 남달리 유리한 편이기 때문에 더욱 흥미롭다. 노르웨이에서 사미 족은 국가가 허가한 순록 사육 독점권이 있으며, 순록 고기는 노르웨이나 멀리 모나코의 왕궁 식탁에도 자주 오르는 미식이다. 그럼에도 1990년대 들어 그들의 경제 상황은 급격히 악화되었다. 그렇게 된 까닭을 알려면 정부의 잘못된 관리가 25년 이상 계속된 긴 역사를 살펴보아야 한다. 그것은 계획 패러다임(planning paradigm)에 뿌리를 둔 정책들이 사미 족 순록 사육자들을 경제적으로 퇴보시키고 식민지 같은 처지에 빠뜨렸기 때문이다.

1999년에 나는 오슬로 농무부의 훈령을 받아 북극권 안으로 한참 들어간 노르웨이 최북단 핀마르크의 드넓은 벌판에 갔다. 사미 족 사육자들이 국가적 사치품의 독점 생산권을 갖고 있으면서도 왜 갈수록 더 가난해지는지 원인을 알아내기 위해서였다. 자동차로 6100킬로미터를 주파하면서 사육자 조직들을 모두 방문하고, 넓게 펼쳐진 노르웨이 북부 절반을 전부 돌아다니며 이 세상 누구보다도 더 많이 신식, 구식의 순록 도살장을 찾아다녔다. 그 뒤에 올린 보고서 때문에 나는 농무부에서 기피인물이 되었지만 말이다.[21]

처음 알아낸 사실은 그 지역 시장에서 순록 고기가 기묘하고 비정상적으로 처리되는 과정이었다. 핀마르크의 사육자들은 대부분 가축을 몇몇 대형 도살장, 정부 식으로 말하자면 '명단에 등록된 도살장'에 판다. 그때 가격은 대략 1킬로그램당 40크로네(5유로)가량이다. 그러나 그 지역에서 도살하고 '길거리 시장'에 고기를 내다팔면 도살 비용을 감안하더라도 킬로당 가격을 50퍼센트 이상 더 받는다. 같은 지역에서 같은 물품에 대한 가격이 크게 차이난다는 것은 이상한 현상이다. 복지 국가라는 곳에서, 이렇게 높은 가격으로 고기를 파는 것이 가장 부유한 사육자들뿐이라는 사실을 알자 더욱 놀라웠다. 어찌하여 이런 시스템이 생겼는가?

사미 족은 1976년에 경제적 몰락이 시작되었다. 사미 족과 노르웨이 정부 사이에 매년 정해지는 '순록 합의'를 거치면서 그 전에는 전혀 규제되지 않던 순록 사육이 계획 경제에 들어왔기 때문이다. 협상의 주요 쟁점은 사미 족이 받는 고기 가격이었다. 공식 자료에 따르면 사미 족은 1킬로그램의 순록 고기를 1976년에는 68크로네를 받았는데 1990년에는 32크로네만 받았다고 나와 있다.(일괄 비교가 가능하도록 인플레이션을 감안하여 1990년의 가치로 가격을 조정했다.) 사미 족은 1976년에는 1킬로그램당 48크로네라는 놀라운 순수익을 올렸지만 1990년에는 적자를 보고 있었다.

순수익이 줄어든 것은 해거리가 심한 생산 업종에 엄격한 가격 구조를 적용한 결과였다. 북극권이 유지할 수 있는 순록 숫자는 레밍만큼 극단적으로 기복이 심하지는 않지만 북대서양진동(North Atlantic Oscillation, NAO: 아메리카 대륙 서쪽 해안에 나타나는 엘니뇨 비슷한 현상)으로 인해 큰 폭으로 요동친다. 20세기에는 그런 기후 변동 주기가 네 차례 있었는데, 여건이 최고조에 달할 때의 순록 숫자는 여건이 나쁠 때의 두 배에 달했다.

1980년대에는 순록 수와 고기 생산이 엄청나게 늘었고 가격은 떨어졌다. 시장 상황을 개선하기 위해 농무부는 농민 육류 독점 기구인 노르웨이 육류조합(Norsk Kjøtt)에게 순록 고기를 위한 '시장을 만들어 내고 가격을 규제하는' 일을 맡겼다. 이 기구는 당시 폐쇄적인 노르웨이 시장에서 고기 생산을 사실상 독점하고 있었다. 정부는 원주민 사육자들의 생산품 판매권을 그들의 최대 경쟁자에게 넘겨준 꼴이었다.

1990년대에 고기 가격이 갑자기 떨어지자 생산량이 급락하여 순록 사육자들이 경제적으로 심각한 곤란에 처했다. 순록 고기는 품귀 현상을 겪었지만 농무부가 공식적으로 권장 가격을 높이지 않았기 때문에 가격은 여전히 오르지 않았다. 농민들의 독점 단체인 노르웨이 육류조합이 순록 고기 가격을 인상하라는 권고를 거부했던 것이다. 1980년대에 들어 처음에는 생산량이 늘어나는데도 생산품 가격은 절반으로 떨어졌고, 다음에는 실제로 킬로그램당 가격은 거의 오르지 않은 채 생산량도 주기적으로 절반 가까이 줄어들었다. 이는 사육자들의 소득이 실질적으로 50퍼센트 가까이 하락했다는 뜻이다.

순록 사육자들이 돈을 잃자 노르웨이 정부는 생산된 고기 1킬로그램당 정부 보조금의 형식으로 사회 복지금을 나누어 주기 시작했다. 하지만 정부는 이 계획을 통제하기 위해 사미 족은 정부 허가를 받은 몇 군데 안 되는 등록 도살장에만 가축을 팔아야 한다는 조건을 달았다. 비공식적인 일반 시장은 여전히 옛날 가격에 가까운 금액으로 고기를 구매했지만 등록된 도살장은 낮은 권장 가격만 주었다. 따라서 사미 족 사육자들은 복지금을 받으려면 억지로 낮은 가격에 고기를 팔지 않을 수 없었다. 반면에 상대적으로 처지가 나은 일부 사육자는 옛날 가격에 가까운 훨씬 더 높은 값에 팔 수 있었다.

노르웨이 정부는 맨체스터의 면방직업자들과 경쟁하는 인도 사업자들에게서 일거리를 빼앗기 위해 영국 정부가 쓴 것과 같은 메커니즘인 구매자 독점권을 만든 것이었다. 당시 인도에서는 협상이 불가능한 고정불변의 낮은 구매 가격을 제시하는 회사 한 곳이 노르웨이의 순록 사육자들의 경우보다 더 처참한 결과를 만들어 냈다.

이와 병행하여 새롭고 더 엄격한 위생 규정이 시행되어 보통 영하 20도 아래의 금방 내린 눈 위에서 도살하고 고기를 처리하는데도 규제 기준은 기온이 영상 40도인 아테네 시내에서 하는 것과 동일했다. 이를테면 영하 20도의 날씨인데도 (있지도 않은) 바퀴벌레 약을 꼭 놓아야 한다는 식의 규제가 수익성 높은 사미 족의 원주민 산업을 죽인 진짜 이유 중의 하나였다고 다들 말한다. 원래 도살, 고기 처리 과정, 판매는 사미 족의 문화적, 경제적 중심이었다. 그런데 이제 가축이 트럭에 실려 사미 족이 아닌 사람들이 운영하는 도살장에서 도살되고 경쟁자들의 손에서 판매되자 사육자들의 경제 활동은 중단되었다. 사미 족은 노르웨이의 내부 식민지가 되었고, 오로지 원자재만 공급하는 처지로 전락해 버렸다.

노르웨이의 사미 족 순록 사육자 연합은 당시 극도로 압박을 받고 있었다. 그 회원들의 경제 상황이 나빠졌기 때문만이 아니라 주기적인 기후 변동으로 인한 자연의 수용 능력과 지속 가능성에서의 변화마저도 순록이 풀을 너무 많이 뜯어먹는 탓이라고 비난받았기 때문이다. 농무부의 멘탈 모델은 남부 노르웨이의 농업 대학에 있는 오래된 건물의 안정감으로부터 만들어졌고, 기후 요소는 그들의 분석에서 일부러 배제되었다. 그뿐 아니라 스웨덴과 핀란드의 농무부와 달리 노르웨이 농무부는 천 년 동안 이어져 온 사육자들의 경제 활동을 '현대 과학 (modern science)'으로 개선시키는 것을 임무로 여겼다. 노르웨이 농무부는 생산의 주기적 변동이 기후 순환 탓이라고 보지 않고 원주민 사육자들의 주기적인 무책임이 그 배후라고 거의 선언할 뻔했다. 사실상 노르웨이는 오랫동안 원주민들에 대해 일종의 '자국 내 오리엔탈리즘'을 행사해 왔다.

여러 해 동안 나는 사미 족 사육자들이 노르웨이 정부와 연례 협상을 할 때 조언자 노릇을 했다. 순록 사육자들은 사미 족 소수파 가운데서도 작은 그룹에 불과했고, 사미 족 다수파는 '노르웨이 식' 직업에 편입되어 있었다. 협상 무대는 불평등했다. 테이블의 한쪽에는 (정부의 일부로서) 사미 족 의회와 여러 부서의 대표자들이 앉아 있었고, 다른 쪽에는 얼마 안 되는 원주민 조직과 내가 앉았다. 내 평생 노르웨이 인이라는 사실이 그토록 수치스럽기는 그때가 처음이었다. 큰 폭으로 요동치는 생산에 고정 가격을 고집하는 그들의 정책 때문에 벌어진 암담한 경제 상황을 인정하기를 거부하는 정부, 자기들이 잘못했을 수 있다는 의심은 아예 없는 정부는 사육자들을 서서히 밀어붙여 모두 사회 복지금에 의존하게 만들었다. 북극권 캐나다에서도 이와 비슷한 사태가 벌어졌는데, 인류학자 로버트 페인(Robert Paine)은 그것을 '복지 식민주의(welfare colonialism)'라고 불렀다. 사미 족의 경우는 '자유 시장'이 실제로 원자재 생산자의 소득을 높이는 데 크게 기여하게 되는 보기 드문 상황이었다. 단지 그 몇 년 전만 해도 원주민 조직은 협상장 밖으로 쫓겨나서 창이나 문을 통해 들여다보는 것이 고작이었지만 말이다.

수차례의 열띤 협상이 진행된 끝에 지금은 사미 족 사육자들의 상황이 약간 나아졌다. 사육자들의 소득도 1999년에서 2003년 사이에 두 배가 되었다. 전반적인 상황에 관심이 독자는 2006년『브리티시 푸드 저널(British Food Journal)』에 실린 논문(미주 21 참조)을 읽어 보기 바란다. 나는 이 이야기가 두 가지 점에서 흥미롭다고 생각한다. 하나는 일반적인 관점이고 또 하나는 스칸디나비아적인 관점에서이다. 일반적 관점은 이렇다. 노르웨이 정부는 자기네 원주민의 경제를 잘못 관리하면서도 뻔뻔스럽게도 브라질 같은 지역의 원주민을 보호하는 국가로서 높은 국제적 평판, 예를 들면 세계은행 같은 기구와는 대조적인 평판을 얻었다는 것이다. 그러나 브라질에서든 노르웨이에서든 다른 국가의 원주민은 매력 있고 이국적으로 보일 수 있지만 자국의 원주민은 방해물일 뿐이다. 이웃의 눈에서 지푸라기를 보지만 자기 눈 속의 들보는 보지 못한다는 성서의 이야기는 여기에도 꼭 들어맞는다.

이 사례 연구가 왜 중요한지에 대한 두 번째 이유이자 스칸디나비아적인 이유는 7장에서 말할 밀레니엄 목표에 관한 논의를 예고하기 때문이다. 나는 안데스 지역 원주민들의 생산은 연구한 적이 있지만 1999년까지는 순록 사육에 대해 아는 게 일천했다. 따라서 사육자들과 작업을 시작했을 때 그 분야의 동료 두 명에게 사육자들의 문제를 어떻게 하면 풀 수 있는지 물어보았다. 두 동료는 전직 차관들로 좌우로 갈라져 다른 편에 속해 있었다. 그들은 곧바로, 그리고 완전히 똑같이 반응했다. 이 문제는 너무 복잡하니까 유일한 해결책은 그들에게 돈을 던져 주는 것이라고. 노르웨이 정부가 해 온 일이 바로 이런 식이었다. 1999년에 노르웨이의 사미 족 순록 사육자들에게 지급된 정부 보조금은 그들의 육류 판매 총액과 같은 액수였다. 그 산업 자체는 정부 보조금 이상의 부가가치를 전혀 창출하지 못했던 것이다.

그러는 동안 이런 식의 태도에 적합한 이름을 하나 만들었다. 내가 고안한 '스칸디나비아 식 오류(Scandinavian Fallacy)'라는 말은 빈곤이라는 복잡한 문제가 있는 곳에서 생산 시스템을 개선시킴으로써 내부에서부터 그 문제를 다루기보다는 외부에서 돈을 던져 주는 식으로 해결하려는 사고방식을 일컫는다. 이런 태도는 원주민들이 부를 쌓은 것은 무엇보다도 공정한 방식으로 소득을 분배하려는 자신들의 선의 때문이었다고 보는 스칸디나비아인들의 집단 인식에서 유래한다. 그러면서 스칸디나비아인들은 보호주의와 보조금을 포함한 중공업 정책같이 정치적인 방식으로 경제에 매우 깊숙이 개입한 사실을 집단 기억에서 지워 버린다. 정책적으로 경제에 개입한 사실은 18세기의 관방학에서부터 20세기의 마셜 플랜 및 그와 비슷한 계획들에 이르기까지 경제 정책의 흐름을 특징짓던 것들이다.

이렇게 성장보다는 분배에 눈을 돌리는 추세는 1960년대 후반에 시작되었다. 페루에 처음 갔을 무렵 스칸디나비아에서는 페루의 문제가 부유층이 빈곤층과 나누려 하지 않기 때문이라고 보는 입장이었다. 그런 나라의 평균 국민 소득이 낮은 것은 흔히 산업화되지 않은 나라에서 전형적으로 행해지는 부의 왜곡된 분배 탓으로 설명되곤 했다. 이 말도 틀리지는 않다. 하지만 그렇다고 당시 페루의 1인당 평균 국내총생산(GDP)이 연간 300달러 정도였다는 사실이 변하지는 않는다.

경제학자들이 지난 몇 십 년 동안 생산에 흥미를 잃다 보니 오로지 분배에 기인하는 이런 빈곤관에 한층 힘이 실린 것은 사실이다. 1990년대 후반으로 갈수록 대부분의 작고 가난한 나라에서는 신자유주의적 아젠다가 실패했다는 것이 분명해졌다. 이런 식으로 스칸디나비아 식 오류가 밀레니엄 목표라는 형태로 전 세계적 차원으로 이행되었던 것이다. 이 접근법에는 취약점이 있다. 바로 사미 족이나 아프리카의 주민 같은 빈곤층이 자기 힘으로 부를 일으킬 수 있는 능력을 키우는 것이 아니라 다른 곳에서 만들어 낸 소득을 재분배함으로써 빈곤 문제를 처리하려 한다는 것이다. 스칸디나비아 식 오류는 빈곤의 원인보다는 그 징후를 다룬다. 사미 족 순록 사육자들이 경제적으로 '원시화된' 것은 자기들의 원자재에 가치를 더할 수확 체증 활동을 박탈당했기 때문이고, 결과적으로 그들은 실업 수당이나 타먹는 신세로 전락해 버렸다. 노르웨이의 그런 국내 복지 식민주의는 지금 아프리카 대륙에서 어마어마한 규모로 복제되고 있다.

원시화와 냉전의 유산

경제학자는 자기 동료들의 갈채를 받기 위해 일한다.

— 폴 새뮤얼슨, 『뉴욕 타임스』, 1974

이와 같은 경제적 퇴보와 원시화의 메커니즘이 어찌하여 현대 경제학자들에게는 이토록 완벽하게 무시될 수 있는가? 오늘날 세계화의 수사학은 '자유로운 시장, 민주주의, 자유'라는 삼위일체에 기반하고 있다. 그런데 문제는 이 세 요소의 상호 의존성을 문제 삼으려는 시도도 없고, 더 중요하게는 발전하기 위해 민주주의와 개인의 인권 같은 역사적으로 드문 일들의 필요성을 입증하는 것을 전제 조건으로 하려는 시도가 거의 없다는 점이다. 나는 현실에 대한 오늘날의 집단적 이해가 냉전이 만들어 낸 경제적 착각에 의해 고착된 것으로 본다. 리카도의 실체 없는 시스템에 공통 뿌리를 두는 당시의 두 가지 경제 이론은 두 종류의 다른 유토피아를 그려 냈다. 계획 경제라는 유토피아와 자유 시장이라는 유토피아가 그것이다. 특히 이 냉전 사고방식이 물려준 중요한 유산 네 가지는 우리의 세계화 방식이 세계의 많은 사람들에게 과거의 생산 양식을 특화하도록 강요한다는 사실을 깨닫지 못하게 방해한다. 여기서 초기의 개발 경제학자들이 말했던 '이중 경제'로 다시 돌아가 보자.

다음의 네 가지 요소, 즉 1) 무역 이론 2) 상식에 기초하여 경제 이론의 가정을 논의하려는 의지의 결여 3) 자연 발생적 질서를 만들어 내는 시장 능력에 대한 확신 4) 현실 연구에 대한 위상 부족은 서로 분리할 수 없을 정도로 뒤엉켜 있다.

공산주의자들이 각자 능력에 따라 일하고 필요에 따라 가져간다고 약속하자 신고전주의 경제학자들은 베를린 봉쇄 당시 출간된 새뮤얼슨의 무역 이론으로 대응했다. 이는 일반 이론의 가정하에서 세계의 자유 무역이 요소 가격 균등화를 창출한다는 사실을 입증하겠다는 이론이다. 다른 말로 하면 노동과 자본의 가격이 전 세계에서 동일해진다는 것이다.[22] 시장은 공산주의보다 더 잘 돌아갈 것이며, 보이지 않는 손이 자유롭게 활동하도록 내버려 둔다면 모든 사람이 똑같이 부유해진다는 뜻이다. 이 이론은 오랫동안 직관을 심히 거스르는 이론으로 여겨졌으므로 실제 정책에는 적용되지 않았다. 비록 신고전주의 전통에는 무역 이론에 대한 훨씬 더 세련된 논의가 있었지만 그와 아무 상관없이 이런 서투른 이론이 제2세계와 제3세계에서 워싱턴 기관들이 시행한 작업의 토대가 되었다. 수많은 개발도상국의 경제에 가해진 재앙이 바로 그 결과였다. 그런데도 그 토대를 만든 경제학의 스승(guru)과 이론이 여전히 권력을 잡고 있다. 이와 같은 현실이 조장된 것은 오늘날 비리카도 식 '다른 전통'의 경제학이 없는 것이나 마찬가지이기 때문이라는 점은 또 한 번 강조되어야 한다.

앞에서도 언급했듯이 무역 이론에서 결정적인 문제는 그것이 은유를, 특히 '균형 상태(equilibrium)'라는 근본 은유를 물리학에서 끌어오는 데에서 비롯된다. 이런 은유는 1880년대에 처음 채택하여 사용했다. 그것은 적어도 아리스토텔레스 때부터 법학자와 사회 과학자들이 사용해 왔으며, 그때까지 지배적이던 상호 의존성에 근거하여 차별화된 기능을 가진 국가라는 은유를 갈아치웠다. 물리학적 은유를 선택함으로써 특정한 가정을 경제학이라는 학문에 끼워 넣어야 할 필요가 생겼으며, 무역 이론의 결론은 바로 그런 가정, 즉 완벽한 정보, 완전 경쟁, 규모에 따른 수확 체증의 부재 위에 세워졌다. 노벨 경제학상 수상자 뷰캐넌의 말을 좀 바꾸어 쓰자면, 이런 가정 아래에서는 무역이 발달해야 할 이유가 전혀 없다. 모든 사람이 똑같은 것을 알고 있고 (규모의 경제학을 고려한) 고정 비용이 없다면 인간은 모두 자족적인 생산의 소우주로 기능했을 터이고, 따라서 원자재 무역 이외에 다른 무역은 전혀 필요하지 않았을 것이다. 무역 이론이 빈곤층에게 한 약속을 이행하는 데 필요한 가정은 논리적으로 1차 산물을 제외한 모든 무역을 없애 버리자는 결론으로 이어진다. 1953년 미국 사회에서 매카시의 좌파 마녀사냥이 몰아치고 있을 때 밀턴 프리드먼은 경제 이론의 가정에 관한 모든 논쟁을 사실상 묻어 버렸다. 그는 무역 이론이 무엇을 가정하는지 보지 말고 그것이 미국을 위해 어떤 일을 해 주는지 보라고 말했다.[23]

냉전 기간 동안 시장의 '자연 발생적 질서'는 계획 경제에 대한 경제학자들의 응답이었다. 그와 정반대 현상인 '자연 발생적 혼란'은 국가의 생산 시스템이 부족 사회보다는 오히려 통합된 국가를 위해 필요한 수확 체증 활동과 시너지가 부족할 때 일어나는 것으로 소말리아, 아프가니스탄, 이라크에서 그 예를 볼 수 있다. 수확 체증과 시너지를 일으키는 경제 활동은 저절로 생기지 않는다. 국내 생산과 공공복리를 증대시키기 위해 때로는 가격을 '부적절하게 정하는' 강력한 정책에 의도적으로 집중함으로써 번영하는 시장이나 문명 자체를 일으킨 사례는 역사에 얼마든지 있다. 1840년에 독일의 경제학자 요한 고트프리드 호프먼(Johann Gottffried Hoffman)은 다음과 같이 적절하게 표현했다.

성인이 어렸을 때 말을 배우면서 얼마나 힘들었는지 오래전에 잊어버린 것처럼 민족도 국가가 성장하던 시절에 자신들이 원시적이고 잔혹한 야만성에서 벗어나기 위해 어떤 것들이 필요했는지를 잊어버렸다.[24]

유럽은 '자연 발생적 질서'라는 미망에 사로잡히기 전에 매우 강력한 정책에 힘입어 제2차 세계 대전의 폐허 위에서 재건되었다. 제2차 대전 이후 유럽과 일본에서 시행된 미국의 정책과 오늘날 이라크에서 시행되는 미국의 정책 사이에 드러난 간극은 도저히 이해할 수 없을 지경이다. '악당'을 없애고 자유 무역을 도입하면 '자연 발생적 질서'와 성장을 이룰 것이라는 대단히 매력적인 가정에서 출발한 이라크 사태는 진정으로 냉전 및 냉전이 빚은 착각의 마지막 장을 장식한다.

우리 시대 경제학자 가운데에서 가장 영향력이 큰 인물로 알려진 새뮤얼슨은 몇 해 전에 『뉴욕 타임스』에서 경제학자란 기회주의자라고 말한 바 있다. 경제학자들은 월요일, 수요일, 금요일에는 한 종류의 모델로 작업을 하고, 화요일과 목요일에는 완전히 판이한 가정 위에 세워진 다른 모델을 가지고 작업할 수도 있다. 앞에서 가정 조작이라고 딱지 붙인 이런 태도를 감안할 때 연구 프로젝트는 매우 위험해질 수 있다. 그런 프로젝트가 모두 워낙 시급한 기획이다 보니 거기에서 사용한 가정과 도출된 결론이 너무 서둘러 나온 것일 수 있기 때문이다. 물론 여기에는 사실상 모든 것을 증명하는 만병통치약 같은 경제 모델을 찾아낼 수 있다는 장점도 있긴 하다. 한 가지 문제는 개발도상국에서 시행할 경제 이론을 선택하는 것이 결국은 권력이라는 단일한 문제로 귀착된다는 점이다. 힘이 곧 정의이다. 아프리카 최고 대학에 있는 경제학자들이 매달 100달러가량의 봉급을 받는 반면에 세계은행에서 컨설턴트로 일하면 진실을 숨기는 대가로 하루에 300달러를 받을 수 있는 판이니, 자국에 시행되는 정책에 반대 목소리를 높이는 개발도상국 출신의 경제학자가 거의 없다는 것은 그리 놀랄 일이 아니다. 주류 이론의 도구를 쓰지 않는 경제 연구를 수행하기 위해 기금을 신청한 결과는 역시 예상한 대로였다. 마치 마르틴 루터가 바티칸에다 기금을 신청한 것이나 다를 바 없었다.

겉으로 견고한 지혜를 대표하는 듯 보이는 과학이 결국은 거의 모든 것을 입증하는 데 사용할 수 있는 만병통치약 같은 잡다하고 단편적인 이론들의 혼합물이 되어 버렸다. 더 조목조목 비판한다면 정통파 경제학(orthodox economics)은 아르헨티나 작가 호르헤 루이스 보르헤스(Jorge Luis Borges)가 상상 속의 중국어 사전에서 만들어 낸 온갖 동물의 기묘한 분류 체계나 다를 바가 없다. 동물은 a) 황제에게 속하는 동물 b) 방부 처리된 동물 c) 훈련된 동물 d) 젖 빠는 돼지 e) 인어 f) 근사한 것 g) 길 잃은 개 h) 이런 분류에 포함된 것들 I) 미친 듯이 몸을 떠는 동물들 j) 셀 수 없는 것 k) 매우 가는 낙타털 붓으로 그린 것 l) 다른 것들 m) 방금 꽃병을 깨뜨린 것 n) 멀리서 본 파리 비슷하게 생긴 것들[25]로 나뉜다. 미셸 푸코(Michel Foucault)도 내가 여기에서 인용하는 것과 같은 이유로, 즉 과학적 도그마주의에 관한 의혹의 씨를 뿌리기 위해 보르헤스의 분류 체계를 사용한 바 있다. 그러나 보통 사람들로서는 알아들 수 없는 수학의 장벽으로 둘러싸인 경제학보다는 보르헤스가 제멋대로 만든 상상 사전이 훨씬 더 알아듣기 쉽다.

케인스는 이렇게 말했다. "대개의 경우 자기는 어떤 지적 영향력에도 구속받지 않는다고 믿는 현실적인 사람이 사기성 농후한 경제학자의 노예인 경우가 많다. 허공에서 계시를 듣는 미친 권력자는 자기의 광기를 몇 년 전 학술적 낙서 같은 것에서 증류해 낸다. 나는 이념의 점진적인 접근에 비하면 기득권의 힘은 엄청나게 과장되었다고 확신한다. … 하지만 빠르든 늦든 좋든 나쁘든 위험한 것은 기득권이 아니라 아이디어들이다.…"[26]

이 책은 오래전에 죽은 경제학자들을 새로 묶어 소개한다. 그들 중 다수는 도표 3과 부록 2에서 언급하고 있고, 그들 가운데 몇 명은 현대의 경제학 종사자들을 노예로 만든 사람들보다도 훨씬 더 전에 죽었다. 애덤 스미스 같은 오늘날의 주인공에 비해 이 책에 등장하는 사람들은 왜 어떤 나라는 부유해지고 어떤 나라는 가난해지는지에 대해 분명하게 파악하고 있다는 장점이 있다. 지난 500년간 국제 경제라는 실험실에 축적된 증거를 시간을 들여 살펴본 사람은 그들의 정당성이 역사에서 입증되었음을 알 것이다. 하지만 중요한 것은 하나의 도그마를 다른 도그마로 대체하는 것이 아니다. 우리는 경제학 이론과 실천의 놀랄 만한 풍부함과 다양성을 받아들여야 한다. 또 경제 정책의 도구를 한층 더 다양화해야 할 필요성도 인정해야 한다. 영국을 이롭게 한 정책들이 스위스를 이롭게 할 정책과 꼭 같지는 않을 것이며, 적도 기니나 미얀마, 바누아투를 이롭게 할 것들과는 더더욱 다를 것이다. 결국 우리가 이런 험한 물길과 새로운 환경에서 항해하는 데 길잡이는 역사뿐이다.

6

실패의 핑계,

역사의 종말에 등장한

훈제 청어

내 말을 믿으라. 사악하거나 나쁜 사람을 두려워하지 말고 잘못된 일을 하는 정직한 자를 두려워하라. 그런 사람은 진실한 믿음이 있고, 모든 사람이 잘 되기를 기원하며, 누구나 그를 믿는다. 그러나 불행하게도 그의 방법은 실패하여 인간을 이롭게 하지 못한다.

— 페르디난도 갈리아니, 이탈리아 경제학자, 1770

악한 자가 어떤 나쁜 일을 하더라도 선한 자가 끼치는 피해보다 더 심하게 해로운 것은 없다.

— 프리드리히 니체, 1885

How rich countries got rich, and why poor countries stay poor

| 선한 의도에서 행한 일이
| 나쁜 일이 될 때

2003년 5월 탄자니아의 아루샤. 곧 시작될 강연에 쓸 메모를 훑어보느라 정신이 팔려 있을 때 탄자니아의 장군이자 국회의원인 사람이 연단으로 다가왔다. "당신 논문을 읽어 봤는데 한 가지 물어볼 게 있습니다." 그는 진지한 태도로 말했다. "저들이 의도적으로 우리나라를 퇴보시키는 겁니까?"

당시 나는 (케냐, 우간다, 탄자니아의 연합 의회인) 동아프리카의회(East African Parliament)의 회원들에게 세계화와 자유 무역에 대한 견해를 말하려던 참이었다. 그들은 세계화 덕분에 근대화가 아니라 원시화의 길을 걷게 된 여러 나라를 대표하여 나와 있었다. 나는 그날 오전 모임에서 탁월한 사회 솜씨를 보인 우람한 체격의 유머러스한 이 장군에게 존경심을 느끼고 있었다. 회의가 열리는 장소는 옛 커피 농장에 설치된 큰 천막이었다. 그 농장은 커피 재배에서 인건비 부담이 극히 적었음에도 커피 가격의 하락으로 경쟁력을 잃어 버린 상태였다. 탄자니아가 독립한 이후 개발된 몇 안 되는 그 지역의 산업은 모두 워싱턴 기관들의 끈질긴 '구조 조정' 과정에서 사라져 버렸고, 실업과 빈곤이 그 나라를 뒤덮고 있었다.

나는 장군에게 대답했다. "두 가지 답밖에 없는 것 같군요. 그들이 몰라서 그렇게 하거나 아니면 나쁜 의도에서 그렇게 하는 겁니다. 이 두 가지가 섞인 경우도 물론 가능합니다. 아마 시스템 때문에 그렇게 한다고 말할 수도 있겠지요." 그가 말했다. "고맙습니다. 그저 궁금했습니다." 나는 뉘른베르크의 나치 전범 재판이 끝난 뒤로 '시스템 때문에 그렇게 했다.'는 대답이 더는 유효한 핑계로 인정받지 못한다는 말을 해 줄 수도 있었다.

탄자니아의 그 장군이 말한 결과를 낳은 일련의 정책은 이른바 '워싱턴 컨센서스'라는 것이었다. 이 정책은 베를린 장벽이 무너진 직후인 1990년 미국의 경제학자 존 윌리엄슨(John Williamson)을 통해 정치 무대에 등장했다. 워싱턴 컨센서스는 무슨 계율이나 되는 것처럼 무역 자유화, 외국인 직접 투자 유입의 자유화, 탈규제와 민영화를 주문했다. 워싱턴 컨센서스는 윌리엄슨이 원래 의도한 바는 아니었다 하더라도 집행된 모습을 보면 신자유주의 및 '시장 근본주의'와 사실상 동의어나 마찬가지였다.

워싱턴 컨센서스 마크 1은 '올바른 가격 책정'이라는 말로 요약되곤 한다. 즉 국가의 개입을 없애고 시장이 지배하게 되면 빈국이 높은 성장률을 달성할 것이라는 분명한 약속이었다. 자유방임에 맡겨진 시장 시스템에서는 한 국가의 경제 구조에 상관없이 성장이 '기본(default position)'이라는 것이다. 6장에서는 1990년에서 2007년까지 주류 경제학의 어법이 가장 의기양양한 순간인 마크 1에서부터 어떤 식으로 진화해 왔는지를 살펴볼 것이다. 주류 진영의 '컨센서스'는 처음에 말한 '올바른 가격 책정'에다 새로운 특징과 요소(새로운 '계율')를 계속 추가해 왔다. 이런저런 요소에다가 '가격만 올바르게 책정'한다면 빈국들이 성장을 이룰 수 있다는 것이다. 여기서 결정적인 문제는 이런 새로운 계율들이 1990년에 정해진 원래 계율의 핵심 특징을 수정하거나 철회한 적이 한 번도 없었다는 점이다. 따라서 정책이 실제로 집행되었을 때 나타나는 어떤 중요한 문제에 대해서도 수정을 가하지 못하게 된다.

지금도 워싱턴 기관들의 정책 권고안에는 실제로 원래 계율이 적용되고 있다. 수확 체증의 중요성을 밝히는 이론의 모델이 넘쳐흘렀지만 빈국들이 그런 활동을 목적으로 삼거나 양성해야 한다는 권고는 어디에도 나오지 않았다. '비교 우위' 및 1990년의 원래 정책 처방이 계속 지배해 왔던 것이다. 이것이 바로 2장에서 '크루그먼의 악덕'이라고 한 것이다. 빈곤층이 왜 계속 빈곤한지를 말해 주는 모델이 있으면서도 그것을 실제 정책에 적용하기를 거부하는 태도이다. 적절한 약을 알아내는 것까지가 목표일 뿐 환자에게 사용하는 것은 별개의 문제라는 말이다.

1990년 이후 워싱턴 컨센서스가 지배하고 나서 여러 해가 지났지만 성장, 특히 실질 임금의 향상이 이루어지지 못한 나라는 너무나 많다. 이에 대해 처음에 나온 반응 가운데 하나는 1760년대와 1840년대에 있었던 자유화로부터 엄청난 사회 문제가 발생했을 때의 반응과 똑같았다. "시장이 충분하지 않을 뿐이다. 마지막 방해물이 사라지고 나면 자유방임의 우월성이 드러날 것이다."[1] 그러나 빈곤한 주변부의 여건은 보고만 있기 힘들 정도로 점점 더 악화되었으며, 세계의 저항 운동 역시 마찬가지였다. 둘 다 눈 감고 있기에는 힘든 현실이었다. 또 다른 반응은 순수 이론의 동굴 속으로 물러나는 것이었다. 영국의 경제학자 에드워드 풀브루크(Edward Fulbrook)가 뮤지컬 〈섹스는 사양하겠어요, 우리는 영국인이니까(No Sex Please, We're British)〉의 제목을 따와서 "현실은 사양하겠어요. 우린 경제학자니까."라고 표현했듯이 말이다. 중국과 인도의 성공을 워싱턴 컨센서스에 따른 정책을 옹호하는 용도로 쓰기는 쉽지 않았다. 이 두 나라는 50년 이상 보호주의 산업 건설 전략을 고수해 왔으며(아마 과도한 보호주의였을 것이다), 이제 보호주의를 졸업하고 자유 무역에서 결실을 거두기 위해 국제 시장으로 진출할 준비가 된 것뿐이었기 때문이다.

수사학 역시 중요했다. 이를테면 이탈리아 총리 실비오 베를루스코니(Silvio Berlusconi)가 자기에게 동의하지 않는 사람은 모두 공산주의자라고 낙인찍는 전략은 놀랍도록 효과적이었으니 말이다. 1970년대 중반에 하버드 비즈니스 스쿨에서 함께 공부한 조지 W. 부시도 오랫동안 이와 비슷한 전략을 구사했다. 자기를 지지하지 않는 사람은 모두 탈레반이라는 것이다. 경제학 차원에서 이는 "현재 이루어지는 형태의 세계화를 지지하지 않는다면 당신은 계획 경제의 지지자"라고 말하는 것과 마찬가지이다. 『파이낸셜 타임스』의 마틴 울프도 같은 식의 전략을 사용하여 단 한 문장으로 좀바르트를 파시스트이자 공산주의자라고 비난해 치웠다. 이것이 '역사의 종말'이라는 막간극의 화법이자 냉전 시대의 경제 축에 필사적으로 집착하는 대중 여론의 저열한 결말이었다. 다들 구소련이 몰락한 것이 마치 시장 경제가 계획 경제보다 본질적으로 우월할 뿐 아니라 인간이 개입하지만 않으면 시장 경제가 유토피아적 보편 조화를 마련해 줄 것이라는 증거인 것처럼 여겼다. 후쿠야마의 말에 따르면 베를린 장벽의 붕괴는 '역사의 종말'이었던 것이다.

이와 같은 '역사의 종말'이라는 막간극이 가능할 수 있었던 것은 물론 시장은 그냥 내버려 두기만 한다면 조화를 이루는 제도라는 견해를 '과학적으로' 지지하는 경제 이론이었다. 케임브리지 대학교의 프랭크 한(Frank Hahn) 같은 몇몇 유명한 경제학의 모델 설계자는 자기네 모델이 현실과 전혀 관련이 없다는 것을 기꺼이 인정한다. 이 같은 사실을 공개적으로 인정하는 경제학자가 더 많았더라면 경제 현실에 대해 연구하는 과목을 별도로 개설할 수 있었을 텐데, 지금 상태로는 그렇게 하기가 무척 어렵다.

세계은행의 선임 연구원을 지낸 윌리엄 이스털리(William Easterly) 같은 또 다른 경제학자들은 50년이 넘는 세월 동안 쏟아부은 2조 3000억 달러 이상의 개발 원조가 실제로는 발전을 이루지 못했음을 훌륭한 자세로 인정한다.[2] 그러나 진작부터 뭔가가 근본적으로 잘못되었음을 깨달았더라도 빈곤층은 '원조를 더 많이(more of the same thing)' 필요로 한다는 것이 통념이던 시절에 그가 대안의 전략을 제시할 수 있었을지는 분명하지 않다. 무엇이 잘못되었는지를 설명하려고는 했으나 뒤에 그가 내놓은 것은 일반적인 교과서 경제학의 교환 경제적(교환 중심의) 핵심에 대해서는 문제제기조차 하지 않는 연구였기 때문이다. 이런 식의 실패는 근본적으로 불균등한 경제 발전이 될 수밖에 없는 세계의 생산 시스템을 이해하지 못한 데에 그 원인이 있다. '원조를 더 많이'라는 방안을 처음에 거부했든 권고했든 간에 연구 노선은 훈제 청어 떼, 즉 시작이 잘못된 노선을 따라간 것이다. 문제의 핵심은 1400년대 후반에 이미 파악되었고, 1947년의 마셜 플랜 때까지도 받아들여지던 경제 발전의 특정 활동 의존적 성격을 아직도 인정하지 않는 데에 있다.

탄자니아 장군이 던진 질문은 그 외에도 두 가지 쟁점을 더 제기하고 있었다. 하나는 선한 의도나 친절이라는 것과 경제 발전 사이의 관계에 관해서이다. 이와 관련된 사례를 하나 들자면 그토록 관대하고 후한 원조를 받았으면서도 아프리카는 왜 부를 창출할 수 없었느냐 하는 것이다. 두 번째 질문은 부와 문명과 '도시 활동' 사이의 관계에 관해 500년 동안 쌓인 지혜(1947년에 조지 마셜George Marshall이 마셜 플랜을 선언할 때의 표현)가 지금은 어찌하여 거의 전 세계가 그토록 만장일치로 무시할 수 있느냐 하는 것이다. 역사가들만이 이 사실을 모르는 것은 아니다. 오늘날 수많은 권력자들이 마셜 플랜이 시행되던 시절에 태어난 사람들이다. 이런 문제를 따로따로 다루어 보기로 하자.

자본주의와 의도의 역설

자본주의와 성공적인 시장 경제는 그 모순을 파악하는 사람만이 제대로 이해할 수 있다. 애덤 스미스가 설명하듯이 우리가 일용할 빵을 구할 수 있는 것은 빵 가게 주인의 친절 때문이 아니라 그가 돈을 벌 필요가 있기 때문이다. 빵을 먹으려는 우리의 욕구는 다른 사람의 욕심 덕분에 충족되는 것이다. 이는 분명히 모순이다. 애덤 스미스의 이런 통찰은 18세기의 중요한 논쟁과 관련 있었다. 바로 1705년에 버나드 맨더빌(Bernard Mandeville)이 사적 악덕이 공적 이익으로 바뀔 수 있다고 주장하는 데에서 시작된 논쟁이다. 애덤 스미스가 『국부론』을 출판할 무렵 논쟁은 거의 끝난 상태였다. 그러나 이에 대한 애덤 스미스의 해석, 특히 우리 시대의 애덤 스미스에 대한 해석은 맨더빌의 원칙에 담긴 매우 의미심장한 내용을 조악한 형태로 은폐해 버렸다.

공공복리가 사적 악덕에서 유래할 수 있다는 맨더빌의 주장에 대해 내 모국 노르웨이에서는 1757년 『덴마크와 노르웨이의 경제 잡지(Denmark and Norway's Economic Magazine)』가 상식적인 차원에서 반응을 내놓았다. 그 잡지의 편집자인 에릭 폰토피단(Erik Pontoppidan)은 전직 베르겐 주교였는데, 이런 이력을 생각하면 그가 보인 도덕적 분노는 이해할 만하다. 악덕이 공공복리의 동력이라고 한다면 런던에 방화를 한 사람도 도시 재건에 필요한 일자리 및 그것에서 파생되는 부를 만들어 낸다는 점에서 벌목꾼, 제재소, 목수들의 영웅이 될 수 있느냐는 것이다.

이 문제를 해결하고 시장 경제 이론을 공고히 하는 공식은 밀라노의 경제학자 피에트로 베리(Pietro Verri)가 1771년에 다음과 같이 훌륭하게 표현했다. "각 개인의 사적 이익이 공적 이익과 일치할 때에 항상 공적 행복의 가장 안전한 담지자가 된다."[3] 당시에는 사적 이익이 시장 경제와 완전한 조화를 이루지 못했다. 그 때문에 사적 이익이 공적 이익과 부합하는 정책을 만드는 것이야말로 입법가의 역할이었다.

오늘날의 경제 이론은 세 가지 중요한 점에서 18세기 유럽 대륙식 합의에 따른 해석과 차이나는 맨더빌과 스미스의 해석에 기반하고 있다.

- 우선 이기심이 사회의 유일한 동력이라고 가정할 수 없다. 사적 덕성은 공적이든 사적이든 좀처럼 덕성이 아닌 것으로 변하지 않기

때문이다. 그러나 아래에서 보게 되겠지만 공적 덕성은 사적 악덕으로 바뀔 수 있다. 탐욕과 무자비한 이익 극대화 이외의 고상한 감정들은 모방하기가 더 힘들다.

- 둘째, 애덤 스미스 이전의 경제학자들에게 잘 알려져 있던 시너지, 수확 체증, 수확 체감, 경영 능력과 지도력, 지식, 경제 활동에서의 질적 차이 같은 요인들 때문에 시장 경제는 그냥 내버려 두면 종종 경제적 불평등을 줄이지 못하고 더 키우는 경향이 있다. '의도하지 않았던' 경제 활동의 결과로 경제 발전이 이루어질 수 있는 것은 수확 체증, 전면적인 노동 분업, 역동적인 불완전 경쟁, 혁신의 기회 등의 요인이 있을 때뿐이다. 그러므로 대개 경제 발전은 특정 경제 정책을 사용한 매우 의도적인 결과로 나온다. 가난은 위에서 지적한 요인들이 없었기 때문에, 식민지가 되었기 때문에 생긴 결과이다. 우리가 거듭 강조했듯이 이것이 바로 일반적인 경제학의 맹점이다. 이런 경제학은 일반적으로, 또 암묵적으로 경제 활동이 모두 동일하다고 가정하기 때문이다.[4]

- 셋째, 공적 이익에 위배되는 방식으로도 얼마든지 돈을 벌 수 있다. 조지 소로스(George Soros)나 폰토피단이 좋은 예가 되었던 것처럼 경제를 파괴하여 돈을 벌 수도 있는 것이다. 미국의 경제학자 윌리엄 보몰(William Baumol)은 생산적 경영, 비생산적 경영, 파괴적 경영을 구분했다. 일반적인 경제학은 이 점을 받아들이기 어려워하는데, '방법론적 개체주의(methodological individualism)'• 에서는 국가의 공공 이익을 하나의 범주로 규정해 버리기 때문이다. 대처는 이를 "사회라는 것은 없다."라고 웅변적으로 표현했다. 영국의 경제학과

• 전체는 개체의 합이라는 관점에서 개체를 분석의 기초 단위로 삼는 접근법을 말한다.

는 대조적으로 유럽 대륙의 경제학은 대체로 국가의 이익을 별개의 범주로 인정한다.

의도하지 않았던 결과가 종종 자유방임을 지지하는 논리로 해석되었지만 유럽 대륙의 주류 경제학 전통에서는 그런 결과를 이해함으로써 앞을 내다보는 경제 정책을 펼 수 있었다. 영국에서 헨리 7세가 1485년에 실시한 산업화 정책이 성공한 이유의 일부는 선조인 에드워드 3세가 세수(稅收)를 늘리기 위해 부과한 관세 효과에 따른 양모 산업의 성장 때문이었다는 주장도 가능하다. 이런 일이 반복되면 원래는 의도하지 않은 결과였던 것이 정책의 핵심 목표가 된다. 사실 관세가 가져다주는 뜻밖의 이중 효과, 세수를 확보하는 동시에 산업을 구축하는 효과는 모든 시대에 걸쳐 대단히 중요했다. 미국에서도 마찬가지였는데 특히 작은 주(州)에서는 지금도 그렇다.

20세기 초반에도 대륙의 경제학자들은 계속하여 경제 발전을 전혀 고귀하지 않은 의도로부터 나온 비의도적 결과로 이해했다. 16세기에도 혁신과 기술 변화는 대체로 두 분야에 대한 정부의 수요와 관련 있었다. 전쟁(칼과 대포, 전함 및 그 부품을 만들기 위한 화약과 금속 공업)과 사치품(실크, 도자기, 유리 물품, 종이)이 그런 예이다. 1913년에 좀바르트는 이런 요소를 자본주의의 추진력으로 보는 저서 두 권을 출간했다(3장 참조). 『전쟁과 자본주의(War and Capitalism)』 및 『사치품과 자본주의(Luxury and Capitalism)』라는 책으로, 두 번째 책은 후대에 편집 과정에서 『사랑, 사치품, 자본주의(Love, Luxury and Capitalism)』라는 과감한 제목으로 바뀌었다. 사실 저자는 처음부터 이 제목을 붙이려 했다. 덴마크와 노르웨이의 왕 크리스티안 5세(Christian V, 1670~1699)는 자신이 "주로 열정을 쏟는 분야"가 "사냥, 연애, 전쟁, 해군 업무"라고 말했는데, 이는 좀바르트가 보는 구도와도 잘 들어맞는다. 신중한 재정 관리가 전쟁과 왕실 후궁들의 이익 추구에 밀려나는 경향이 있었지만 말이다.

자본주의를 완전 시장 시스템이라기보다는 불완전 경쟁과 비의도적 결과에 따른 시스템으로 이해하고 나면, 이 통찰력을 활용하여 지혜로운 경제 정책을 입안할 수 있다. 콜럼버스가 아메리카에 막 도착할 무렵인 15세기 말엽, 베네치아 인들은 전쟁과 공공 지출의 부산물로서 발전이라는 개념을 새로운 제도, 즉 특허권으로 바꾸어 이해했다. 직인(職人)의 통상적인 수련 기간인 7년 동안 발명가에게 독점권을 주어 새로운 지식에서 나오는 이득을 차지할 수 있게 한 것이다. 그때까지 신지식은 주로 목표로 삼은 엄청난 공공 지출로부터 나온 부산물이었다. 이처럼 발전은 역동적인 불완전 경쟁을 통해 형성되었다. 특허권과 쌍둥이이자 거의 같은 시기에 의식적으로 만들어진 제도가 관세 보호 정책으로, 그 덕분에 발명이 새로운 지역에 뿌리내릴 수 있었다.

사적 악덕이 공적 이익이 되는 메커니즘은 역으로 공적 악덕이 사적 이익이 되도록 작용할 수도 있다. 정부의 악덕인 과도한 민족주의와 호전성이 간접적으로는 장기적인 사적 이익을 낳곤 하기 때문이다. 시민 생활에 요긴한 수많은 새로운 발명도 원래는 전쟁의 부산물이었다. 통조림(나폴레옹 전쟁), 표준화된 부품에 의한 대량 생산(남북전쟁 때의 무기 생산), 주거 침입 경보 장치(베트남 전쟁), 위성 이동 통신(스타워즈 프로그램) 등이 그런 예이다. 이 메커니즘을 제대로 이해한다면 멀리 돌아가지 않고도 경제 발전을 이룰 수 있다. 기술적 가능성의 한계선상에서 성과를 요구하는 것이 경제 발전의 핵심 요인이라는 사실을 인정한다면, 예를 들어 우리는 보건 분야에 더 많은 돈을 쓰고 전쟁은 완전히 피할 수도 있다.

공적 덕성이 곧 사적 악덕이라는 세 번째 대안도 가능하다. 첫 번째 경우에는 공적 덕성으로 보인 것이 사실은 체계적인 악덕으로 변할 수 있다. 다음 장에서 보게 되겠지만 체계적인 개발 원조가 '복지 식민주의'로 변질될 수 있기 때문이다. 복지 식민주의는 유독 간파하기 어렵고, 드러나지 않으며, 의존성을 유발하는 신식민지적 사회 통제라는 형식을 사용하여 원격 통치를 하는 수단이다. 밀레니엄 목표가 바로 그런 사례이다. 에티오피아의 경우에서 보듯이, 관대하게 지원하겠다던 원래 의도와 상관없이 기부 국가는 원조 받는 정부가 마음에 들지 않으면 그들에게 식량을 계속 공급받고 싶은지 아닌지 결정하라고 윽박지른다. 의도했건 아니건 빈곤층을 생산 자본주의 밖으로 밀어내기는 하지만, 빈곤층을 원조한다는 미덕은 부패와 전쟁광이라는 사적 악덕을 먹여 살리는 시스템을 만들어 낸다. 복지 식민주의는 의도가 좋고 너그럽기는 하나 결국은 도덕적으로 잘못된 정책을 통해 자치권을 미리 막아 버린다. 주변부 주민을 중심부에 의존하는 무기력한 존재로 만들어 버리는 것이다. 중심부는 전적으로 의존적인 경제를 만들어 내는 인센티브를 나누어 주어 통제력을 행사하며, 그럼으로써 정치적 결집과 자율성을 막는다.

500년간의
지혜가 사라지다

앞에서 제기한 두 번째 질문은 역사의 종말에 대한 도취감이 지난 500

년간 쌓아 온 복지의 경험을 어쩌면 그토록 철저히 무시할 수 있었는지에 대한 것이다. 앞에서 우리는 냉전이 어떤 식으로 생산 시스템에 대한 그 이전의 질적 이해를 몰아내고 경제학을 리카도 경제학의 두 진영 간의 각축장으로 만들어 버렸는지를 논의했다. 그럼에도 불구하고 당대 경제학자 집단이 국가의 경제 성장에 대해 오래전부터 전해 내려오던 견해, 즉 도시에서의 수확 체증과 농촌에서의 수확 체감 활동 사이의 상호 작용으로 이해하던 견해를 정책 차원으로 끌어내지 못하도록 하는 데 어떻게 거의 한 목소리를 냈는지는 여전히 이해하기 어렵다. 불과 60년 전만 해도 미국의 재무 장관 조지 마셜이 마셜 플랜에 착수하면서 이 상호 작용이 서구 문명의 기반 그 자체라고 찬양했는데 말이다.

아시아와 유럽에 공산주의의 위협으로부터 막는 방어선을 구축할 필요가 대두되었을 때, 미국은 부를 창출하는 길은 공산주의와 접경에 있는 노르웨이, 독일, 한국, 일본 같은 나라들을 산업화하고 이들을 경제적, 정치적, 군사적으로 힘껏 지원하는 것이라는 점을 이해하고 있었다. 그러나 공산주의의 위협이 일단 사라지자 선진국들은 빈국들에게 서둘러 지금까지와 정반대의 결과를 낳을 정책, 즉 영국의 옛 식민주의 정책 중에서도 최악이라 할 만한 것과 유사한 경제 정책을 시행했다. 미국이 산업화된 것도, 또 제2차 세계 대전 중에 루스벨트가 도덕적 권위를 등에 업고 처칠과 그의 식민 정책에 맞섰던 것도 바로 이런 미성숙한 자유 무역 정책에 반대하기 위해서였다.

1950년대와 1960년대에 걸쳐 공산주의와 접해 있는 국가들이 성공적으로 산업화했을 때에는 미국도 빈국을 부유하게 만드는 방법이 무엇인지 너무나 잘 알고 있었다. 미국은 자기들이 19세기에 썼던 전략을 그대로 적용했던 것이다. 그런데 미국은 이제와서 워싱턴에서 조지 마셜에 이르기까지 그토록 확연하게 인식하고 있었던 산업화와 '문명' 사이의 연관성을 왜 더 이상 이해하지 못하게 되었는가? 왜 서구는 미국이 제2차 세계 대전 이후에 했던 것처럼 세계 복지를 이루어내는 데 기여하지 않고 산업화하지 못한 국가들을 폭격하여 민주주의로 우겨넣으려는 헛된 시도를 하며 끔찍한 살육전을 일삼는가? 국가가 자기들의 일차적 이익에 위배되는 것이라면 무엇이든 인정하지 않는 상황에서 뮈르달이 말한 '기회주의적 무지'라는 말이 떠오르는 것은 무엇 때문인가? 이런 상황에서는 (유럽 식 의미로) 자유주의자를 '지금 당장은 자기 이익을 위협받지 않는 사람'이라고 규정한 오래된 정의가 점점 더 어울리고 있다.

미국의 경제학자 사이먼 N. 패튼(Simon N. Patten)은 1904년에 "과학적 토대가 무너진 뒤에도 경제학 이론들이 이렇게 오랫동안 살아남아 있다니 참으로 놀랍다."라고 말했다. 이는 지금까지도 건재한 균형 경제학을 두고 한 말이었다. 어떤 메커니즘이 이런 뻔뻔할 정도로 부적절한 이론을 보호하는가? 기득권이라는 것이 그 중 하나임은 틀림없는 사실이다. 어떤 나라는 처절할 정도로 가난한 나라와 자유 무역을 하여 단기적으로 이익을 얻겠지만, 세계 인구의 절반가량이 사실상 구매력이 아예 없는 상황에서 자유 무역은 절대 자본주의에 이롭지 못하다. 그러니 경제적 기득권이라는 것도 지극히 근시안적일 뿐이다.

인간의 본성 자체가 현재의 지배적 이론을 뒷받침하는 것 같다는 점은 부차적 요인이다. 자기가 선호하는 이론에 의문을 품기보다는 차라리 설명을 이론 바깥에서 찾는다는 것이 더 그럴듯하다. 워싱턴 컨센서스의 핵심은 정책 차원에서는 수정되지 않는다. 그것이 따르는 논리는 이런 식이다. 수학적으로 우아한 내 이론은 완벽하니까(베를린 장벽의 붕괴로 증명되었으므로) 문제의 원인은 그 이론 체계 바깥 어딘가에 있는 게 분명하다는 것이다.

오늘날 이런 식으로 하여 경제학자들은 자기들이 절대 전문가라 할 수 없는 지리, 기후, 질병 등의 영역에도 발을 내민다. 여기에는 20세기 초반에 끝난 첫 번째 세계화의 물결이 남긴 후유증과 흥미로운 유사점이 있다. 인류학자 에릭 로스(Eric Ross)는 경제학과 당시 발달하고 있던 유전학(인종적 우생학) 사이의 연관성을 지적한다.[5] 이 첫 번째 세계화의 물결에서 산업도, 기술 변화도, 수확 체증도, 노동의 선진적 분업도, 경제 활동들 사이의 시너지도 없는 빈국들이 만들어졌는데, 경제 이론에는 문제가 있을 수 없으므로 그렇게 된 요인은 경제학 바깥에서 나와야 했다. 당시 미국의 경제학자들 중에서 가장 큰 영향력을 행사하던 어빙 피셔(Irving Fisher, 1867~1947)는 미국의 우생학 운동에서도 매우 영향력 있는 인물이었다. 케인스도 영국우생학회의 부회장이었다. 인종은 식민지에서의 빈곤 문제를 설명하는 데 편리한 도구였던 것이다. 따라서 식민지에서의 산업 생산을 금지하는 정책에 면죄부를 주고 리카도 식 무역 이론을 결백하게 유지하는 데에도 그만이었다. 아프리카 인들은 산업화를 금지당했기 때문이 아니라 흑인이기 때문에 가난한 것이다. 오늘날 빈곤 문제에서 부패의 역할을 강조하는 말이나 이런 주장은 정치적 정당성이라는 척도로 볼 때에는 모두 오십보백보이다. 아프리카 인들이 흑인인 탓에 가난한 게 아니라 흑인들은 부패한 탓에 가난하다는 것뿐이다. 결국 차이는 그다지 없다.

실패의 핑계,
다른 데로 관심 돌리기

시장을 경멸하는 공산주의 시스템이 붕괴 위기에 처한 것은 1989년이었다. 여러분이 경제학자로 실리콘 밸리가 가진 확연한 부의 잠재력과 마사이 족 마을 같은 아프리카 농촌의 빈곤이 어떻게 다른지 그 차이를 설명하는 역할을 맡았다고 가정해 보자. 그러나 여러분은 경제학자이므로 어떤 특정 측면을 무시하는 훈련을 전문적으로 받았다.

1. 경제 활동들 사이에 어떤 질적 차이를 내세워서는 안 된다. 그러니까 소프트웨어 플랫폼을 만드는 것이 가축 사육보다 더 높은 소득을 올린다는 식의 차이를 인정하지 못한다는 것이다. 그냥 내버려 두면 시장은 그런 차이를 모두 평준화시킬 것이다.
2. 1번의 결과로 여러분은 전문 업종을 바꾸라고 권하지 못한다. 모든 국가는 가축 사육이건 소프트웨어 제작이건 각자의 비교 우위에 따라 특화해야 하며, 그렇게 하면 요소 가격 균등화가 이루어질 것이다.
3. 사용하는 도구 때문에 여러분은 시너지를 보지 못한다. 소프트웨어를 만드는 사람들과 한데 어울려 사는 가축 사육자가 가축 사육자들끼리만 사는 사육자들에 비해 더 부유하다는 사실을 모르게 될 것이다.[6]
4. 역사를 돌아보지 못하게 금지당한다. 역사와 미래는 모두 '지금, 여기'로 흡수되었다. 그리하여 실리콘 밸리가 자리 잡은 나라가 실은 한 150년 동안 보조금과 보호 전략에 힘입어 농업 부문을 졸

업한 뒤 기계 산업과 첨단 기술 분야로 이행했다는 말은 근거가 없다. 1번에서 3번까지의 요점을 참고하면 미국은 그런 정책으로 말미암아 부유해진 것이 아니라 그런 정책에도 불구하고 부유해졌음이 명백하다.[7]

5. 실업과 불완전 고용은 제2차 세계 대전 이후 중요해진 요소들로 더 이상 정책을 지지하는 논의로 활용해서는 안 된다. 실업을 한 요인으로 받아들인다면 '그림자 가격(shadow prices)'이라 부르는 것을 사용해야 하는데, 그것은 매우 번잡하고 시장 친화적이지도 않은 정책으로 이어진다. 워싱턴 기관들의 경제학 모델은 완전 고용을 가정하는 것이다.[8]

6. 경제 구조로부터 정치 구조로 나아가는 인과율의 화살표를 주장하지 못한다. 그런 일이라면 의회 민주주의든 다른 어떤 제도든 도시 사회에서나 봉건주의 아래에서나, 또 수렵 채집 부족에서도 나타날 수 있다는 것이다.

한 예를 들어보자. 식당에서 설거지를 하고 구두를 닦아 생계비를 버는 사람들이 사는 도시의 빈곤 지역과, 주식 거래인과 변호사들이 사는 부유층 거주 지역을 살펴보라. 이제 당신은 국제 무역 이론의 논리를 가지고 소득 격차를 설명해야 하는데, 이는 곧 두 지역 간의 소득 차가 각 직종이 가진 소득 잠재력의 차이가 낳은 직접적인 결과임을 감안할 수 없다는 뜻이다. 국제 무역 이론의 도구 상자에는 경제 활동들 사이의 질적 차이를 파악할 수 있는 수단이 거의 없다.[9] 구두닦이와 주식 거래인 사이의 소득 격차가 두 직업의 내적 차이에서 생긴 직접적인 결과라는 말을 하지 못하게 금지당했으니 경제학자들은 주원인에서 파생되는 부차적 결과로 설명하게 된다. 빈곤층은 제대로 교육을 받지 못했다거나(구두닦이나 접시닦이가 고소득을 올릴 수 있는 교육에 효과적으로 투자할 여력이 없다는 사실을 무시하는 것), 저축을 별로 하지 못했다거나(낮은 소득 탓에 저축하기 힘들다는 사실을 보지 않는 것), 또는 빈곤층의 혁신이 부족하다는(구두닦이에서는 혁신할 여지가 다른 분야보다 더 적다는 사실을 알아채지 못하는 것) 식이다.

개인도 마찬가지이지만 한 국가는 직업을 바꾸지 않고서는 그런 악순환을 끊을 수 없는데, 1820년경의 미국 경제학자들에게 이것은 너무도 자명한 사실이었다. 국가의 경우 그것은 한 세기 동안 미국 제조업 시스템이라 일컬어져 온 산업화 프로젝트를 뜻한다.[10] 그러나 과거의 성공 전략에 대해 무지한 경제학 전문가들은 현재 빈곤의 근본 원인보다는 그 징후만 집중 공격하는 데 탁월한 능력을 보여 준다. 느슨한 가정을 사용한 실험은 대개 한 번에 하나씩 해결하는 식으로 진행되면서 지금까지 빈곤층에 대한 우리의 정책에 영향을 주지 못했다.

앞에서 든 예는 1989년에 시작된 역사의 종말 첫 단계에서 워싱턴 기관이 내린 훈령에 해당한다. 전문가들이 매일 일하러 갈 때 품고 가는 무의식적인 훈령, 세계가 실제로 어떻게 돌아가는지에 대한 그들의 확신에 깊이 뿌리박힌 훈령 말이다. 이 훈령은 일반적인 경제학 교과서의 암묵적이고 명백한 가정의 산물이었다. 그런 세계관은 일관되게 회사에서의 자본-노동 비율의 차이를 제외한 모든 질적 차이를 보지 못하게 한다. 앞에서 말한 원칙들로부터 일탈의 위험은 조지프 스티글리츠(Joseph Stiglitz)가 지적했듯이 부국에서 일한 경험 있는 전문가가 아니라 최고 대학 출신의 신통찮은 졸업생을 고용함으로써 최소화되었다. 이런 접근은 세계은행 총재 제임스 울펀슨(James Wolfenson)이 세계은행 본부 로비에 세워 둔 시적인 문장에 요약되어 있다. "우리의 꿈은 빈곤에서 해방된 세계이다." 이 문장은 웅변적이다. 물론 울펀슨 쪽에서야 좋은 뜻에서 한 말이었겠지만 말이다. 그러나 불균등 발전, 빈부를 만들어 내는 갖가지 핵심 요인이 울펀슨의 직원들이 사용하는 분석적 도구 상자에서 제거되었음을 분명히 암시하고 있다.

우리는 지난 500년 동안 연구되어 왔던 불균등 발전의 근본 원인을 드러내지 못하게 금지당한 상태에서 역사의 종말 시기 내내 빈곤에 대한 연구가 어떻게 잘못된 출발점이자 기본적으로는 핑계거리로, 때로는 2차적이고 부수적인 결론으로 나아갔는지를 보게 될 것이다. 워싱턴 컨센서스는 서로 뒤얽힌 여섯 가지 가정을 다루지 못하게 금지당한 채 다음의 여러 노선으로 발전하였고, 그리하여 각 발견은 걸핏하면 빈곤의 궁극적인 해결책을 제시한 것인양 찬양 받곤 한다.[11]

1. 올바른 가격 책정
2. 올바른 재산권 설정
3. 올바른 제도 제정
4. 올바른 거버넌스 설정
5. 올바른 경쟁력 확보
6. 올바른 혁신 달성
7. 올바른 기업가 정신 확립
8. 올바른 교육 실시
9. 올바른 기후 선택
10. 올바른 질병 관리

나는 이와 같은 일련의 논의가 일반적인 경제학 교과서 및 그 핵심 가정을 지키려는 무의식적인 시도라고 본다. 런던정경대학(LSE)의 로버트 웨이드는 그것들이 줄지어 등장하는 것을 '패러다임 유지의 기술'이라 불렀는데, 이는 일반적인 경제학 모델의 외부 요인들을 끌어들여 이론의 핵심을 유지하려는 시도이다.[12] 이 요인들은 실제로 관련이 있기는 하지만 발전 과정에서의 핵심, 다시 말해 '올바른 경제 활동'이라는 문제를 다루지는 못한다. 이 책에서 거듭 말한 다양성을 창출하는 수확 체증과 수확 체감, 불완전 경쟁의 정도, 시너지, 구조적 관련성, 혁신을 위한 갖가지 기회 등을 포괄하지 못한다면 이런 식의 목록은 그저 더 중요한 쟁점에 관심을 끊게 만들 뿐이다. 무엇보다도 이런 단순화된 설명이 줄줄 이어지면 관심의 초점이 전반적인 데에서 발전 과정에 대한 단편적인 이해로 옮아가기 때문이다. 이처럼 진짜 쟁점에서 눈을 돌리게 만들고 잘못된 해결책으로 향하는 길을 제시하는 행동이 바로 '훈제 청어(red herring)'의 핵심 특징이다.

워싱턴 기관들이 계속해서 본질상 이론적인 훈제 청어라 할 것을 만들어 내는 동안 선의를 가진 국가의 정부들이 밴드웨건(bandwagon)에 동승하여 프로젝트에 기금을 댄다. 그 결과가 바로 하버드 비즈니스 스쿨의 마이클 포터(Michael Porter)가 말한 차례로 이어지는 '단일 쟁점 관리(single issue management)'라는 것이다. 개발 경제학계는 한 번에 한 가지 쟁점에만 극단적으로 집중하는 기간을 거친다. 학계에서 살아남으려면 그게 무엇이든 간에 '그 달의 인기 품목'을 연구해야 한다. 국제 기금이 이렇게 차례로 유행하는 쟁점에 몰리기 때문에 경제적 접근법에서 필요한 다양성이 설 자리가 없어지는 것이다.

1) 올바른 가격 책정

앞에서 말했듯이 1990년에 정해진 용어에 따르면 워싱턴 컨센서스

마크 1은 '올바른 가격 책정' 이상의 것이 아니었다. 1990년 5월에 내 친구 산티아고 로카(Santiago Roca)가 페루 대통령 당선자 알베르토 후지모리(Alberto Fujimori)의 경제 자문관이 되었다. 후지모리는 날뛰는 인플레이션에 맞서야 하는 임박한 싸움에서 상대 후보이던 마리오 바르가스 로사(Mario Vargas Llosa)에 비해 빈민들을 보호해야 할 필요가 있다는 사실을 훨씬 더 강조했다. 당시 산티아고는 페루 경제에 대해 유일하게 존재하는 계량 경제학 모델을 구축했으며, 곧 도입 예정이었던 전통적 정책이 어떻게 빈민층을 탄압하게 될지를 보여 주어야 했다. 나는 페루에 있는 친구에게 새 임무를 맡은 것을 축하하려고 전화를 했다가 그 자리에서 후지모리의 정당인 캄비오 90(Cambio 90)의 프로그램 개발을 도와주기 위해 리마로 초청 받았다.[13]

당시 동유럽은 아무것도 없는 상태에서 새로운 정당 시스템을 만들면서 정치적 발효가 진행되는 단계에 있었다. 페루도 기존 조직이 전혀 없는 상태에서 정당이 세워지면서 유력 후보자 두 명이 그와 비슷한 상황이었다. 바르가스 로사의 지지자 가운데에는 부자가 몇 명 있었지만 후지모리의 캄비오 90은 가난했다. 캄비오 90의 본부는 한 안과 의사의 작은 사무실을 빌려 쓰고 있었다. 그 의사는 페루의 숱한 직업인들처럼 자기에게 더 많은 보수를 줄 고객을 찾아서 사무실을 그냥 비워 두고 마이애미에 가 있었다. 도심에서 리마의 오래되고 전통적인 교외로 나가는 아레키파 대로에 있는 그 사무실에는 전기도 수도도 없었지만 전화선은 있었다. 경제 팀은 안과 의사가 두고 간 처방전 용지에 국가 경제 계획의 개요를 그렸다. 필수 비품을 구할 돈도 없었던 것이다.

자금 부족을 보완해 주는 것은 넘치는 이상주의와 열정이었다. 그래서 많은 사람이 무보수이더라도 일하고 있었다. 산티아고와 나는 전에 코넬 대학교에서 우리를 가르친 라틴아메리카 전공 교수들에게 연락을 취하기도 했다. 저녁이면 후지모리의 팀은 산티아고의 집에 모이곤 했는데, 팀원들은 그의 아내 테레사가 당황할 정도로 냉장고를 습격해 대고 반질거리는 가구에 손자국을 남겨 놓았다. 이런 일은 페루 학계 인사들의 생활에서는 쉽게 보기 어려운 모습이었다. 산티아고와 가족에게 가해지는 위협이 심각해지기 시작하자 한 무리의 자원봉사자들이 순번을 짜서 열성적으로 그 집을 지켰다. 나중에 산티아고의 집에 폭탄이 투척되는 바람에 그가 오슬로에서 열리는 '다른 전통' 회의에 참석할 수 없게 되기는 했지만, 다행히 다친 사람은 아무도 없었다.

그러나 1990년 7월, 페루의 새 대통령으로 취임하기 전 워싱턴에 간 알베르토 후지모리는 완전히 딴사람이 되어 돌아왔다. 사회적 관심사가 사라져 버린 것이다. 우리는 그가 도대체 어떤 압력을 받고 왔는지 농담 삼아 서로에게 물어보곤 했다. 후지모리는 정부의 경제 개입을 모두 없애면, 즉 공공 부문을 감축하고 '가격을 올바르게 책정'한다면 나머지는 저절로 해결될 것이라고 말했다. 그러나 페루의 경우 시장이 알아서 하기에는 심각한 두 가지 장애물이 있었다. 바로 인플레이션과 게릴라가 그것이다. 후지모리는 그 두 가지를 없애라고 진격 명령을 내렸으나 나중에는 당근을 나눠 주었다. 인플레이션은 1990년의 7469 퍼센트에서 1997년에 6.5퍼센트로 떨어졌으며, 게릴라는 사실상 사라졌다. 도표 14에서 볼 수 있듯이 1990년이면 이미 탈산업화로 인해 페루 인들의 평균 실질 임금이 절반으로 곤두박질쳤는데, 이를 보면 빈곤의 증가와 높은 수위의 테러리즘 사이에는 명백한 관련이 있었다. 사회적 권리와 인권 문제라는 점에서 보면 후지모리는 승리하기 위해 큰 대가를 치러야만 했다. 그러나 대다수 사람이 빈곤층으로 전락하게 된 현재 상황과 비교해 보면 그 정도의 희생은 이득이 손실보다 많다고 보아 이해해 줄 만하다.

문제는 인플레이션을 줄이고 게릴라를 소탕하는 데 극적으로 성공한 뒤에도 아무 일이 일어나지 않았다는 사실이다. 오히려 산업을 없애고 나자 리카도가 예견했듯이 실질 임금이 하락하여 거의 최저 생계비 수준까지 주저앉아 버렸다. 임금은 오르지 않았으며 가난한 농민들은 작물에 대해 더 나은 보상을 받지도 못했다. 사실상 인플레이션을 막기 위해 임금과 물가를 모두 낮게 유지하는 것이 중요한 정치적 목표였던 셈이다. 그러고 나서 국내총생산(GDP)이 약간 증가하기는 했지만 실질 임금은 오르지 않았다. 말하자면 이것은 수익이 금융 부문과 이자 소득으로 넘어갔다는 뜻이다. 페루는 1970년대 들어 일찌감치 정통 경제학(경제학의 정설)이 확립되었는데, 이로 인해 치른 대가는 매우 컸다. 페루 인의 평균 소득이 절반으로 줄어들었기 때문이다. 선거 운동에서 한 약속과 달리 후지모리가 시행한 정책의 사회적 비용이 너무 큰 것에 절망한 로카는 비공식적으로 제안 받은 중앙은행 총재직을 거절해 버렸다. 그는 보수도 받지 않은 채 가족에게 가해진 생명의 위험까지 무릅써 가면서 열심히 일했지만 아무런 성과도 없었다. "올바른 가격을 책정하라."로는 부족했다. 그것은 그저 새롭고 더 처절한 빈곤을 초래했을 뿐이다.

로카 가족의 이야기는 제3세계에서 지식인으로 사는 것이 얼마나 어려운지를 말해 준다. 그들이 져야 하는 위험 부담은 크고, 이상주의 — 베블런이 말한 '부모적 본능(parental bent)' — 와 가정생활의 유지라는 목표를 양립하기는 지극히 어렵기 때문이다. 우간다에서 가장 좋은 마케레레 대학교에 재직하는 예전의 내 제자 하나는 월급으로 한 달에 100달러를 받고 있다. 그가 워싱턴 기관들 가운데 어떤 일자리에 있더라도 하루에 수백 달러는 벌 수 있을 텐데 말이다. 이처럼 미덕이 치러야 할 대가와 위험은 경악스러울 정도이다.

2) 올바른 재산권 설정

주류 이론의 주장과는 달리 시장만으로는 전 세계의 소득 균등화를 이루지 못한다는 사실이 갈수록 명백해짐에 따라 연구는 일반적인 경제학 교과서의 가정을 위배하지 않는 새로운 설명을 찾는 쪽으로 진행되었다. 그들의 주장에 따르면 자본주의가 제 기능을 발휘하기 위해서는 재산권 개념이 꼭 필요했다. 그리고 이것은 빈국이 부국에 비해 재산권 개념이 발달하지 않았다는 사실로도 알 수 있었다. 또 재산권 개념이 결여된 것이 저개발의 주요 원인이라는 편리한 주장도 나왔다. 이런 추론에 따르면 주변부가 빈곤한 것은 자본주의 때문이 아니라 충분히 자본주의적이지 않기 때문이다.

그들은 마사이 족이 재산권이 없기 때문에 가난하고 생계 농업에 발이 묶여 있는 것이라 추론한다. 이와 달리 나는 비록 경제 발전에는 동시에 쌍방향으로 움직이는 (공동 진화co-evolution 등) 여러 인과 관계가 있지만 마사이 족이 가난하고 생계 농업에 발이 묶여 있기 때문에 재산권이 없을 가능성이 더 크다고 주장한다. 다른 말로 하면 문제는 제조업 없이 자급 농업(생계 농업)에 의존하는 그들의 생산 양식에 있다는 것이다. 이는 한정된 의미에서 어떤 제도의 시행 여부로 좁게 이해할 문제가 아니라는 말이다. 어떤 생산 시스템에 적합한 제도가 다른 생산 시스템에는 맞지 않을 수도 있다. 예를 들면 목축 사회에서 볼 수 있는 순환적 토지 이용권은[14] 자본주의적인 재산권이라기보다는 그것이 목축이라는 그들의 특정 생산 양식에 훨씬 더 잘 들어맞기 때문이라고 말할 수 있다.

  시장 경제를 이루는 여러 측면을 전체로 보지 않고 개별적으로 따로따로 보려는 시도, 즉 단일 쟁점 관리는 사실을 해명해 주기보다는 은폐하려는 속성이 있다. 베네치아 공화국에서는 1000년 전에 이미 재산권과 그에 따른 명칭이 발달되어 있었다. 베네치아에서는 토지 소유권에 대한 공적 기록인 최초의 지적도(地籍圖) 등록제가 1148년에서 1156년 사이에 이미 확립되어 있었기 때문이다. 그들의 생산 양식은 수렵 채집 사회의 생산 양식과 달리 재산권에 대한 규제가 필요했던 것이다. 재산권 자체는 자본주의나 경제 성장 때문에 생긴 것이 아니다. 그것은 특정 생산 시스템이 더 잘 기능하도록 만들어진 제도였다.

  페루의 경제학자 에르난도 데 소토(Hernando de Soto)는 공식적인 등기 제도로 재산권에 대한 국가의 보호를 주장함으로써 엄청난 명성을 얻었다. 가난한 라틴아메리카 국가에서 더딘 관료제가 발전에 장애가 된다고 본 소토의 생각은 분명히 옳다. 또 빈곤층은 재산권이 없어서 자기 집을 대출 담보로 사용하지 못한다는 주장도 옳다. 그러나 라틴아메리카를 다룬 연구에 따르면, 빈곤층에게 재산권을 부여하면 그들은 식량을 구하고 의료 서비스를 받기 위해 집을 팔아 버리는 경우가 흔하다고 한다. 또 이런 상황이 익숙하지 않다 보니 사기당하기도 쉽다. 경제가 발전하지 않은 상태에서 이루어지는 재산권은 실제로 자본주의 이전 사회에서보다 상황을 더 악화시킬지도 모른다. 그런 사회에서는 재산권이라는 개념이 없기 때문에 모든 사람이 공용 토지에 집을 지을 수 있었기 때문이다. 재산권은 발전된 경제에서는 필수적인 제도이지만 가난한 나라에서는 수많은 사회적 낙오자를 양산하고 빈민이 집을 짓지 못하도록 더 높은 장벽을 만들지도 모른다.

3) 올바른 제도 제정

재산권을 강조한 뒤 워싱턴 컨센서스의 마크 2는 논의의 범위를 확대하여 다른 형태의 제도도 다루기 시작했다.[15] 18세기 말에서 제2차 세계 대전 때까지 미국의 경제학을 지배했던 제도 경제학파(Institutional School of economics)는 영국식 신고전주의 이론에 반대하는 학파였다. 그러다가 역사의 종말 시기에 등장한 신제도학파(New Institutional School of economics)는 교과서적인 일반 경제학으로는 설명할 수 없는 것들을 밝히기 위해 제도를 추가하면서 명시적으로 신고전주의 경제학을 기반으로 삼았다.

제도란 매우 폭넓은 용어로서 도덕률과 크리스마스나 라마단 행사에서부터 의회나 헌법의 제정 등에 이르는 인간의 계약을 모두 포괄한다. 장하준과 피터 에반스(Peter Evans)가 마련한 정의를 사용하자면, "제도는 공통된 기대, 당연시되는 가정, 서로 연결되어 있는 사회적 행위 주체의 동기부여 및 행동들을 형성하는 데 막강한 영향을 미치는 기존의 규범과 일정한 상호작용 등이 이루는 체계적 패턴이다. 현대 사회에서 제도는 일반적으로 정부나 회사와 같이 공식 규정과 법적 자격을 갖추고 조직화된 권력이 있는 기구에서 구현된다."[16]

재산권 문제에서도 그랬지만 이와 같은 제도의 필요성을 촉발하는 구조적 변화와는 무관한 제도 그 자체는 경제 발전을 장려하는 요소라 할 수 없다. 예를 들면 제도로서의 보험은 낙타 대상이나 공해(公海) 상에서 이루어지는 원거리 교역으로 인해 발명되었다. 하지만 수렵 채집 부족에게 보험을 소개해 봤자 원거리 교역을 하는 사람들과 같은 효과를 기대하기는 어렵다. 발전을 이해하려면 근본적으로 새로운 기술과 새로운 '생산 양식'이 창출한 생산성의 증대와 지식의 향상을 이해해야 한다. 이와 같은 생산 방식의 변화로 인해 촉발되는 제도 변화는 확실히 중요하다. 하지만 그것은 보조적인 것이다. 자본과 마찬가지로 제도는 그 자체로는 본질적 가치가 전혀 없기 때문이다. 제도는 마치 자본처럼 한 국가의 생산 구조를 유지시켜 주는 지지대 역할을 할 뿐이다.

사회과학은 제도라는 개념을 일찍부터 사용해 왔다. "국가의 제도가 선조들에 의해 만들어졌다는 사실이 입증되었는지 탐문하는 것으로는 충분치 않다. 그보다는 그것이 왜 제도화되었는지를 이해하고 설명할 필요가 있다. 원인을 알아야만 그에 대한 지식을 얻을 수 있기 때문이다." 방법론에 관한 이 발언은 1413년 신성로마제국 황제 지기스문트(Emperor Sigismund)가 청하여 저술된 피렌체 헌법에 대한 분석에서 나온다. 이 글을 쓴 레오나르도 브루니(Leonardo Bruni, 1369~1444)는 르네상스 시대에 성공한 이탈리아 도시 국가의 이데올로기인 시민적 휴머니즘(civic humanism) 학파라 알려진 이들의 견해를 대표하고 있다.[17]

또 제도가 생산 양식을 결정하기보다는 생산 양식이 제도를 만들고 결정하는 경우가 더 많다는 것은 오래전부터 받아들여졌던 사실이다. 프랜시스 베이컨은 1620년에 그 뒤 근 200년 동안 사회과학에서 압도적 지위를 차지하게 될 견해를 만들어 냈다. 바로 "가장 문명한 유럽 지역에 살고 있는 사람의 삶과 신대륙의 가장 거칠고 야만적인 지역에 사는 사람의 삶 사이에는 놀랄 만한 차이가 있다… 이 차이는 흙이나 기후, 인종이 아니라 기술에서 나온다."라는 것이다.[18] 프랜시스 베이컨은 여기에서 문제로 삼은 인과 관계에 관해 매우 명료한 태도를 취하고 있다. 인간의 활동, 즉 생산 양식이 그 제도를 결정한다는 것이다. 구(舊)제도학파의 창립자 가운데 하나인 베블런 역시 인과 관계의 화살표가 일상적 활동에서 제도로 나아간다는 점을 강조했다.

한 사회의 제도와 생산 양식이 함께 서서히 발전했다는 바로 그 이유 때문에 제도를 필요로 하고, 만들어 낸 기술 시스템과 제도를 따로 떼어 놓고 연구하는 것은 무의미해진다. 오늘날은 제도를 발전에 유리한 도구로 분리해 봄으로써 등식의 한쪽만 지나치게 강조되고, 그것이 경제적, 제도적 발전에 대한 우리의 이해를 왜곡시키고 있다.

1882년에 소설 『축복받은 자의 섬(De lycksaligas ö)』에서 스웨덴 극작가 아우구스트 스트린드베리(August Strindberg)는 생산 양식과 경제 제도 간의 관계를 풀어간다. 18세기 스웨덴에서 왕을 모욕한 청년 학생 두 명을 포함하여 유형수 한 무리가 끝내 이르지 못할 먼 식민지로 가다가 로빈슨 크루소 식의 난파를 당한다. 학생들이 이끄는 죄수들은 이제 권력으로부터 해방되어 자체 사회를 건설하고, 고국에서 경험했던 제도를 세울 것인지 폐지할 것인지를 의논한다. 기후가 무척 더운 섬에 있는 동안 그들은 기존의 제도 대부분을 폐지하기로 결정한다. 벌거벗고 돌아다니면서 자연에서 나온 수확물을 거두어 먹는 생활에서는 상속법이고 뭐고 필요 없다고 주장한 것이다. 그러다가 두 번째 난파를 당하고 더 온화한 기후의 섬에 도착하자 그들은 예전에는 쓸모없다고 폐기했던 제도들이 새로운 생활방식에서는 다시 필요하다는 것을 깨닫는다. 스트린드베리는 프랜시스 베이컨의 요점을 다시 확인시켜 주었다. 제도가 생산 양식에 의해 형성되고 결정되는 것이지 그 역방향이 아니라는 것과, 인과 관계의 화살표를 돌려놓으려는 행동은 별로 건설적이지 못하다는 것이다.

신고전주의 경제학자들은 교환과 교역만이 아니라 생산을 파악해야만 가능한 질적 이해에서 멀어졌기 때문에 생산과 제도 사이의 이런 연관성 역시 외면해 버린다. 그 요소가 바로 여러 세기 동안 사회과학자들이라면 으레 알고 있었던 제도의 발전은 특정 활동 의존적이라는 것이다.[19] 질적 이해를 하지 못하는 현실은 오늘날 수많은 개발도상국에게 상당한 손실을 끼치고 있다. 그러므로 우리는 '실패한 국가'가 가진 문제와 그 제도의 실패가 그들이 행하는 경제 활동과 별개라는 관점에서 논의된다면 무의미하다고 주장하는 것이다.

4) 올바른 '거버넌스' 설정

1990년 이래 가장 기세등등하던 시절에 '국가를 뒤로 물러나 있도록 하는' 것이 워싱턴 컨센서스의 본질이었다. '국가'와 '정부'는 부정적 함의를 지닌 용어였던 것이다. 하지만 1990년대 후반이 되자 국가와 정부는 '거버넌스(governance, 관리)'라는 말로 포장된 채 다시 도입되었다. 세계은행은 '거버넌스'를 '사회 문제들을 관리하기 위한 정치적 권위의 행사와 제도적 자원의 활용'이라고 규정한다. 말하자면 이는 예전에 '국가'와 '정부'가 담당하던 일과 매우 비슷하다는 뜻이다.

세계적 차원에서 볼 때 '거버넌스'에 생기는 가장 심각한 문제는 실패한 국가이다. 『파이낸셜 타임스』에 따르면 세계은행은 경제가 실패하여 무너질 위험이 있는 48개국의 명단을 갖고 있다. 실패한 국가의 경제 구조를 들여다보면 그다지 깊이 분석하지 않아도 특정 유형을 띤 국가 경제의 생산 구조와 실패하기 쉬운 국가의 성향 사이에 깊은 관계가 있음을 알 수 있다. 실패한 국가에는 독일이나 캐나다, 노르웨이 같은 나라와 구별되는 공통적인 경제 요인들이 있다. 어떤 국가를 실패하지 않도록 하는 정책은 이 나라의 생산 구조를 어떻게 하면 민주적으로 제대로 잘 돌아가는 국가의 생산 구조와 비슷해지는지에 대한 분석이 있어야 한다. 원인은 밝히지 못한 채 단순히 징후만 다루다가 끝나지 않으려면 그렇게 해야 한다.

실패하는 국가에 공통적으로 속하는 경제적 특징은 무엇보다도 다음과 같은 것들이다. 도시적인 수확 체증 산업이 매우 적고, 노동 분업은 매우 낮으며(예를 들어 단일 작물 경작), 정치적 안정의 바탕이 되는 도시의 중산층이 부족하고, 경제적으로 독립한 직인 계급이 없으며, 수출 활동에서 상품 경쟁력이 없고, 값싼 노동력을 세계 시장에 공급하는 데에 비교 우위가 있으며, 교육 받은 노동력에 대한 수요가 낮고, 교육 수준이 낮으며 두뇌 유출이 심하다. 이런 경제 구조를 가진 나라에서는 특정한 지역주의가 발달하는 경향이 있는데, 라틴아메리카에서는 그것을 '카우딜리스모(caudillismo)'라 하고, 소말리아와 아프가니스탄에서는 '군벌(war lords)'이라 부른다. 제대로 기능하는 국가에서는 접착제처럼 응집력을 발휘하는 경제 구조가 이런 나라들에서는 취약하거나 존재하지 않는다.

어떤 종류든 공화주의 통치를 확립한 최초의 부국들은 베네치아처럼 섬나라이거나, 제노바나 네덜란드 공화국처럼 농경지가 거의 없는 해양 국가인 경우가 많았다. 농경지가 부족하다는 것은 봉건적 구조가 없었다는 뜻이고, 그 덕분에 수확 체증 활동을 포함하는 다양한 경제 구조가 만들어질 수 있었다. 이런 점에서 전통적으로 지주 계급의 비중이 컸던 피렌체는 대단히 흥미로운 사례이다. 피렌체에서 길드(corporazioni)와 시민(burgher)들은 자기들끼리 권력을 놓고 싸워 오면서도 대단히 일찍부터(12세기와 13세기) 지주 가문의 정치 참여를 금지해 왔다. 이런 지주 가문들은 그 뒤 여러 세기 동안 다른 도시들과 결탁하여 피렌체에게 계속 골칫거리가 되었다.

이 책에서 우리는 이미 한 국가의 경제 구조와 정치 구조 사이에는 연관이 있음을 지적했다. 초기의 민주주의는 직공과 생산 계급이 귀족에 대해 정치적 영향력을 미치는 국가에서 이루어졌다. 조반니 보테로 시대와 독일식 '국가의 이성(Staatsraison)' 전통은 경제 구조와 국가의 생존 능력 및 통치 가능성 사이에 명백한 관련이 있다고 보았다. 보테로의 『국가의 이성(Reason of State)』과 『도시의 부에 관하여(On the Wealth of Cities)』는 (국가와 도시 및 경제 구조를 이어 주는) 동일한 저작물을 이루는 갈래들이다.[20] 이 전통은 몽테스키외 등 18세기 사회과학자들에 의해 계승되었다.

우리는 제켄도르프(3장 참조)의 저서도 살펴보았다. 그는 네덜란드 공화국이 확립하여 찬사의 대상이 된 바 있는 사회를 만들어 낼 경제적 기반이 독일에는 없다는 사실을 알았다. 국가의 기능을 개선시키기 위한 제켄도르프의 접근 방식은 국가 자체의 경제적 토대 변화, 직업과 산업의 결합, 영토 내에서 그런 직업과 산업의 지리적 재배치에 밀접하게 결부되어 있었다. 제켄도르프에 의해 시작된 전통을 따른 소국 영주(Princes)들은 통치 권리(right)에는 그 영토를 근대화해야 할 임무(duty)가 따른다고 주장함으로써 근대화를 이끄는 사람으로 변신했다. 사실상 장기적으로 보면 영주는 결국 쓸모가 없어질 것이므로 제대로 된 민주주의가 나오기 위해 필요한 여건을 만들어 내야 한다는 것이었다. 번성한 공국(公國)은 영주 체제 자체를 파괴하고 민주주의를 이룩할 씨앗을 내부에 품고 있기는 하였으나, 민주주의로 나아가는 길은 원자재 생산으로부터 벗어나 경제를 다변화함으로써 만들어졌다.[21] 오늘날 후쿠야마도 "선진적 산업화와 민주주의 사이의 강력한 상관관계"는 인정하지만[22] 다음의 두 가지는 여전히 받아들이지 않는다. 즉 a) 가장 중요한 인과 관계의 화살표가 정치 구조로부터 경제 구조가 아니라 경제 구조(도시의 기술자 및 산업 활동)로부터 정치 구조 쪽으로 나아간다는 점, 그리고 b) 그런 산업 활동은 사실상 예외 없이 산업에 대한 목표의식, 육성 및 보호가 없었다면 창출되지 않는다는 점이다. 산업의 창조와 보호가 바로 민주주의를 창조하고 보호하는 일이라는 것이다.

5) 올바른 경쟁력 확보

'경쟁력'이라는 용어 역시 '역사의 종말' 경제학에서 나온 것으로 1990년대 초반에 유행하기 시작했다.[23] 이 용어는 처음에 매우 논쟁적이었다. 로버트 라이시(Robert Reich)는 1990년에 이렇게 말했다. "국가 경쟁력이란 용어는 공적 논의에 등장하는 것들 가운데 중간에 일관성 있게 사용되지 못하고 모호해졌다가 그냥 무의미해져 버린 드문 경우이다." 라이시는 하버드 대학교의 존 F. 케네디 행정대학원의 교수였으며, 나중에 클린턴(Bill Clinton) 정부에서 노동부 장관을 지낸 인물이다. 장관 재직 시절 라이시는 미국은 고부가가치 경제 부문으로 옮겨가야 한다는 견해(내가 말한 경제 활동의 품질 지수와 일치하는 견해)를 지지했다. MIT의 크루그먼은 두어 해 뒤에 발표한 한 논문에서 라이시를 두 번이나 '팝인터내셔널리스트'라고 부르며, 다소 학자답지 못한 태도로 하버드 대학교 동료 경제학자의 '고부가가치 부문'이라는 것을 '멍청한 개념'이라고 공격했다. 그는 같은 논문에서 '경쟁력'이라는 개념에 대해서도 비난했다. "대학생들이 경쟁력이라는 말을 들을 때 움찔하고 놀라도록 가르칠 수 있다면 우리는 국가에 대단한 봉사를 한 셈이다." 이처럼 크루그먼의 핵심 통찰은 여전히 리카도의 것이었다.

'경쟁력'이라는 용어는 미국의 산업과 무역 정책에서 반대편에 서 있는 라이시와 크루그먼 진영 모두에게 혐오의 대상이 되었지만 대중은 그것을 점점 더 좋아했다. 내가 볼 때 경쟁력이라는 용어가 성공한 이유는 애매모호함과 어디에든 갖다 붙일 수 있는 순응력 때문이다. 일개 거지에게 하든 국가 전체에게 하든 경쟁력이 부족하다는 말은 둘 다 그럴듯하게 들릴 수 있기 때문이다. 경쟁력이라는 말에는 모든 의미가 다 담겨 있을 수도 있지만, 아무 뜻이 없을 수도 있다. 앞으로 보게 되겠지만 이 용어는 정반대의 현상을 일컬을 수 있으므로 매우 융통성이 크다. 상황에 따라 더 높은 임금도 더 낮은 임금도 가리킬 수 있다는 말이다.

회사 차원에서 보면 경쟁력의 의미는 아주 단순 명백하다. 그 회사가 시장에서 경쟁하고, 성장하고, 수익을 낼 수 있는 능력을 말한다. 마이클 포터는 『국가 경쟁 우위(The Competitive Advantage of Nations)』에서 경쟁력에 대해 정해진 정의는 없다고 했지만, 뒤에 가서는 "국가 차원에서 볼 때 유일하게 의미 있는 경쟁력이란 국가의 생산성이다."라고 말했다.[24] 포터의 정의에는 우리가 의미 있게 받아들일 만한 내용은 별로 없다. 야구공과 골프공의 예에서 보았듯이 결정적 요소는 한 국가가 어느 분야에서 생산성을 높이기로 하는가의 문제이지 생산성 그 자체가 아니다. 하버드 비즈니스 스쿨에 있는 브루스 스콧(Bruce Scott)은 한 가지 정의를 제시했는데, 이 정의가 나중에 경제협력개발기구(OECD)의 기술 경제 프로그램(Technology and Economy Programme)에서 채택되었다. "경쟁력이란 개방된 시장 상황하에서 한 국가가 국내의 실질 소득을 유지하고 확대하는 동시에 외국과의 경쟁이라는 시험을 감당할

수 있는 제품과 서비스를 생산하는 정도를 가리키는 것으로 정의할 수 있다."[25] [이텔릭체는 저자]

이 정의에 따르면 경쟁력은 실질 임금과 국가 소득이 불완전 경쟁 시스템에 의해 높아지고 국가에게 지대(rent)를 만들어 주는 과정이다. 신고전주의 경제학자들이 경쟁력이라는 개념을 반대한 것도 아마 이 때문일 것이다. 그러나 우리가 지지하는 '다른 전통'의 견해, 부국들이 어떻게 부유해졌는가 하는 견해는 이 관점과 공존할 수 있다. 전통적으로 관세가 부과된 것은 시장 여건에 맡겨 둔다면 부유해질 수 없을 때, 경쟁을 유지하면서도 기술 변화를 가장 많이 겪는 지역을 보호하기 위해서였다. 어떤 나라가 후진적인 경우에는 원하는 결과를 만들어 내기 위해 관세를 더 높여야 하기 때문이다.

그렇다면 경쟁력이란 실질 임금과 소득을 증대시켜 국민과 국가를 더 부유하게 만드는 과정을 가리킨다. 그런데도 몇 년 전에 우간다를 방문했을 때 나는 이 용어가 정반대의 주장, 즉 임금을 더 낮추기 위한 논리로 쓰이는 것을 직접 목격했다. 아프리카 성장 기회법(AGOA)에 의해 미국과 아프리카는 마킬라 유형의 시설을 짓는다는 합의를 했으나 우간다에 유치된 직물 공장은 더 이상 국제 경쟁력이 없었다. 그 결과 요웨리 무세베니(Yoweri Museveni) 대통령은 우간다가 경쟁력을 갖추기 위해서는 노동자의 임금이 더 낮아져야 한다고 주장했던 것이다.

이렇듯 경쟁력은 융통성이 무척 큰 개념이다. 혼탁한 생각이 들끓는 혼란스러운 시대에도 들어맞고, 중요한 경제 이론의 철저한 실패를 설명해야 하는 필요에도 들어맞는다. 이것은 모든 사람을 더 부유하게 만들어 주는 메커니즘을 설명하는 데(OECD의 정의)에도 사용될 수 있지만 그와 정반대 상황을 설명하는, 즉 노동자들에게 더 심한 빈곤을 받아들여야 한다고 설득하기 위한 용어(무세베니의 정의)도 될 수 있다. 유럽에서는 경쟁력이라는 용어가 슬프게도 점차 '노동 시장의 유연성'(이는 언제나 하향적 유연성을 의미한다)이라는 개념과 짝을 이루어 우간다 식 의미로 사용되고 있다. 경쟁력을 갖추기 위해 우리는 삶의 수준을 떨어뜨려야 하는 것이다.

6) 올바른 혁신 달성

2000년과 2001년에 이루어진 몇 차례 연설에서 앨런 그린스펀(Alan Greenspan)은 슘페터를 경제학의 주류로 받아들였다. 슘페터의 이론만이 당시 미국이 경험하고 있던 고속 경제 성장과 낮은 인플레이션이 복합된 현상을 설명할 수 있었기 때문이다. 한때 정상적인 경제의 중력 법칙이 신경제를 둘러싼 현상을 설명하지 못하는 것처럼 보이자 그린스펀은 슘페터를 그 같은 상황의 이론가이자 예언가로 선전했다. 그 현상의 핵심에는 슘페터의 이름에 결부된 창조적 파괴의 과정이 있었다. 창조적 파괴라는 개념은 정보통신 기술이 그 이전의 기술적 해법을 파기하고 새로운 회사가 들어설 공간을 만들기 위해 쓸모 없어진 구식 회사를 없애는 과정을 설명하는 데 안성맞춤으로 보였다.

이것은 제3세계가 왜 가난한지를 설명할 또 하나의 기회이기도 했다. 그들의 혁신 방식이 실리콘 밸리와 다르기 때문이라는 것이다. 그러나 일반적인 경제학 교과서는 문맥에서 또다시 중요한 면들을 누락시켜 버렸다. 그런 급속한 기술 변화의 시대가 경제적 격차를 줄이기보다는 늘리는 방향으로 여러 메커니즘이 작동한다는 사실 말이다.

무엇보다도 기술 경제 패러다임 부분(4장 참조)에서 설명했듯이 창조적 파괴라는 거대한 바람은 특정 산업 클러스터 주위에 집중된다. 이런 산업은 맨체스터든 디트로이트든 실리콘 밸리든 지리적으로 클론다이크 효과(Klondike effect)˙가 확산되는 공간에 자리한다. 수익과 실질 임금의 증가는 증가분만큼의 구매력을 창출하여 모든 분야의 비즈니스에서 돈을 쉽게 벌도록 하는데, 그런 일이 다른 곳에서는 일어날 수 없다. 이런 핵심적 혁신은 특정 활동 의존적이다. 즉 몇몇 산업에는 있지만 다른 산업에는 없다는 뜻이다. 달리 표현하면 혁신을 위한 기회는 경제 활동마다 무척 다르다. 우리는 빌 게이츠가 몽골에서 염소 사육을 했다면 마이크로소프트 사에서 그가 거둔 것 같은 업적을 이루지 못했으리라는 것을 직관적으로 알 수 있다. 그러나 일반적인 경제학 이론은 이런 상식을 잘 이해하지 못한다.

둘째, 두 가지 다른 유형의 혁신은 근본적으로 다른 방식으로 확산된다. 지금의 마이크로소프트나 지난 시대의 포드 같은 제품 혁신은 더 높은 수익과 더 높은 임금이라는 형태로 경제 전반으로 확산되는 경향이 있다.[26] 이에 비해 신기술이 업무 혁신으로 다른 산업에서 활용될 때에는 훨씬 더 낮아진 가격이라는 형태로 확산되곤 한다. 항공기는 25년 전이나 지금이나 크게 다를 바 없지만 신기술이 항공 산업에서 활용됨에 따라 항공 운임은 크게 낮아졌다.(이는 모든 소비자에게 큰 이익이 된다.) 앞에서 설명했듯이 일부 분야에서는 혁신이 임금 수준을 낮추도록 압박을 가한다.(혁신이 생산자에게 손해를 입힌다.) 베네치아나 스페인의 코스타 델 솔의 호텔은 그 산업 자체로는 별로 달라진 것이 없지만 인터넷을 통한 예약 탓에 호텔 가격과 사업 이윤율이 모두 떨어졌다.

슘페터의 제자 한스 싱거는 제3세계 원자재 생산에서의 혁신은 낮은

˙ 금광의 발견이 경제에 미친 효과를 말한다.

가격이라는 형태로 제1세계로 확산되는 경향이 있는 반면에, 제1세계에서의 혁신(본질적으로 제품 혁신)은 제1세계 자체에서의 높은 임금으로 전환되는 경향이 있음을 보여 줌으로써 개발 경제학에 중요한 기여를 했다.[27] 이처럼 빈국들이 혁신하더라도 혁신의 수확이 그들에게 돌아가지 않는 경우는 매우 많다.

앞에서 우리는 멕시코에서 아이티에 이르는 빈국들이 어떻게 하여 혁신이나 규모의 경제를 이룰 기회를 모두 박탈당한 채 본질적으로 기술적 막다른 길인 경제 활동에 전문화하게 되었는지를 살펴보았다. 이런 것들은 미국의 자본과 엔지니어를 모두 동원해도 (야구공 생산 사례가 입증해 주듯이) 더 이상의 혁신이나 생산성 향상이 이루어지지 못하는 활동이다. 그렇다면 우리가 알아낸 것은 어떤 국가들은 혁신 가능성이 없는 경제 활동에 특화하도록 강요당한 다음 나중에는 혁신이 부족했다고 비난받는다는 사실이다. 국제 노동 분업 내에서 빈곤을 특화한 곳이 바로 그런 나라들이다.

7) 올바른 기업가 정신 확립

경제의 한 요소로서 기업가 정신—대개는 인간의 독창성—은 일반적으로 주류 경제학 밖에 독자적으로 존재한다. 그러나 최근 들어 기업가 정신의 부족이 빈곤의 원인이라는 주장이 제기되었다. 이는 특히 방향을 잘못 짚은 설명이다. 부유한 나라의 사람들은 대부분 출근할 직장이 있지만 빈민들은 하루하루 살아남기 위해 스스로 기업가적 능력을 발휘해야 한다. 그렇게 엄청난 차이가 생기는 것은 빈국에서는 성공한 기업가가 될 기회가 너무 적기 때문이다. 수요 부족, 공급 부족, 자본 부족, 상품 시장에서 나타나는 경쟁 유형 등의 여건이 빈국을 기업가로서 성공이 극도로 어려운 상황으로 꼼짝 못하게 몰아넣는 것이다. 그러므로 빈민이 늘어나는 상황에서 기업가적 창의성을 발휘하는 사람이라면 조국을 떠나 더 부유한 나라로 가는 것이 훨씬 이치에 맞다. 하지만 (현명한 정책들 덕에) 지금은 이런 길도 불법이 되었다. 역사적으로 보면 부국은 어떻게 해서든 수확 체증과 시너지, 불완전 경쟁의 선순환을 달성한 국가들이다.

8) 올바른 교육 실시

자본주의의 근본 동력은 인간의 재능과 의지, 다른 말로 하면 신지식과 기업가적 능력이다. 피상적으로 보면 바로 그렇기 때문에 빈국에게 무엇보다도 필요한 것이 교육 받은 인재라는 결론처럼 비칠 수도 있다. 이는 물론 사실이기는 하지만 경제 발전에 성공한 사례들을 보면 교육 받은 인재를 끌어들이기만 할 것이 아니라 동시에 그들의 기술을 필요로 하는 일자리도 마련해야 한다는 것을 알 수 있다. 교육 받은 인재의 수요와 공급을 일치시키는 그런 연계된 노력은 19세기 미국에서부터 제2차 세계 대전 이후 한국과 1980년 이후 아일랜드에 이르기까지 성공적인 발전 정책의 특징이었다. 그런 전략은 늘 자유방임 정책과 멀찌감치 거리를 둘 필요가 있었다.

교육 받은 인재라는 공급 측면만 강조하는 국가는 결국 이민을 부추기는 교육으로 끝나 버린다. 교육 받은 인재들이 빈국에서 부국으로 유출되는 현상은 똑같은 방향으로 진행되는 자본 유출과 나란히 일어난다. 이것이 바로 뮈르달이 말한 세계 경제의 '전도된 후유증' 가운데 하나이다. 수많은 빈국의 가장 중요한 수출 품목은 슬프게도 그 나라 국민이다. 어떤 나라에서는 그들이 본국으로 송금하는 외환이 국제수지에서 중요 항목을 이루기도 한다. 이런 송금액이 투자가 아니라 주로 소비에 사용되고, 그것도 때로는 고국의 경제 발전을 향한 노력을 장려하지 않고 오히려 의욕을 꺾는 경우도 있지만 말이다. 플로리다에서 일하는 여러분의 형제가 시간당 최저 6.40달러를 받아 집으로 송금하는데 무엇 하러 아이티에서 고작 시간당 50센트를 받고 일하겠는가?

9) 올바른 기후 선택

빈국에게 시행한 정책이 철저하게 실패한 데 대해 오늘날의 주류 경제학에서 나오는 중요한 반응 하나는 예전에 과학의 주변부로 밀쳐놓았던 개발 경제학의 초기 주제들을 도로 가져온다는 것이다. 기후, 지리, 질병이 주류 개발 경제학의 중심부로 다시 돌아왔고, 이런 요인들이 이제 신식민지주의/신제국주의적 성향의 역사를 다시 쓰는 데 끼어들고 있다.[28] 이런 요인이 영향을 끼치는 것은 분명하지만, 그것은 주로 식민지 건설과 기득권을 가진 그곳 주민들의 투자 이익에 영향을 미치는 방식에서 나타난다. 발전의 주된 설명 변수(explanatory variable)는 한 국가의 토대가 되는 경제 구조이고, 그것의 유형은 지배 엘리트의 기득권에 크게 의존하기 때문이다.

열대 지역의 식민지는 본래 원자재 생산을 위해 세워졌고,[29] 농업이든 광업이든 이런 원자재 생산에는 노예 노동력이 필요하다. 유럽이 봉건 제도에서 서서히 벗어난 데 비해 열대 지역의 경제적, 사회적 구조는 주인과 노예 간의 사회적 분업으로 고착되었다. 또 수출 부문 이외의 토지 점유는 봉건제 형태가 많았다. 원자재가 나지 않는 온대 지역은 수세기 동안 그다지 괜찮은 재산으로 여겨지지 않았다. 네덜란드는 1667년에 브레다 조약(Peace of Breda)으로 뉴욕과 수리남(나중에 네덜란드령 기아나)을 맞바꾸게 되자 매우 기뻐했다고 한다.

온대 지역의 식민지는 열대 지역과 성격이 매우 달랐다. 그들은 노예를 쓰지 않고 스스로 농사를 지으려고 오는 사람을 끌어들였고, 지방 정부는 모든 농민에게 공평하게 농지를 나누어 주었다.[30] 차츰 제도가 정비되자 교육기관에 대한 재정 지원 방식이 자립농들이 있는 나라와 노예제나 봉건 사회 사이에서 상당히 다르게 나타났다. 글을 읽고 쓸 줄 아는 노예는 노예로서 쓸모가 없다는 것은 자명하다. 달아나려고 애를 쓸 테니 말이다. 온대 지역에서는 농민들이 자기 자식이나 이웃의 자녀들을 교육시키려고 학교를 세웠는데, 이런 교육 시스템을 장려할 이유는 충분했다.

열대의 노예제 식민지에서 외환은 수입품의 대금을 치르는 데 다 들어갔고, 원주민과 노예는 가난했기 때문에 지역 제조업을 위한 시장이 형성되지 못했다. 온대 지역의 식민지는 외환을 벌어줄 만한 자원은 거의 없었지만 시간이 지나자 유럽 식 소비 행태를 보이는 백인 주민이 늘어나고 구매력이 증가하면서 사람들을 끌어들였다. 온대 지역의 식민지가 실시한 산업화 전략이 차츰 유럽의 부유한 지역에 존재했던 도시 재벌을 만들어 낸 것이다. 열대 지역의 도시는 계속하여 행정과 교역의 중심지로만 존재했다.

'한 뉴질랜드 식민지 주민'이 익명으로 출판한 책에는 1897년에 온대 지역 정착민들이 사용한 논리를 다음과 같이 설명한다. 뉴질랜드 정착민들은 싸구려 수입품을 시혜로 받아들이기를 거부한다. 그것을 받아들이면 뉴질랜드는 산업화되지 못하기 때문이다.

개체주의자들의 신조에서 대단히 심하게 일탈된 모습이 금방 나타났다.

영국 식민지(뉴질랜드) 주민은 말안장에 앉자마자 그들이 가장 귀중히 여기던 것을 거세게 공격하기 시작했다. 식민지 주민은 외부 세계와 자유 무역을 주장하는 모든 이론을 내다버렸고, 식민지가 자체 수요를 충분히 맞출 수 있는 품목에는 수입품에 무거운 관세를 붙였다. 이런 관세는 그가 모국으로 섬기는 나라(영국)의 제품에도 부과되었다. 그는 이런 식으로 해야만 자기들이 만든 새 나라가 구세계에서 온 이주자들을 위해 번영하는 땅이 될 수 있다고 믿었다. 번영이라는 이 목표는 너무나 큰 것이어서 위대한 자본가 집단, 무한 대출을 하는 권력, 더 낮은 임금으로 일하는 구세계와의 무한 경쟁이 계속되는 한 다다를 수 없다. 구세계의 잉여 물품은 본국의 수출업자들이 자국에서 값이 떨어지는 것을 막기 위해 식민지 시장에 쏟아 내보내 제멋대로의 가격으로 팔린다. 이런 제품을 그토록 싼 값에 얻는 것은 시혜라고 개체주의자가 말하자 식민지 주민은 국민에게 고통을 안기는 대가로 그런 시혜를 받아들일 권리를 누구에게도 허용하지 않겠다고 거절했다.

보호주의 정책에 추가된 이런 인센티브 외에도 식민지 주민은 자라나는 아이들이 기계 기술을 익힐 기회를 얻고, 그럼으로써 그저 부국들을 위해 나무나 해 주고 물이나 길어 주기만 하는 신세에서 벗어나기를 원했다. 그는 기계 기술과 그 기술로 만든 대단한 제품들을 모두 국민의 힘과 안전을 지켜 주는 요새로 보았다. 그는 산업의 다양성 없이는 어떤 산업체도 살아남을 수 없다고 굳게 믿었으며, 다양한 농산물을 판매할 지역 시장 없이는 자기들의 새 나라에 제대로 자리 잡은 농촌을 세울 수 없다고 믿었다.

이런 것이 영국에서 건너온 거의 모든 식민지 주민을 수입품 무역상이 아니라 강력한 보호주의 정책 시행자로 만든 생각이었다. 그는 성과가 즉시 나야 한다고 요구하지 않았다. 그의 눈은 미래를 향했고 자라는 아이들에게 쏠려 있었다. 그가 볼 때 보호주의는 고용인들에게는 별로 혜택을 주지 못하면서 일부 고용주들만 부자로 만들 위험이 많았다. 그런 위험도 철저하게 인식했지만 그는 전면적인 교육과 모든 계급의 시민이 동등하게 무장할, 그럼으로써 치유책이 필요해질 때가 오면 적절한 치료법을 찾도록 하는 완전한 자유를 믿었다. 무슨 일이 일어나든 그의 새 정책은 희망으로 가득 차 있으며, 어떤 상황에서도 개체주의자들이 자유 무역이라는 형태로 시행하려는 것에 비해 더 많은 피해와 상처를 주지는 않을 것이라는 확신으로 강화되었다.[31]

뒤늦게 세워진 뉴질랜드에 온 이 정착민의 말은 내가 이 책에서 말하고자 하는 수세기 동안 축적된 지혜를 요약해 주고 있다. 대륙의 경제 전통에서처럼 식민지 정착민의 경제 이론은 개인과 사회의 관점을 동시에 고려하라고 요구한다. 이 식민지 주민의 시각은 제한적인 이윤 극대화보다 훨씬 더 멀리 나아가서, 조금 뒤에 베블런이 '부모적 본능'이라 부른 것, 즉 자기 자녀든 다른 사람의 자녀든 미래 세대를 위한 배려에까지 확장된다. 방법론적 개체주의를 따르는 현대 경제학자들은 (시장이 자동적으로 조화를 이룬다고 가정하므로) 그런 차원을 보지 못하며, 또 지리와 시간과 무지도 간과하는 경향이 있다. 식민지는 '자기 식민지가 공급할 수 있는 모든 산물'을 보호하려고 한다. 여기서 식민지가 공급할 수 있는 것을 정하는 결정적인 요소는 시장의 규모이다. 작은 섬나라 식민지나 (열대 지역의 식민지같이) 백인 정착민이 거의 없는 식민지는 이런 목표를 달성할 만한 시장을 갖지 못할 것이다.

따라서 우리는 식민지 주민도 부국이 빈국에게 잉여 산물을 쏟아부었으며, 빈국은 값싼 물품을 시혜로 받아들이기를 거부했다는 사실을 알 수 있다. 자기 산업을 보호하지 않는 나라는 국가로 이루어진 계층 구조에서 성서가 말하는 "나무를 해 주고 물이나 길어 주는 자"(여호수아서 9:23)로 분류될 운명에 처할 것이다.[32] 이 구절은 미국에서도 제조업 보호를 지지하는 일련의 논의에 사용되곤 했다. 그러므로 성서는 경제 활동의 품질 목록(부록 6)과 비슷한 기술 간의 계층 질서를 인정하고 있다. 즉 나무꾼과 물을 길어 주는 사람은 그 계층 질서의 밑바닥에 속한다는 것이다. 이 견해는 현행 국제 무역 이론의 핵심 철학과는 양립할 수 없다.

앞에 나온 뉴질랜드 식민지 주민은 산업에 필요했던 기계 기술의 중요성을 알았으며, 또 1613년의 세라에게까지 거슬러 올라가는 시너지 효과에 관한 논의도 이해하고 있었다. 산업은 홀로 떨어져서는 살아남지 못한다는 것이다. 그는 또 오늘날 워싱턴 컨센서스가 그토록 우려하는 바인 지대 추구의 잠재적 위험도 알아차렸다. 하지만 사람들이 교육 받고 부유해지면 이 문제를 다룰 수 있는 민주주의가 형성될 것이라 믿었다. 또 부유한 고용주가 내국인일 때보다 외국인일 때는 이 문제를 처리하기가 말할 수 없이 쉬워진다는 것도 덧붙일 수 있다. 어쨌든 국내의 소득 분배에 관련된 이런 문제는 다른 대안, 즉 농민이 산물을 판매할 수 있는 충분한 국내 시장 없이 원자재 생산자로 고착되는 것보다는 훨씬 낫다는 것이다.

따라서 기후가 경제 발전에 미치는 가장 중요한 영향은 우회적인 방식으로 나타난다. 상이한 생산 양식, 상이한 정착 유형, 정착민들의 상이한 기득권에서 발생한 결과로 나타난다는 말이다. 세계에서 가장 부유한 나라 중 하나인 싱가포르는 적도 바로 위에 있다. 싱가포르가 이룬 부는 적도에 있는 온난 기후 '지역'에 자리 잡고 있어서가 아니라 유입된 인구(아시아 인과 백인)가 충분하여 산업을 건설하고 앞선 정책을 추진할 수 있었던 덕으로 돌릴 수 있다. 말레이시아가 열대 기후에서 거둔 성공에는 1965년에 그들로부터 분리 독립한 싱가포르의 성공적 정책이 큰 영향을 미쳤다는 것은 의심의 여지가 없다.

산업의 입지에 지리와 기후가 영향을 미친다는 것은 1500년대 이후 잘 알려져 있었지만, 제조업을 구축하려는 데 있어서 지리와 기후상의 불리한 점이 경제 정책에 의해 보완될 수 있을 뿐 아니라 그렇게 되어야 한다는 사실 역시 받아들여졌다. 지리적, 기후적 어려움이 클수록 보호주의의 장벽은 더 높아져야 했다. 그러나 거리와 운송비는 '천연의 보호막'이었다. 진짜 문제는 '구조 조정(structural adjustment)'과 함께 나타나기 시작했다. 구조 조정은 (의심의 여지없이 '잘못된' 정책 탓에) 제조업이 아직 세계 시장에서 경쟁할 수준에 오르지 못한 나라에서 모든 정책 도구를 때이르게 없애 버리는 것이다. 산업 정책의 도구를 너무 일찍 내다버리는 바람에 벌어진 참상의 평계를 찾으려는 사람들이 이제는 지리와 기후까지도 개발 경제학의 중심으로 끌고 들어오고 있다.

10) 올바른 질병 관리

열대 지역에서 창궐하는 치명적인 질병도 이제 주류 이론에서는 빈국들이 발전하지 못하는 핵심 이유로 등장했다.[33] 특히 말라리아가 집중 조명을 받았다. 그러나 주류 경제학이 이번에도 빈곤의 근본 원인이 아니라 그 결과에 집중하는 것으로 보인다.

말라리아는 여러 세기 동안 유럽에서도 유행했다. 그래서 사람들이 이 질병에 걸려 싸운 이야기가 로마 제국 시절에도 이미 기록으로 전해진다. 여러 시대를 살펴보면 말라리아는 지금은 그 질병과 전혀 무관해 보이는 장소에도 있었다. 중세 때에는 해발 1400미터 높이의 스위스 알프스 계곡에서도 말라리아에 전염되었고, 북으로는 멀리 러시아 북서부의 북극권 바로 아래 콜라 반도에도 이 병이 있었다. 유럽에서 말라리아를 없앤 것은 산업화와 발전을 통해서였다. 더 선진적이고 집약적인 농업에 의해 늪지대가 배수되었고, 또 수력전기 발전소가 돌아가고 관개 운하가 건설됨으로써 말라리아가 가장 잘 서식하는 괸 물이 사라졌다. 말라리아는 경제 발전과 공존할 수 없었던 것이다. 대규모 공중보건 공사와 위생 체계도 유럽을 말라리아에서 벗어나게 했다. 세월이 흐르면서 유럽 국가들은 동일한 유형의 발전을 통해 병에 걸리지 않을 수 있었다.

이런 경제 발전으로 유럽은 부유하고 말라리아가 없는 곳이 되었지만, 아프리카는 여전히 식민지적 경제 구조가 남아 있고 지금도 저개발된 산업과 원자재를 수출하고 있다. 유럽 대륙이 발전을 통해 대출금을 상환하는 대신에 아프리카는 빚을 탕감 받는다. 아프리카는 발전을 이루어 말라리아를 박멸하는 것이 아니라 모기장을 얻는다. 아프리카의 상황에 잠재해 있는 구조적 문제는 지적되지 않고 그저 이런저런 문제의 징후만 거론되는 것이다. 이것이 다음 장에서 더 깊이 논의할 문제이다.

경제적 요인으로 지리와 기후와 질병을 강조하면 지난 몇 십 년에 걸쳐 워싱턴 컨센서스가 저지른 엄청난 정책상의 실패가 관심에서 멀어지게 된다. 따라서 실패한 과거의 정책을 옹호한 제프리 색스 같은 이들이 이제 새롭게 조명 받는 이론의 주요 지지자이기도 하다는 사실에 놀라지 말아야 한다. 보이지 않는 손이 성장을 가져다주지 못하자 경제학은 이 세계의 참상이 인간이 아니라 운명과 섭리와 자연, 즉 지리와 기후와 질병 탓이라는, 어딘가 원시적 믿음으로 퇴보하는 것처럼 보인다. 르네상스는 국가의 부와 빈곤을 만들어 내는 요인이 무엇인지 이해할 수 있게 해 주었다. 계몽주의와 그 뒤를 이은 19세기에는 이런 이해를 진전시켜 나가면서 과거의 정책 수단들을 조율해 갔다. 미국은 당시에 부른 대로 말하자면 '고임금 전략'이 거둔 유명한 성공 사례이다. 워싱턴 컨센서스에서 계몽주의적 정책 도구가 불법으로 규정되기 전에 경제 구조를 수확 체증이 일어나는 쪽으로 바꾸지 못한 국가는 이제 빈곤의 '자연적(natural)' 균형 속에서 자연의 변덕에 내맡겨져 있다. 리카도가 지적했듯이 '자연적' 임금이란 간신히 생계만 이어나갈 정도를 말한다.

시장의 보이지 않는 손은 세계의 수많은 사람들을 이런 최저 생활에 붙잡아 둔다. 개발 경제학파에서 나온 지리, 기후, 질병 같은 요인을 지지하는 이들은 이런 것들이 이제는 덫이 되었다는 사실을 깨닫지 못하는 듯하다. 역사적으로 여러 나라가 그런 덫을 피할 수 있게 해 준 도구를 자기 손으로 없애 버렸으니 말이다. 이런 경제학자들은 빈국의 경제 구조를 바꾸어야 한다는 핵심 쟁점에서 이론의 관심을 돌려놓음으로써 "선한 자가 끼친 피해가 가장 심각한 피해이다."라는 니체의 요지를 뒷받침하는 시스템을 만들어 내고 있다.

7

임시변통의 경제학,
밀레니엄 개발 목표가
잘못된 생각인 까닭

수원지 가까이에서 제대로 물길을 돌리면 대규모 물적 피해를 입지 않을 수 있는 것처럼 사회 철학의 근본 사상에서 시의적절한 변증은 예고 없이 일어나는 사회의 파멸과 고통을 피하게 해 줄 것이다.

— 허버트 S. 폭스웰, 영국 경제학자, 1899

How rich countries got rich, and why poor countries stay poor

역사의 종말 프로젝트는 6장에서 설명한 이론의 막다른 길 및 훈제 청어 떼와 병행하여 거대하고 야심찬 밀레니엄 개발 목표(Millennium Development Goals, MDGs)라는 형태로 빈곤 박멸에 착수했다. 얼핏 보면 밀레니엄 개발 목표는 절박한 사회 문제를 해결하기 위해 절실하고 시급히 필요한 조치를 전 세계에 제공하는 고귀한 목표인 것처럼 보인다. 그 계획에는 교육과 환경뿐 아니라 하루 1달러 미만의 생계비로 살아가는 사람 수를 절반으로 줄인다거나, 굶주림으로 고통받는 사람의 비율을 줄이고, 질병과 아동 사망률을 낮추는 것과 같이 가치 있는 목표도 포함되어 있다. 그렇다 하더라도 밀레니엄 개발 목표는 그 장기적 영향에 대해 충분히 숙고하거나 제대로 이해하지 못한, 완전히 새로운 원칙 위에 세운 계획이다. 이 장에서는 왜 빈곤 감소에 초점을 맞추는 것이 잘못인지, 왜 밀레니엄 개발 목표가 장기적으로 훌륭한 사회 정책을 대표하지 못하는지를 설명하려 한다. 이 장은 국제연합경제사회분과(UN Department of Economics and Social Affairs)가 2005년 뉴욕

에서 개최한 밀레니엄 개발 목표에 관한 회의의 발표문을 그대로 옮긴 것이다.[1]

밀레니엄 개발 목표가 내놓은 접근법에서 새로운 요소 하나는 개발 도상국이 국내의 사회 및 재분배 정책을 시행하는 데 있어 자체적으로 재원을 조달하지 않고 해외의 재정 지원을 강조한다는 점이다. 지금까지는 일시적 성격의 재난 구호 업무가 밀레니엄 개발 목표 안에서 더 영구적인 방식을 찾은 것이다. 그 결과 외국 원조가 정부 예산의 50퍼센트 이상을 차지하는 나라에 막대한 추가 지원금을 주겠다는 계획이 추진되고 있다. 여기서는 이런 식의 접근이 수많은 국가를 얼마나 더 영구적으로 '구호품에 의존하는 존재', 다시 말해 '복지 식민주의'와 유사한 시스템으로 만들어 버릴 것인가 하는 의문을 제기하고자 한다.

밀레니엄 개발 목표는 국제연합의 기구들이 몇 십 년 동안 수차례의 개발 실패를 겪음에 따라 빈곤의 원인을 밝히려는 노력을 포기하는 대신 빈곤의 징후를 집중적으로 다루기로 했음을 시사하는 것으로 보인다. 여러 면에서 아프리카가 처한 곤경은 5장에서 말했던 사미 족 순록 사육자들의 사례를 확대한 것과 비슷하다. 순록 사육자들과 마찬가지로 아프리카 인들은 가공, 제조, 고용, 발전을 만들어 내는 비즈니스에 참여하지 못하도록 금지당해 왔다. 사육자들과 똑같이 아프리카 인들은 내가 (유래한 곳의 지명을 따서) '스칸디나비아 식 오류'라 부른 것에 묶여 있다. 과거에 개발 경제학이 그랬던 것처럼 빈곤의 원인을 생산 시스템을 통해 내부에서 찾는 대신 외부에서 그 징후만 다루고, 그것을 땜질하는 데에만 돈을 쏟아붓기 때문이다.

이 장에서 나는 개발 경제학의 자리를 상당 부분 이런 임시변통의 경제학이 차지했다고 주장한다. 장기적으로 부정적인 영향을 피하려면 무엇보다도 (빈국의 생산 구조를 근본적으로 바꾸는 것과 같은) 개발 경제학과 (경제적 곤궁이 주는 통증을 완화시키는 것과 같은) 임시변통의 경제학 사이에 균형이 잡혀야 한다. 이와 관련하여 나쁜 쪽으로 변화가 일어난 시점이 워싱턴 기관이 국제연합의 기구들로부터 세계를 발전시킬 책임을 넘겨받은 것과 동시에 이루어졌다는 점은 중요하다.

과거에는 발전 문제를 어떻게 다루었는가

앞 장에서 보았듯이 오늘날의 다자간 발전 논의 및 워싱턴 기관의 배후를 이루는 경제 이론과 마셜 플랜의 기초가 되는 경제적 이해 사이에는 엄청난 차이가 있다. 마셜 플랜은 그 전임자인 모겐소 플랜이 가진 결함을 인정하는 데에서 나왔다. 모겐소 플랜의 목표가 독일을 탈산업화시키려는 것인 데 반해 마셜 플랜의 목표는 독일을 재산업화시킬 뿐 아니라 유럽과 아시아, 노르웨이에서 일본까지 공산주의 진영과 접해 있는 경계선을 따라 부유한 국가들로 이루어진 차단선을 설치하려는 것이었다. 마셜 플랜의 선순환을 유지하는 자기 강화적인 메커니즘은 도표 16에, 모겐소 플랜의 악순환은 도표 17에 약술되어 있다.

이와 같은 재산업화 계획에 의하여 빈곤에서 벗어난 나라 수로 판단할 때 이 계획은 인류 역사상 가장 성공적인 개발 프로젝트로 꼽을 수 있다. 마셜 플랜을 뒷받침하는 근본 통찰은 농촌과 도시에서의 경제 활동이 질적으로 다르다는 것이므로, 마셜 플랜은 그 이전 세기의 관방학자와 중상주의자들이 시행한 경제 정책의 타당성을 인정한 셈이

• 도표 16 • 경제 발전의 선순환-마셜 플랜

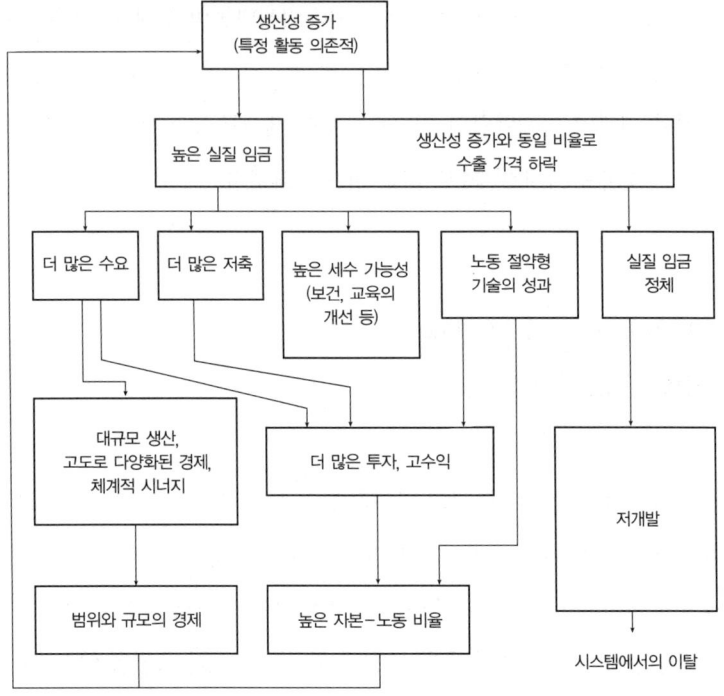

· 주: 고용율이 불변하는 폐쇄 시스템에서 1인당 GNP가 증가하는 유일한 길은 선순환을 통하는 방법밖에 없다. 그러나 그 시스템은 어느 지점에서든 차단될 수 있다. 예를 들어 외국산 제품에 대한 수요가 더 커지면 이 순환은 깨어진다.
· 출처: Erik Reinert, *International Trade and the Economic Mechanisms of Underdevelopment*, 1980년 코넬 대학교 박사 학위 논문.

다. 1947년 6월 하버드 대학교에서 행한 유명한 연설에서 (나중에 노벨 평화상을 수상한) 조지 마셜 미국 국무 장관은 "농민은 늘 도시 주민과 다른 생필품을 교환할 목적으로 식량을 생산했다."라고 강조했다. "이와 같은 노동 분업이 근대 문명의 토대이다."라고 하며 도시에서의 수확 체증 활동과 농촌에서의 수확 체감 활동을 언급하면서, 이런 분업이 무너질 위험에 처한 때도 있었다고 덧붙였다.

• 도표 17 • 빈곤의 악순환-모겐소 플랜

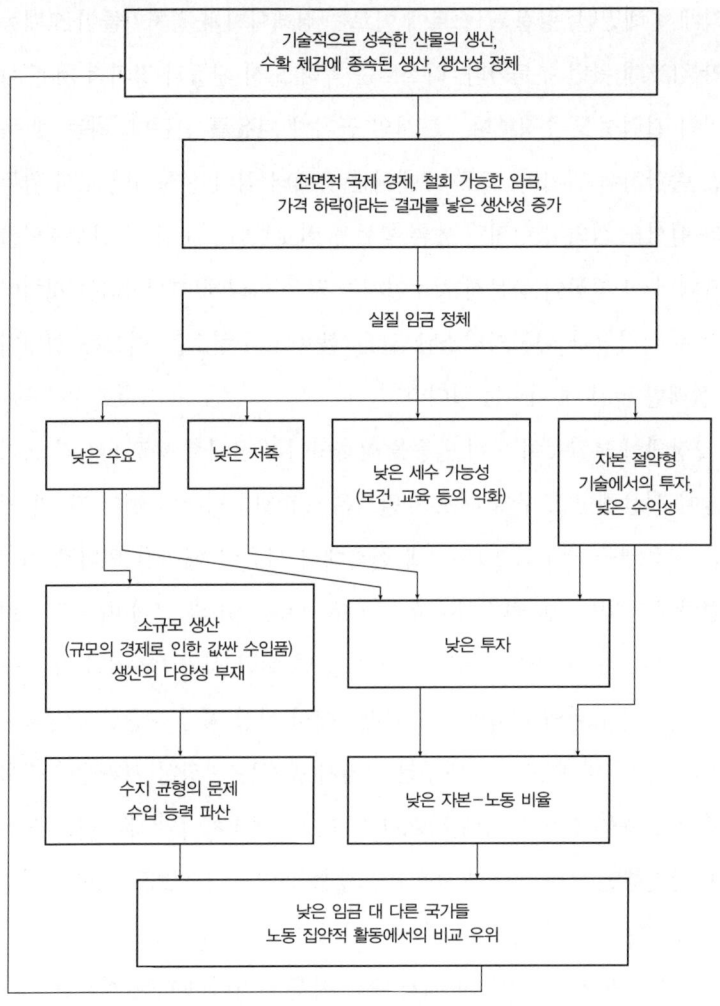

· 주: 이 시스템은 어느 지점에서 수정하더라도, 예를 들어 임금은 여전히 낮고 수요는 없지만 투자를 늘려 보는 식으로 해도 마찬가지이다. 이런 사례는 라틴아메리카 저개발 국가들에서의 빈약한 자본 활용도와 과잉 설비에서 볼 수 있다.
· 출처: Erik Reinert, *International Trade and the Economic Mechanisms of Underdevelopment*, 1980년 코넬 대학교 박사 학위 논문.

7 임시변통의 경제학, 밀레니엄 개발 목표가 잘못된 생각인 까닭 **359**

문명이 일어나려면 수확 체증 활동이 있어야 한다. 이것이 바로 세라에서 해밀턴, 링컨, 리스트에 이르는 경제학자와 정치가들이 오랫동안 강조해 왔던 부분이다. 리스트는 특히 도시 활동과 정치적 자유 사이의 관련성을 주장했다. "도시의 공기가 자유를 만든다."라는 옛 독일 속담처럼 말이다. 도표 12에서는 슘페터 식의 전형적인 도시 활동과 맬서스 식의 전형적인 농촌 활동을 비교했다. '문명'과 민주주의를 슘페터 식 활동이 충분히 갖추어지지 않은 나라에 이식하려는 것이야말로 이라크나 아프가니스탄 같은 살육과 수렁으로 이끄는 길이자 '실패한 국가'에 이르는 길이다.

2장에서 보았듯이 도시 활동을 창출하여 빈곤에서 부로 나아간 국가들이 사용했던 도구에 내포된 원칙은, 1485년 영국의 헨리 7세가 처음 사용했을 때부터 1970년대 한국에서 사용될 때까지 의외로 거의 변하지 않았다. 슘페터 식 활동(도표 3에 예시된 원칙)과 그에 따른 생산력 폭발(도표 6에서 예시된 원칙)은 지난 몇 십 년 동안 식민주의에서 가장 늦게 해방된 유럽의 아일랜드와 핀란드에서 실질 임금 수준을 급상승시켰다. 그에 비해 오늘날 대두된 갖가지 문제는 워싱턴 기관들이 수확 체증 활동을 창출하는 데 필요한 도구, 즉 베네치아와 네덜란드를 본따 발전했던 모든 나라가 사용한 도구를 불법적인 것으로 취급한 결과라고 나는 주장한다.

이런 일반 원칙은 제2차 세계 대전 이후 나라마다 다른 성과를 거두어 왔던 것이 사실이다. 한국같이 대단히 성공한 몇몇 국가는 세계 시장을 상대로 한시적으로 신기술을 보호한 반면, 처절히 실패한 라틴아메리카 소국들은 좁은 국내 시장을 위해 경쟁을 제한함으로써 영구적으로 성숙 기술을 유지하는 것에 머무르고 말았다.(부록 4에서 좋은 보호주의와 나쁜 보호주의 사례를 보라.) 그러나 많은 나라의 경우 페루의 예에서 볼 수 있듯이(도표 14) 산업 자체가 거의 쇠퇴해 버린 현재에 비하면 비효율적이더라도 산업이 국내에 있었을 때가 실질 임금이 더 높았다. 설사 부국의 동일 산업에 비해 효율성이 떨어지더라도 산업이 있으면 아무런 산업이 없을 때보다 실질 임금을 더 높일 수 있음을 말해 주는데, 이는 수세기 동안 받아들여져 왔다. 따라서 어떤 산업이 비효율적이라면 그것을 없애 버릴 일이 아니라 효율성을 높여야 한다. 1989년 '역사의 종말'이 망각해 버린 가장 중요한 요소가 바로 이것이다.

성장 혹은 빈곤이라는 선순환과 악순환이 시작되는 출발점으로서 이 논의의 가장 단순한 형태는 무역 이론에서 나온 수확 체증과 수확 체감의 역할이다. 앞 장에서 보았듯이 이런 메커니즘을 무시한다면 요소 가격 균등화가 아니라 양극화가 일어날 수 있다. 1613년에 세라가 수확 체증, 선순환, 폭넓은 경제적 다양성이 부를 창출하기 위한 필수 요소임을 최초로 밝혀 냈다. 이 원칙은 잠시 중단된 적이 있긴 하나 면면히 이어져 오다가 워싱턴 컨센서스가 등장하면서 폐기되었다. 1980년대 이후 '구조 조정'으로 인해 주변부의 수많은 빈국이 탈산업화되었고, 실질 임금은 추락했다.² 주류 이론은 줄기차게 탈산업화는 문제되지 않는다고 주장해 왔는데도 말이다. 그런데도 초대 세계무역기구 사무총장 루지에로는 자유 무역이 "국가와 지역들 간의 관계를 균등하게 만들어 국경 없는 경제의 가능성을 열어 보일 것"이라고 말한다.

1930년대에는 금본위제와 수지 균형을 경제의 기본 원칙으로 여겼다. 그로 인해 세계는 이익을 극대화할 수 없는 균형 상태(sub-optimal equilibrium)에 갇혀 버렸고, 케인스의 정책은 실현되지 못했다. 1980년대에 채무 위기가 일어난 이후 이와 유사하게 자유 무역을 발전 정책에 관한 이데올로기의 중심으로 삼음으로써 덜 산업화된 나라를 이익을 극대화할 수 없는 균형 상태에 붙들어 놓고 말았다.

우리는 주류 무역 이론을 지극히 단순화시킨 정책을 계속 추진할 것이 아니라 산업화되지 않은 나라에서 볼 수 있는 자유 무역과 실질 임금 간의 불일치를 심각하게 다루어야 한다. 인구 증가에 따른 압력을 받으면서 수확 체감 활동에 특화하는 것 역시 환경에 심대한 영향을 미친다.[3] 제3세계와 과거 제2세계의 여러 나라가 겪었던 빈곤은 일시적으로 일어난 문제가 아니라 상이한 경제 구조를 가진 나라의 영속적 특징이라는 점이 더 큰 문제이다. 미국이 산업화되기 시작했을 때 그 지도자들이 원했던 것은 (효율이 떨어지기는 하지만) 관세를 필요로 하는 영국식 생산 구조 정도였다. 그러나 보호를 통해 성공한 산업화는 그 안에 파괴의 씨앗을 품고 있었다. 이 때문에 1880년대가 되자 미국의 경제학자들은 자유 무역을 설파하기 시작했다. 1820년대 미국 산업을 보호하기 위해 사용했던 규모와 기술을 근거로 하여 똑같은 논거를 들먹이면서 말이다. 제조업을 일으켜 세우는 데 기여했던 바로 그 관세가 이제는 제조업에 피해를 입히고 있었기 때문이다.[4] 보호주의자로 유명한 리스트가 각국이 수확 체감 부문 이외에서 비교 우위를 달성한 뒤 전면적인 자유 무역 실행을 지지한 이유도 바로 이 때문이다.[5] 말하자면 리스트는 자유 무역의 원칙 자체를 반대한 것이 아니라 그 시기에 동의하지 않았던 것이다.

자유 무역과 자유방임의 상징인 애덤 스미스가 경제 발전의 초기 단계에 대해 무엇이라 말했는지 읽어 본다면 그의 견해도 산업화를 옹호하는 고전적 개발 경제학자들의 관점과 많은 부분에서 일치한다는 사실을 알 수 있다. 스미스가 초기 저작인 『도덕 감정론(The Theory of Moral

Sentiments)』에서⁶ 새로운 제조업을 권장하는 목적이 공급자나 소비자를 돕기 위해서가 아니라 위대한 정부 시스템을 개선시키기 위해서라고 주장했던 것은 대단히 흥미롭다.

4장에서 논의했듯이 애덤 스미스가 잘못 알려진 중상주의자라는 주장도 얼마든지 가능하다. 과거에는 중상주의 정책을 강력하게 지지했으나 영국에는 이제 그런 정책이 더는 필요하지 않다고 주장했기 때문이다. 스미스는 영국의 제조업과 해운을 네덜란드로부터 보호하는 항해 조례를 다음과 같은 말로 찬양했다. "그것은 사려 깊은 현자가 내린 지시처럼 현명하고…어쩌면 영국의 모든 상업 규제 가운데 가장 현명한 조처"⁷라는 것이다. 스미스가 서술한 것은 대체로 과거의 보호주의적 조치에서 유래한 일종의 스노우볼 효과로, 자급자족적 경제로 이행하는 과정이었다. 스미스가 『국부론』에서 '보이지 않는 손'이라는 용어를 사용한 것은 단 한 번뿐이었다. 바로 중상주의 정책에서 목표로 삼은 핵심적인 수입 대체품의 정당성을 뒷받침하고, 그리하여 소비자가 외국 산업에 비해 국내 산업을 더 선호했을 때였다.⁸ 이런 일은 그 나라의 제조업이 더 이상 보호를 필요로 하지 않아 예전에 보호주의적 조치가 맡았던 역할을 시장이 넘겨받을 수 있을 때라야 가능하다.

지금까지 경제 발전은 효율성이 떨어지더라도 부국들의 경제 구조를 '모방'하고 복제하는 일을 실천하는 것이 과제였다. (갖가지 서로 다른 산업과 직업 사이에서 이루어지는) 대규모 노동 분업, (제조업과 지식 집약적 서비스업처럼) 수확 체증 부문 등 경제 구조에서 비롯된 핵심 특징은 세라(1613), 스튜어트(1767), 해밀턴(1791), 리스트(1841) 같은 경제학자들에 의해 체계적으로 정리되었다. 하지만 1장에서 보았듯이 이런 원칙을 잊어버린 시기도 가끔 있었다. 1760년대의 프랑스, 1840년대의 유럽,

그리고 전 세계적으로는 1990년대가 그런 때였다.

그런 시기가 있었다 해도 이 기간 동안 치러야 했던 사회적 비용이 너무 컸기 때문에 결국은 종말을 고했다. 프랑스에서 중농주의는 빵 부족 사태를 빚어 프랑스 혁명의 단초를 제공했다.[9] 1840년대에 일었던 자유 무역에 대한 도취감은 영국과 러시아를 제외한 유럽의 주요 국가에서 혁명이 일어났던 1848년에 그 역효과를 맛보았다. 리카도의 무역 이론은 수확 체증과 수확 체감 산업에 비대칭적으로 적용될 때마다 잘못되었다는 사실이 드러났다.[10] 그러나 그와 동시에 '자연적'인 임금 수준이란 곧 최저생계비라는 리카도의 주장이 옳았다는 것이 입증되기는 했다. 5장에서 보았듯이 1990년대에 일었던 자유 무역에 대한 도취감은 또다시 주변부 국가를 더 가난하게 만들었지만, 이번에는 그에 대한 우리의 대처가 잘못되었다. 여전히 문제의 원인보다 징후에만 너무 많은 관심을 쏟고 있기 때문이다.

지금은 발전 문제를 어떻게 다루어야 하는가

일반적인 경제학은 물적, 인적 자본에 대한 투자를 축적하는 것이 발전의 주동력이라고 보는 경향이 있다.[11] 앞에서 보았던 것처럼 오늘날 발전 정책의 기초를 이루는 일반적인 경제학 이론은 대개 경제 활동들 사이의 질적 차이를 인식하지 못한다. 그러므로 오늘날 실패한, 혹은 실패하고 있는 국가는 아무도 현대 문명을 세운 것이 무엇인지에 대한 조지 마셜의 시험을 통과할 수 없을 것이다. 그런 나라는 제조업이 매우 취약하며, 도시와 농촌 활동 사이의 선순환을 만들어 낼 능력이 없다. 그들은 또 경제적 기반에서 다양성이 거의 없고, 노동 분업은 매우 제한적이어서 수확 체감과 1차 상품 경쟁에 종속적인 활동에만 한정되어 있다.(1차 상품 분야에서 이들은 가격을 주도할 힘이 없으며, 기술 변화가 생기더라도 그것이 자기들 임금을 올리기보다는 외국 소비자들을 위해 가격을 낮춰 주는 쪽으로 작용할 뿐이다.)

역사적으로 보면 근대 민주주의는 이탈리아의 도시 국가들처럼 도시와 농촌 간의 문명화한 거래가 이미 성립된 나라에서 시작되었다. 베네치아나 네덜란드 공화국처럼 경작지가 귀했던 곳을 포함하여 가장 성공한 도시 국가에서는 지주 계급이 권력을 쥐지 못했다. 그 때문에 광범위한 부를 창출하는 과정에서 정치적, 경제적 이권들이 여러 방식으로 '충돌하는' 슘페터 식 '연고주의'가 나올 수 있었다. 원자재에 대한 의존은 봉건주의와 식민주의를 부추겼지만 둘 다 정치적 자유를 주지는 않는다. 미국 남북전쟁도 본질적으로 이와 비슷하다. 농업과 값싼 노동력에 기득권을 가진 남부 지주와 산업에 기득권을 가진 북부 사이의 충돌이었기 때문이다. 여러 면에서 라틴아메리카의 역사는 남북전쟁에서 남부가 승리했을 경우 예상되는 미국의 역사와 비슷하다.

대안이 될 (역사학파와 진화학파를 한데 합친) '다른 전통'의 경제 패러다임에서 발전을 추진하는 힘은 모방과 동화이다. 이는 더 앞선 나라의 경제 구조와 제도를 따라함으로써 배우는 것이다. 이와 같은 모방과 동화 전략에서 핵심은 특허권 보호, 기술 전문 기관이나 대학 같은 제도들이다. 이 모델에서 경제 성장은 특정 활동 의존적 성향에 수확 체증, 역동적인 불완전 경쟁, 급속한 기술 진보로 특징지을 수 있는 경제 활동의 '클러스터'에 달려 있다. 그 과정은 자본 외에도 기술의 이전과 숙달, 그리고 무엇보다도 수확 체증을 동반하는 활동을 위해 성장 가능한 시장을 창출하는 것이 필요한데, 그런 시장에서는 구매력 저하와 대량 실업이 함께 종식되게 마련이다. 워싱턴 기관들은 일반적으로 완전 고용을 가정하는 모델을 사용함으로써 국가를 빈곤한 상태에 묶어두는 정규 일자리 부족과 같은 핵심적인 논란을 피한다. 그러나 16세기 네덜란드와 베네치아 이후로 농촌 지역의 대규모 불완전 고용 없이 완전 고용에 가까운 고용을 달성한 것은 건강한 제조업을 소유한 나라들뿐이었다.

오늘날의 주류 경제 이론은 슘페터가 "자본 자체가 자본주의 엔진의 추진력이라고 보는 통속적 견해"라고 말했던 것으로 대표된다. 주로 물적, 인적 자본의 축적으로 발전이 추진된다고 보는 것이다. 리처드 넬슨은 "신고전주의 이론은 투자가 이루어지고 나면 일하는 방식을 새로 습득하여 숙달되는 것은 비교적 쉽고, 심지어 자동적으로 이루어진다고 보는 것이 전제이다."라고 말한다.[12] 더 중요한 것은 투자가 이루어지는 경제 구조에 상관없이 자본 자체가 경제 발전으로 이어지므로, 경제 구조는 실질적인 관련이 없다는 인정받기 어려운 견해가 일반 경제학의 핵심 가정이다. 이에 반해 대안의 '다른 전통' 이론에서는 여러 경제 활동이 성장의 견인차로서 매우 다양한 기회를 갖게 된다. 다른 말로 하면 우리는 가장 중요하지만 일반 경제학에서 도외시되는 전제, 즉 뷰캐넌이 경제 이론에서 '평등성 가정'이라 말한 것에서 벗어나야 한다는 뜻이다. 계몽주의 프로젝트의 핵심 가운데 하나는 분류학이나 분류 체계를 만들어 세계를 질서 있게 정리하는 것이다. 그런 분류 체계 중에서 가장 유명한 것이 린네(Carl Linnaeus)의 방식이다. 그런데 신고전주의 경제학은 분류학을 일체 활용하지 않음으로써 분석의 정확성이라는 점에서 계몽주의 이전으로 돌아간다. 요소 가격 균등화처럼 결론이 가정에 이미 내포되어 있는 것도 바로 그래서이다. 그러나 혁신과 지식을 흡수하고, 그럼으로써 투자를 유인하는 능력은 언제나 그것이 어떤 경제 활동이냐에 따라 엄청나게 달라진다.

일반적인 경제학은 자본 자체를 성장의 열쇠로 간주하기 때문에 자본을 받아들여 수익을 낼 능력이 없는 생산/산업 구조를 가진 빈국들에게도 대출을 해 준다. 이런 경우에는 일반적으로 투자로 얻는 수익보다 이자 액수가 더 많아진다. 따라서 '개발 금융(Finance for Development)'은 피라미드 방식과 같은 특징을 띠는데, 거기서는 그 방식을 시작한 당사자나 출구 가까이에 있는 사람만이 이득을 본다.[13] 인적 자본에 대한 투자도 마찬가지로 습득된 기술에 맞게 수요를 창출할 생산 구조의 변화가 동반되지 않는다면 결국은 이민을 부추기게 될 것이다. 두 경우 모두 결과는 뮈르달이 말한 경제 발전의 '전도된 후유증'이 될 수밖에 없다. 화폐든 인적 자본이든 더 많은 자본이 빈국에서 부국으로 흘러나가게 되기 때문이다. 이에 대한 설명 하나는 빈국을 특징짓는 경제 구조에서 찾을 수 있다. 공급과 수요 부족으로 인한 악순환과 수확 체증의 부재가 그것이다.

어떻게 대처해야 하는가

마셜 플랜에서도 그랬지만 물적, 인적 투자를 흡수할 수 있는 산업 및 서비스업을 만들어 내는 것과 자금 투자는 병행되어야 한다. 민주주의의 안정과 복지 증대를 위한 기반을 마련하려면 원자재 생산으로부터 벗어나 업종을 다각화해야 할 필요가 있다. 설사 새로운 부문이 처음에는 세계 시장의 경쟁에서 살아남을 능력이 없을지라도 말이다. 이 유치 산업은 마셜 플랜이 제공했던 것과 같은 특별 대우를 해 주어야 한다. 또 제2차 세계 대전 직후에 했던 것과 같은 방식으로 브레튼우즈 합의(Bretton Woods agreement)를 해석할 필요도 있다.

비즈니스가 어떤 식으로 이루어지는지에 대한 신고전주의 경제학자들의 한심한 이해 역시 문제를 키우고 있다. 그들이 내세우는 자본주의 경제 이론의 핵심에는 완전 경쟁과 균형 상태가 있는데, 균형 상태란 거의 아무런 수익도 내지 못하는 상황이다. 수익성 있고 성공한 기업은 모두 당연히 어떤 종류든 지대 추구에 기반하고 있다. 가난으로 찌든 제3세계만이 수확 체감 및 완전 경쟁에 가장 가까운 상태이다. 반면에 슘페터 식의 역동적인 불완전 경쟁의 상황에서 수출품을 생산하는 부국은 지대를 더 높은 임금과 더 넓은 과세 기반으로 연결하는 지대 추구자들이다. 산업 정책에 반대하는 주장의 핵심은 발전을 슘페터 식의 불완전 경쟁으로 이해하지 못하는 바로 이 같은 사고방식에 있다. 그런 주장은 불완전 경쟁을 일으키는 모든 것을 '연고주의(cronyism)'에 기여하는 것으로 간주하곤 한다.

케인스는 투자를 자신이 '동물적 본능(animal spirits)'이라 부른 것의 산물로 보았다. 불확실한 여건에서 투자하려는 의지인 '동물적 본능'이 없다면 슘페터의 세계에서든 마르크스의 세계에서든 자본은 결실을 거두지 못한다. 동물적 본능의 배후에 있는 추동력은 수익을 극대화하려는 욕구, 그럼으로써 완전 경쟁이라는 균형을 뒤엎으려는 욕구이다. 사업가의 관점에서 본다면 빈국은 대개 투자 부족으로 고통을 겪는데, 이는 주로 낮은 구매력과 높은 실업률로 수익성 있는 투자 기회가 부족한 탓에 발생한다. 생계형 농민은 제조업자나 서비스업자들에게 수익성 있는 고객이 아니다. 관세는 생산을 빈국의 노동 시장으로 옮기도록 하는 인센티브를 제공할 수 있다. 역사적으로 관세는 임금 노동자와 생산자의 이해관계 사이에 의식적인 균형으로 간주되어 왔다. 산업화가 고용과 임금 수준을 급속히 높여 줄 것이라는 생각, 일시적으로 제품 값이 더 오르더라도 그것을 상쇄하고도 남으리라는 것이 라틴아메리카의 수입 대체 산업화의 핵심이었다. 그런 산업화는 오랫동안 매우 성공적이었고 1820년경에 미국이 채택했던 경제 이론이기도 하다.[14]

개방을 하면 빈국들의 상황이 나아질 것이라는 생각은 직관에도 반하고 역사적 경험에도 위배된다. 후진적인 경제를 갑자기 개방하는 것은 이미 있던 소규모의 제조업 활동을 없애고, 그에 따라 상황이 더 악화되기 때문이다. 제임스 스튜어트, 리스트 같은 과거의 현명한 발전 이론가들이 무역 상대에 비해 경쟁력이 부족한 제조업이 적응할 시간을 주기 위해 서서히 개방해야 한다고 강조한 이유는 바로 이 때문이다. 이는 1980년대 스페인을 유럽연합에 성공적으로 통합시킨 방식이기도 하다. 그러나 이 모든 것은 1989년 이후 이어진 승리의 분위기 속에서 묻혀 버렸다. '충격 요법(shock therapy)'이 계획을 대신했기 때문이다.

19세기 이탈리아의 통일에서부터 1990년대의 몽골과 페루의 경제 통합에 이르기까지의 역사적 경험을 통해서도 발전 단계가 차이나는 국가들 간의 자유 무역은 비효율적인 국가의 가장 효율적인 산업을 파괴한다는 것이 입증된 바 있다. 나는 공통적으로 나타나는 이런 현상에 바넥-라이너트 효과라는 이름을 붙였다. 이 현상은 나폴레옹 전쟁 이후의 프랑스, 이탈리아 통일 기간, 역사의 종말 시기에 제2세계와 제3세계에서 나타났다. 이들 나라에서 가장 먼저 없어진 것이 앞선 제조업 분야이고, 가장 오래도록 남는 것이 후진적인 생계 농업이다. 그 순서는 1) 탈산업화 2) 탈농업화 3) 인구 감소로 이어지게 된다. 이런 현상은 여러 나라에서 관찰할 수 있는데, 예를 들면 멕시코 남부, 유럽의 주변부인 몰도바 같은 곳에서 노동 연령에 해당하는 인구는 일자리를 구하러 해외에 나갔고, 국내에는 60세 이상, 14세 이하 인구만 남아 있다.

다른 여러 나라에서도 그랬지만 페루와 몽골에서는 비효율적이나마 수입 대체 산업이 있던 시절에 실질 임금이 가장 높았다. 주류 경제학이 보지 못했던 것은 이런 '비효율적' 산업이 실제로 항구, 공항, 도로, 발전소, 학교, 병원, 서비스 산업을 만들어 냈으며, 이런 산업에서 비롯된 노동력과 기간 시설에 대한 수요가 있었기 때문에 실질 임금이 높았다는 사실이다.[15] 이것은 실제로 1485년 이후의 영국이, 1650년 이후의 독일이, 1820년 이후의 미국이, 그리고 1960년 이후의 한국이 만들어 낸 것과 다르지 않다. 이런 나라들은 모두 당시에는 '비효율적인' 국가적 산업을 창출하여 부를 쌓기 시작했다. 이처럼 국가적 효율성이 달성되기까지는 예비 단계가 필요한데, 편협한 사고방식의 소유자라면 (애덤 스미스는 아니지만) 이를 상대적으로 비효율적이라 여길 수도 있다. 하지만 이것은 현재의 모든 부국이 꼭 거쳐야 했던 통과의례였고, 지금은 워싱턴 기관들에 의해 불법이 된 전략이다.

현재의 부국과 페루나 몽골 같은 나라의 유일한 차이는 페루나 몽골은 국내 산업이 국제 경쟁력을 갖추는 단계까지 가지 못했다는 점이다. 이에 대한 설명은 복잡하다. 부분적으로는 그들이 채택한 보호주의가 잘못된 방식이었고 역동성이 부족했기 때문이지만(부록 4를 보라), 경제 개방의 속도가 부정적으로 작용한 주요인 중 하나였다는 것은 분명하다. 지금은 개방된 과거의 공산 국가들에서는 많은 회사가 비용이 얼마 드는지 계산해 줄 회계 시스템을 갖추기도 전에 파산해 버렸다. 조금만 더 깊이 생각해 보면 역사의 종말에서부터 시행된 충격 요법은 순전히 바보짓이었음을 알게 될 것이다.

앞에서 말했듯이 경제 개방의 시기는 결정적인 요소이다. 너무 늦게 개방하면 성장에 심각한 지장을 줄 수 있고, 너무 이르게 개방하면 탈산업화, 임금 하락,[16] 사회 문제가 고조될 것이다. 보조금을 주는 제1세계의 농업 때문에 경쟁력을 잃게 된 것은 비교적 새로운 현실이지만, 제1세계가 식량 수출 보조금을 폐지한 뒤에도 이런 추세가 계속될 수 있다는 것은 심상치 않은 일이다. 보조금을 받든 받지 않든 귀리나 밀을 생산하는 미국 농민에 비해 멕시코 농민의 경쟁력이 부족하다는 것은 남부 멕시코에서 이민이 발생하는 주요인이다. 인도에는 약 6억 5000만 명가량의 농민이 있는데, 그들 대다수는 귀리와 밀을 경작하는 오늘날의 멕시코 농민들처럼 경쟁력이 부족하다. '경쟁력이 부족한' 멕시코 농민은 인접해 있는 미국에서라도 일자리를 구할 수 있다지만, 이 '자유 무역'이 6억 5000만 명의 인도 농민을 옮겨 자리잡게 할 곳이 과연 있을까?

최빈국에는 오늘날의 정책이 이루고자 하는 국제 무역의 극대화와 인간 복지의 극대화 사이에 반비례 관계가 존재한다. 이것이 18세기의 프랑스 경제학자 시몽 링게(Simon Linguet)가 당시 중농주의자들이 실시한 정책으로 인한 결과라고 지적한 바로 그것이다. 무역의 자유와 기아로부터의 자유 사이의 이 중요한 거래는 단지 빈국에 대한 원조의 증가(그리고 의존성의 증가)라는 형태로 주어지는 손실 보전만이 아닌 다른 방식으로 다루어야 할 필요가 있다.

역사를 보면 빈곤과 저개발의 악순환을 효과적으로 공격하기 위해서는 빈곤하고 실패하는 국가의 생산 구조를 질적으로 바꾸어야 한다는 것은 자명한 사실이다. 성공적 전략이란 수확 체감(전통적인 원자재 생산과 농업)에서 벗어나 수확 체증이 가능한 부문(기술 집약적인 제조업과 서비스업)으로, 또 다각적인 노동 분업과 그 과정에서 새로운 사회 구조를 창출함으로써 다양성을 높이는 것을 의미한다. 이는 생계형 농업에서 벗어나게 해 줄 뿐 아니라 도시의 공산품 시장을 만들어 내고, 신기술을 도입하게 되며, 대안적 일자리와 국가를 결합하는 경제적 시너지도 창출한다. 일관된 발전을 이루기 위한 핵심은 수확 체증과 수확 체감 사이의 상호작용을 동일한 노동 시장 내에서 이루는 것이다.

맬서스 식 대 슘페터 식 연고주의에 대한 이해

경제학자들 사이에서는 '중상주의자(mercantilist)'라는 말이 가장 심한 모욕일 것이다. 20세기의 가장 유명한 경제학자 케인스와 슘페터가 모두 중상주의 및 스미스 이전 경제학을 옹호했음에도 이는 사실이다. 특정 경제 활동이 경제 성장과 복지를 더 진작시킨다는 견해를 가진 사람을 일러 흔히 중상주의자라 한다. 중상주의자는 수확 체증 활동을 촉진시키기 위해 경제 활동 범위를 특정 활동에 유리하도록 힘을 실어 주었다. 최근 들어 가난한 나라의 산업화를 지지하는 목소리가 다시 높아지자 일련의 새로운 논의가 전개되었다. 산업 정책이 '지대 추구(rent-seeking)'와 '연고주의'를 창출한다는 주장이 바로 그것이다.

4장에서 나는 지대 추구가 자본주의의 근본 추진력이라고 주장했다. 문제는 이 지대가 높은 수익, 높은 임금, 과세 가능한 높은 소득 등의 형태로 사회 전반으로 확산되느냐 아니냐 하는 점이다. '완전 경쟁'이 추구하는 이론의 종착지는 제조업자들에게 부를 창출해 주지 않는 상황이다. 이 같은 지대 추구 논리에다 이제는 산업 정책이 연고주의를 만든다는 주장이 더해지고 있다. 친지와 동료들에게 편파적으로 호의를 베풀어 돈을 벌게 한다는 것이다.

도표 12에서 설명한 맬서스 식 활동과 슘페터 식 활동을 참조하면서 우리는 연고주의의 두 가지 의미를 구별해야 한다. 다음 예를 보자.

2005년: 필리핀의 설탕 제조업자가 정치적 영향력을 행사하여 자기 회사 제품이 수입 보호를 받을 수 있게 했다.

2000년: 시카고의 데일리 시장은 (시카고 대학교 경제학자들의 조언을 무시하고) 이미 부유한 첨단 기술 투자자들에게 보조금을 지급하여 보호막을 쳐 준다.

1950년대와 1960년대: 스웨덴의 기업가 마쿠스 발렌베리(Marcus Wallenberg)는 군나르 스트렝(Gunnar Sträng) 노동당 재무 장관과의 친분을 이용하여 정치적 지원을 얻은 덕분에 스웨덴 회사 볼보와 일렉트로룩스를 위기에서 구하기 위한 계획을 실행할 수 있었다.

1877년: 미국의 철강업자들은 정치적 영향력을 행사하여 수입 강철 레일에 100퍼센트의 관세를 부과하도록 했다.[17]

1485년: 모직 노동자들은 헨리 7세에게 연줄을 이용하여 국가 보조금을 얻어 내고, 유럽 대륙의 경쟁자들이 높은 가격으로 원자재를 구매하도록 수출되는 양모에다 관세를 부과하도록 압력을 가했다. 그리하여 피렌체 같은 지역의 모직 산업 노동자들의 목을 서서히 졸랐다.

위에서 든 예는 모두 현재의 주류 경제학 이론이 혐오하는 연고 자본주의 및 지대 추구 행동과 관련 있다. 그러나 첫 번째 사례와 나머지 것들 사이에는 결정적인 차이가 있다. 필리핀 인의 연줄은 세계 시장에서 완전 경쟁에 맞서 수확 체감에 속한 원자재 생산을 위해 보조금을 받는다는 점에서 다른 연줄과는 구별된다. 말하자면 이것은 맬서스 식 연줄로, 자기 나라를 수확 체감의 길(이를 벌충해 줄 기술 변화가 일어나더라도)로 이끌게 된다. 그런 활동에서는 기술 변화가 일어나도 실질 임금은 오르지 못한다. 그 외의 것들은 슘페터 식 연줄인데, 이 경우에는 슘페터가 (수확 체증 및 급속한 기술 변화의 복합물인) 역사적 수확 체증이라 부른 환경에서 생산이 이루어진다. 우리가 새로운 무역 이론과 이것을 짝짓는다면 슘페터 식 연고주의에 힘이 실린 활동은 저 필리핀 식 연줄과는 엄청나게 다른 결과를 내놓을 것이다.

케인스는 예전에 "상황이 악화될수록 자유방임은 할 일이 줄어든다."라고 말했다. 완전 경쟁을 포기하면 일부 연고자들을 더 살찌울 것이라는 이유로 산업 정책을 쓰지 말라고 주장한다면 이는 자본주의의 본성을 완전히 잘못 이해하고 있는 것이다. 자본주의는 결국에는 완전 경쟁으로부터 벗어나려는 것이기 때문이다. 좋은 비즈니스 스쿨에서 가르치는 가장 중요한 것은 경제학자들이 흔히 가정하는 완전 경쟁의 상황을 모면하는 방법이다.

경제 발전은 지대를 창출하여 균형을 깨뜨리는 구조 변화 때문에 일어난다. 지대가 없어야 한다고 고집하는 것은 고정적이고 정지된 상태를 요구하는 것이나 마찬가지이다. 그러나 어떤 활동을 보호해야 할지 선택하는 것은 여전히 필요하고, 그런 활동은 결국 연줄을 만든다. 링컨은 철강 산업의 연줄을 보호했다. 철강 가격을 조금 더 높게 지불함으로써[18] 미국은 거대한 철강 산업을 구축했고, 그 산업은 고임금의 일자리를 많이 만들어 정부의 과세 기반을 넓혔다. 3장에서 언급한 베네치아, 네덜란드 공화국, 영국에서 구축되었던 삼중 지대 구조(triple rent structure)가 미국에서도 만들어졌다는 말이다. 경제 발전은 국가의 공적 이익을 자본가들의 사적 투자 이익과 일치시키려는 것이기도 하다. 일반적인 경제학은 비즈니스 세계의 동력을 이해하지 못했기 때문에 식민주의 경제의 본질도 이해하지 못했다. 식민지가 자체 제조업을 갖지 못하게 막음으로써 고성장의 잠재력과 기계화가 가능한 경제 활동은 본국의 대도시에 남았고 수확 체감 활동은 식민지로 넘어갔다.

밀레니엄 개발 목표의 시행 과정에서 생길 엄청난 자금 이동에도 연고주의가 반드시 뒤따를 것이다. 또 이런 계획을 통해 일부는 부유해질 것이다. 연고주의가 없는 경제란 신고전주의 모델에만 존재하기 때문이다. 원조를 기반으로 삼는 연고주의 대신에 슘페터 식 연고주의를 택하면 빈국들은 경제적 의존에서 벗어날 수 있다. 슘페터 식 연고주의는 한 나라와 전 세계의 경제적 파이를 키울 수 있기 때문이다. 원조에 기반을 둔 연고주의는 새로운 가치를 전혀 보태지 못하고, 국가적 가치를 창출하는 것으로부터 관심을 돌려 외국에 더 심하게 의존하도록 하는 인센티브 시스템을 만들어 낼 뿐이다.

우리는 경제 발전을 위한 정책 도구의 배후에 있는 논리를 망각한 것 같다. 특허권과 근대적 관세는 1400년대 후반에 거의 동시에 출현했다. 이런 지대 추구 제도는 경제 발전 과정에 대한 동일한 이해를 활용하여 지식을 보호하고(특허권의 경우) 새로운 산업 지역을 만들기 위해(관세의 경우) 등장했다. 특허권과 관세는 모두 완전 경쟁하에서는 달성할 수 없는 목표를 장려하기 위한 합법적인 지대 추구를 대표하는 것들이다.

그런데도 왜 지대 추구와 연고주의 논의가 특허권에는 적용되지 않고 오로지 관세 및 빈국에게 적용되는 다른 정책 도구를 반대하기 위해서만 이용되는가? 명분이야 있기는 하겠지만 부국들은 자기 나라에서는 건설적인 지대 추구를 합법화하지만 빈국에게는 그런 것을 금지하기 위해 규정을 만든 것이라고 말할 수 있다.

발전의 전제 조건으로서 다양성

경제학에서 또 다른 맹점은 경제 성장에 다양성이 얼마나 중요한지를 이해하지 못한다는 것이다. 다양성이 발전을 위한 핵심 요소가 되는 이유는 여러 가지이다. 먼저 수확 체증이 있는 다양한 활동 ― 한 경제에서 직업의 수를 최대한 늘리는 것 ― 은 경제 발전으로 이어지는 시너지 효과를 일으키는 토대이다. 이런 점은 1600년대부터 받아들여져 왔다. 둘째, 근대의 진화 경제학은 모두 진화하는 시장 경제에서 결정적 요소인 기술과 제품 및 조직적 해결책 사이에서 선택의 기초로 다양성이 중요하다고 지적한다.[19] 셋째, 다양성은 유럽의 '예외주의(exceptionalism)'를 위한 설명에서도 중요하다. 유럽은 많은 국가가 서로 경쟁하다 보니 관용과 다양성에 대한 요구가 생겨났다. 특히 왕이나 군주의 마음에 들지 않는 견해를 가진 학자라도 다른 나라에서 일자리를 구할 수 있었고, 그렇게 하여 사상의 다양성을 더 키울 수 있었다.

넷째 이유인 종교적 다양성은 큰 영향력을 끼쳤던 18세기 독일의 경제학자 요한 프리드리히 폰 파이퍼가 강조한 것이다. 몇몇 경제학자들은 특정 종교가 빠른 경제 성장을 촉진한다고 믿었지만,[20] 유명한 영국의 역사가 리처드 토니(Richard Tawney, 1880~1962)는 자본주의의 추진력으로서 종교의 중요성이 줄어들고 있음을 역설했다.[21] 그 150여 년 전에 이미 파이퍼는 한 국가에 '경쟁하는' 종교가 다양하게 있다면 제도로서의 종교가 사람들에게 미치는 위력은 상당 부분 사라질 것이라고 주장했다. 대안이 될 만한 다른 신앙이 있다면 광신주의를 낳을 수 있는 공포나 또 다른 요인들이 없어지므로 사람들이 바람직한 다양성을 누리게 되고, 기술에 대해서도 새로운 관용이 열린다는 것이다.[22] 콸라룸푸르 소재 말레이 대학에 두 차례 방문 교수로 있을 때, 산업화된 나라에서 이슬람교가 다수의 다른 종교와 함께 신봉되는 모습을 관찰할 기회가 있었다. 나는 토니와 파이퍼가 모두 상황을 제대로 파악했다고 보는데, 이는 우리가 서구의 안전이라는 문제를 완전히 잘못된 각도에서 다루었음을 강력하게 시사한다.

오늘날 우리는 경제 발전 과정을 탐구하는 기존의 질적 논의를 포기해 버린 채 엄청난 무지의 시대에 살고 있다. 다양성의 중요성은 그렇게 포기해 버린 논의 가운데 하나일 뿐이다. 오늘날 기후나 부패가 빈곤의 원인이라고 말하는 진부한 설명도 그런 무지를 드러낸다. 이런 무지는 지난 500년 동안 수많은 나라를 빈곤에서 부로 이끈 이미 입증되었던 원칙에 대한 역사적 지식과 관심의 부재로 심화되었다. 지금 우리가 처해 있는 것과 비슷한 상황에서 19세기 독일의 경제학자들 가운데 한 계몽된 집단의 견해가 비스마르크 수상의 귀에 들어갔고, 수상은 이들이 독일의 발전과 복지 국가를 설계하도록 했다. 이와 비슷하게 제2차 세계 대전이 끝난 직후 세계는 경제 발전이 시너지와 수확 체증의 결과임을 인식했다. 이런 인식이 공산주의라는 정치적 위협과 복합적으로 작용하여 워싱턴에서의 자유 무역 이데올로기를 압도하고, 유럽을 재산업화하여 일부 아시아를 산업화할 수 있었다. 다시 성장하기 위해서는 이런 유형의 경제 이론을 재고안해야 한다.

더욱 포괄적인 이론의 재건

베를린 장벽이 무너진 다음에 세계를 휩쓴 것은 신고전주의 경제학의 여러 변종들뿐이었다. 그러나 니컬러스 칼도의 말을 빌리자면 신고전주의 경제학은 검증되지 않은 이론이다. 냉전 시대에는 신고전주의 이론이 효과적인 이데올로기적 방패가 되기는 했지만, 이 이론 체계를 토대로 경제를 건설한 나라는 하나도 없다. 1990년경 새뮤얼슨의 요소 가격 균등화 '법칙'을 중심으로 정책 권고가 체계화되었고, 다른 중요한 이론적 업적은 푸대접을 받았다. 신고전주의 경제학을 창시한 알프레드 마셜의 핵심 통찰 세 가지는 산업 생산에 대한 마셜의 질적 이해에서 그의 『경제학 원리』(1890)에 붙은 부록에서 찾아낸 수학으로 무게 중심이 옮겨짐에 따라 자취를 감추었다. 알프레드 마셜은 수확 체증 활동에 보조금을 주기 위해 수확 체감 활동에 세금을 부과하는 것을 좋은 발전 정책으로 제시했을 뿐 아니라 한 국가는 기술 진보가 가장 앞선 부문에서 생산해야 한다는 점과 시너지의 역할(산업 지역)이 가진 중요성도 강조했다.

6장에서 밝혔던 것처럼 순차적으로 유행한 그들의 정책은 다음과 같은 신고전주의 경제학의 근본적인 맹점을 다루지 못했다.

a) 경제 성장의 견인차로서 경제 활동들 사이의 상이한 잠재력 등 질적 차이를 알아채는 능력의 부재.
b) 시너지와 연계 효과를 인정하는 능력의 부재.
c) 혁신과 새로움에 대처하고, 이런 것이 어떻게 경제 활동들 간에 상이하게 분포되는지를 다룰 능력의 부재.

현재는 주류 경제학의 이런 맹점들이 복합적으로 작용하여 빈국들이 발전하지 못하게 가로막고 있다. 오늘날 가장 성공적으로 발전하고 있는 중국과 인도가 지난 50년 동안 따라왔던 것은 워싱턴 컨센서스가 권고하는 정책이 아니라 마셜 플랜의 권고였다.

주류 경제학의 엄밀성과 무관련성은 둘 다 점점 더 관련된 요소를 배제시키는 방식에 의해, 그에 따라 맹점의 비중이 점점 더 증가하는 동일한 과정의 산물이었다. 프랑스 철학자 자크 데리다(Jacques Derrida)의 해체 이론이 제시하는 통찰은 경제학에도 잘 들어맞는다. 문학적이든 심리적이든, 사회적이든 경제적·정치적·종교적이든 우리 경험을 만들어 가는 모든 구조는 그런 배제 행위를 통해 구성되고 유지된다는 것이다. 무언가를 창조하는 과정에서 다른 무언가는 배제될 수밖에 없다. 이런 배타적 구조는 억압성을 띨 수 있고 억압에는 결과가 따른다. 프로이트(Sigmund Freud)를 떠올리게 하는 데리다는, 억압된 것은 사라지지 않고 늘 돌아와서 제아무리 안정된 것처럼 보이는 구조라도 불안정하게 만든다고 주장한다.

워싱턴 기관들이 채택한 일반적인 경제학 교과서는 경제 활동들 사이의 질적 차이를 억압했다. 그러나 데리다가 의심한 것처럼 이런 차이, 예를 들어 아프가니스탄 경제와 실리콘 밸리의 질적 차이를 만드는 것은 되돌아와서 자기 머릿속의 국가 이미지에 맞는 아프가니스탄을 만들어 보려고 헛되이 애쓰는 우리를 괴롭히게 된다. 이라크 전쟁은 시장과 자유 무역이 '자연발생적 질서(spontaneous order)'를 창출한다는, 마찰 없이 조화를 만들어 낸다는 냉전 시대의 경제 모델에 기반을 두었다. 아프가니스탄 사람과 이라크 사람들이 점차 현 사태를 억압으로 느끼는 것은 관련된 경제적 요소를 억압하는 것과 직접적으로 연결되어 있다. '새롭고 개선된' 개발 경제학은 의식적으로 데리다의 충고를 기억해야 할 것이다. 우리는 역사학과 경제학의 특징이 그랬듯이 배제가 아니라 포용으로 이론화해야 한다.

최근 들어 혁신이 경제적 요소로 재도입되고 있기는 하지만 그것으로는 충분치 않다. 학습과 혁신은 발전에서 핵심 요소인 동시에 또한 경제 무대에서는 그런 요소가 외국 소비자들에게 가격 하락의 기회로 이용될 수도 있다. 슘페터의 제자 싱거는 특히 제조업이 없는 국가의 원자재 생산에서 학습과 기술 변화는 그 나라의 생활수준을 높이기보다는 수출 가격을 낮추는 쪽으로 작용한다는 결정적인 사실을 간파해냈다.[23] 학습은 한때 '산업화'라 불리던 긴밀한 네트워크의 일부일 때에만 생산자들에게 부를 만들어 준다. 산업화란 기술 변화와 다각적인 노동 분업을 통해 생산성 증가를 이루어 내는 역동적인 경제 활동 시스템이기 때문이다. 원자재 생산 국가에서는 수확 체증, 역동적인 불완전 경쟁, 시너지의 부재가 모두 빈곤을 영속화하는 메커니즘의 일부이다.

도표 18은 왜 어떤 경제 활동이 다른 활동보다 뒤처지는지, 왜 원자재만 생산하는 나라는 빈곤을 벗어나지 못하는지를 설명하기 위해 역사적으로 형성된 논의들을 요약해 놓았다. 냉전 경제학과 1989년의 승리가 이 모든 것을 워싱턴 컨센서스의 정책 도구 상자에서 몰아내 버렸지만 말이다. 경제 활동들 사이의 이런 차이는 여기서 두 가지 '이상적 유형'으로 소개되어 있다. 네덜란드의 경우 화초 구근의 생산과 판매는 기술적으로는 농업이지만 '제조업' 항목에서 열거한 특징을 다수 지니고 있다. 반면에 마킬라 유형의 제조업은 제조업인데도 농업의 특징을 띠고 있다.[24] 계몽주의 경제학의 사고를 지배했던 찰스 킹(Charles King)의 전통에 따르면[25] 도표의 왼쪽 항목은 좋은 경제 활동을, 오른쪽 항목은 나쁜 경제 활동을 열거한다. 이 목록은 서로 다른 요인들 간의 누적적인 시너지, 긍정과 부정의 상호 작용 등이 전체 안에서 고려된다는 점이 중요하다.

나쁜 경제 활동에 속하는 요인들 가운데 단 하나만 있어도 경제 발전을 저해하기에는 충분하다. 농부의 고객이 근처 도시의 같은 노동 시장에 속하는 사람들이 아니라 해외에 있다면 조지 마셜이 1947년에 언급했던 '문명화'의 고리에서 핵심이라 할 시너지는 창출하지 못한다. 그렇기 때문에 다른 요소는 모두 차치하고 시너지 하나만으로도 제1세계로 식량을 수출함으로써 아프리카를 발전시키겠다는 계획은

● 도표 18 ● 시간에 따라 변하는 제조업과 농업(원자재 생산) 사이의 질적 차이(이상적 형태와 양식화된 사실로서)

제조업	농업
1. 부는 직공과 제조업이 있는 도시에서만 볼 수 있고, 그것은 체계적 효과로 설명된다: 공공복리(1200년대 피렌체).	1. 전통적으로 체계적 효과는 극히 적다. 공동의 복지도 없다.
2. 1500년대 스페인의 경험: 아메리카에서 가져온 금은 스페인 밖의 다른 제조업 도시로 빠져나갔으므로, 제조업이야말로 진짜 금광업이었다는 것(1600년대에 일반화되었던 인식).	2. 1500년대 스페인의 경험: 탈산업화와 농업으로의 복귀는 빈곤을 늘렸다. 상대적으로 비효율적이더라도 제조업이 있는 국가가 그런 것이 없는 나라보다 처지가 더 낫다(도표 14에 나오는 오늘날의 라틴아메리카의 사정과 비교해 보라).
3. 혁신의 기회는 몇몇 활동에 집중되었다(모두 도시적 활동: 1590년 보테로)(1988년 페레스와 소에테).	3. 혁신을 위한 기회가 거의 없음(아주 최근까지도).
4. 큰 다양성/전면적인 노동 분업/직업 수의 극대화가 만들어 낸 일반화된 부(1613년 세라). 동시에 존재하는 노동 분업.	4. 전통적으로 다양성이 극히 적다. 매우 좁은 노동 분업(애덤 스미스). 수확기와 경작기 등 계절에 따른 순차적 노동 분업뿐.
5. 국제적 전문화가 수확 체증/규모의 경제, 생산비 인하, 진입 장벽, 더 높은 수익으로 이어짐.	5. 전문화는 수확 체감/비용 상승/생산성 하락이라는 더 신축적인 장벽을 만나게 된다(창세기에서부터 리카도, 밀 등의 주장).
6. 인구 증가는 제조업을 위한 규모/시장을 창출하기 위한 필수조건(맬서스가 나오기 전의 유럽 식 인구 이론).	6. 수확 체감과 토지 부족으로 인해 인구 증가가 문제의 원인이 된다(맬서스).
7. 도시와 농촌 간의 중요한 시너지: 제조업이 있는 도시에 인접한 농민만이 효율적으로 생산할 수 있다(1700년대에서 1947년의 조지 마셜에 이르는 유럽).	7. 제조업 활동과 노동 시장을 공유하는 농부들만 부유하다. 생산물 시장, 잉여 노동력 시장, 기술 정보 습득 기회(1800년대의 미국/유럽).
8. 제품 수출과 원자재 수입, 그러나 다른 제품들과의 교환도 있는 것이 한 국가를 위한 '좋은 무역'(1721년 킹).[26]	8. 원자재 수출과 제조품 수입은 한 국가를 위해서는 '나쁜 무역'.
9. 역동적 불완전 경쟁.	9. 완전 경쟁(제품 경쟁).
10. 수입 증가에 따라 수요가 크게 늘어나는 활동/베르둔의 법칙은 수요 증가와 생산성 증가를 연결시킴.	10. 수요가 변동하는 낮은 수익 활동(부유해지면 사람들은 이런 제품을 덜 쓰는 경향이 있다).
11. 1400년대 이후 '생산력 폭발'에 속함.	11. 2차 세계 대전 때까지 생산성이 서서히 증가.
12. 수요에 맞게 조정할 수 있는 안정적 생산. 원자재와 반제품을 저장하여 과잉 생산을 피한다.	12. 주기적 생산/과잉 생산(반제품을 저장할 수 없음).

제조업	농업
13. 가격 안정성.	13. 큰 가격 변동 폭. 생산 기술보다는 판매 시기 결정이 수입에 더 중요할 때가 많다.
14. 중산 계급과 민주주의가 실현될 수 있는 여건 창출('도시의 공기가 자유를 만든다').	14. 일반적으로 봉건적 계급 구조를 만든다.
15. 노동을 위한 협상력과 비가역적 임금을 창출: 현금으로 지급되는 임금 고수.	15. 가역적 임금과 현물 지급.
16. 성숙 제품일 때 이것은 생산 혁신에 지배됨으로써 업무 혁신으로 전환된다.	16. 업무 혁신에 지배된다. 농업의 제품 혁신은 농업 바깥에서 행해진다(포드의 트랙터, 몬산토의 종자, 바이오테크놀로지).
17. 기술 변화는 생산이 이루어지는 나라에서의 고임금, 고수익, 고율의 세금으로 이어진다('포드주의적 임금 체계').	17. 기술 변화는 주로 제품을 소비하는 국가에서의 가격 하락으로 이어진다(1950년 싱거).
18. 시간이 흐름에 따라 무역 조건은 농업에 비해 개선되는 경향.	18. 시간의 흐름에 따라 무역 조건은 제조업 생산에 비해 악화되는 경향.
19. 큰 시너지 창출(연계효과, 클러스터).	19. 연계효과를 거의 만들지 못한다.

실패할 수밖에 없다.

제2차 세계 대전 이후 배제의 원칙이 표준이 되었으므로 발전을 위한 요소는 워싱턴 컨센서스에 따라 정책에 영향을 미치는 도구들에서 제외되었다. 그 결과 자유 무역으로 이득을 볼 수준에 아직 이르지 못한 나라들은 실질 임금을 기준으로 볼 때 점차 뒤처지고 있었다. 6장에서 논의했듯이 1990년대 이후 정부는 이런 경제적 요소들을 재도입하는 대신에 원래 의도는 좋았을지 몰라도 자꾸만 더 비경제적 요소에 몰두하여 결실도 없는 노선에다 엄청난 자원을 계속 쏟아부었다. 이와 함께 원조를 늘려 실제로 진전이 없는 상황을 은폐하는 국제적인 사회 정책을 만들어 냈다. 그러나 최선의 사회 정책은 성장을 일으키는 것이다. 부국들이 보조금을 주어 실업률은 높고 생산성은 낮은 채로 연명만 하는 빈민 보호 지대를 만들어 내는 것은 발전이 아니다. 북아메리카에 있는 인디언 보호 구역이 바로 생산 구조는 손대지 않고 보조금만 주는 정책이 시행된 슬픈 사례이다. 이와 비슷하게 밀레니엄 개발 목표는 구조 변화보다는 임시변통의 경제학 쪽으로, 빈곤의 원인이 아니라 그 징후만을 다루는 쪽으로 지나치게 기울어 있다. 현재처럼 위급한 상황에서는 그런 정책이 어느 정도 필요할지 몰라도 장기적으로 사회 정책이 문제의 더 깊은 뿌리를 해결하지 않는 한 그들은 계속 가난한 상태에 머물 것이다. 6장 맨 마지막에서 우리는 로마 시대 이후 유럽을 휩쓸던 말라리아를 박멸한 방법과, 지금 아프리카에서 해결책으로 제시되는 모기장 나누어 주기를 대비시켜 살펴보았다.

복지 식민주의의 창출

현재의 정책은 고의는 아니라 하더라도 그 응급 조치적 영향으로 말미암아 원조에 의해 기대할 수 있는 발전의 가능성이 훼손될 위험이 있다. 우리는 지금 '복지 식민주의'라 불리는 시스템을 만들어 내는 것일 수도 있다는 뜻이다. 복지 식민주의는 인류학자 페인이 캐나다 북부 원주민들의 경제적 통합을 설명하기 위해 고안해 낸 개념으로,[27] 그것의 본질적인 특징은 다음과 같다.

1. 전체 자금이 본국이 아니라 식민지로 흘러 들어가는 옛날식 자금 흐름과는 반대 방향으로 움직임.
2. 기존의 생활방식을 급격히 훼손하는 방식으로 원주민 통합.

3. 원주민을 실업 수당이나 받는 신세로 전락시킴.

페인은 복지가 안정적인 '원격 통치(governing at a distance)'를 위한 수단, 특히 드러나지 않으면서도 의존성을 유발하는 세련된 신식민지적 사회 통제의 수단이라고 본다. 그런 수단은 선의와 관대한 모습을 띠지만 결국에는 도덕적으로 잘못된 정책에 의해 그 지역의 자율성을 앗아 간다. 복지 식민주의는 전적으로 경제적 의존성을 일으키는 동기를 부여하는 방식으로 주변부 국민을 마비시켜 중심부에 기대게 만들고, 그럼으로써 정치적 동력과 자율성을 발휘하지 못하게 한다. 북아메리카 원주민들이 현재 모여 사는 보호 구역의 사회적 여건을 보면 결국은 대규모로 이루어지는 이전 지급(transfer payments)*이 그들에게는 유토피아가 아니라 디스토피아를 만들었다. 또 보조금 및 다른 이전 지급이 빈국에서 수동적 태도와 노동 의욕 상실을 불러일으키는 모습도 목격된다. 아이티의 상황을 지켜본 사람들은 미국에서 일하는 가족의 송금으로 인해 시간당 30센트의 임금을 받고서라도 일하려는 의욕을 꺾어 놓았음을 지적한다. 브라질의 기아 철폐 프로젝트(Zero Hunger project)에 관한 연구는 기아와 싸우려는 목표하에 (국가, 주, 지방 등) 다른 정부 차원에서 시행한 다양한 프로그램들이 대체로 성과를 내지 못했다고 결론짓는다. 왜냐하면 그런 프로그램은 빈민들이 생계비를 벌 수 있는 여건을 만들어 주지는 않고, 그저 식량을 나눠 주고 식품 구입비를 보조하는 식으로 거죽만 건드리고 말기 때문이다.[28]

최근의 사건들은 복지 식민주의에 반드시 따라오는 딜레마를 잘 보

* 정부가 지급하는 생활 보조금의 일종

여 준다. 에티오피아 정부에 대한 제재 조치로 그 나라에 원조를 계속할 것인지 말 것인지가 논란이 된 적이 있는데, 이는 빈민 지원이라는 처음의 고귀한 의도와 상관없이 복지 식민주의가 부국이 빈국의 정책에 불만을 가지면 언제라도 원조와 식량과 생계 자원을 중단할 수 있는 시스템으로 변질될 수 있음을 보여 준 것이다. '개발 원조'가 진정으로 개발을 도우려는 것이 아니라 임시변통의 수준에 머무르는 한 외견상으로는 관대하고 선한 의도에서 출발한 것처럼 보여도 그런 원조는 결국 부국이 빈국을 통제하는 강력한 메커니즘이 될 뿐이다. 그런 정책은 민주주의의 세계화를 장려하는 것이 아니라 금권 정치의 세계화 쪽으로 이끌 것이다. 이는 지리적으로 변형된 새로운 봉건주의에 다름 아니다. 봉건 군주들은 원자재를 생산하는 빈민 대중에게 여전히 전적으로 정치적 통제력을 행사하지만, 지금은 그 봉건 군주와 빈민 대중이 서로 다른 나라에 있다는 차이뿐이다.

경제적 의존성과 복지 식민주의에서 나타날 수 있는 정치적 상황은 자명하다. 팔레스타인과 이라크에서 치러진 선거를 보면 본질적으로 서구가 승인하는 민주주의란 자기들이 승인하는 정치인을 빈민이 선출해 줄 때뿐이다. 볼리비아에서 민주적으로 선출된 지도자는 이제 워싱턴 컨센서스가 아니라 다른 대안에 입각한 조언이나 자금을 얻으려 해도 갈 곳이 없는 탓에, 결국 냉전 시대 식으로 다시 쿠바와 연대하게 된다. 대안의 경제 이론이 없으면 정치적으로 막다른 길로 몰리며, 그런 상황에서는 경제적 막다른 길이 되풀이될 뿐이다.

복지 식민주의의 정치적 양상은 암울하기만 하다. 다량의 원자재가 빠르게 전략 상품이 되는 세계 경제 상황에서 이런 원자재에 접근을 가로막고 있는 빈민은 백인 정착민이 땅을 활용하는 데 방해물이 되었던 아메리카 인디언들과 상황이 다르지 않다. 미국의 일부 보수주의자들은 실제로 빈민을 보호 구역에 가두는 방안을 진지하게 검토했다. 십여 년 전에 널리 알려진 저서를 낸 미국의 두 저자는 다음과 같이 보호 국가(custodial state)를 세우라고 권고했다. "우리가 생각하는 보호 국가란 미국 인구의 꽤 상당수를 차지하는 소수 민족은 첨단 기술 시설을 갖추고 더 호화로운 버전의 인디언 보호 구역 같은 형태에 수용하고 나머지 미국인들은 자기 일을 해 나가는 것이다."[29] 밀레니엄 개발 목표는 가난을 소비 탓으로 돌리는 견해와 바깥 세계는 자기 일을 해 나가는 동안 빈민들의 기본적인 요구를 처리해 주는 보호 구역을 세운다는 아이디어를 합친 것과 기분 나쁠 정도로 비슷하다. 무슬림 세계가 호전적인 태도를 취하는 것도 이런 상황에 대한 반발로 이해할 수 있다. 세계 자본주의가 그들의 기대를 저버리고 그저 유일한 대안으로 '보호 국가'라는 제안만 내밀고 있다는 것이 빤히 보이기 때문이다.

경제 이론의 관점에서 볼 때 밀레니엄 개발 목표는 수확 체증의 조건 아래에서 생산하는 국가(산업화된 국가)가 수확 불변이나 수확 체감의 여건에서 생산하는 국가(원자재 생산국)에게 그 손실분에 대해 매년 보상하는 시스템으로 보일 수 있다(부록 3을 보라). 이런 생각은 그리 새로운 것이 아니라 1970년대 이후에 나온 미국의 대학 교재에 실려 있었다.[30] 워싱턴 컨센서스가 국제연합의 개발 기구들에 승리를 거둘 때까지는 줄곧 빈국을 산업화하는 방식을 더 선호했다. 설사 그들의 산업이 오랫동안 세계 시장에서 경쟁력을 얻지 못할지라도 말이다. 자유 무역이 다른 고려 사항들을 모두 제치고 가장 우선하는 세계 경제 시스템의 요체가 되다 보니 복지 식민주의가 유일한 방안처럼 보이게 만들었던 것이다. 현재는 다른 대안을 선택하여 빈국을 발전시킬 여지가 없다. 세계 경제 질서의 핵심인 자유 무역을 폐지하기를 원치 않는 나라가 많기 때문이다.

공산주의라는 유령이 가한 정치적 압력 덕택에 성공적으로 발전을 이룬 적이 두 번 있었다. 1848년에서 1871년까지 지속된 유럽 혁명, 그리고 냉전 기간과 1947년에 시행된 마셜 플랜 덕분에 자본주의는 시급한 사회 문제를 해결하는 데 적응할 수 있었다. 1947년에 워싱턴의 자유 무역주의자들은 정치적 필요에 따라 공산주의권을 포위하는 보호주의 발전 정책에 굴복해야 했고, 그럼으로써 유럽에서 마셜 플랜의 놀라운 성공과 동아시아에서의 기적을 이룰 수 있었다. 혹시라도 오사마 빈 라덴(Osama bin Laden)과 오늘날의 테러리스트들의 위협이 마르크스가 했던 역할을 대신할지 모른다는 희미한 희망은 있다.

그러나 시장 근본주의자들이 만들어 낸 빈곤을 해결하자면 중농주의자들을 끌어내린 정도의 사회적 격변과, 1848년에서 1871년의 혁명으로부터 근대적 복지 국가를 창출했던 독일의 사회 정치학자들, 그리고 공산주의를 저지할 만큼 부를 일구었던 마셜 플랜 같은 앞선 정책이 필요할 것 같다. 이런 사건들에서의 공통점은 사회적인 목적에서가 아니라 정치적인 목적으로 발전을 장려하기 위해 자유 무역이 잠정적으로 중단되었다는 것이다. 밀레니엄 개발 목표 같은 사회적 목표로는 충분하지 않다는 것은 분명하다. 장기적으로 볼 때 밀레니엄 목표가 만들어 낸 정치적 결과인 경제적, 사회적 의존은 빈민들이 도저히 감당할 수 없는 수준이 될 것이다.

유럽 안에서 불평등의 증대

앞에서 보았듯이 왜 그토록 많은 나라가 지금도 계속 가난한지 이해하기 힘든 것은 불균등 경제 발전 이론을 만들어 내기가 불가능하지는 않더라도 매우 어렵게 하는 수많은 맹점과 밀접하게 결부되어 있기 때문이다. 아프리카와 다른 빈곤 지역을 위한 장기적인 해결책은 불균등 발전 이론을 따라야 하는데, 문제는 그런 이론이 오늘날 제대로 개발되어 있지 않다는 것이다. 1485년 헨리 7세의 영국에서 1986년에 스페인과 포르투갈이 유럽연합으로 통합되기까지 500년 동안 성공적인 경제 정책을 세울 수 있었던 이 이론은 지금은 사실상 사라져 버렸다.

현재 빈민 문제를 다루는 방식은 임시변통의 경제학 쪽으로 심하게 기울어 있다. 다른 말로 하면 경제 발전을 해서 빈곤을 영구히 없애는 것이 아니라 빈곤의 통증만 없애는 쪽으로 경도되어 있다는 것이다. 더욱이 오늘날의 접근 방식은 세계화가 주변부에 일으키는 문제를 탐구하지 않은 채 현재 관행을 지속하고 (WTO의 협상에서처럼) 확장할 수 있게 만든다. 경험보다는 이데올로기에 토대를 둔 동일한 신화와 정책이 여전히 자리를 차지하고 있는 것이다. 불행하게도 신고전주의 충격 요법이라는 수단을 도입한 장본인들과 이론에 밀레니엄 목표를 추진하도록 맡긴 것은 분명 큰 잘못이며, 현재의 혼란을 유발한 데 대한 많은 책임이 거기에 있다. 이것은 실제로 우리가 '역사의 종말'에서 무엇이 잘못되었는지를 근본적으로 논의하지 못하도록 한다. 우리에게 필요한 것은 왜 경제 발전이 본질적으로 그토록 불균등한 과정인지를 설명하는 이론이다. 그런 이론이 있어야만 올바른 정책 수단이 자리 잡을 수 있기 때문이다.

2005년 유럽 통합의 과정은 심각한 위기를 맞았다. 유럽 헌법에 대한 프랑스와 네덜란드 국민의 거부는 통합이 나아가는 방향에 대해 강한 불신을 드러낸 것이었다. 최근 들어 폴란드 신문 『르제츠포스폴리타(Rzeczpospolita)』가 실시한 조사는 이 나라에서 이룬 표현의 자유와 나토 및 유럽연합 가입에 대한 칭찬 일색이었지만, 설문에 응한 사람의 85퍼센트가 폴란드 인들이 대량 실직한 이유가 자유노조운동(solidarity movement)이 주도한 자유화 탓이라고 보았다. 유럽연합의 구회원국들은 자기 나라의 복지가 잠식당하고 있다고 느꼈기 때문에, 또 신회원국들은 기대했던 것만큼 빠른 속도로 복지가 개선되지 않았기 때문에 배신당한 기분이었다. 놀랄 일은 아니지만 이런 예상치 못했던 상황으로 인해 많은 사람이 무엇이 잘못되었는지 묻게 되었다. 이런 분위기 변화는 도취감 속에서 유럽연합의 확대를 축하한 지 고작 1년 만에 표면화되었다는 사실 때문에 더욱 놀랍다.

현재의 주류 경제 이론이 만든 문제는 제3세계 국가에만 한정되지 않는다. 유럽연합의 경우 대다수 선진국에서 국내의 경제적 불평등이 심화되는 것을 경험했다. 따라서 같은 문제가 세 가지 다른 층위, 즉 선진국 국내에서, 유럽연합 차원에서, 세계적 층위에서 일어나고 있었다. 원인은 본질적으로 동일하다. 수세기 동안 성과를 내오던 이론들을 지금은 폐기했기 때문이다.

오늘날의 경제학 교과서에는 독일 경제학자 리스트가 거의 등장하지 않지만, 그의 경제학 원리는 19세기 유럽 대륙을 산업화시킨 데다가 1950년대 초반 이후부터 1986년 스페인과 포르투갈이 유럽연합에 성공적으로 가입하기까지 유럽 통합도 용이하게 만들었다. 1997년까지만 해도 리스트의 원칙에 따르는 안정과 성장 조약(Stability and Growth Pact)은 지금의 워싱턴 컨센서스를 지배하는 경제학에 의해 밀려나지 않았다. 구(舊)핵심 국가들에서 실업과 빈곤이 증가하자 논쟁에 불이 붙었으며, 새로 제시된 유럽 헌장에 대한 거부라는 결과가 빚어진 것도 그래서이다.[31] 아래에서 일반적인 경제학 교과서와 리스트의 핵심 원리 세 가지를 비교했다.

- 리스트의 원칙: 한 국가는 먼저 산업화한 다음에 점진적으로 같은 발전 단계에 있는 국가들과 경제적으로 통합한다.
- 신고전주의 원칙: 꼭 필요한 산업화 단계에 이르기 전에도 자유 무역은 목적 그 자체이다. 2004년의 유럽연합 확대는 리스트의 원칙에 정면으로 배치된다. 먼저 동유럽의 구공산주의 국가(헝가리는 제외)는 급격한 탈산업화, 실업, 불완전 고용에 시달렸다. 이런 나라들은 유럽연합에 갑작스럽게 통합되는 바람에 엄청난 경제적, 사회적 긴장이 유발되었다. 서구 유럽의 관점에서 보면 국제 무역 이론이 약속한 요소 가격 균등화는 하향 평준화임이 입증되었다.

- 리스트의 원칙: 부와 민주주의와 정치적 자유의 전제 조건은 모두 같다. 수확 체증에 속하는 다양한 제조업이 있어야 한다는 것이다.[32] (이는 역사적으로 제조업을 뜻하지만 지식 집약적 서비스업도 여기에 포함된다.) 이것은 미국의 초대 재무 장관 해밀턴이 확립한 원칙으로서[33] 미국 경제가 건설된 토대였고, 1947년에 조지 마셜에 의해 재발견되었다.
- 신고전주의 원칙: 경제 활동은 모두 질적으로 동일하므로 무엇을

생산하는지는 중요하지 않다. 이 이데올로기는 한 국가가 빈곤과 무지를 특화하고 지식이 거의 필요하지 않은 경제 활동에 참여하며, 완전 경쟁과 수확 체감의 조건 아래에서 활동하면서 규모의 경제나 기술 변화의 기회를 박탈당하는 일이 실제로 가능하다는 점을 인정하지 않는 비교 우위설을 근거로 한다.

- 리스트의 원칙: 경제 복지는 시너지의 결과이다. 13세기 피렌체의 정치가 라티니는 한 도시의 부를 공공복리(un ben comune)로서 설명했다.
- 신고전주의 원칙: "사회라는 것은 없다." (1987년 마거릿 대처)

아프리카 및 다른 빈국들을 발전시키려면 오래된 리스트의 원칙을 되살려야 하고, 그러기 위해서는 현재의 신고전주의 경제 원칙들을 모두 포기해야 한다. 리스트를 이해하려면 경제 활동들 간의 질적 차이와 다양성, 혁신, 시너지, 역사적으로 연속된 과정을 알아야 한다. 이는 모두 일반적인 경제학에서는 전혀 깨닫지 못하는 점들이다.

오늘날의 주류 경제학자들은 리스트의 핵심을 받아들이지 못하게 막는 경제 도구들을 가지고 작업하면서 계속되는 빈곤에 대한 설명을 찾으려고 이리저리 더듬거리고 있다. 그들은 기후와 인종 등 이미 연구했다가 폐기된 요소들을 다시 끄집어 낸다. 주류 경제학자들이 따르는 이론은 6장에 열거된 훈제 청어의 미끄러운 경사면을 따라 내려가는 중이지만, 실제로는 복지 식민주의를 향해 가고 있다.

니체의 글은 마음 놓고 인용하기가 쉽지 않다. 그의 누이 엘리자베트 푀르스터 니체(Elisabeth Förster Nietzsche)가 정치적인 이유로 니체의 저술을 체계적으로 오용한 뒤에는 특히 그렇다. 그러나 밀레니엄 개발 목표에 관해서는 니체를 인용하고 싶은 유혹을 이길 수가 없다. 인간 진보의 주요 추진력, 즉 니체가 '정신과 의지의 자본'이라 부른 것, 변화의 힘인 신지식, 기술 변화, 기업가 정신 등을 모두 포함하여 인간의 '지혜와 의지'를 배제하는 경제 이론을 받아들이고 나면, 니체가 말한 건전하지 못한 현상유지자 유형인 '선하고 공정한 자'가 등장하게 된다. 아프리카의 경제 구조를 바꾸어 부를 창출할 능력이 없는 그들이 생각해 낸 해결책은 아프리카의 빈곤 지역을 '시혜 대상'으로 두는 것이었다.

'선하고 공정한 자'는 이 책에서 설명한 바 있는 르네상스 이전의 제로섬 게임으로 돌아와 있다. 경제학은 새로운 부를 창출하는 것이 아니라 이미 있는 부를 분배하는 문제이기 때문이다. 식민지 경제 구조와 빈곤 간의 관련성을 이해하지 못하는 '선하고 공정한 자'가 생각해 낼 수 있는 유일한 해결책은 부국이 만들어 낸 부를 빈국에 분배하는 것뿐이다. 니체에게 '선하고 공정한 자'는 그저 인간 중에서도 최악의 부류인 가장 저열한 자, 그리고 쇠망의 화신인 '최후의 인간(ketzte Mensch)', 혹은 시간의 종말에 지구에 흩어져 사는 인류 이후의 우둔한 종족이 나오기 전의 전주곡에 불과하다. "창조가 뭐지? … 최후의 인간이 묻는다. 그리고 눈을 껌뻑인다."[34] 이 유사 인간은 니체가 근대에서 본 퇴폐적 동물인 인간의 황폐한 투영물, 새로운 것을 창조하지 않고 현상유지의 안락한 평범함을 받아들임으로써 인류가 스스로를 정체와 쇠퇴에 몰아넣는 역사 과정의 최종 산물이다. 최후의 인간은 인간의 의지와 창조성이라는 불빛의 최종적인 소멸, 신고전주의 경제학의 교환하는 인간인 호모 에코노미쿠스의 화신인 것이다.

8

'올바른 경제 활동'

혹은 중간 소득 국가를 만드는

잃어버린 기술

… 경제학자들은 성장에 관심이 있다. 문제는 자기들 수준에서 보더라도 성장에 대해 아는 바가 너무 없다는 것이다. 경제학자들이 얼마나 무지한지는 오랫동안 최대의 비밀이었다.
— 『이코노미스트』, 1992년 1월 4일

여러분 가운데 어떤 사람은 "우리가 1인당 국민소득이 성장하는 원인의 90퍼센트를 아직 모르고 있다고 해서 상황이 얼마나 더 나빠질까? 완전히 무지한 것보다 더 낫지 않을까?"라고 생각할지도 모른다. 어떤 의미에서는 더 나쁠 수 있다. … 내가 신경 쓰는 것은 우리가 무엇을 모르느냐가 아니다. 우리가 그렇지 않다고 알고 있는 모든 사실에 신경이 쓰인다. 이게 정말 문제의 핵심이다.
— 아브라모비츠, "성장의 원인에 대한 탐구: 새로운 무지와 오래된 무지의 영역(The Search for the Sources of Growth: Areas of Ignorance, Old and New)", 『경제사 저널(The Journal of Economic History)』, 1993년 6월

How rich countries got rich, and why poor countries stay poor

대공황이 극심하던 1934년 여름에 콜럼비아 대학교 출신의 젊은 경제학도 두 명이 캐나다 온타리오 북부의 동토에서 6주를 함께 보냈다. 오로지 그들 둘뿐이었고 탈 것이라곤 카누 한 척밖에 없었다. 아브라모비츠와 프리드먼 사이에 평생에 걸친 우정은 이곳에서 시작되었다.

이 두 사람은 하나는 스탠포드 대학교에서, 또 하나는 시카고 대학교에서 유명한 경제학자가 되었다. 두 사람은 모두 미국 경제학회 의장으로 선출되는 영예를 안았다. 이런 사실을 제외하면 경제학에 접근하는 그들의 방식은 무척 달랐다. 프리드먼은 내가 냉전 경제학이라고 여기는 것, 시장의 마법과 현실로부터 거리를 두는 것이 경제학이라는 학문을 굳건하게 한다고 보는 이들의 대변인이 되었다. 1953년에 낸 저서에서 프리드먼은 이렇게 말한다. "진정으로 중요하고 의미 있는 가설은 현실에 대해 매우 부정확하고 서술적 표현인 '가정(assumptions)'을 포함한다. 또 일반적으로 중요한 이론일수록 그 가정은 더 비현실적이 된다."[1] 이처럼 프리드먼은 비현실적 가정이 학문적 권위를 높이는 직업에서 학문과 현실 간의 부정적 관계를 확립했다. 프리드먼이 보기에

'시장'은 모든 질문에 답을 해 주었다. 그에게는 의심의 여지가 없는 게 문제였다. 프리드먼과 달리 아브라모비츠는 이 장 첫머리에 실은 제사(題詞)에서 알 수 있듯이 경제 성장을 일으키는 것이 무엇인지에 대한 우리의 무지에 무척 관심이 있었다. 두 사람 가운데 토론자로서의 설득력은 프리드먼이 단연 우세했다. 아브라모비츠는 내게 이렇게 말했다. "난 수많은 논쟁에서 밀턴을 논박해 이겼지. 그런데 밀턴이 토론에 참석했을 때는 한 번도 이기지 못했다네."

1970년대 말경에 프리드먼의 강연을 꼭 한 번 들은 적이 있었다. 프리드먼은 '자유 시장'이 독점을 창출한다는 비난에 맞서 자유 시장을 옹호하고 있었다. 그는 독점이 지속되는 유일한 것은 다이아몬드뿐이라고 말했다. 그러나 제3세계의 빈곤을 이해하는 문제를 놓고 보면 이 답은 논점을 벗어난다. 미국 경제학회의 의장을 지낸 존 케네스 갤브레이스(1908~2006)는 여러 권의 저서에서 부국과 빈국의 경제 구조를 구분 짓는 것이 무엇인지에 대해 설명한 바 있다. 부국은 대기업과 거대 노동조합, 적극적인 정부라는 여러 대항 세력이 권력과 지대를 나누는 제조업에서 독과점 경쟁을 만들어 낸다는 것이다.[2] 그러나 경제학은 권력이 없는 제3세계의 일개 농부가 세계 시장을 상대하는 빈국의 현실을 계속 모델로 삼고 있었다.

경제학자로 살면서 나는 프리드먼 같은 부류의 사람들이 말하는 자유 시장 논리와 실제로 수행되는 경제 정책 사이의 간극을 체험해 왔다. 현재의 경제 정책이 갤브레이스가 설명한 것 같은 구조를 세우려고 끈질기게 시도하는 것을 관찰해 왔다는 말이다. 내가 학계에서 처음 얻은 지위는 스위스 장크트갈렌 대학교 라틴아메리카연구소의 연구 조교였다. 이 직업 덕택에 나는 1970년대 초반 한창 왕성한 나이에 국제연합무역개발회의와 스위스 기술 제휴(Swiss Technical Cooperation) 프로그램에서 일하면서 라틴아메리카의 여러 나라를 방문했으며, 살바도르 아옌데(Salvador Allende)와 아우구스토 피노체트(Augusto Pinochet)가 대통령으로 있을 때 칠레에서 일하기도 했다. 피노체트가 간단히 시장의 마법을 풀었다는 것은 허구이다. 무엇보다도 먼저 칠레는 태평양 전쟁(1879~1883)에서 북쪽의 이웃 나라들에게 승리를 거둔 이후 늘 그 지역의 경제와 산업의 발전소, 말하자면 '제국의 지부' 역할을 해 왔다. 둘째, 1973년 이후 칠레에 산업 정책이 없었다는 것은 사실이 아니며, 오히려 더 공격적이고 더 외향적이며 더 복잡한 정책으로 옮겨 가고 있었다. 세계무역기구의 규정에는 아마 위배되겠지만 포도주를 원액으로 수출하던 형태에서 일부러 병에 담은 형태로 바꾼 것이 그 한 예이다. 피노체트가 칠레의 최대 수출 회사인 구리 회사 코델코(CODELCO)를 다시 민영화하지 않고 정부 수중에 둔 것은 현실이 자유 시장 논리에 상응하지 않는 또 다른 사례이다. 하나 더 예를 들자면 칠레가 국제 자본 유입을 규제했다는 것도 있다.

  1980년에 아일랜드 산업 정책에서 겪은 일은 3장에 나와 있다. 1983년에 나는 가족과 함께 이탈리아에서 핀란드로 이사하여 제조 회사를 차렸다. 아일랜드와 핀란드는 모두 라틴아메리카와 비슷한 수입 대체 정책을 실시하고 있었다.[3] 핀란드에서 회사를 차리고 싶었던 이유 가운데는 국내 생산자들에게 관세 보호가 시행되고 있었다는 점도 하나 있다. 그러나 나는 핀란드 제조업에 대한 외국인 투자자였기 때문에 회사를 차리려면 산업부 장관의 허가를 받아야 했다. 핀란드 산업부는 잠재 고객이 될 큰 페인트 회사 세 곳과 상의를 한 뒤에야 내게 사업 허가를 내주었고, 그런 다음에도 구체적으로 내 회사가 기존의 핀란드

회사와 경쟁하게 될 영역에는 들어가지 못하도록 제한을 두었다. 나는 핀란드에서 경제적 부담이 되지 않는 분야에 공장을 차렸기 때문에 당시 아일랜드에서 회사를 창립하는 사람들과 비슷한 인센티브를 받을 수 있었다. 이런 보조금 패키지의 전형적인 특징은 공장 건물의 소유권을 거의 공짜로 주는 것, 첫해에는 임금의 30퍼센트, 그다음 해에는 20퍼센트, 삼 년째에는 10퍼센트에 해당하는 보조금을 주는 것 등이 있었다. 그런데도 오늘날 고액 연봉을 받는 경제학자 집단은 아일랜드와 핀란드의 성공이 그저 시장이 부린 마법의 결과였다고 말한다.

이런 정책이 유럽의 주변부에서만 행해진 것은 아니다. 1990년대에 유럽연합 총사무국에서 혁신과 지역 업무를 담당하는 컨설턴트로 참여했을 때, 국경이 아니라 각기 다른 색깔로 표시된 유럽연합의 커다란 지도가 여러 사무실의 눈에 잘 띄는 곳에 걸려 있는 것을 보았다. 이 지도에서 특이한 점은 유럽의 런던, 파리, 프랑크푸르트 같은 대도시를 둘러싼 매우 작은 몇몇 지역에는 아무런 색깔 표시가 없었다는 것이다. 지도의 이런 작은 점은 경제적 인센티브가 전혀 없는 곳이었다. 이에 비해 유럽연합 영토의 95퍼센트는 어떤 종류든 보조금 지급 대상이었다. 1980년대 중반 핀란드에 있었던 정책 도구는 꼭 500년 전 영국에서 헨리 7세가 채택한 정책과 똑같은 것으로, 제조업을 유치하기 위한 관세와 보조금 지급이었다.

아브라모비츠의 연구는 왜 500년간의 이 같은 제조업 숭배 풍조가 경제 발전에서 필수적인 통과 단계가 되었는지를 이해하는 데 도움을 준다. 1870년에서 1950년까지의 미국 경제에 관한 통계로 무장한 그는 1950년대 중반에 전통적으로 성장을 설명해 온 변수들이 경제 성장에서 차지하는 비중이 어느 정도인지를 가늠해 보기로 했다. 놀랍게도 그는 80년이라는 기간 동안 두 가지 복합 요소로 성장을 설명할 수 있는 부분은 고작 15퍼센트였음을 알아냈다. 85퍼센트는 전통적인 경제 성장 요인으로는 설명되지 못했는데, 아브라모비츠가 적절하게 표현한 것처럼 그것이 바로 우리의 무지 수준을 재는 척도였다.

나중에 노벨 경제학상을 받은 로버트 솔로(Robert M. Solow)를 포함하여 다른 경제학자들도 이에 도전하여 다른 각도에서, 다른 방법론으로 이 문제를 다루었다. 예상 밖으로 그들이 얻은 결과에서도 설명되지 않는 부분이 85퍼센트가량 나왔다.[4] 미국에서 이것은 '성장 회계(growth accounting)'라는 더 장기적인 프로젝트로 이어졌다. 설명되지 않는 나머지 부분을 분석해 보고 그것이 다른 요인들, 예를 들면 교육이라든가 연구개발(R&D), 기술 변화 등에 있다고 책임을 돌리려 한 것이다.

당시 리처드 넬슨은 서로 다른 투입물 사이의 시너지를 강조했다. 교육과 연구개발이 함께 이루어지면 혁신과 기술 변화가 가능해지지만, 한 국가가 혁신을 이루지 못한다면 자본이나 교육 그 자체로는 아무 문제도 해결하지 못한다는 것이다. 85퍼센트의 '나머지(residual)'를 설명하려는 과정 전체는, 영국 경제학자 프리먼이 나중에 국가 혁신 시스템이라 부르는 체계적 과정이었다. 우리는 3장에서 말했듯이 부를 시너지가 만들어 낸 공공복리라고 설명한 13세기 피렌체의 정치가 라티니의 견해로 돌아와 있다. 아브라모비츠는 그가 성장의 '직접적' 자원이라 부른 것과 더 근원적인 원인 간의 차이를 강조했다. 그가 볼 때 성장 회계에서 사용된 물적 인적 자본의 향상, 총 요소 생산성, 변수들은 경제 성장의 직접적 자원들이었다. 그런데 더 근원적 문제는 이런 변수들 배후에 있는 것이다.

1978년에서 1979년 사이에[5] 내가 쓴 박사 학위 논문의 초록은 이

'나머지'를 발견한 아브라모비츠의 1956년 논문에 대한 언급으로 시작된다. 논문 자체는 세라를 인용하는 것으로 시작한다. 1613년 세라는 베네치아의 부가 모두 수확 체증에 속하는, 엄청나게 다양한 경제활동(대규모의 노동 분업) 간의 시너지에 따른 결과라고 설명한 바 있다. 그에 비해 세라의 고향 나폴리가 그토록 풍부한 천연자원을 보유하고 있으면서도 빈곤한 까닭은, 본질적으로 경제적 다양성과 수확 체증 활동의 부족 때문이었다.

세월이 흐르면서 나는 340년이라는 시간을 두고 떨어져 있음에도 세라와 아브라모비츠의 통찰이 긴밀하게 연결되어 있다는 것을 점점 더 확신하게 되었다. 설명되지 않는 '나머지' 부분과 경제 성장 자체는 특정 활동 의존적이다. 세라가 베네치아에서 설명했던 활동 유형과 여건에서는 이 '나머지' 부분이 매우 클 것이고, 나폴리의 여건에서는 극히 적을 것이다. 지속 성장과 엄청난 '나머지' 부분은 경제 성장의 자기 강화적 메커니즘을 충족시키는 다양성과 수확 체증을 필요로 한다. 이는 1650년 델프트를 찾아간 사람들이 보았던(5장의 도표 3 참조) 것, 또 2000년 실리콘 밸리와 런던에서 보았던 경제의 한 부문에서 다른 부문으로 혁신이 도약하는 시스템이다. (이발사 같은 직업을 가진) 일반인들의 임금이 크게 오를 수 있는 것은 그런 상황에서만 가능하다.

아브라모비츠와 그의 아내 캐리를 처음 만난 것은 1993년 5월 오슬로 외곽에서 개최된 소규모 국제회의로, 그 회의가 열리는 데 나도 힘을 좀 보탰다. 그해 아브라모비츠는 앞에 인용된 '나머지'에 대한 논의를 가다듬었다. 논문에서 드러난 것처럼 그의 견해는 1956년 이후 크게 달라지지 않았다. 아브라모비츠가 사용한 용어에 따르면 회의 주제는 국가들이 "따라잡고, 앞으로 나아가고, 뒤처지는 현상"이었다. 나는 회의가 열리기 2년 전인 1991년에 회사를 팔았고 다시 학문 세계로 돌아오려고 준비 중이었다. 일반적인 경제학의 맹점들 가운데 가장 중요한 것이 '평등성 가정', 즉 모든 경제 활동이 경제 발전의 견인차로서 질적으로 균질하다는 가정이라고 나는 확신했다.

회의에 제출한 논문에서 나는 아브라모비츠의 용어를 사용하여 제3세계 문제를 다루려고 했다.[6] 내가 경제 활동의 품질 지수라 불렀던 것으로(부록 6 참조), 고품질(고가 첨단 제품)로 경제 활동에 참여하는 국가와 국민은 부유해지고, 저품질(저가 양산 제품) 활동으로 생산하는 국가와 국민은 빈곤해진다는 것이다. 이것은 상호 연관성이 매우 높은 수많은 요소를 한데 묶어 보려는 시도였다. 그 지수는 (두 산업이 모두 세계 최고의 숙련 기술을 상징함에도) 세계에서 가장 효율적인 골프공 생산자가 세계에서 가장 효율적인 야구공 생산자에 비해 명목 임금이 40배가량 차이 나는 이유를 설명해 준다. 다른 말로 하면 고소득 국가가 된다는 것은 개인이 고소득자가 되는 경우와 마찬가지로 특정 활동에서만 가능하다는 뜻이다. '따라잡기(catching-up)'는 이런 기술의 사다리를 올라가는 것이며, '뒤처지기(falling-behind)'는 거기서 미끄러지는 것이다.

나는 그런 제안이 일반적인 경제 이론과 완전히 양립 불가능하다는 사실을 너무나 잘 알고 있었다. 예전에 내게 국제 무역 이론을 가르친 야로슬라브 바넥(Jaroslav Vanek) 교수와 이 아이디어를 의논했는데, 그는 내가 도입한 품질 지수가 전통적인 무역 이론에서 나오는 도식적 표현으로는 제3의 지수라고 했다. 세계 경제 질서의 기초인 리카도의 무역 이론은 질적으로 똑같은 활동과 자본 없는 세계에서 일체의 품질이나 기술이 배제된 노동 시간의 교환에 기반하고 있다. 그러므로 경제 활동에 품질 지수를 도입한다는 것은 게임 규칙을 바꾸려는 의도를 가지고 국제 체스 경기에 참가하는 것과 같다.

예상하지 못한 바는 아니었지만 경제 활동을 품질에 따라 분류하자는 아이디어를 발표하자 회의에 참가한 스무 명가량의 경제학자 가운데 가장 젊은 학자가 폭소를 터뜨렸다. 그러나 U자 형태로 배치된 회의 탁자에서 내 자리는 마침 아브라모비츠 옆이었는데, 발표를 마치고 자리로 돌아가자 그는 "매우 훌륭한 논문이오."라고 말했다. 너무 놀라서 잘못 들은 게 아닌가 했지만 그는 한번 더 그 말을 해 주었다.

아브라모비츠를 알아가는 과정은 시간과 조언 및 지식 공유에 너그러운, 오래 되고 대단히 관대한 학술 문화를 알아가는 것과 비슷했다. 내가 볼 때 성공적인 부의 창출에 관한 역사적 기록은 모두 1485년 영국의 헨리 7세에서부터 여러 세기를 지나 1947년 마셜 플랜의 착수에 이르기까지 한 국가가 부유해지는 것은 국내에서 특정 경제 활동을 할 때뿐이라는 기본 전제에 기초하고 있었다. 경제 성장은, 특히 취약한 초기 단계에는 특정 활동 의존적인 경제 활동과 시스템에 긴밀하게 결부되어 있었다는 말이다. 아브라모비츠는 1996년 8월 16일자 편지[7]에서 내 논문에 대해 언급하면서 이렇게 썼다. "나는 당신이 말하는 많은 부분에 동의합니다. 특히 '나머지' 부분 및 성장 일반이 특정 산업 의존적이라는 데에 동의합니다." 내 책의 핵심 아이디어인 경제 성장의 특정 활동 의존적 성격에 따르면 리카도 식 무역 이론은 빈국에 조언하기에는 대단히 위험한 정책 지침이었다.

이 책은 경제 성장과 발전은 (수확 체증 활동을 늘리는) 마셜 플랜의 메커니즘과 관련 있고, 그 반대 메커니즘인 (수확 체증 활동을 제거하는) 모겐소 플랜은 저개발 및 원시화와 연결한다. 1945년에 독일 경제를 탈산업화시키려는 재무 장관 모겐소의 계획이 착수될 무렵 아브라모비츠는 연합국 배상위원단(Allied Reparations Commission)의 미국 대표단에서 경제 자문관으로 일하게 되었다. 아브라모비츠가 이끄는 팀은 모겐소 플랜이 독일의 수출 능력을 파괴할 것이며, 식량 및 꼭 필요한 수입품에 대한 대금 지불을 하지 못하게 만들고 대량 실업을 유발할 것이라고 주장하는 비망록을 작성했다. 이 비망록은 모겐소 플랜이 실행된다면 전후 독일의 평균 소득이 전쟁 전 폴란드가 겪었던 비참한 수준보다 훨씬 더 떨어질 것이라고 예고했다. 모겐소는 이에 격분하여 연구 팀을 소집했다. 아브라모비츠가 팀장으로서 이런 결론을 내린 책임을 지겠다고 나서자 모겐소는 심한 두통을 핑계 삼아 퇴장해 버렸다. 오늘날 워싱턴 컨센서스는 세계 주변부에 새로운 모겐소 플랜을 실행해 왔으며, 이제는 마셜 플랜을 다시 도입해야 할 시점에 와 있다. 1947년에 그랬던 것처럼 마셜 플랜은 수확 체증을 장려할 것이다.

1945년 모겐소 플랜이 실행되었다. 아브라모비츠의 팀이 예고한 대로 그 계획은 독일에서 심각한 곤궁과 대량 실업, 생활수준의 급격한 하락을 야기했다. 그러나 1947년 초반 정신적, 정치적으로 엄청난 입장 전환을 하고 나서야 미국은 모겐소 플랜에서 손을 뗐다. 점점 심화되는 빈곤 상황을 조사하도록 후버 전직 대통령이 독일로 파견되었고, 1947년 3월에 보고서가 나왔다. "사람들은 합병 결과 만들어진 새로운 독일이 목가적 상태로 돌아갈 수 있으리라고 착각한다. 그러나 독일 국민 2500만 명가량을 없애 버리거나 어디로 이주시키지 않고서는 그런 일은 일어날 수 없다."[8] 그 후 석 달도 지나지 않아 1947년 6월 5일 하버드 대학교에서 행한 연설에서 국무 장관 조지 마셜은 마셜 플랜을 선언했다. 이는 모겐소 플랜과 정반대의 목표, 바로 독일의 재산업화를 추구하는 계획이었다.

후버는 여기서 산업 활동 및 한 국가의 인구 수용력과 관련하여 중요한 점을 지적한다. 독일이 탈산업화되자 2500만 명이 갑자기 잉여 인구가 되어 버렸다. 오늘날의 대규모 이주는 언제나 제조업과 '나머지' 부분이 없는 지역에서 제조업과 서비스업 모두에서 수확 체증과 '나머지' 부분이 큰 경제 지역으로 향하는 형태를 띤다. 이 점에 대해 한나 아렌트(Hannah Arendt)는 과잉의 부와 과잉의 인간이 결합되었다고 지적한다. 아렌트의 견해 역시 현 세계에 대한 훌륭한 묘사이다. 미성숙한 세계화와 구조 조정은 먼저 리마에서 울란바토르에 이르는 탈산업화된 지역에서 과잉된 기계, 녹슬고 있는 기계의 묘지를 만들어 낸다. 그런 다음 이런 지역의 과잉 인간이 이제 부가 과잉인 지역으로 이동하는 것이다.

신고전주의 경제학의 아버지 알프레드 마셜은 "역사에서 있었던 이주의 원인은 모두 수확 체감" 때문이라고 정확하게 지적했다.[9] 우리는 이 말을 조금 바꾸고 다듬어 오늘날의 이주는 수확 체감 활동이 있는 지역으로부터 수확 체증 활동이 있는 지역으로 옮겨 가는 것이라고 말할 수 있다. 신고전주의 경제학의 첫 교과서인 그의 저서에서 마셜은 또 이 상황에 대한 정책 처방을 요약하여 제시한다. 한 국가는 수확 체감에 속한 경제 활동(원자재 생산)에 세금을 부과하고, 수확 체증에 속한 경제 활동에는 장려금(보조금)을 지급할 수 있다는 것이다. 이것이 1485년 헨리 7세가 가난한 상태의 영국을 떠맡고 나서 모직 공업에 보조금을 지급하기 위해 양모 수출에 세금을 부과하기 시작한 이후 중간 소득 국가를 만들어 낸 성공 전략이었다. 이것은 또 1980년대에 등장한 크루그먼의 신무역 이론의 논리적 결론이기도 했다. 크루그먼과 그의 동료들은 여기에 기초한 정책 권고는 하지 않았지만 말이다.

중간 소득 국가는 이런 유형의 정책을 통해 만들어지며, 도표 6에서 설명한 생산력 폭발을 일으키는 활동을 함으로써 빈국이 부국의 경제 구조를 모방할 수 있었다. 여기서 핵심은 시너지 효과가 있는 '나머지' 부분을 창출하는 다양성과 수확 체증을 달성하는 것이다. 설사 이 부문이 세계적 수준이 아니고 지방에서 골목대장 노릇밖에 못하는 수준이라 하더라도 말이다. 한 국가가 외환을 벌어들이려면 세계적 수준의 챔피언이 있어야 한다. 오스트레일리아의 발전 전략은 오랫동안 외환을 공급한 양모 생산이라는 수확 체감에 기초하고 있었지만, 제조업이 있으면 설사 그것이 세계적 수준이 아니더라도 필요한 생산력 폭발과 산업/노조의 세력 균형을 이루어 전반적으로 실질 임금을 높일 수 있었다. 이것은 미국의 초기 발전 전략이기도 했으며, 원리상으로는 그때와 마찬가지로 지금도 문제없이 작동하는 전략이다.

마셜 플랜하에 있던 유럽이 입증했듯이 발전 과정이 역동적이기만 하다면 (당시 세계 챔피언이던 미국에 비해) 규모가 작고 상대적으로 비효율적인 제조업을 둘러싸고 형성된 임금, 일자리, 학교, 항구, 병원 등은 실질적인 부문이 될 수 있다. 유럽에서는 관세와 기타 장벽들이 서서히 낮아지면서 통합이 이루어졌다. 유럽연합은 1980년대 스페인이 통합될 때까지 이런 점진적 과정을 따랐고, 그럼으로써 스페인의 핵심 산업이 살아남을 수 있도록 보호해 주었다.

규모는 여전히 중요하며, 슘페터의 '역사적 수확 체증'이라는 용어는 경제 성장의 핵심인 기술 변화와 수확 체증의 결합을 설명하는 데 유용하다. 이 결합은 이론적으로는 분리 가능하지만 현실에서는 떼어 놓기 어렵다. 포드의 자동차 공장이나 마이크로소프트 왕국은 연구 대상이 될 수 있을 만큼 소규모로는 존재하지 않는다. 따라서 생산성 증가 가운데 어디까지가 기술 변화 때문이고 어느 정도가 규모 덕분인지 알기란 사실상 불가능하다. 규모란 시장 크기가 중요하다는 뜻이며, 빈곤의 핵심에 구매력 부족, 그럼으로써 수요 부족과 생산 규모의 문제가 악순환을 이루고 있음을 뜻한다. 앞에서 언급했듯이 대체로 비슷한 발전 수준에 있는 국가들 사이의 무역은 늘 이익을 낳는다. 부가 증가하면 그에 따라 생산도 엄청나게 다양해지기 때문이다. 예를 들어 스웨덴이나 노르웨이 같은 강소국(强小國)들은 서로에게 판매할 것들이 많다. 인구 450만 명의 시장이지만 노르웨이는 스웨덴의 세 번째로 큰 수출 시장이며, 독일과 미국 시장에 비해 크게 차이나지 않는다. 현재 빈곤하고 서로에게 팔 것이 거의 없는 국가들 사이에서도 무역에서 이 같은 관계가 생겨야 한다. 세계무역기구의 협상이 그랬듯이 지금까지의 통합은 거꾸로 가는 기차와 같다. 단기적으로는 그것을 멈추는 길이 최선이다.

  라틴아메리카와 아프리카에서는 지역 통합이 아니라 그와 반대 현상이 나타난다. 라틴아메리카의 소국은 미국과 맺은 쌍무적 무역 협정을 통해 원자재든 기술적 막다른 길에 속하는 제품이든 단일 품목에 의존하는 경제가 되어 전 세계 임금 피라미드의 낮은 층위에 속하는 위치가 더욱 굳어지고 있다. 아프리카 경제는 적어도 열두 개의 서로 다른 무역 협정이 난립하는 통에, 또 유럽연합과 미국 제품이 경쟁하는 바람에 조각나 있다. 아프리카는 그들에게 필요한 지역 통합을 하지 못한 채, 1884~1885년 사이에 정치적으로 유럽 강대국들에게 분할된 것과 똑같이 지금은 경제적으로 분할되고 있다. 그 결과 아프리카 인들이 스스로 '스파게티 볼' 효과라고 부르는 상황이 되었다. 아프리카 국가 간에 서로 겹치는 무역 관계를 종이에 그려 보면 어찌나 많은 줄이 그어지는지 스파게티 가락처럼 보이기 때문이다. 대륙 간 무역은 지역 통합을 증진시키는 대신에 때 이르게 지역 간 무역을 대체해 버린다. 유럽연합은 여러 세기 동안 사과를 수출해 오던 레바논 대신에 자기들 사과를 사라고 이집트를 압박하고 있다. 워싱턴 컨센서스에 의한 세계화는 주변부 국가에게 너무 이르게, 또 비대칭적으로 타격을 가했으며, 이에 따라 세계적인 노동 분업 안에서 가난을 특화하는 국가들을 만들어 내는 것은 예정된 일이었다. 그러므로 슘페터의 '창조적 파괴'가 세계의 서로 다른 지역에서 창조와 파괴가 일어나도록 지리적으로 나누어 버린다. 이것이 바로 슘페터 식 개발 경제학의 요체이다.

이 책은 지금까지 아브라모비츠가 '직접적'이라 부른 자본, 노동, 총요소 생산성 등의 요소를 넘어서 부와 빈곤을 결정하는 수많은 요소와 메커니즘을 거론해 왔다. 또 그 과정에서 명백하고 본질적 요소인 교육이나 제도 같은 것들이 그 자체로는 문제를 해결해 주지 못한다고 강조했다. 기술 발전의 극도로 집중적이고 불균등한 전진은 우리가 '생산력 폭발'이라 부른 역사적 수확 체증, 역동적인 불완전 경쟁, 후진 국가들에게 엄청나게 높은 진입 장벽을 창출한다. 수확 체증과 수확 체감은 고전적 개발 경제학자들이 설명한 것 같은 선순환과 악순환을 만들어 내고 있으며, 도시에 다양한 직업이 많을수록 그 도시가 더 부유해진다는 세라의 견해는 여전히 타당하다.

이런 것들이 한 국가를 더 빈곤으로 끌어들이거나 그것을 벗어나게 하는 메커니즘이며, 경제 정책으로 빈곤을 다루어야 하는 이유이다. 아브라모비츠는 이런 문제 전체를 한 국가의 '조직 능력(organizational capabilities)'이라고 불렀다. 특히 수확 체증이 없는 빈국은 경제에서 제로섬 게임을 하며 조직 능력도 가장 낮다는 사실은 서로 뒤얽힌 악순환 시스템의 중요한 부분이다. 일반적으로 상황이 나쁠수록 시장의 바람이 내게 유리한 쪽으로 불어 올 확률은 더 낮다.

이 책에서 나는 역사적으로 그런 악순환을 깨뜨릴 수 있는 유일한 길은 먼저 생산 구조 자체를 바꾸어 문제를 처리하는 것뿐이라고 주장한다. 그러려면 때로 책임 있는 정책 수단이 필요하며, 제3세계는 이탈리아에서 노르웨이에 이르기까지 19세기 유럽을 지배했던 경제 논쟁을 되살려 내야 한다. 이 논쟁은 유럽 대륙이 영국이 걸어간 산업화 길을 따를 것인지 아닌지 하는 문제가 아니다. 산업화가 옳다는 것은 분명하기 때문이다. 문제는 그 과정에서 국가와 사적 부문 간에 책임 배분이다.

1613년에 나온 저작에서 세라는 한 장 전체를 경제 정책에 할애하면서 상이한 산업에 상이한 방식으로 영향을 주는 정책 수립의 어려움을 다음과 같이 시적으로 묘사했다. "마치 태양이 진흙은 굳히지만 밀납은 녹이는 것처럼, 똑같은 호루라기로 말은 안정시킬 수 있지만 개는 날뛰게 만드는 것처럼." 중립적인 정책이란 없다. 연구개발을 지원하는 기술 정책을 인정할 수는 있다. 하지만 그런 정책은 연구개발을 통해 혁신을 이룬 그 나라의 제약업에는 큰 보탬이 되겠지만, 자체적인 연구개발을 하지 못하고 기계 제작자들의 연구개발과 제휴하여 새 기계를 구매함으로써 혁신을 달성한 인쇄업에는 그다지 큰 도움이 되지 못한다.

또 다른 함정도 있다. 새로 유럽연합 회원국이 된 나라에서 증가하는 현상이지만 국가적인 연구개발과 국가의 생산 구조 사이의 연계가 매우 느슨하거나 존재하지 않을 수도 있다는 것이다. 연구개발에 투자함으로써 한 국가가 단순히 다른 나라의 생산 부문에 보조금을 지급하는 결과를 낳을 수도 있다. 이것은 앞에서 인용한 싱거가 설명한 것과 비슷한 상황이다. 국가의 생산성 증가분이 해외 고객들에게 건네진다면 혁신을 해도 부자가 되지 못한다.

역사학파와 '다른 전통'의 접근법에서는 이 같은 메커니즘이 새로운 조합과 상이한 상황에서 다시 등장한다. 관건은 새로운 상황에서 과거에 주목한 바 있는 메커니즘을 채택하는 것이다. 이것은 또 하버드 비즈니스 스쿨에서 채택하는 사례 연구법(case-method)을 뒷받침하는 원칙이기도 하다. 사례는 우리가 실제 업무를 처리할 때 새로운 상황에서 끌어다 쓸 수 있는 '인위적 경험'이다. 다른 비즈니스 스쿨의 학장들은 하버드 비즈니스 스쿨을 학계의 최고로 인정하지 않는 데 비해 노동 시장은 그 학교의 졸업생들에게 최고의 초봉을 줌으로써 높은 점수를 주고 있다. 경험은 학계에서보다는 실제 사업에서 더 유용하기 때문이다. 이 책은 냉전 경제학이 학계와 현실 간의 이 같은 괴리를 극단적으로 심화시켰다고 본다. 우리는 현실을 다루는 경제학이 권위를 전혀 인정받지 못하는 시대를 살아온 것이다.

경험이란 또 국제 경제학의 유행 사조를 이성적으로 자기 나라의 상황과 관련지어 활용하는 것이기도 하다. 1990년대에 나온 포터의 『국가 경쟁 우위』는 '국가대표 클러스터(national cluster)'에 집중했다. 포터가 주로 참고한 체제가 미국이었다는 점은 염두에 두자. 여러분이 산마리노 같은 소국의 산업 부문(이 나라에도 산업이 있다. 내 회사의 고객 가운데 그 나라 국민이 있었다)을 맡고 있다면 '국가적인' 요소를 경시하고 싶어질 것이다. 국가대표 클러스터라는 목표의 근저에 혁신이 있음을 간파하지 못한다면, 여러분은 얼어붙은 호수와 절연제로 쓸 톱밥, 국제 해운을 한데 모은 노르웨이의 얼음덩이 수출 클러스터를 지지했을 수도 있다. 그러나 냉장고가 발명되자 그 클러스터는 끝장나 버렸다.

핀란드는 포터의 책을 지극히 영리하게 응용한 사례였다. 1990년대 초반에 노키아는 고무장화와 타일용 시멘트 생산을 벗어나 전자 산업을 시작한 작은 회사였다. 이 회사는 전국적 수준이기는 했지만 절대로 클러스터는 아니었다. 포터의 말을 따랐다면 아무도 그 회사를 후원하지 않았을 것이다. 1990년대 초반 핀란드의 산업 정책에 대한 전략을 세운 핀란드 경제연구소(ETLA)는 페카 일라 안틸라(Pekka Ylä-Anttila)의 지도하에 '고독한 별(lone star)'이라는 새로운 이론적 범주를 고안하여 이 문제를 풀었는데, 이는 클러스터가 아니더라도 받아들여질 수 있는 회사를 말한다. 노키아를 지원한 정책이 살아난 것은 그런 독창성 덕분이었다.

민족주의는 온갖 방식으로 끔찍하고 과도하게 행사되기는 했어도 사실 경제 발전을 위해서는 필수적인 통과 단계였다.[10] 산업화도 이와 비슷했다. 자기 나라, 자기 후손들을 잘살게 해 주고 싶다는 마음이 수세기 동안 모방의 길을 따랐던 유럽의 주요 추진력이었다. 경제학자들 역시 민족주의자였다. 모든 사람이 그렇듯이 경제학자들의 견해 역시 그들이 사는 환경을 벗어나지 못한다. 1990년대 실리콘 밸리에 살면서 국제 자유 무역을 반대하는 사람은 정신이상자 취급을 받았을 것이다. 그러나 우간다의 캄팔라에서라면 상황은 달라진다. 그러므로 경제 이론과 그 이론의 권고 사항이 상황과 무관하다면, 또 그것을 실행하는 이들이 무역 이론가 빅터 노먼의 지적처럼 사실에 구애받지 않는 경제 이론에 자부심을 느낀다면, 해결 불가능한 문제가 생긴다.

나는 영국의 경제학자 라이오넬 로빈스(Lionel Robbins, 1898~1984)처럼 강력하게 애덤 스미스나 리카도에 맞서 국가주의를 비난할 엄두는 내지 못했다. 평생 런던정경대학에서 연구를 계속해 온 로빈스는 "영국의 고전 경제학자들이 자기들 공동체에게는 해롭더라도 전 세계에 이로우리라고 판단하는 방안을 권고했을 것이라는 생각은 완전히 착각이다."[11]라고 말했다. 이런 맥락에서 보자면 경제학자들 역시 언제나 가난한 주변부 출신이라는 점은 주목할 만하다. 실제로 19세기 유럽에서 우리가 알 수 있는 것은, 자기 나라가 원자재 생산자로 남아 있기를 원한 사람들은 거의 없었고, 그렇기 때문에 '봉건적인' 농업과 외국 강대국과의 연합이 형성될 수 있었다. 이 유형의 전형인 영국은 미국의 남북전쟁에서 노예제에 반대하고 산업을 건설하려는 북부에 맞서 노예제를 주장하는 남부를 지지하고 자유 무역을 후원했다. 도시 직공과 산업 부문이 구체제에 맞서 벌인 그런 정치 투쟁의 최초 사례는 1521년에서 1522년에 스페인에서 일어난 코무네로스(Comuneros)의 반란으로, 이 반란에서 전통적인 지역(남부)이 승리하여 세고비아의 탈산업화를 이끌었다.

이런 국가주의적 모습을 계속 따라가다 보면 본명이 게라르트 판 메헬렌(Geraart van Mechelen)인 제라드 드 멜린스(Gerard de Malynes, 1586~1641) 같은 네덜란드 인이나[12] 니컬러스 바본(Nicholas Barbon, 1640~1698)처럼[13] 네덜란드에서 공부한 사람들이 (근대적 의미로) 초기의 영국 자유 무역가였음을 알 수 있다. 마찬가지로 그 200년 뒤 독일 자유 무역 운동의 지도자는 존 프린스 스미스(John Prince-Smith, 1809~1874)라는 사람이었다. 그는 영국령 기아나의 파산한 전임 총독의 아들로서 영어 선생으로 독일에 왔다가 독일 의회 의원이 되었다. 오늘날 세계화된 세상에서 수많은 국가의 엘리트들은 자기 나라보다는 세계적으로 최상위 국가에 동질감을 더 많이 느끼며, 존 프린스 스미스가 독일에서 시도했다가 성공하지 못한 역할을 무난히 해내고 있다.

독일의 리스트와 이탈리아의 주세페 마치니(Giuseppe Mazzini, 1805-1872) 같은 진정으로 위대한 국가주의자들 또한 진작부터 '유럽합중국(United States of Europe)'을 지지해 왔다. 당시에 독일과 이탈리아는 모두 후진국이었고, 각기 시대에 뒤떨어진 작은 도시 국가 연합이었다. 리스트와 마치니는 모두 독일과 이탈리아가 국민 국가로 통일되는 것이 통일된 유럽을 향한 필수 단계라고 보았고, 리스트의 관점에서는 결국 전 세계 자유 무역을 향한 길이기도 했다. 유럽의 산업 세력과 산업적으로 취약한 작은 도시 국가 간에 통일 유럽이 만들어졌더라면 아마 독일과 이탈리아는 탈산업화되었을 것이다. 민족주의는 산업화와 정치적 통일을 요구했지만 리스트와 마치니 모두에게 이 민족주의는 유럽 통일을 향한 한 단계에 불과했다. 하지만 그것은 꼭 필요한 단계였다.

리스트는 세계화 이전에 중간 단계의 대륙 간 자유 무역 지역을 만들 것을 주장했다. 그러나 라틴아메리카는 이 단계를 거치지 못했다. 라틴아메리카자유무역연합(LAFTA)은 실패작이었다. 라틴아메리카의 수입 대체 전략은 처음에는 매우 성공적이었다. 심지어 중앙아메리카의 소국도 오랫동안 10퍼센트 내외의 성장률을 유지했다. 하지만 그들은 퇴보하여 (부록 4에 '나쁜' 보호주의의 예인) 실질적이지 않은 산업화와 독점 경쟁에 빠져들었다. 이는 리스트가 경멸적으로 '소국 분립주의(Kleinstaaterei)'라 부른 것으로, 최소 효율 크기에 밑도는 국가의 문제이다. 라틴아메리카 소국들의 산업 시스템이 이런 소국 분립주의 단계에서 세계화 경제로 순식간에 직행하게 되자, 후버가 1947년의 독일 상황을 묘사한 것과 같은 유형의 탈산업화가 발생했다.

여기서 우리는 역사 이론과 세계화 시기 사이에 어떤 관련이 있는지 돌아보게 된다. 19세기 말경 경제학자들은 질적으로 상이한 기간, 혹은 '단계(stage)' 개념으로[14] 역사를 보는 경향이 있었다. 각 단계에서 경제 활동을 기준으로 본 인류 사회의 진화와 지리적 정착, 정치 체제는 모두 구조적으로 연결되어 있었다. 장기적으로 볼 때 인류가 생존하기 위한 경제적 기초는 수렵과 채집 단계에서 동물을 길들이고 사육하는 단계로, 그다음은 농업으로, 그리고 점점 더 복잡해지는 기술과 산업 활동에서의 노동 분업으로 옮겨 갔다. 이와 나란히 인류의 정착은 유목 부족 사회에서 촌락으로, 도시 국가로, 그다음에는 국민 국가로 발전해 갔다. 1826년에 이미 튀넨[15]은 이런 경제 활동 유형을 도시를 중심으로 하는 동심원 형태로 보아 가장 원시적인 경제 활동인 수렵이 가장자리에 있고, 목축은 도시에 조금 더 가까우며, 농업은 그보다 더 가깝게 그렸다.

튀넨의 고립된 국가의 중심부에는 도시가 있는데, 그는 도시 활동이 너무 약해서 살아남지 못하는 경우에는 목표 설정과 육성, 보호가 필요하다고 보았다. 아브라모비츠와 세라에게 돌아가 보면, 도시 활동과 그 주위의 동심원에서 일어나는 활동 간의 질적 차이가 바로 국가의 공공복리를 만들어 내는 접착제였다. 1947년에 마셜 플랜을 선언하던 조지 마셜의 말(7장 참조)을 되풀이하자면 농촌과 도시 사이의 교환이 바로 '근대 문명의 기초'이다.

역사적 단계에서 몇 가지는 빼먹어도 좋다. 한국은 증기 기관 시대를 거칠 필요가 없었다. 유선 전화의 단계를 건너뛰고 얼마든지 휴대 전화로 직행할 수도 있다. 그러나 한 국가가 수렵 채집 부족의 단계에서 곧바로 현대적 서비스업 경제로 건너뛰는 일은 일어나기 힘들다.

경제 발전의 단계에서 결정적으로 중요한 것은 부문들 간에 일어나는 시너지이다. 도시 활동의 성장은 농촌 시장에 의존하며, 농촌 시장은 그들의 임금 수준을 올리기 위해서는 꼭 그만큼 도시의 구매력과 노동 시장, 기술에 의존한다. 같은 방식으로 오늘날의 현대적 서비스업은 제조업이 만들어 내는 수요에 의존한다. 이론적으로는 몽골의 유목민도 GPS를 갖춘 첨단 '전자 목동(electronic shepherds)'을 쓸 수 있다. 다만 전기가 들어오고, 그 장비 가격이 목동 한 명의 평생 수입보다 싸야만 가능하다. 이에 비해 산업화된 국가에서는 육류 가격이 워낙 높기 때문에 가축 사육업자는 '전자 목동' 장비 가격을 부담할 수 있다. 역사적으로 낮은 생산성과 낮은 구매력이라는 악순환을 성공적으로 벗어나는 공식은 오직 최소한의 규모와 다양성을 지닌 수확 체증 부문을 국가의 노동 시장에 포함시키는 것뿐이다.

이보다 더 중요한 것은 경제와 정치 시스템 간의 구조적 연결이다. 예를 들어 소련식 계획 경제는 민주주의와 공존할 수 없다.[16] 특히 피렌체의 사례가 보여 주었듯이 민주주의는 도시 국가에서 출현했다. 토지 소유권을 가졌기 때문에 경제적 이해관계가 있는 계급은 강제로 정치에서 손을 떼어야 했다. 국민 국가는 도시 국가가 모여 생겨났으며, 리스트와 마치니는 이런 국민 국가를 초민족적 정치 시스템을 성공적으로 세우기 위해 꼭 필요한 디딤돌로 보았다.

세계화를 지향하는 워싱턴 컨센서스는 주변부인 제3세계에서 시너지와 '나머지'를 일으키는 핵심적인 도시 활동을 파괴하는 충격 요법을 통해 튀넨의 이상화된 국가를 해체해 버렸다. 수많은 나라가 나머지를 창출하여 수확 체증 활동을 수용하는 도시가 없는 상태가 되어 버린 것이다. 이런 나라에서는 최소한의 수확 체증 부문이 창출되지 않는 한 그저 돈만 쏟아붓는 것으로는 별 소용이 없다. 튀넨의 책이 나오기 전에도 경제학자들은 행정 기관만 있는 '기생적 행정 도시'와 '생산적 제조업 도시'를 구분하고 있었다. 그들은 역할이 다른 이런 도시가 주변의 농업 지역에 미치는 서로 다른 영향도 주목했다. 250년 전에 페르디난도 갈리아니는 행정 도시인 마드리드 주변에 있는 농업의 실상이 제조업 도시인 밀라노 주변의 번영하는 농업과는 대조적으로 후진적이라는 점에 대해 언급한 바 있다.[17]

오늘날 같은 식으로 이루어지는 경제적, 정치적 접근법인 워싱턴 컨센서스 정책과 '대테러 전쟁(War on Terror)'은 똑같은 이유로 실패할 수밖에 없다. 모두 부와 민주주의를 만들어 낸 역사적 경험(이것을 역사 법칙이라 불러도 된다)을 무시하기 때문이다. 소말리아와 아프가니스탄 같은 나라들은 시너지에 의한 공공복리가 없는 수확 체증 이전의 경제 구조(pre-increasing returns economic structures)에 놓여 있다. 이런 나라에서는 우리가 3장 첫머리에 설명한 제로섬 게임의 상황이 여전히 지배한다. 실재하는 정치 구조는 부족을 토대로 하여 '군벌'이 지도자로 군림하는 형태이다. 수도를 통제한다는 것은 농촌에서 들어오는 지대를 통제한다는 뜻이지만 이런 도시가 수확 체증하의 생산이라는 형태로 돌려주는 것은 아무것도 없다. 그것은 '기생적(parasitic)' 도시일 뿐이다. 예를 들어 그 나라에 석유 같은 천연자원이 많을수록 도시를 장악함으로써 얻을 수 있는 전리품은 더 커진다. 이런 상황은 식민지 강대국들이 부족들 간의 원래 경계선을 무시하고 자기들 마음대로 국경을 그었기 때문에 더욱 악화된다.

무슬림 역사가이자 철학자 이븐 할둔은 혈연관계에서 유래하는 씨족들로 조직된 사막의 유목 부족에서 농업 종사자로, 최종적으로는 도시 거주자로 나아가는 사회 발전을 설명했다.[18] 도시 거주자들은 사치스러워졌고, 그들의 욕구가 늘어남에 따라 도시는 늘 세금을 올려야 했다. 그에 맞서 씨족들이 평등을 요구하자 분개한 도시 거주자들은 외부 지지자들의 도움에 의존했는데, 이는 전사로 활동하던 씨족 구성원의 세력이 쇠퇴함에 따라 외부인의 존재가 필요했기 때문이다. 그리하여 국가는 쇠약해지고, 시간이 지나면서 새로운 유목민 집단의 제물이 된다. 새로운 집단 역시 동일한 과정을 거친다. 이븐 할둔이 살던 산업화 이전 시대에 역사는 필연적으로 자본에 이자가 붙는 정태적이고 비생산적인 지대를 놓고 벌어지는 (외부 후원자들도 합세한) 부족 간 전쟁의 순환이다. 노르웨이도 여러 세기 동안 이런 식으로 역사가 진행되었다.

원자재 생산을 특화하는 수확 체증 이전(pre-increasing returns)과 공공 복리 이전 단계(pre-common-weal productive systems)의 생산 시스템은 봉건적 정치 구조를 만들어 낸다. 하지만 일부 아프리카 농업에서와 같이 심지어 진정한 봉건 제도와 관련이 없는 곳에서도 국가는 식민주의의 특징인 경제적 잉여를 쥐어짜면서 돌려주는 것은 하나도 없는 행태를 계속하는 것 같다. 그런 상황에서는 자본주의 이전의 생산 구조와 정치 구조가 매우 오래 유지되고, 또 그럴만한 이유도 충분하다. 탄자니아 대통령 줄리어스 니에레레(Julius Nyerere)의 자문관인 스웨덴 출신의 괴란 하이덴(Göran Hydén)은 아프리카의 '점령되지 않는 소작농(uncaptured peasantry)'에 대해 말한다. 이와 비슷하게 오늘날의 나토와 서구는 아프가니스탄에서 '점령되지 않는 소작농'을 상대하고 있다. 나는 니에레레의 아프리카 사회주의는 나토와 서구가 아프가니스탄에서, 그리고 중동 전역에서 실패한 것과 똑같은 이유로 실패했다고 주장한다.

"바보야, 문제는 경제 구조란 말이야."

3장에서 이븐 할둔 식으로 지대를 놓고 부족들 간에 벌어지는 폭력의 순환이 깨진 것은 대규모 노동 분업과 수확 체증 산업이 동시에 발달한 때문이라고 설명한 바 있다. 이런 활동이 있어야 자본은 농촌에서 자산이 되고 그 역도 성립했다. 국민 국가는 이제 제로섬 게임이 아니었다. 프랑스의 콜베르(1619~1683) 시절 이후 국민 국가를 건설하는 공식은 산업화하고, 기간 시설에 막대한 투자를 하며, 국경 안에서 자유 무역을 창출하는 것이었다. 그런 다음에야 더 넓은 지역으로 한걸음 내디딜 수 있었다.

몇 달 전에 노르웨이 전략연구소(Norwegian Institute for Strategic Studies, NORISS)는 워싱턴 주의 매파 공화당원으로 알려진 에드워드 러트웍(Edward Luttwak)을 1992년 동계올림픽 개최지 릴리함메르에서 열린 한 작은 세미나에 초빙했다. 러트웍은 이라크 전쟁이 일어나기도 전에 그것에 반대하여 사람들을 놀라게 한 사람이다. "내 말 들어봐요. 한 국방부 관료가 이라크 전쟁이 벌어지기 직전인 2003년에 나를 인종주의자라 불렀소. 사담 후세인을 없앤다고 이라크에서 민주주의가 실현되지는 않는다고 말했기 때문이라는 거요."

역사에 매우 해박한 러트웍은 이 논쟁에 관해서는 프랜시스 베이컨과 마르크스만큼이나 다른 생각을 가진 사람들과 본질적으로 같은 태도를 취한다. 문제는 인종이 아니라 경제 구조라는 것이다. 그런데도 유럽 인들은 백인이 많은 식민지는 산업화되고 독립을 얻은 반면에 백인이 별로 없는 식민지는 제조업을 금지했다는 사실을 무시하고 발전을 인종 문제인 것처럼 여긴다. 1967년에 페루에 갔을 때, 1장에서 말한 대통령궁에 방문한 둘째 날, 벨라운데 대통령은 페루 삼림의 오지에 갔다가 막 돌아온 참이었다. 그곳에는 제1차 세계 대전 이후에 정착한 독일인들이 살고 있었고, 헬리콥터로만 갈 수 있는 곳이었다. 그들은 대개 피부색이 희고 푸른 눈을 가졌지만 다른 페루 인들과 똑같이 정글에서 살고 있었다. 여러 해가 지난 뒤에 나는 브라질 남부의 리오그란데 도 술(do Sul)에 갔는데 그곳에서 수많은 독일 정착민들이 제조업과 복지를 이루어 놓은 모습을 보았다. 프랜시스 베이컨의 말을 다시 인용하자면, "유럽의 가장 문명화된 지역에서의 인간의 삶과 신세계의 가장 야만적인 지역에서의 삶 사이에는 놀랄 만한 차이가 있다. 이 차이는 흙도 아니고 기후도 아니고 인종도 아니고 기술에서, 즉 실제로 영위하는 직업에서 온다."라는 것이다.

낙관적으로 생각할 이유는 있다. 경제 활동의 구조가 변하면 의식 세계와 제도는 상당히 빠르게 변한다. 19세기 초반 노르웨이에 간 영국인 여행자들은 주정뱅이 농부들이 사는 이 낙후된 나라에서 발전 가능성을 별로 찾을 수 없었다. 그러나 50년 뒤에는 많은 것이 바뀌었다. 하버드 대학교의 데이비드 랜즈(David Landes)는 1881년 『일본일보(Japan Herald)』에서 따온 인용문을 들어 같은 점을 지적한다. "우리는 [일본이] 부유해질 것이라고 절대 생각하지 않았다. 기후를 제외하면 천연의 이점도 거의 없고, 국민성은 게으르고 쾌락을 좋아하므로 그런 일이 일어나기 힘들다. 일본인들은 낙천적인 종족이고 작은 것에도 만족하며 별로 많은 것을 이룰 성 싶지 않다."[19] 인과의 화살에서 발전이 나타내는 기본 방향은 1769년에 요한 야콥 메이엔(Johann Jacob Meyen)이 설명한 다음과 같은 방식이다. "원시 국가가 먼저 관습과 기질을 개선한 뒤에 유용한 산업을 찾는 것이 아니라 그 역순으로 진행된다는 것은 잘 알려진 사실이다." 사고방식의 변화는 생산 양식의 변화와 함께 일어나는 것이다.

비관적이 될 이유도 있다. 이 비관주의는 아브라모비츠가 기술 변화의 변화하는 '요소 편향(actor bias)'이라고 언급한 것과 관련 있다. 기술은 각각 다른 특징을 지니고 있다. 예를 들면 정보 기술 분야에서는 비교적 작은 회사도 '죽여주는 애플리케이션'을 개발하여 빠른 속도로 큰돈을 벌 수 있다. 이에 비해 생명공학 사업은 매우 느린 속도로 발전하며 사업 전체가 누적적으로 손해를 본다. 이것을 단지 기술적 성숙의 단계가 달라서 생기는 결과라고 여길 이유는 충분하다. 여러 해 전에 케임브리지 대학교에서 어떤 박사 학위 논문에 대해 외부 검토자 노릇을 한 적이 있었다. 그 논문을 쓴 젊은 미국 여성은 정보 기술로 인해 세계의 경제 권력을 미국이 도로 차지한 데 비해, 그와는 성격이 다른 생명공학은 거대 재벌이 있는 일본의 경제 구조에 더 적합할 수 있다는 논지를 폈다. 거대 재벌은 맥주 발효에서 신약 제조에 이르기까지 여러 분야에 적용된 동일한 생명공학으로부터 활용하고 배울 수 있다는 것이다. 아브라모비츠 식으로 말하자면 우리가 마주하고 있는 것은 규모에 따라 상이한 '편향'을 가진 기술 시스템이다. 이는 불균등 발전을 설명하기 위해 중요한 의미를 지닌 그럴듯한 아이디어이다.

기술 시대 사이에서 일어나는 그런 질적 변화에 대해 비관적이 되는 이유 하나는, 국가적 차원의 포드주의적 패러다임에는 현재의 여건에서 반복하기 힘든 고유한 요소가 들어 있었을지도 모른다는 점 때문이다. 국가의 노동 시장에서 그토록 많은 '나머지'를 획득할 수 있게 해준 메커니즘은 약해졌거나 더는 존재하지 않는다. 1970년대 임금이 절정에 달한 것은 대다수 라틴아메리카 국가들에서만 일어난 일은 아니었다는 사실이 한 가지 징후이다. 미국에서도 실질 임금이 최고 수준에 달한 것은 1973년이었다. 미국에서는 최저 임금을 올린다든가 하는 식으로 이 문제를 정치적으로 해결할 수 있다. 그러나 빈국에서는 해결책이 훨씬 더 복잡하고, 국가의 생산 구조를 급격히 바꾸어야 하는 문제이다.

포드주의적 대량 생산과 무엇보다도 전국적인 차원으로 이루어지는 제조업이 결합되자 실질 임금의 증가를 위한 고유의 여건이 마련되었다. 이것은 경제학자들이 도무지 제대로 다룰 줄 모르는 요소, 즉 경제적, 정치적 권력과 관련 있다. 뒤에 나오는 분석에서 우리는 선진국에서 세계화의 첫 번째 물결이 주로 원자재 가운데에서 나왔다는 점을 명심해야 한다. 케인스의 말을 빌리자면 제조품은 '자국에서 가공되기' 쉬웠다는 것이다.

미국 제도학파(American Institutional School) 경제학자들은 존 커먼스(John Commons, 1862~1945)에서 존 케네스 갤브레이스(1908~2006)에 이르기까지 그 학파가 존재하는 동안에는 권력의 역할을 인식하고 있었다. 그들이 볼 때 경제 성장은 사업과 노동이라는 대항 세력 간의 균형이 필요했다. 1848년 이후 부를 창출하는 핵심 요소는 노동력이었고, 그것은 경제 성장의 공모적 확산(collusive spread of economic growth)이라 일컬었던 것을 보장했다. 부국의 국민은 생산성이 향상된 혜택을 완전 경쟁하에서 그랬을 법한 낮은 가격이 아니라 고임금의 형태로 얻어내어 더욱 부유해졌다. 이발사들은 제조업 노동자들의 높아진 생산성과 그에 따른 임금 상승에 비례하여 머리 손질 비용을 올림으로써 부자가 되었다. '교역 조건(Term of Trade, 제조업 노동자가 이발을 할 때 교환되는 노동 시간의 수)'이 안정적이었기 때문이다. 그런 방식으로 제1세계 이발사들의 소득은 제3세계에서 똑같은 생산력을 갖춘 동업자들에 비해 엄청나게 높아졌다. 이발사들이 산업을 기초로 한 국가적 지대(정상보다 높은 소득)에 함께한 것이다.

한 국가가 부유해지는 이 길이 예전보다 오늘날 실행 가능성이 낮은 이유는 몇 가지가 있다. 이런 변화는 부분적으로 정보 기술 덕에 가능해진 업무 혁신 때문이다. 제품 혁신(신제품)이 불완전 경쟁과 고임금을 창출하는 경향을 띠는 데 비해 업무 혁신(낡은 제품을 생산하는 새로운 방식)은 주로 가격 경쟁과 임금 저하의 압박이 된다.

국가를 기반으로 한 20세기의 세계 시스템에서 주된 패러다임 이행은 자동차 산업에서 일어났다. 자동차 산업은 널리 확산되었고, 1920년대쯤이면 일본에도 20개소 이상의 자동차 제작사가 생겨났다. 심지어는 스웨덴같이 비교적 작은 나라에도 두 군데가 있었다. 20세기에는 또 역설계를 통한 모방도 이루어졌다. 일본인들은 미국 차를 사서 분해한 다음 더 나은 차를 만들 수 있었던 것이다. 이 두 요소의 복합, 즉 a) 규모야 어떻든 모든 국가는 패러다임 이행 산업에서 제품 혁신으로 국가적 원천이 되는 산업을 가질 수 있었고, b) 역설계를 통한 모방의 가능성도 있었다는 사실이 20세기 초반에 일어난 경제 성장의 핵심 특징이었다. 그러나 이런 특징이 오늘날 다시 나타나기는 매우 힘들다.

마이크로소프트 사는 전 세계적 공급자이며, 특허권과 저작권에 의해 국제적으로 보호 받기 때문에 역설계가 불가능하다. 자동차 산업에서 그랬듯이 마이크로소프트의 축소판 같은 회사를 모든 나라에 설립한다는 것은 극도로 비효율적일 뿐 아니라 불법이다. 세계 무역에서 특허권과 저작권, 로열티 거래로 보호 받는 제품이 차지하는 비율은 급증하고 있다. 그런 제품에서 무역 수지 흑자를 낼 수 있는 것은 몇몇 국가뿐이므로, 지적재산권 보호는 국가들 사이의 경제적 격차를 더 크게 만든다. 세계 무역에서 저작권 요율과 특허권 제품의 비율이 높아지면 부국과 빈국 간의 간극은 더 커질 수밖에 없는 것이다.

기술 변화의 '편향'에서 볼 수 있는 유사한 변화 네 가지는 지금까지 부국들이 부유해진 전통적 방식이 와해되는 데 기여했다.

1. 단일 공장에서 이루어지는 규모의 경제 — 수많은 노동자들을 같은 곳에서 일하도록 만드는 거대한 공장 — 에서 벗어나 여러 장소에서 실행되는 범위의 경제를 향해 나아가는 추세가 있기 때문이다.
2. 그와 동시에 제조업에서의 고용은 줄고 서비스업에서는 늘어나는데, 제조업의 자동화 수준이 높아지는 데에 비해 서비스업에서 자동화가 이루어지는 데에는 한계가 있기 때문이다.[20]
3. 전통적 서비스업은 기술 수준에 따라 전문화된 제조업의 산업 노동자에 비해 교섭력이 부족하다. 그들은 '마구잡이(from the street)'로 데려온 사람들로도 쉽게 대체될 수 있기 때문이다.
4. 중앙 집중식 소유권 대신에 탈중앙화된 프랜차이즈에는 상대해야 온갖 유형의 고용주들이 너무 많기 때문에 노동자들의 힘이 약해진다.

이런 요소들은 모두 오늘날 맥도널드에서 일하는 직원들이 옛날 포드 사의 노동자들이 당연히 누릴 수 있었던 교섭력을 가질 수 없게 만든다. 최저 임금을 조정할 정치적 의지가 없는 것도 이런 사태의 원인 중 하나이다. 역대 최고 수준의 생산성 증대를 기록한 요즘 미국에서 최저 임금을 더 높이는 것은 상당 부분 정치적 의지에 달려 있다. 아프리카에서는 한 지역의 정치적 결정 이상의 것이 필요한데, 문제는 이 것이 세계 경제의 기본 법칙에 변화가 없으면 불가능하다.

국가를 기초로 한 시스템과 비교해 보면 세계 경제에서 산업가와 고용인 간의 관계는 완전히 변했다. 월급 값을 하는 기업가라면, 경쟁 업체가 모두 고용인들에게 임금을 인상한다는 것이 확실하기만 하다면 임금 인상 자체는 큰 문제가 아니라는 것을 안다. 정말로 의식이 깨인 자본가들은 일반화된 임금 수준이 수요도 증대시킬 것이고, 그러므로 자기 제품의 잠재적 수익성 또한 높여 준다는 것을 이해한다. 1914년 포드가 직원들의 임금을 두 배로 올려 일당 5달러로 정한 것은 유명한 일이다. 자기 회사 직원 같은 일반인들이 자동차를 살 능력이 되도록 만들어야 할 만큼 포드 사의 생산 능력이 높아졌다는 말이다.[21]

이제 "내 노동자는 동시에 내 고객이다." 혹은 "내가 고용하는 사람들이 내 물건을 사는 사람들이다."라는 관계는 무너지고, 20세기 포드주의의 생산 양식과 21세기 생산 양식은 또 다른 방식으로 구분된다. 중국과 베트남 같은 나라들이 매우 낮은 임금으로 생산한 제품을 들고 세계 시장에 들어온 것이다. 중국만큼 빠른 속도로 기술력이 향상되면서도 임금은 별로 오르지 않았던 나라도 일찍이 없었다. 이로 인해 멕시코에서 이탈리아에 이르는 세계 모든 곳이 임금 하락 압력을 받게 되었다. 부국의 소비자들 편에서 보면 이는 가격이 더 낮아지는 일이므로 신나는 소식이었다. 적어도 자기들 임금이 동반 하락하지 않는 한 그렇다. 8년 전에 나는 이 책에도 인용하고 있는 미국의 한 유명한 경제사가로부터 편지를 받았는데, 그 편지에는 의미심장한 추신이 달려 있었다. "우리가 요소 가격 균등화를 이룬다 한들 누가 그걸 상향식 균등화라 하겠소?"

제1세계에서 임금을 높이는 데 성공한 전략이 제3세계의 상황에서는 효과가 없을 수 있다. 선진국의 원자재 생산자, 특히 농민에게 좋은 전략은 고품질의 틈새를 뚫는 것이다. 이탈리아의 파르미산 치즈와 파르마 햄이 가장 좋은 예이다. 농산물로도 돈을 벌 수 있다. 그러나 이런 성공적인 원자재 생산은 성공적인 제조업 경제라는 토대와 깊은 관련이 있다. 방금 말한 치즈와 햄은 이탈리아에서 페라리, 람보르기니, 부가티, 마세라티 같은 자동차도 만들어 내는 에밀리아 로마냐 지역에서 생산되었다. 빈국들은 설사 틈새시장에 내놓을 세계 최고의 원자재를 만들어 낸다 하더라도 이런 식으로 임금을 높이기가 거의 불가능하다. 역사적으로 보면 급속한 임금 상승은 노동조합의 힘과 관련 있다. 산업 자체에 대항할 만한 과점적 권력이 있을 때에만 임금 상승이 가능하다는 말이다. 실질 임금을 더 높이라는 압력을 성공적으로 이끌어 줄 노동 권력이 없는 상황에서는 틈새 전략이 먹히지 않는다. 최고 품질의 수출용 브로콜리를 세계에서 가장 효율적으로 생산하는 에콰도르 인은 자기 일꾼들에게 임금을 많이 주지 못한다. 우리가 '경제 발전'이라 부르는 것의 핵심은 바로 경영자 측과 노동자 계급이라는 대항 세력이 만들어 낸 '지대'이기 때문이다.

그렇기는 해도 정보 기술을 가진 아일랜드나 휴대 전화를 소유한 핀란드처럼 오늘날 생산력 폭발을 달성한 국가들은 실질 임금이 급상승하는 효과를 냈다. 유럽의 문제는 먼저 동부 유럽을 탈산업화한 다음 그런 나라의 경제를 순식간에 통합하여 바로 뒷마당에다 실업자와 반(半)실업자 부대라는 제3세계의 유럽 식 버전을 만들어 냈다는 것이다. 그러나 수확 체증의 최소한의 단계도 넘어서지 못한 국가, 즉 아프리카와 라틴아메리카, 아시아의 많은 나라에서는 문제가 더 심각하다.

후발 주자들이 1850년대에서 1970년대 사이에 실행했던 것과 같은 방식으로 부유해지지 못하는 데에는 낮은 수송 비용과 '거리 파괴'도 한몫을 한다. 지름길을 통해 최첨단 '서비스 경제'로 들어간다는 것은 시도도 하기 힘들다. 과거보다는 더 부유해졌다고 하지만 선진국 기준으로 보자면 여전히 가난한 이들은 서비스보다는 제조품이 먼저 필요하다. 수렵 채집 사회에서 선진국형 서비스 경제를 만들 수는 없다는 말이다. 선진 서비스 경제가 이루어지려면 앞선 제조업에서 생기는 시너지가 반드시 필요하다. 따라서 워싱턴 컨센서스가 관리하는 상황에서 진행되는 주변부의 돌이킬 수 없는 탈산업화(수확 체증 부문을 죽이는 일)는 많은 사람에게 저지르는 범죄 행위에 다름 아니다. 지금도 워싱턴 기관의 경제학자들은 자기들이 왜 잘못되었는지를 설명하는 모델을 만들어 낸다. 하지만 그런 연구에 변화된 정책 권고가 따르지 않는다면 그저 우리가 크루그먼의 악덕이라 부르는 것을 제도적, 국제적 수준으로 더 높이 끌어올릴 뿐이다. 즉 치료법과 약품을 갖고 있으면서도 사용하지 않는 악덕 말이다.

몇 년 전에 아르헨티나가 대규모 경제 재앙으로부터 회복하려고 애쓰고 있을 때 "이 난장판을 만든 작자들은 제발 좀 조용히 할래?"라는 말이 나돌았다. 이제 우리는 세계를 향해 같은 말을 해야 한다. 경제학만이 아니라 이데올로기로 세계 주변부를 이런 난장판으로 만든 경제학자와 기관들도 무대에서 내려와야 한다. 그러나 현실은 딴판이다. 너무나 분명하게 실패한 기관과 인물들이 이제는 부를 창출할 능력도 없어진 빈국에게 부를 재분배하는 거대한 프로젝트를 맡고 있기 때문이다. 이 밀레니엄 목표가 바로 역사의 막다른 길이다. 나는 거듭 말해야 할 것 같다. 이 같은 문제를 만들어 낸 기관과 인물은 그 자리에서 마땅히 물러나야 한다고.

여러 가지 문제가 있기는 하지만 국제연합에 의거한 제도는 대안 제도로서 수십 년 동안 빈부 문제를 이해하는 데 상당한 기여를 해 왔다. 최근 국제연합무역개발회의가 제출한 최빈국 관련 보고서[22]가 가리키는 방향은 옳다. 그것은 다시 생산과 지식을 강조하며, 무역과 투자 자체에서 벗어나야 한다는 지적인데, 생산을 새로 강조하다 보면 자동적으로 제3세계의 빈곤 문제, 소비자로서("원조를 통해 빈민들에게 구매력을 갖게 해 주어야 한다")가 아니라 생산자로서("제3세계의 실업과 불완전 고용은 인적 자원의 엄청난 낭비이며 우리는 고용을 창출해야 한다") 빈민의 역할에 다시 집중하게 된다.

이로써 우리는 제2차 세계 대전 이후를 지배하던 정신으로 회귀한다. 당시는 목전에 드리워져 있던 1930년대의 경험이 발전 전략에 자극을 주어 페루에서 몽골에 이르는 제3세계에서 몇 십 년 동안 건전한 성장을 이루어 냈다. 오늘날 제3세계의 문제는 1930년대에 미국과 유럽이 직면했던 상황과 매우 비슷하다. 대량 실업과 불완전 고용 및 저소비에 따라 잠재력을 제대로 발휘하지도 못하고 중단되어 버린 기술 경제 패러다임이 바로 그것이다. 슘페터는 1930년대의 문제를 시의적절한 혁신의 클러스터를 토대로 하여 설명할 수 있었고, 케인스는 적자 소비(deficit spending)라는 해결책을 제시했다. 그에 비해 오늘날 우리는 밀레니엄 목표를 통해 1930년대에 매우 한시적으로 시행했던 (노숙자 쉼터와 공짜 식사 제공 같은) 해결책을 제3세계 문제에 대한 영구적 해법으로 삼고 있다.

제3세계 문제의 영구적 해결책은 지금도 슘페터와 케인스의 이론 안에 있다. 중앙아메리카의 마킬라 기업에서 아프리카 성장 기회법에 따라 고용된 우간다 여성들에 이르기까지 제3세계는 기술적으로 막다른 제품 생산에서 빠져나와야 하며, 국가의 생산 시스템에 슘페터 식 경쟁을 도입해야 한다. 슘페터 식 효과를 국경 너머로 퍼뜨리려면 세계화가 없애 버린 과거의 정책을 되살려 내야 한다. 빈국들이 오직 소비자로서만 기술 발전에 참여한다면 그들의 임금 수준과 구매력은 높아질 수 없다. 이를 새로운 여건에서 달성하려면 생산을 국경 너머로 옮기는 경제 정책 도구를 재도입해야 한다. 세계화는 케인스 식 도구도 무력화시켰다. 케인스가 말한 적자 소비를 통해 정부는 지역의 산물과 서비스에 대한 수요를 증대시켜 국가의 경제 수준을 높일 수 있었다. 탈산업화된 채 개방된 소규모 경제에서는 그와 같은 전통적인 케인스 식 정책이 지역의 생산에 활기를 불어넣기보다는 주로 수입에 흡수되어 버린다. 따라서 예전에는 효과적이던 도구가 지금은 불법이 되거나 위력을 상실해 버렸다.

나는 장래에 중간 소득 국가를 실제로 만들 수 있다고 확신한다. 하지만 그렇게 하기 위해서는 과거에 했던 것과는 다른 정책, 더 강력한 정책이 필요하다는 것도 확실하다. 역사를 보면 (워싱턴 컨센서스가 행한 충격 요법과는 정반대의) 몇몇 충격 요법은 실제로 도움이 되었음이 드러났다. 즉 어떤 상황에서 제조품 수입을 금지하여 마셜 플랜 식으로 제조업의 성장을 창출하게 하는 경제적 보이코트가 그런 요법이다. 1791년 해밀턴이 제출한 "제조업에 관한 보고서"를 통해 미국은 산업화를 위한 이론과 도구를 모두 갖추게 되었다. 그러나 미국에서 산업이 출현한 것은 나폴레옹의 대륙 봉쇄 및 1812년 영불 전쟁의 결과로 사실상 유럽과의 교역이 차단되고 나서부터였다. 그때가 되어서야 미국의 제조업 시스템(American System of Manufactures), 성공적인 국가 발전 전략을 위한 청사진을 만들기에 충분한 수준의 중요 역량이 축적되었던 것이다. 라틴아메리카는 제2차 세계 대전으로 그와 비슷한 성과를 거두었다. 전쟁 특수로 인해 라틴아메리카산 제품이 전용(轉用)되었고, 라틴아메리카산 원자재 가격이 상승하여 이 지역 산업 발전에 자극을 주었다. 내 제자 하나는 로데지아/짐바브웨에 관한 내용으로 석사 학위 논문을 써서, 이 나라의 백인 정권에 대한 국제적 보이코트가 산업화와 실질 임금의 급상승이라는 결과를 낳았음을 밝혀내기도 했다.

따라서 농담 삼아 말하자면 (흰 피부에 푸른 눈을 가진 사람들을 모두 버스 뒷자리에 앉히는 것 등의) 가벼운 아파르트헤이트는 수확 체증 활동의 시너지로 형성되는 경제의 '나머지'를 창출하기 위해 '정책적 자율성(policy space)'을 확보하는 국가 전략이 될 수 있다. 미국의 발전 전략과 마셜 플랜의 성공적인 청사진을 모델로 하는, 그래서 최소한의 수확 체증 활동을 창출한다는 유서 깊은 경제 전략의 의미를 다시 이해하고 나면, 그리고 니체의 말을 바꾸어 하자면 냉전 경제학의 그림자에 대한 기억까지도 마침내 사라져 버렸을 때, 그런 정책들은 더 직접적인 방식으로 허용될 수 있다. 리스트의 정신에서 보자면 그런 정책은 대칭적인 경제 통합 정책, 제품과 사상의 자유로운 흐름이 모든 사람을 이롭게 하는 자유 무역 지대를 점점 더 넓혀 가는 것일 수 있다. 원인을 이해해야만 치료법을 찾을 수 있다. 처음부터 무역을 불공정하게 만드는 메커니즘을 이해해야만 복지 식민주의 시스템으로 흘러 버리지 않는 공정 무역을 창출할 수 있는 것이다.

현재는 많은 일이 일어날 수 있는 교차로이다. 우선 중요한 금융 위기의 가능성이 점점 더 커지고 있으며, 케인스주의가 전 세계적이고 새로운 상황에서 다시 고안되어야 하는 시점이다. 현재 세계 경제 질서의 중심인 '자유 무역'은 1930년대에 금본위제에 대한 고집스러운 믿음이 케인스주의의 실행을 늦춘 것처럼 앞으로의 문제를 해결하는 데 걸림돌이 될 가능성이 크다. 둘째, 프리먼이 지적했듯이 1980년대 이후 나타난 경제적 불균등의 증대는 1820년대, 1870년대, 1920년대에 나타났던 것처럼 4장에서 논의된 기술 경제적 변화와 결부되어 있다. 그것은 중요한 구조 변화, 신기술에 대한 수요, 신산업에서 유난히 높은 수익, 주식 시장의 번영을 가능케 했다.

그렇다면 이데올로기의 사이클을 기술 사이클과 결합시킬 수도 있다. 원래 친기업적 성향이 강한 정부는 점점 커지는 불균등을 심화시키곤 하지만, 결국 그것은 정책이 빚어낸 빈곤에 반대하는 정치적 저항으로 이어지게 마련이다. 미국의 경제학자 브라이언 베리(Brian Berry)는 앞서 말한 증대하는 불균등 시기 뒤에 이어진 재분배 정책의 보기로서 1830년대 잭슨(Andrew Jackson) 대통령이 '출신 성분이 좋은 부자들'보다 '농민과 농촌의 기계공들'을 위해 시행한 정책(이는 나중에 1862년의 정주법Homestead Act, 1890년대의 반反트러스트법 및 다른 개혁 법안들, 1930년대와 1940년대의 뉴딜 정책들로 성문화되었다)을 든다. 1996년 미국에서 경제 전문가들이 들고일어나 인상에 반대했던 최저 임금 논쟁과, 논란도 별로 없이 만장일치로 상원에서 통과된 2007년의 최저 임금 인상법에 대한 승인이 보여 주는 현격한 차이는 이데올로기의 풍향이 바뀌고 있다는 중대한 조짐이다. 시장 권력이 제멋대로 굴러가게 내버려 두는 것보다 인간의 필요가 더 중요하다고 다시 한 번 받아들여진 것이다. 하지만 대개 그렇듯이 국내에서는 실용주의가 승리하지만 아프리카 같은 오지에 대한 우리의 태도에는 이데올로기적 정통성 같은 요소가 훨씬 더 오래 남아 있게 마련이다.

그러나 설사 현재의 정책이 유지되고 빈국이 부국의 경제 구조를 모방하지 못하도록 영원히 막는다 해도, 또 우리가 아프리카 빈국을 구호물자로 연명하는 빈민 실업군으로 만들어 버린다 해도, 이 책은 1967년 리마의 쓰레기장에서 품었던 목표가 여전히 이루어질 것이라는 희망을 담고 있다. 적어도 제3세계에 살고 있는 사람이 제1세계 사람만큼 생산적인데도 왜 훨씬 더 가난한지를 이해하게 되었으니 말이다.

부록

1 리카도의 국제 무역에서의 비교 우위설

2 경제 세계와 국가의 빈부를 이해하는 두 가지 다른 길

3 프랭크 그레이엄의 불균등 발전론

4 두 가지 전형적 유형의 보호주의 비교

5 부국을 모방하는 방법에 대한 회르니크의 9개 항목

6 경제 활동의 품질 지수

1

리카도의 국제 무역에서의 비교 우위설

1817년 『정치경제학과 과세의 원리』에서 리카도는 비교 우위설로 오늘날의 세계 경제 질서를 위한 기틀을 마련했다. 그는 영국과 포르투갈 사이의 포도주와 직물 교역을 예로 들며 포르투갈이 영국에 비해 두 가지 산물 모두에서 더 효율적이라고 신사답게 인정했다. 그럼에도 리카도는 두 나라가 다른 나라에 비해 상대적으로 가장 효율적인(또는 가장 비효율적이지 않은) 산업을 특화한다면, 그런 부문을 특화하고 무역하는 것이 서로에게 더 이로울 수 있음을 입증하려고 했다.

이 부록 1의 말미에서 언급한 일반 가정들에 더하여 이 이론에는 그렇게 특화한 다음 어떤 나라에서는 수확 체증(직물 생산의 경우)으로 인해 생산이 증가함에 따라 생산비가 하락하는 데 비해, 또 어떤 나라의 생산은 수확 체감(포도주 생산의 경우)과 생산비 상승이라는 악순환에 빠질 위험이 있음을 인정하지 않는다는 문제가 있다. 부록 3은 미국 경제학자 그레이엄이 제시한 1923년의 사례를 통해 이 문제가 어떤 식으로 하여 한 나라(산업 국가)는 부를 특화하고, 또 한 나라(농업 국가)는 빈곤을 특화하게 되는지를 보여 준다.

이 이론은 기술이나 다른 특징을 모두 배제한 채 세계 경제를 노동 시간의 교환 과정으로만 설명하는 것임을 이해해야 한다. 말하자면 실리콘 밸리에서의 1노동 시간이 수단 다르푸르의 난민 캠프에서의 1노동 시간과 동등하다는 것이다. 역설적으로 들리겠지만 자본주의적 무역 이론의 가장 순수한 형태는 자본의 역할을 고려하지 않는 대신에 노동 가치설을 기반으로 삼고 있다. 따라서 이 무역 이론은 (4장에서 언급한 것 같은 야구공 제조 사례처럼) 어떤 나라에서는 생산 과정이 고도로 노동 집약적이며 자본 수익성이 높지 않은 데 비해, 또 어떤 나라에서의 생산 과정은 잠재적으로 더 많은 지식과 자본을 끌어들일 수 있다는(마이크로소프트의 제품처럼) 점을 고려하지 않는다.

다음은 리카도의 논리를 증명해 주는 사례로, 나는 직물과 포도주 대신에 '산업 제품'과 '석기 시대 제품'을 집어넣어 질적이고 기술적이며 발전적인 요소를 포함시켰다. 그 사례는 포르투갈이 원래는 석기 시대 제품에서나 산업 제품에서나 영국보다 더 효율적이었지만 마지막에 가서는 석기 시대 기술을 특화하게 되는 상황을 보여 준다.

표 1

국가	노동 시간으로 환산된 산업 제품의 단위 비용	노동 시간으로 환산된 석기 시대 제품의 단위 비용
영국	15시간	30시간
포르투갈	10시간	15시간

표 1에서는 영국에서 석기 시대 제품 1단위를 생산하는 데 드는 비용이 산업 제품 2단위의 생산비와 같다. 석기 시대 제품을 1단위 더 생산하려면 산업 제품 2단위의 생산을 포기해야 한다는 뜻이다.(경제학자들은 석기 시대 제품 1단위의 기회비용이 산업 제품 2단위라고 표현할 것이다). 포르투갈에서는 석기 시대 제품 1단위의 생산비가 산업 제품 1.5단위의 생산비와 같다.(포르투갈에서 석기 시대 제품 1단위의 기회비용이 산업 제품 1.5단위의 비용이다.) 이처럼 상대 비용이 다르기 때문에 포르투갈이 두 제품 모두에서 절대 우위에 서 있는데도 두 나라가 한 제품씩 교역하는 것이 두 나라 모두에게 이로운 상황이 된다는 것이다.

포르투갈은 산업 제품보다 석기 시대 제품을 생산하는 편이 상대적으로 더 낫기 때문에 그들은 석기 시대 제품의 생산에서 비교 우위를 가진다. 영국은 산업 제품을 생산하는 것이 상대적으로 더 낫기 때문에 그들은 산업 제품에서 비교 우위를 가진다고 한다.

표 2는 무역이 어떤 식으로 이익이 될 수 있는지를 보여 준다. 생산비는 표 1에서 나와 있다. 영국은 생산에 활용할 수 있는 노동 시간이 270시간 있다. 무역이 이루어지기 전에는 그 노동 시간으로 산업 제품 8단위와 석기 시대 제품 5단위를 만든다. 포르투갈은 그보다 적은 180 노동 시간을 활용할 수 있다. 무역이 일어나기 전에는 그것으로 산업 제품 9단위와 석기 시대 제품 6단위를 만들었다. 두 경제를 합한 전체 생산량은 산업 제품 17단위와 석기 시대 제품 11단위이다.

표 2

국가	무역 이전		무역 이후	
	산업 제품	석기 시대 제품	산업 제품	석기 시대 제품
영국	8	5	18	0
포르투갈	9	6	0	12
총합	17	11	18	12

이제 두 나라가 각기 특화하여 포르투갈은 석기 시대 제품만, 영국은 산업 제품만 생산한다면 전체 생산은 산업 제품 18단위와 석기 시대 제품 12단위가 된다. 포르투갈을 석기 시대 제품의 생산에만 한정시킴으로써 자유 무역과 특화는 전체적으로 볼 때 세계를 더 부유하게 만들었다. 전 세계의 생산은 산업 제품 1단위와 석기 시대 제품 1단위가 더 늘어났기 때문이다. 그러나 이 책은 리카도의 비교 우위설보다 자유 무역을 옹호하는 훨씬 더 나은 논리가 있다고 주장한다. 또 비교

우위설은 실제로 빈국을 빈곤의 함정, 원시화와 빈곤의 전문화에 가두어 둔다고 본다.

5장에서 보았듯이 리카도 시절의 핵심적인 경제 정책은 식민지에서의 제조업 금지였다. 리카도의 비교 우위설이 중요한 것은 그 이론에 의해 식민주의가 최초로 정당성을 얻었기 때문이다. 스미스와 리카도 이전에는 대부분의 경제학자가 식민지는 고의로 빈곤한 상태에 방치된다는 사실을 알고 있었고, 그러므로 많은 사람이 1776년에 미국이 그랬듯이 식민지가 산업화하기 위해 반란을 일으킬 것이라고 예견했다. 19세기에 부국들은 자기들이 산업화되기 전에 리카도의 비교 우위설을 따르는 것이 해롭다는 사실을 알고 있었다. 5장에서 우리는 1989년 이후 자유 무역이 몽골을 탈산업화했으며, 유일하게 성장한 산업은 새 깃털 수집 산업으로 무역 통계에서 깃털 빗질이라고 하는 업종밖에 남지 않았다는 사실을 알았다. 1989년 이후 몽골의 발전은 산업 활동 대신에 석기 시대 활동을 특화한 것에 해당한다.

위에서 약술한 비교 우위설에는 이 밖에 다른 중요한 가정도 전제되어 있다.

- 수송비가 없다는 전제.
- 두 가지 제품을 만들어 내는 두 가지 경제밖에 없다는 전제.
- 교역되는 제품의 품질이 균일하다는 전제.
- 생산 요소가 완전히 유동적이라는 전제.
- 관세나 기타 무역 장벽이 없다는 전제.
- 완벽한 지식을 갖추어 모든 판매자와 구매자가 전 세계에서 가장 값싼 제품이 어디 있는지 알고 있다는 전제.

2

경제 세계와 국가의 빈부를 이해하는 두 가지 다른 길

일반적인 전통의 출발점	다른 전통의 출발점
완벽한 정보와 예지하에서 이루어지는 균형 상태.	불확실한 상황하에서의 학습과 결단(슘페터, 케인스, 조지 섀클George Shackle).
고도의 추상화.	해결해야 하는 문제에 따라 추상화의 수준 구별.
인간의 재능과 의지의 부재.	동력: 정신-의지-자본: 인간의 재능과 의지, 기업가 정신.
새로움을 내생적 현상으로 간주하여 다루지 못함.	새로움을 주동력으로 간주.
동력: '자본 자체가 자본주의 엔진의 추진력'.	동력: 금융에서 자본을 끌어오도록 하는 신지식.
물리학에서 가져온 은유.	생물학에서 가져온 은유.
기계적 이해 양식.	질적 이해 방식, 숫자와 기호로 환원될 수 없는 이해 유형.
물질.	정신이 물질에 선행.
소비자로서의 인간에 초점. 애덤 스미스: '인간은 교환할 줄 아는 동물'.	혁신가이자 생산자로서의 인간에 초점. 링컨: '인간은 노동할 뿐 아니라 혁신하는 동물'.
정태적 상태/상대적 정태에 초점.	변화에 집중.
비누적적 과정/역사의 부재.	누적적 인과 관계/역사는 중요/역류 효과(뮈르달, 칼도, 슘페터, 독일 역사학파).
규모에 따른 수확 체증 및 비본질적 특징으로서 수확 체증의 부재.	수확 체증 현상과 그것의 부재는 회사, 지역, 국가의 소득 격차를 설명하는 데 결정적으로 중요(칼도).
매우 정밀함(대체로 옳은 것보다는 정밀하게 틀리는 것이 차라리 낫다.)	정밀성보다 적절성을 중시. 핵심 쟁점으로서 적절성과 정밀성 간의 타협을 인정.
완전 경쟁(상품 경쟁/가격 경쟁)을 이상적 상황으로, 곧 사회의 목표로 설정.	혁신과 지식으로 추진된 슘페터 식 경쟁을 진보와 이상적 상황을 만들어 내는 엔진으로 간주. 완전 경쟁과 균형은 있으나 혁신이 없는 상황이라면 자본은 무용지물(슘페터, 하이에크).
가격 결정을 위한 메커니즘으로서의 시장.	시장은 경쟁의 장이면서 상이한 제품과 상이한 해법 사이에서 선택을 위한 메커니즘이기도 함(슘페터, 넬슨과 윈터).
균등성 가정 1: 다양성의 부재.	다양성이 결정적 요인(슘페터, 섀클).
균등성 가정 2: 모든 경제 활동은 경제 성장과 복지의 견인차로서 동일하며 동질적.	성장과 복지는 특정 활동 의존적. 상이한 경제 활동이 신지식을 흡수하는 매우 다양한 가능성 제시.

일반적인 전통의 출발점	다른 전통의 출발점
이론과 정책 권고는 모두 상황과 무관한 편(만병통치약).	이론과 정책 권고는 모두 상황에 따라 매우 다르게 적용.
경제는 대체로 사회로부터 독립적.	경제는 사회에 확고하게 뿌리를 두는 것으로 파악.
기술은 '하늘에서 내려오는 만나'처럼 공짜 상품.	지식과 기술은 만들어지고 비용이 들고 보호를 받는 것. 이런 생산은 법과 제도와 정책을 포함하는 시스템 인센티브 위에서 이루어짐.
시스템과 이론의 핵심에 있는 균형 유지 능력.	누적된 힘이 균형 잡힌 힘보다 더 중요하며, 따라서 시스템의 중심을 차지.
조화의 이론으로서 경제학: 균형과 조화를 추구하는 자기 규제적 시스템으로서의 경제.	경제학은 본질상 불안정하고 상충되는 부분이 많은 과목. 안정을 이루는 것은 인간의 정책 수단에 따름(캐리, 폴라니, 베버, 케인스).
대표적 기업이라는 공리.	'대표적 기업'이란 없음. 모든 회사는 고유함(에디스 펜로즈).
정태적 최대치. 완벽한 합리성.	불확실성의 여건하에서 역동적 최적화. 제한적 합리성.
현실 경제와 금융 경제를 구분하지 않음.	현실 경제와 금융 경제 사이의 갈등은 당연한 것이고 규제되어야 함(하이먼 민스키, 케인스).
소비 억제에 의해 형성된 저축이 성장의 원인.	저축은 주로 이윤의 결과(슘페터)로 저축 자체로는 성장에 유용하지도 바람직하지도 않음(케인스).

프랭크 그레이엄의 불균등 발전론

국제 무역에서의 수확 체증과 수확 체감: 수치로 본 사례

1단계: 무역이 시작되기 이전의 세계 소득과 분배 상황

산물	A국가			B국가		
	1인당 산출량	1인당 산출량	전체 산출량	1인당 산출량	1인당 산출량	전체 산출량
밀	200	4	800	200	4	800
시계	200	4	800	200	3	600

세계 생산: 밀 1600 + 시계 1400. 밀로 환산하면 3200단위

A국가의 수입(밀로 환산): 밀 1714단위

B국가의 수입(밀로 환산): 밀 1486단위

가격: 밀 4단위 = 시계 3.5단위

2단계: 각 나라가 비교 우위에 따라 특화한 뒤의 세계 소득과 분배 상황

산물	A국가			B국가		
	1인당 산출량	1인당 산출량	전체 산출량	1인당 산출량	1인당 산출량	전체 산출량
밀	100	4.5	450	300	3.5	1050
시계	300	4.5	1350	100	2	200

무역 이후 세계 생산: 밀 1500단위 + 시계 1550단위. 밀로 환산하면 3271단위

A국가의 소득(밀로 환산): 밀 1993단위

B국가의 소득(밀로 환산): 밀 1278단위

내가 1980년에 쓴 학위 논문은 어떤 나라가 원자재 생산에 특화하면 그 나라는 더 가난해진다는 이 모델의 요지를 경험적으로 증명하기 위한 것이었다. 나는 안데스 산맥의 세 나라가 20세기에 행한 주요 수출 활동 — 볼리비아(주석 채굴), 에콰도르(바나나), 페루(목면) — 이 모두 수확 체감에 속하는 생산이었음을 밝혀 냈다. 19세기에 영국 경제학자들이 강조한 바로 그 이유 때문에 한 국가의 생산이 증가할 때 생산비 또한 상승했으며, 생산이 감소하면 생산비 또한 하락했다. 이는 제조업과는 정반대 현상이다.

한스 싱거가 1950년에 쓴 논문에서 밝혔듯이 원자재 생산에서는 기술 변화가 소득 문제를 해결해 주지 못하는데, 생산성 증가가 생산자들의 소득 증대보다는 원자재의 수출 가격 하락으로 이어지는 경향이 있기 때문이다. 도표 14는 페루가 제조업을 구축함으로써 이런 함정을 벗어났지만 워싱턴 기관들이 탈산업화 정책을 시행하자 다시 함정으로 빠져드는 양상을 보여 준다.

4
두 가지 전형적인 유형의 보호주의 비교

동아시아: 좋은 보호주의	라틴아메리카: 나쁜 보호주의
신산업 및 제품을 세계 시장으로부터 한시적으로 보호.	성숙 산업에 대한 영구적 보호/국내 시장(대개 매우 소규모)을 위한 제품.
다른 나라들에 비해 매우 가파른 학습 곡선.	다른 나라들에 비해 뒤처지는 학습 곡선.
역동적인 슘페터 식 세계관 – 시장이 추진하는 창조적 파괴.	정태적 세계관에 근거한 계획 경제.
국내 경쟁 유지.	국내 경쟁이 적음.
핵심 기술에 대한 지역적 통제.	일반적으로 핵심 기술이 해외에서 수입/수입 부품의 조립/실질적이지 않은 산업화.
교육 및 산업 정책에 대한 대규모 투자가 교육에 대한 거대한 수요를 창출. 교육 받은 인재를 공급함으로써 산업에서 그들에 대한 수요에 부응.	교육에 대해 별로 강조하지 않음/(동아시아에서처럼) 교육에 대한 엄청난 수요로 이어지지 않는 산업 유형 창출. 따라서 교육에 대한 투자가 오히려 해외 이주를 유발.
능력주의 – 자본, 일자리, 특혜가 실력에 따라 분배.	자본, 일자리, 특혜 분배에서의 연고주의.
균등한 토지 분배(한국).	불균등한 토지 분배.
공평한 소득 분배는 선진 산업 제품에 대한 국내 시장을 확대시킴.	불공평한 소득 분배로 인해 국내 시장 규모가 크지 못하고, 지역 산업의 경쟁력이 떨어짐.
역동적인 슘페터식 지대 추구를 통해 수익 창출.	정태적 지대 추구를 통해 창출되는 소득.
생산자와 지역 공급자 간의 집중적인 협동 작업.	생산자와 지역 공급자의 대립 양상.
기술 이전에 대한 규제가 이전된 지식을 극대화하는 방향으로 나아감.	기술 이전에 대한 규제가 '함정'을 피하는 쪽으로 나아감.

5
부국을 모방하는 방법에 대한 회르니크의 9개 항목(1684)

첫째, 나라의 토양을 최대한 면밀하게 조사하여 농업에서 가능성이 있다면 한 뙈기 땅이라도 소홀히 하지 말아야 한다. 세상에 유용한 식물은 모두 실험하여 그 나라에서 활용할 수 있는지를 살펴보아야 한다. 태양으로부터 멀든 가깝든 전혀 중요하지 않다. 무엇보다도 금과 은을 찾아내는 데 수고와 비용을 아끼지 말아야 한다.

둘째, 한 나라에서 나오는 1차 상품들은 모두 천연 상태로 사용할 수 없으면 그 나라에서 가공해야 한다. 제조업은 일반적으로 원자재 가치의 두 배, 세 배, 열 배, 스무 배, 심지어 백 배 이상의 보상을 받기 때문이다. 신중한 관리자라면 이 분야를 소홀히 하는 것을 매우 싫어한다.

셋째, 위의 두 가지 원칙을 실행하려면 원자재를 생산하고 길러 낼, 그리고 그것을 가공할 사람이 필요하다. 따라서 그 나라의 부양능력에 맞게 인구를 늘리도록 신경 써야 한다. 이는 잘 조직된 국가라면 중요한 관심사이지만 불행하게도 자주 간과되곤 한다. 가능한 모든 수단을 써서 주민을 게으른 백수가 아니라 보수 좋은 직업인으로 만들어야 한다. 그들에게 온갖 발명과 기술과 직업을 가르치고 권장해야 하며, 필요하다면 이를 위해 해외에서 가르칠 만한 사람을 데려와야 한다.

넷째, 자체 광산에서든 산업을 통해 외국에서 들여오든, 금과 은이 일단 국내에 들어오면 무슨 일이 있어도 그것이 국외로 유출되거나 금고나 장롱 속에 잠자게 만들지 말고 반드시 유통시켜야 한다. 또 훼손이 되더라도 다시 사용할 수 있도록 만들어야 한다. 한 나라가 상당한 부를 획득하면, 특히 금은광을 소유한 나라는 다시 빈곤으로 떨어지지 않기 때문이다. 그런 나라는 계속해서 부와 자산을 쌓아 갈 수 있다.

다섯째, 따라서 무슨 수를 써서든 그런 나라의 주민은 국내 생산을 해나가도록 독려해야 하여, 사치를 누리더라도 국내 제품으로만 한정하고 외국 산물을 가능한 한 쓰지 않아야 한다.(다만 그런 물품이 절실하게 필요하여 달리 대안이 없거나, 필수품은 아니더라도 인도산 향료처럼 널리 사용되어 불가피한 경우에는 제외한다.)

여섯째, 필수품이거나 남용하여 외국인에게 그런 물건을 구매할 수밖에 없는 경우에도 최대한 금과 은이 아니라 다른 국내 제품과 우선적으로 맞교환하도록 한다.

일곱째, 이런 경우에 외국 상품은 완제품이 아닌 형태로 수입하여 국내에서 가공하고, 해외 제조 업체에 지불할 임금을 아끼도록 한다.

여덟째, 국가의 잉여 제품을 외국인에게 완제품 형태로 판매할 기회를 찾기 위해 밤낮으로 노력해야 한다. 그리고 가능하다면 대금으로 금과 은을 받는다. 이를 위해 세계 어디라도 국내 제품의 소비를 촉진하고 최대한 개발시켜야 한다.

아홉째, 그럴 만한 특별한 이유가 없다면 국내에서 충분히 공급 받을 수 있고 쓸 만한 품질의 상품을 조달할 수 있는 경우에는 어떤 이유로도 수입을 금지한다. 이런 문제에서는 외국인에게 어떤 동정심이나 자비도 베풀어서는 안 된다. 친구이건 친척이건, 동맹이건 적이건 상관없다. 친교는 모두 내 약점과 파멸에 결부될 때 끝장나기 때문이다. 국내 상품의 품질이 더 나쁘거나 가격이 더 높더라도 마찬가지이다. 이상하게 들릴지 모르지만 어떤 물건에 2달러를 지불하더라도 그 돈이 국내에 남아 있다면, 외국으로 1달러가 나가는 것보다 더 낫기 때문이다. (『초기의 경제 사상, 애덤 스미스 이전의 경제학 문헌에서 발췌Early Economic

Thought, Selection from Economic Literature prior to Adam smith』, 매사추세츠 주 캠브리지, 1930년, 아서 엘리 먼로Arthur Eli Monroe 번역)

회르니크의 저서 『지상 최고의 오스트리아(Österreich über alles)』는 빈을 포위하고 있던 터키의 최후 공격이 있은 지 1년 뒤에 출판되었다. 오스트리아를 위한 경제 전략의 개요를 작성한 이 책은 16판까지 나왔으며, 100년 이상 계속 발간되었다. 회르니크는 위에서 든 아홉 가지 요점으로 그 전략을 약술한다. 출판 백주년이 된 1784년에 이 책은 베네딕트 헤르만(Benedikt Hermann)에 의해 지난 100년 동안 회르니크의 전략을 실행한 결과, 오스트리아가 얻은 부에 관한 주석이 추가되어 재발간되었다.

회르니크의 아홉 가지 요점에는 몇 가지 이론적 통찰이 들어 있다. 이 책에서 우리는 제조업 숭배가 1480년대 영국의 헨리 7세 치세 이후 500년 뒤인 1980년대 아일랜드와 핀란드의 산업 정책에 이르기까지 계속하여 유럽 발전이 거둔 성공의 핵심 요인이었다고 주장한다. 회르니크의 요점은 이 전략의 전형적인 사례인데, 그 발전 전략은 일반적으로 농업을 차별했다고 알려져 있다. 하지만 앞에서 보았듯이 회르니크는 첫 번째 논점에서 신품종의 식물을 도입하여 농업을 혁신할 필요도 주장한다. 세 번째 논점은 생산 규모 및 노동 분업의 필요에서 나오는 인구 친화적 정책이다. 여기서는 외국 자본만이 아니라 기술을 도입할 필요도 강조하는데, 이는 오늘날에도 유용한 통찰이다. 외국인들의 기술은 1485년 이후 튜더 왕조 치하 영국의 경제 전략에서도 중요한 비중을 차지했다.

이론적으로는 두 번째 논점이 가장 중요한데, 그것이 바로 '증식시키는 제조업(manufacturing multiplier)'이라는 것이다. "제조업은 일반적으로 원자재 가치의 두 배, 세 배, 열 배, 스무 배, 심지어 백 배에 달하는 보상을 받는다."는 것이다. 3장에서는 스페인의 재무 장관이 100년도 더 전인 1558년에 바로 이 증식 능력을 설명하는 말을 인용했다. 나도 몇 년 전 노르웨이 북부에서 사미 족 순록 사육자들과 작업하는 동안 이 '증식시키는 제조업'을 목격했다. 사육자들은 스웨덴에 있는 가죽 공장에 50크로네를 받고 순록 껍질을 팔고, 가죽으로 손질된 바로 그 껍질을 500크로네를 주고 되샀던 것이다. 이것이 바로 10배를 남기는 '증식시키는 제조업'이었다.

오늘날 아프리카에서도 그렇지만 1558년 스페인과 1683년 오스트리아에서의 실업과 불완전 고용 수준은 상당히 높았다. 원자재와 가공 제품의 가치 사이에는 많은 일자리와 수확 체증, 그리고 정부에게 과세 가능한 소득을 가져다주는 안정된 수익원이 가로놓여 있다. 제조업에서 얻은 이익은 '삼중의 지대'로 확산된다. 1) 경영자에게는 수익으로 2) 고용인에게는 일자리로 3) 정부에게는 세금 증대라는 형태로 확산된다.

6
경제 활동의 품질 지수

혁신 신기술
↓ ↓

역동적 불완전 경쟁(고품질 활동):　**고품질 활동의 특징**
　　　　　　　　　　　　　　　　높은 시장 가치를 지닌 신기술
　　　　　　　　　　　　　　　　가파른 학습 곡선
　　　　　　　　　　　　　　　　높은 산출량 증가
　　　　　　　　　　　　　　　　급속한 기술 진보
　　　　　　　　　　　　　　　　높은 연구개발
신발(1850~1900):　　　　　　　 불완전한 정보
　　　　　　　　　　　　　　　　대규모 투자 유치/분리 불가능(제약)
　　　　　　　　　　　　　　　　불완전한 역동적 경쟁
　　　　　　　　　　　　　　　　높은 임금 수준
　　　　　　　　　　　　　　　　중요한 규모의 경제 가능성
골프공:　　　　　　　　　　　　 높은 산업 집중도
　　　　　　　　　　　　　　　　고위험, 높은 진입 장벽
　　　　　　　　　　　　　　　　브랜드화 제품
자동차 페인트:　　　　　　　　　생산 연계 및 시너지
　　　　　　　　　　　　　　　　제품 혁신
　　　　　　　　　　　　　　　　일반적인 신고전주의 가정이 부적절

　　　　　　　　　　　　　　　　저품질 활동의 특징
　　　　　　　　　　　　　　　　시장 가치가 낮은 낡은 지식
　　　　　　　　　　　　　　　　평평한 학습 곡선
　　　　　　　　　　　　　　　　낮은 산출량 증가율
　　　　　　　　　　　　　　　　기술 진보가 거의 없음
　　　　　　　　　　　　　　　　낮은 연구개발
　　　　　　　　　　　　　　　　개인이나 기관의 학습이 거의 필요하지 않음
　　　　　　　　　　　　　　　　완전 정보
　　　　　　　　　　　　　　　　분리 가능한 투자(야구공 공장의 제작 도구 등)
주택 페인트:　　　　　　　　　　완전 경쟁
　　　　　　　　　　　　　　　　낮은 임금 수준
신발(2000):　　　　　　　　　　 규모의 경제 거의 없음/수확 체감 위험
　　　　　　　　　　　　　　　　파편화된 산업
야구공:　　　　　　　　　　　　 저위험도, 낮은 진출입 장벽
　　　　　　　　　　　　　　　　소비재
　　　　　　　　　　　　　　　　연계 생산이나 시너지가 거의 없음
　　　　　　　　　　　　　　　　업무 혁신
완전 경쟁(저품질 활동):　　　　　신고전주의 가정의 적절한 대리자

주

서문

1 데이비드 리카도는 비교 우위를 기반으로 한 국제 무역을 옹호한 영국의 정치경제학자이다. 비교 우위는 모든 나라가 교역 상대국에 비해 상대적으로 가장 효율적인(가장 비효율적이지 않은) 산업을 전문화해야 한다는 것이다. 리카도의 『정치경제학과 과세의 원리(Principles of Political Economy and Taxation)』는 1817년에 발표되었다.

2 모방의 중요성에 관해서는 Istavan Hont, *Jealousy of Trade: International Competition and the Nation-State in Historical Perspective*, Cambridge, Mass., 2005를 참조하라.

3 소스타인 베블런(1857~1929)과 요제프 슘페터(1883~1950)에게서 처음 시작된 것으로, 그 현대적 버전은 Richard Nelson & Sidney Winter, *An Evolutionary Theory of Economic Change*, Cambridge, Mass., 1982, Giovanni Dosi et al. (eds.), *Technical Change and Economic Theory*, London, 1988을 참조하라.

4 Joseph Alois Schumpeter, *History of Economic Analysis*, New York, 1954, p.473.

1장 경제 이론에는 두 가지 길이 있다

1 Herbert Heaton, *A Scholar in Action—Edwin F. Gay*, Cambridge, Mass., 1952; Jeffrey Cruikshank, *A Delicate Experiment. The Harvard Business School 1908~1945*, Boston, 1987; Erik Reinert, "Schumpeter in the Context of Two Canons of Economic Thought", *Industry and Innovation*, 2002.

2 "Intellectual Innovation at the Harvard Business School. A Strategy", Division of Research, Harvard Business School, 1991, p.viii.

3 이것은 폴 크루그먼이 쓴 표현이다.

4 Antonio Serra, *Breve trattato delle cause che possono far abbondare l'oro e l' argento dove non sono miniere*, Naples, 1613. 다른 전통 재단(The Other Canon Foundation)은 이 책의 영역본 출판 비용을 지원했다.

5 마르크스는 1848년에 실제로 자유 무역을 지지했는데, 그것이 (빈국들을 더 빈곤하게 만듦으로써) 혁명을 앞당길 것이기 때문이라는 주장을 폈다.

6 Kenneth Carpenter, *The Economic Bestsellers Before 1850*, Kress Library of Business and Economics, Boston, 1975. 이 책의 내용은 〈http://www.othercanon.org〉에서 다운 받을 수 있다.

7 미국의 여러 전문 사서들은 이런 변화에 대해 우려하고 있다.

8 *Grundriss der Staatswirtschaft zur Belehrung und Warnung angehender Staatswirte*, Frankfurt, 1782.

9 90쪽이 채 되지 않은 제본 안 된 책들.

10 이는 미국이 산업화를 장려하는 따위의 실수를 범했을지라도 부유해질 운명이었다는 뜻이다.

11 이에 관한 초기의 검토는 Jan Fagerberg, Bart Verspagen & Nick von Tunzelmann (eds.), *The Dynamics of Technology, Trade, and Growth*, Adershot, 1994에 실린 내 논문 "Catching-up From Way Behind—A Third World Perspective on First world History"를, 그 밖에 *Structural Change and Economic Dynamics*, vol.6, 1995에 실린 "Competitiveness and Its Predecessors—a 500 Year Cross-National Perspective"; *Journal of Economic Studies*, 1999에 실린 "The Role of the State in Economic Growth"도 참조하라. 이런 몇 가지 논점은 동료 교수 장하준이 『사다리 걷어차기(Kicking Away the Ladder: Development Strategy in Historical Perspective)』(London, 2002)에서 면밀히 검토하고 있다.

12 스미스는 『계간 경제 저널(Quarterly Journal of Economics)』에다 슘페터에 대한 추도문을 쓰기도 했다.

13 이것이 마르크스가 이해한 경제의 동력에 대한 견해를 배제한다는 의미는 아니다. 나중에 가서 나는 마르크스에 대해서는 100년 전의 독일 경제학자 대부분이 합의한 것으로 드러난 내용, 즉 "분석은 대단하지만 정책 처방은 한심하다."는 견해와 일치하게 되었지만 말이다. 매우 보수적인 슘페터는 일본어판 『경제 발전론』에 붙인 서문에서 자신의 분석이 마르크스의 것과 대단히 비슷하다는 점을 강조했다.

14 Niccolò Machiavelli, *Tutte le opere storiche e letterarie*, Florence, 1929에서 인용.

15 John Hobson, *The Eastern Origins of Western Civilisation*, Cambridge, 2004; Martin Bernal, *Black Athena: The Afroasiatic Roots of Classical Civilization*, New Brunswick, NJ, 1991.
16 Kenneth Pommeranz, *The Great Divergence: China, Europe, and the Making of the Modern World Economy*, Princeton, 2000.
17 Edward Said, *Orientalism*, New York, 1978.
18 Jared Diamond, *Guns, Germs, and Steel: The Fates of Human Societies*, New York, 1997.
19 이런 이슈는 Journal of Global History, vol.1, issue 1, 2006에 실린 Patrick O'Brien, "Historiographical Traditions and Modern Imperatives for the Restoration of Global History"에서 논의되었다.
20 지리적, 기후적 다양성이 안데스 문명의 발전에 미친 중요성에 관하여 알려면 John Murra, *La organización económica del estado inca*, México, 1978 및 그 이후에 나온 저작들을 참조하라.
21 아들 소푸스(Sophus)는 '모방'이라는 단어를 우리 가족 속으로 끌어들였다. 모방은 경제사상 및 정책의 역사에 관해 소푸스가 케임브리지 대학교에서 쓰고 있던 박사 학위 논문의 본질이다. 그 단어는 내가 예전에 벤치마킹이라 불렀던 것을 훨씬 더 잘 설명해 준다.
22 Istvan Hont, *Jealousy of Trade: International Competition and the Nation State in Historical Perspective*, Cambridge, Mass., 2005.
23 Christian Wolff, *The Real Happiness of a People under a Philosophical King Demonstrated: Not only from the Nature of Things, but from the undoubted Experience of the Chinese under their first Founder Fohi, and his Illustrious Successors, Hoam Ti, and Xin Num*, London, 1750; Johann Heinrich Gottlob von Justi, Vergleichungen der Europäischen mit den Asiatischen und andern vermeintlich Barbarischen Regierungen, Berlin, 1762.
24 당시 통화는 금화와 은화였는데, 통화량 자체도 부족한 데다 유통되지 않고 금고 속에서 사장되어 버렸기 때문에 상당한 문젯거리였다.
25 Ferdinando Galiani, *Dialogues sur le Commerce des Bleds*, Milan, 1770/1959.
26 이런 점은 Mario Cimoli, Giovanni Dosi, Richard Nelson and Joseph Stiglitz, *Institutions and Policies Shaping Industrial Development: An Introductory Note*, Working Paper, Initiative For Policy Dialogue, Columbia Univ., 2006에 나와 있다.
27 이것이 식민지 경제 정책의 전형이다. 가끔 정치적으로는 식민지 지역이 이례적인 취급

을 받아 경제 발전을 이끄는 경우도 있다. 그런 예로는 노르웨이가 19세기에 겪은 '식민지' 경험과 정치 지도자 루이스 무뇨스 마린과 총독 렉스포드 터그웰(1941~46년 임기)로부터 시작되는 푸에르토리코의 경제 발전 사례가 있다.

28 Paul Krugman, "Ricardo's Difficult Idea. Why Intellectuals Don't Understand Comparative Advantage"는 Gary Cook (ed.), *The Economics and Politics of International Trade*, vol.2, *Freedom and Trade*, London, 1998, pp.22~36에 수록되어 있다.

2장 두 가지 서로 다른 접근법의 진화

1 William Ashworth, *Customs and Excise. Trade, Production and Consumption in England 1640~1845*, Oxford, 2003, p.382.
2 "Let States be Entrepreneurs", *Newsweek*, 13 March 2006, p.72에 실린 기사.
3 Melvin Reder, *Economics. The Culture of a Controversial Science*, Chicago, 1999에 인용된 크루그먼의 말.
4 Antonio Genovesi, *Storia del commercio della Gran Brettagna*, 3 vols, Naples, 1758~58, vol.1, p.249.
5 애덤 스미스 이전에는 거의 모든 경제학이 생물학에서 가져온 은유를 바탕으로 하고 있었다는 점을 주목할 필요가 있다. 경제학에서 쓰는 은유에 관한 논의를 보려면 Philip Mirowski, *More Heat Than Light: Economics as Social Physics, Physics as Nature's Economics, Historical Perspectives on Modern Economics*, Cambridge, 1989; Neil de Marchi (ed.), Non-Natural Social Science: Reflecting on the Enterprise of More Heat Than Light, Durham, 1993; Sophus Reinert, "Darwin and the Body Politics: Schäffle, Veblen, and the Shift of Biological Metaphor in Economics, *The Other Canon Foundation and Tallinn University of Technology Working Papers in Technology Governance and Economic Dynamics*, no.82, 2006. ⟨http://hum.ttu.ee/t/g⟩에서 다운 받을 수 있다.
6 Richard Jones, *An Essay on the Distribution of Wealth*, London, 1831.
7 John Rae, *Statement of Some New Principles on the Subject of Political Economy, Exposing the Fallacies of the System of Free Trade, and of Some Other Doctrines Maintained in the 'Wealth of Nations'*, Boston, 1834.
8 알프레드 마셜은 오늘날의 일반적인 경제학 교과서의 기원이라 할 신고전주의 경제학의 창시자이다.

9 다른 전통(Other Canon)은 '현실 경제학'을 위한 기준점으로서 역할을 하기 위해 만들어졌으며, 경제학자들의 네트워크이기도 하다.

10 물론 마르크스주의 경제학은 훨씬 더 많은 내용을 담고 있으며, 특히 기술 변화와 경제의 동력에 대한 복잡한 분석이 포함되어 있다. 그러나 사회의 피라미드를 뒤집어 엎으려는 시도는 마르크스가 묘사한 사회악을 없애는 해결책으로서는 너무 단순하다는 것이 드러났다. 마르크스가 저지른 심각한 잘못은 그가 데이비드 리카도에게서 가져온 부분 때문이라는 주장도 가능하다. 허버트 폭스웰(Herbert Foxwell)이 Anton Menger, *The Right of the Whole Produce of Labour*, London, 1899에 붙인 서문을 보라.

11 제2차 세계 대전이 끝나갈 무렵 다른 전통의 흐름 가운데 지배적인 것 두 가지는 미국에서는 제도학파 경제학이었고, 유럽에서는 특히 독일에서 눈에 띄었던 다양한 역사학파 경제학이었다.

12 노르웨이 일간지 『다겐스 나링스리브(Dagens Noeringsliv)』1994년 12월 31일자, p.21에 실린 인터뷰.

13 John M. Ferguson, *Landmarks of Economic Thought*, New York, 1939, p.142에서 인용했다.

14 경제학이 종교가 되고 있는 현상에 관한 논의는 Robert H. Nelson, *Economics as Religion : From Samuelson to Chicago and Beyond*, University Park, 2001을 보라.

15 일반적인 경제학에서 유일하게 사실에 근거한 요소는 수확 체감이라고 할 수 있다. 그러나 뒤에 가면 이 근본적인 메커니즘을 간과하는 바람에 몽골에서 어떻게 경제적 재앙이 초래되었는지가 밝혀질 것이다.

16 자본 집약의 정도에 따라 여러 경제 활동 간에 차이가 있음을 일반적인 경제학이 인정한다는 주장이 나올 수 있다. 이런 인식이 국제 무역 이론에도 적용되었더라면, 자본을 받아들일 만한 능력이 떨어지는 경제 활동에 특화하는 국가는 가난한 상태에 머물 것이라는 사실(자본이 성장의 주요 원천이라는 전제하에서)이 밝혀질 수도 있었을 것이다. 그러나 이런 일은 일어날 수 없다. 왜냐하면 국제 무역 이론은 노동 가치설을 기반으로 삼고 있으며, 자본 투자라는 요소를 고려하지 않기 때문이다. 이론의 다른 부분에 대해 상이한 가정을 적용하는 이런 장난질이 교과서 경제학의 핵심 특징이다. 일관성 있는 이론의 조합이라고 소개되지만 사실은 다양한 접근법의 잡탕일 뿐이다.

17 1991년에 노트르담 대학에서 열린 회의에서 이 논점에 대해 많은 것을 배웠다.

18 한 가지 예외는 Robert Lucas, "On the Mechanics of Economic Development", *Journal of Monetary Economics*, vol.22. 1988, pp.3~42이다.

19 Joseph Schumpeter, *History of Economic Analysis*, New York, 1954, p.195.

20 Ernst Ludwig Carl, *Traité de la Richesse des Princes, et de leurs Etats: et des Moyens Simples et Naturels Pur y Parvenir*, Paris, 1722~23.
21 특히 정책에 관한 발언은 Alfred Marshall, *Principles of Economics*, London, 1890, p.201을 참조하라.
22 Jagdish Bhagwati, *Free Trade Today*, Princeton, 2002, p.22.
23 이 일화에 대해 특히 널리 알려진 것이 David Warsh, *Knowledge and the Wealth of Nations. A Story of Economic Discovery*, New York, 2006에 실려 있다.
24 Charles Babbage, *On the Economy of Machinery and Manufactures*, London, 1832, p.84.
25 Frederick Lane, *Profits from Power. Readings in Protection-Rent and Violence-Controlling Enterprises*, Albany, 1979.
26 Charles Tilly, *Coercion, Capital and European States AD 990~1992*, Cambridge, 1990.
27 Nicholas Kaldor, "Alternative Theories of Distribution", *Review of Economic Studies*, vol.XXIII, no.2, 1955~56. *Essays on Value and Distribution*, Glencoe, Ill., 1960, p.211에 재수록되었다.
28 이 점은 앞에 언급된 케임브리지 대학교의 경제학자 허버트 폭스웰의 연구에 매우 잘 드러나 있다. 케인스가 1936년 폭스웰의 사망에 대해 『이코노믹 저널(Economic Journal)』에 쓴 조문도 참조하라. 동일한 반리카도적 시대정신에 관한 독일인의 발언을 보려면 구스타프 슈몰러의 1897년 베를린 대학교 총장 취임 연설을 참조하라. Wechselnde Theorien und feststehende Wahrheiten im Gebiete der Staats- und Socialwissenschaftlichen und die heutige deutsche Volkswirtschaftslehre.
29 이 점에 관한 설명이 필요하면, 또 카울스 위원회(Cowles Commission)의 역할에 대해 알고 싶으면 Philip Mirowski, *Machine Dreams: Economics becomes a Cyborg Science*, Cambridge, 2001을 보라. 역사적 차원의 상실에 대해서는 Geoffrey Hodgson, *How Economics Forgot History: The Problem of Historical Specificity in Social Science*, London, 2001을 참조하라. 미국의 제도학파 경제학의 쇠퇴에 대해 알고 싶으면 Yuvoal Yonay, *The Struggle over the Soul of Economics*, Princeton, 1998을 참조하라.
30 Erik Reinert, *International Trade and the Economic Mechanisms of Underdevelopment*, 1980 코넬 대학교 박사 학위 논문에서 인용했다.
31 이 논의는 Wolfgang Drechsler, "Natural versus Social Sciences: on Understanding

in Economics", Erik Reinert (ed.), *Globalization, Economic Development and Inequality: An Alternative Perspective*, Cheltenham, 2004, pp.71~87에 기초하고 있다.

32 ⟨http://www.peacon.net⟩ 이 사이트는 에드워드 풀브루크가 운영하는 사이트로 정보가 매우 풍부하다.

33 Mark Blaug, "The Problem with Formalism: An Interview with Mark Blaug", *Challenge*, 5/6 1998, ⟨http://www.btinternet.com/-pae_news/Blaug1.htm⟩

34 이 점은 Erik Reinert, "Full Circle: Economics from Scholasticism through Innovation and back into Mathematical Scholasticism. Reflections around a 1769 Price Essay: 'Why is it that Economics so Far has Gained so Few Advantages from Physics and Mathematics?'", *Journal of Economic Studies*, vol.27, no.4/5, 2000, pp.364~76에서 논의되고 있다.

35 Paula Tubaro, "Un'esperienza peculiare del Settecento italiano: 'la scuola milanese' di economia matematica", *Studi Settecenteschi*, vol.20, 2000, p.215.

36 Paul Samuelson, "International Trade and the Equalisation of Factor Prices", *Economic Journal*, vol.58, 1948, pp.163~84. 그리고 그의 "International Factor-Price Equalisation Once Again", *Economic Journal*, vol.59, 1949, pp.181~97을 보라. 리카도의 이론에서도 그렇지만, 가장 중요한 것은 이런 논문에서 새뮤얼슨이 무엇을 주장하느냐가 아니라 즉각적인 자유 무역이 모든 사람을 이롭게 한다는 세계관을 구축하는 데 그의 이론이 어떤 식으로 쓰이는가 하는 점이다.

37 Karl Polanyi, *The Great Transformation*, New York, 1944, p.44.

38 Thorstein Veblen, "Why is Economics not an Evolutionary Science", *Quarterly Journal of Economics*, vol.XII, July 1898, pp.373~97.

39 Adam Smith, The Theory of Moral Sentiments, *Collected Works*, London, 1759/1812, pp.318~19.

40 Anthony Giddens, *The Third Way. The Renewal of Social Democracy*, Cambridge, 1998, p.111.

41 이 분석은 카를로타 페레스의 저서 *Technological Revolutions and Financial Capital. The Dynamics of Bubbles and Golden Ages*, Cheltenham, 2002 및 그녀의 논문 "Technological Revolutions, Paradigm Shift and Socio-Institutional Change", Erik Reinert (ed), *Globalization, Economic Development and Inequality: An Alternative Perspective*, Cheltenham, 2004에 기반하고 있다.

42 50년 넘는 동안 산업 보호 전략을 지속적으로 시행해 왔으며 충격 요법의 대상이 되지 않은 중국과 인도가 빈국 그룹에서 제외되고 나면 이 효과를 관찰할 수 있다. 그들을 제외하고 나면 나머지 빈국들은 전체적으로 더 가난해졌기 때문이다.
43 이것이 유럽연합 내부에서 벌어진 바나나 전쟁을 촉진했는데, 이 전쟁에서 에콰도르를 지지한 쪽은 독일을 중심으로 한 나라들이다.
44 Sixto Durán Ballén, *A mi manera: Los años de Carondelet*, Quito, 2005.
45 단계 이론에 대한 더 폭넓은 논의가 필요하면 Erik Reinert, "Karl Bücher and the Geographical Dimensions of Techno-Economic Change", Jürgen Backhaus (ed.), *Karl Bücher: Theory—History—Anthropology—Non-Market Economies*, Marburg, 2000, pp.177~222을 참조하라.
46 Ronald Meek, *Social Science and the Ignoble Savage*, Cambridge, 1976, p.219.
47 앞의 책, p.12.
48 *The Works of Francis Bacon*, 미크의 앞의 책 p.13에서 인용했다.
49 2005년 7/8월호, p.21.
50 이 점에 관한 논의가 필요하면 폴라니의 앞의 책을 참조하라.
51 매우 쓸모 있는 이 용어는 카를로타 페레스를 통해서 알게 되었다.
52 Johan Åkerman, *Politik och Ekonomi i Atomålderns Värld*, Stockholm, 1954, pp.26~27.
53 UNCTAD, 2006, *The Least Developed Countries Report 2006. Developing Productive Capacities*, Geneva, ⟨http://www.unctad.org/en/ docs/ldc2006_en.pdf⟩

3장 모방, 부자 나라는 어떻게 부유해졌는가

1 제인 제이콥스(Jane Jacobs, 1916~2006)의 연구는 세계사에서 도시가 차지하는 의미를 사실적으로 기록한다.
2 John Hales, *A Compendious or Briefe Examination of Certayn Ordinary Complaints of Divers of Our Countrymen in These Our Dayes: Which Although.... in Some Parte Unjust and Frivolous, Yet Are All, by Way of Dialogue, Thoroughly Debated and Discussed*, London, 1561/1751.
3 충분한 논의가 필요하면 Charles Emil Stangeland, *Pre-Malthusian Doctrines of/Population. A Study in the History of Economic Theory*, New York, 1904/1966을 참조하라.

4 Erik Reinert & Arno Daastøl, "Exploring the Genesis of Economic Innovations: The Religious Gestalt-Switch and the Duty to Invent as Preconditions for Economic Growth", *European Journal of Law and Economics*, vol.4, no.2/3, 1997, pp.233~83.

5 Alexandre Koyré, *From the Closed World to the Infinite Universe*, Baltimore, 1957.

6 중상주의 시스템에 대한 간략하면서도 훌륭한 소개가 필요하면 Gustav Schmoller, The Mercantile System and its Historical Significance, New York, 1967을 참조하라.

7 이 점은 에릭 라이너트의 논문 "Catching-up From Way Behind—A Third World Perspective on First World History"에서 처음 설명되었다. 이 논문은 Jan Fagerberg, Bart Verspagen, Nick von Tunzelmann (eds.), *The Dynamics of Technology, Trade, and Growth*, Aldershot, 1994, pp.168~97에 수록되었다.

8 존 캐리의 이 발언은 1696년에 처음 발표되었다. 인용문은 캐리의 저서 *A Discourse on Trade and Other Matters Relative to it*, London, 1745, p.84의 제3판에서 가져왔다.

9 익명의 저자가 쓴 *Relazione di una scorsa per varie provincie d'Europa del M.M. ... a Madama G... in Parigi*, Pavia, 1786.

10 수세기 동안 정착해 온 나라에서는 가장 좋은 땅은 이미 사용되고 있으므로 토질이나 기후가 더 나쁜 곳까지 생산이 확장될 수밖에 없다는 일반 가정을 따르겠다.

11 이곳은 오늘날 볼리비아와 멕시코에서 주요 광업 도시이다. 해발 4000미터 고도에 위치한 포토시는 한때 세계 제2의 대도시였다.

12 조반니 보테로가 1589년에 쓴 책의 영어본 *The Reason of State*, New Haven, 1956, p.152을 보라. 이탈리아에 관한 자료는 소푸스 라이너트의 논문 "The Italian Tradition of Political Economy. Theories and Policies of Development in the Semi-Periphery of the Enlightenment"에서 크게 영향 받았다. 이 논문은 Jomo K. S. and Erik Reinert (eds.), *Origins of Development Economics*, London and New Delhi, 2005, pp.24~47에 실려 있다.

13 Anders Berch, Innledning til Almänna Hushålningen, *innefattande Grunden til Politie, Oeconomie och Cameral Wetenskaparne*, Stockholm, 1747, p.217.

14 이 논의를 위해서는 Albert Hirschman, *The Passions and the Interests. Political Arguments for Capitalism before its Triumph*, Princeton, 1977을 보라.

15 Ferdinando Galiani, *Dialogues sur le Commerce des Bleds*, Milan, 1770/1959, p.116.

16 Alexis de Tocqueville, *Democracy in America*, Chicago, 1855/2000, p.515.

17 Earl Hamilton, "Spanish Mercantilism before 1700", Edwin Francis Gay, *Facts and Factors in Economic History—Articles by Former Students*, Cambridge, Mass., 1932, p.237.
18 Luis Ortiz, "Memorandum to the King to Prevent Money from Leaving the Kingdom", Madrid, 1558. 얼 해밀턴의 앞의 책 pp.230~31에서 인용했다.
19 매우 영향력이 큰 이 이론에 관해 알고 싶으면 Charles King, *The British Merchant or Commerce Preserv'd*, 3 vols., London, 1721을 참조하라.
20 Friedrich List, *The National System of Political Economy*, Kelly, New Jersey, 1991. 독일어 원본은 1841년에 출간되었다.
21 이것은 Erik Reinert, "Benchmarking Success: The Dutch Republic(1500~1750) as seen by Contemporary European Economists", *How Rich Nations Got Rich. Essays in the History of Economic Policy*, Oslo, 2004, pp.1~24에 기록되어 있다. 〈http://www.sum.uio.no/publications〉. Oscar Gelderblom (ed.), *The Political Economy of the Dutch Republic*, Aldershot, 2007은 곧 출간될 예정이다.
22 책에 관심 있는 사람이라면 오늘날 사람이 인질로 잡히는 것처럼 당시에는 도서관이 저당 잡히는 일이 흔했다는 사실을 아는 것도 필요하다. 스웨덴 인들은 특히 몸값을 구실로 도서관을 저당 잡는 기술을 잘 개발했는데, 이 주제를 다룬 연구서 두 권을 참조하라: Otto Walde, *Storhetstidens litterära krigsbyten. En kulturhistorisk-bibliografisk studie*, Uppsala, 1920.
23 Werner Sombart, *Krieg und Kapitalismus*, Munich and Leipzig, 1913.
24 Werner Sombart, *Luxux und Kapitalismus*, Munich and Leipzig, 1913.
25 *Girl with a Pearl Earring* (2003).
26 John Murra, *La organización económica del estado inca*, México, 1978 및 안데스 문명의 건설과 잉카 제국에서의 지리적, 기후적 다양성이 맡았던 중요한 역할에 관해서는 그 뒤에 나온 그의 연구를 다시 한 번 참조하라.
27 Giovanni Botero, *Le Relationi Universali, diviso in sette parti*, Venice, 1622, p.48.
28 Joshua Child, *A Treatise Concerning the East-India Trade*, London, 1681, p.90.
29 서기 930년까지 거슬러 올라가는 의회 전통을 감안한다면 아이슬랜드는 봉건 제도를 거치지 않고 자립 농민들이 민주주의를 발전시킬 수 있음을 보여 준다.
30 Erik Reinert, "A Brief Introduction to Beit Ludwig von Seckendorff(1626~1692)", *European Journal of Law and Economics*, 19, 2005, pp.221~30을 참조하라.
31 텔레시스(Telesis)는 보스턴 컨설팅 그룹에서 분리된 자회사였으며, 우리가 쓰는 도구 가

운데는 다음 장에서 사용되는 학습과 경험을 측정하는 것도 있었다.

4장 세계화, 지지 논리가 곧 반대 논리

1 따라서 슘페터는 이런 두 가지 현상을 모두 다루기 위해 '역사적 수확 체증'이라는 용어를 만들어 냈다.
2 이에 대한 좋은 설명으로는 Gustav Schmoller, *The Mercantile System and its Historical Significance*, New York, 1967; Erik Reinert and Sophus Reinert, "Mercantilism and Economic Development: Schumperterian Dynamics, Institution Building and International Benchmarking", Jomo K. S. & Erik Reinert (eds.), *Origins of Development Economics*, London & New Delhi, 2005, pp.1~23을 참조하라.
3 James Buchanan, *What Should Economists Do?*, Indianapolis, 1979, pp.231ff의 "Equality as Fact and Norm" 장을 참조하라.
4 이 점에서 예외는 국제 연맹이 '최근 정착 지역'이라 부른 것에서 보인다. 나중에 알아낸 사실인데, 미국의 동부 연안에서는 반드시 가장 좋은 땅부터 먼저 사용되는 것은 아니었다. 브라질에서도 사정은 같았다. 커피 농장에서 가장 먼저 활용된 토지가 가장 적합한 토지는 아니었음이 입증되었다. 그렇기는 해도 수확 체감의 일반적 논점은 여전히 유지된다.
5 James Buchanan, *What Should Economists Do?*, Indianapolis, 1979, p.236.
6 François Quesnay, *Traité des Effets et de l'Usage de la Saignée*, Paris, 1750.
7 베르너 좀바르트의 자본주의에 관한 핵심 저술은 초판이 1902년에 두 권으로 발간되었고, 1928년에 최후 개정판이 6권으로 발간된 *Der moderne Kapitalismus*, Munich & Leipzig이다. 프랑스 어, 이탈리아 어, 스페인 어 번역본에서 마지막 두 권에 실린 참고문헌 목록을 보라. 에어푸르트 대학교의 위르겐 박하우스(Jürgen Backhaus) 교수와 좀바르트는 제2차 세계 대전 이전에 프린스턴 대학교 출판부에서 이 저작의 영어본을 출간하는 작업에 참여했지만 끝내 성사되지 못했다. 박하우스 교수는 이제 그 프로젝트를 마쳤다. 마지막 권에 대한 충실한 검토가 필요하면 Wesley Claire Mitchell, "Sombart's Hochkapitalismus", *The Quarterly Journal of Economics*, vol.43, no.2, 1929, pp.303~23을 참조하라.
8 이 이행 과정은 Mary S. Morgan & Malcolm Rutherford (eds.), *From Interwar Pluralism to Postwar Neoclassicism*, Durham, 1998에서 잘 설명되어 있다.
9 "Report on the Commission on Graduate Education in Economics", *Journal of Economic Literature*, September 1991, pp.1044~45.
10 그런 사람들이 경제학에만 있다는 뜻은 아니다. 인류학자 클리포드 기어츠(Clifford

Geertz)는 솔 벨로우의 말을 인용해 "세계는 아이큐 높은 멍청이로 가득하다."고 말한다. (Geertz, *Local Knowledge. Furthur Essays in Interpretive Anthropology*, Basic Books, New York, 1983, p.76) 문제는 인센티브와 보상 시스템을 갖춘 분야가 경제학뿐이라는 것인데, 경제학에서는 사실에 근거한 지식이 전혀 대접 받지 못하고 있다.

11 Martin Wolf, *Why Globalization Works*, New Haven, 2004, p.125.

12 Jan Kregel, "External Financing for Development and International Financial Stability", Geneva, 2004.

13 Friedrich Nietzsche, *Werke, Digitale Bibliothek*, Berlin, 2000, p.4708. 니체가 베르너 좀바르트를 통해 슘페터식 경제학에 미친 영향에 대해 알고 싶으면 Erik Reinert & Hugo Reinert, "Creative Destruction in Economics: Nietzsche, Sombart, Schumpeter", Jürgen Backhaus & Wolfgang Drechsler (eds.), *Friedrich Nietzsche 1844~2000: Economy and Society*, Boston, 2006.

14 Carlota Perez, *Technological Revolutions and Financial Capital. The Dynamics of Bubbles and Golden Ages*, Cheltenham, 2002 및 Erik Reinert (ed.), *Globalization, Economic Development and Inequality: An Alternative Perspective*, Cheltenham, 2004에 그녀가 쓴 "Technological Revolutions, Paradigm Shift and Socio-Institutional Change" 장을 참조하라.

15 기술 변화의 결실이 경제에서 어떻게 확산되는지에 관해 더 전반적인 논의가 필요하면 Erik Reinert, "Catching-up From Way Behind—A Third World Perspective on First World History", Jan Fagerberg, Bart Verspagen & Nick von Tunzelmann (eds.), *The Dynamics of Technology, Trade, and Growth*, Aldershot, 1994, pp.168~97을 참조하라.

16 이것은 흔히 '경로 의존성'이라 부르기도 한다. W. Brian Arthur, *Increasing Returns and Path Dependency in the Economy*, Ann Arbor, 1994. 그러나 나중에 수확 체감 역시 고전적 개발 경제학에서의 악순환이라는 형태의 경로 의존성을 유발한다는 것을 보게 될 것이다.

17 다니엘 레이먼드와 매슈 캐리의 저술, 그리고 헨리 클레이에 대한 슈츠의 연구(1887)에 수록된 참고문헌을 보라. 대서양 양안에서 사용되던 산업화를 지지하는 주장의 유사점에 대해 알려면 Charles Patrick Neill, *Daniel Raymond. An Early Chapter in the History of Economic Theory in the United States*, Baltimore, 1897을 참조하라.

18 Raymond Vernon, "International Investment and International Trade in the Product Cycle", *Quarterly ournal of Economics*, May 1966 and Louis T. Wells

(ed.), *A Product Life Cycle for International Trade?*, Boston, 1972.
19 서구에 이 아이디어를 처음 소개한 것은 카나메 아카마쓰의 논문 "A Theory of Unbalanced Growth in the World Economy", *Weltwirtschaftliches Archiv*, no.86, 1961, pp.196~217이었다.
20 이 시스템은 스칼라 모빌레(scala mobile) 혹은 에스컬레이터라 불렸다.
21 John Kenneth Galbraith, *The World Economy Since the Wars*, London, 1995, p.83.
22 Henry Morgenthau Jr., *Germany is Our Problem. A Plan for Germany*, New York, 1945.
23 Nicholas Balabkins, *Germany Under Direct Controls. Economic Aspects of Industrial Disarmament 1945~1948*, New Brunswick, 1964.
24 John Stuart Mill, *Principles of Political Economy*, London, 1848/1909, p.176.
25 Jared Diamond, *Collapse*, New York, 2005.
26 Hans Singer, "The Distribution of Gains between Investing and Borrowing Countries", *American Economic Review*, 40, 1950, pp.473~85.

5장 세계화와 원시화, 가난한 나라는 왜 더 가난해지는가

1 1980년에 내 학위 논문 "국제 무역과 저개발의 경제 구조(International Trade and the Economic Mechanisms of Underdevelopment)"는 이것을 비대칭적 국제 무역에서의 승자 제거의 효과라고 설명한다. 이 효과는 야로슬라브 바넥의 분석에서 힌트를 얻었다. 한 나라에서 가장 앞선 부문은 수확 체증 효과와 대규모 기술 투자하에서 작동된다. 더 규모가 큰 외국 시장을 등에 업고 들어온 경쟁자는 가격 면에서 이점을 가지게 되며, 따라서 각 산업 부문의 몇 안 되는 제조업 회사는 판매량이 줄어들어 쉽게 무너질 것이다. 다른 부문에서는 수요 감소가 일어나 제조업과는 또 다른 효과를 유발한다. 주택 페인트공 한 명이 얻는 일감은 적어지겠지만 주택 칠하기는 하나의 직업이 될 것이다. 1980년 학위 논문에서 밝혀졌듯이 원자재 생산 분야에서는 수요가 감소하면 한 국가의 단위 생산비가 하락하는데, 한계에 다다른 토지와 광산이 쓸모가 없어지기 때문이다. 따라서 생산량의 축소는 단위 생산비를 더 떨어뜨리게 된다. 이는 제조업과는 정반대 효과이다. 제조업에서는 수확 체증과 큰 '최소 유효 크기'가 흔히 갑작스러운 자유 무역으로 인해 경제 전체가 뜻밖에 몰락하는 결과를 낳기도 하기 때문이다.

2 Reyes Fernández Duran, *Jerónimo de Uztáriz(1670~1732). Una Política Económica para Felipe V*, Madrid, 1999, pp.230~33.

3 Elliot Roosevelt, *As He Saw It*, New York, 1946.

4 Sylvi Endresen, *Modernization Reversed? Technological Change in Four Asian Fishing Villages*, ph.D. thesis, University of Oslo, 1994.

5 Johann Heinrich von Thünen, *Der isolierte Staat in Beziehung auf Landwirtschaft und Nationalökonomie, oder Untersuchungen über den Einfluss, den die Getreidepreise, der Reichtum des Bodens und die Abgaben auf den Ackerbau ausüben*, Hamburg, 1826.

6 John Stuart Mill, *Principles of Political Economy*, London, 1848/1909, p.177.

7 Mario Cimoli (ed.), *Developing Innovation System: Mexico in a Global Context*, London, 2000.

8 몽골에서의 탈산업화에 대한 더 풍부한 설명이 필요하면 Erik Reinert, "Globalization in the Periphery as a Morgenthau Plan: The Underdevelopment of Mongolia in the 1990s", Reinert (ed.), *Globalization, Economic Development and Inequality: An Alternative Perspective*, Cheltenham, 2004, pp.115~56.

9 Miltiades Chacholiades, *International Trade Theory and Policy*, New York, 1978, p.343.

10 1980년에 쓴 학위 논문 "International Trade and the Economic Mechanisms of Underdevelopment"에는 이런 사례가 여러 가지 실려 있다.

11 이것은 라이너트가 쓴 『국제 무역(International Trade)』에서 더 폭넓게 논의되고 있다.

12 레이먼드 버논과 루이스 웰스의 연구가 앞의 4장에 언급되어 있다. Raymond Vernon, "International Investment and International Trade in the Product Cycle", *Quarterly Journal of Economics*, vol.80, May 1966, pp.190~207 및 Louis Wells, *The Product Life Cycle and International Trade*, Boston, 1972. 이것은 '불균등 교환'에 관한 마르크스주의자들의 논쟁과 함께 라이너트의 『국제 무역』에서 광범위하게 논의되어 있다.

13 Derek Aldcroft & Ross Catterall (eds.), *Rich Nations—Poor Nations. The Long Run Perspective*, Aldershot, 1996, pp.161~88에 수록된 Erik Reinert, "The Role of Technology in the Creation of Rich and Poor Nationsl: Underdevelopment in a Schumpeterian System"을 참조하라.

14 Fernando Ortiz, *Cuban Counterpoint. Tobacco and Sugar*, New York, 1947. 스페인어 원본은 1940년에 하바나에서 출간되었다.

15 Charles-Louis de Secondat, Baron de Montesquieu, *The Spirit of the Laws*, New York, 1949, p.273.

16 Carlota Perez, *Technological Revolutions and Financial Capital. The Dynamics of Bubbles and Golden Ages*, Cheltenham, 2002.

17 *Report by His Majesty's Consul at Iquitos on his Tour in the Putumayo District, Presented to both Houses of Parliament by Command of His Majesty*, London, 1913을 참조하라. *Index and Digest of Evidence to the Report and Special Report from the Select Committee on Putumayo*, London, 1913을 보면 제출된 보고서의 전체 페이지가 13,000쪽을 넘는다. 색인만 해도 폴리오 크기(2절)로 90쪽이다. 여기에는 당시 일어난 사건들에 대한 광범위한 서지 목록이 있다.

18 Mario Cimoli & Jorge Katz, "Structural Reforms, Technological Gaps and Economic Development: a Latin American Perspective", *Industrial and Corporate Change*, vol.12, no.2, 2003, pp.387ff.

19 Jürgen Backhaus & Wolfgang Drechsler (eds.), *Friedrich Nietzsche 1844~2000: Economy and Society*, Boston, 2006에 수록된 Erik Reinert & Hugo Reinert, "Creative Destruction in Economics: Nietzsche, Sombart, Schumpeter"를 참조하라.

20 Jacob Burckhardt, *Reflections on History*, London, 1943, p.214.

21 내 논문 "The Economics of Reindeer Herding: Saami Entrepreneurship between Cyclical Sustainability and the Powers of State and Oligopolies", *British Food Journal*, vol.108, no.7, 2006, pp.522~40에 영어로 된 요약문이 붙어 있다.

22 데이비드 리카도와 폴 새뮤얼슨이 무엇을 의도했든지 간에 그들의 이론은 이런 식으로 해석되었다. 앞에서 언급된 세계무역기구 사무총장의 인용문과 비교해 보라.

23 Milton Friedman, "The Methodology of Positive Economics", *Essays in Positive Economics*, Chicago, 1953.

24 Erik Reinert, "The Role of the State in Economic Growth", *Journal of Economic Studies*, vol.26(4/5), 1999에서 인용했다.

25 원래는 Jorge Luis Borges, *Otras Inquisiciones*, Buenos Aires, 1952로 발간되었다.

26 John Maynard Keynes, *The General Theory of Employment, Interest and Money*, London, 1936의 마지막 말.

6장 실패의 핑계, 역사의 종말에 등장한 훈제 청어

1 1872년에 열린 사회정책학회의 창립 모임에서 구스타프 슈몰러는 자신들이 제기하는 도전에 대해 이렇게 설명했다. "우리 사회에서 기업가와 노동자, 유산 계급과 무산 계급을 갈라놓는 뿌리 깊은 분열은 사회 혁명에 대한 위협을 의미한다. 이 위협은 더 가까이 다가

와 있다. 폭넓게 보면 오늘날의 시장을 지배하고 있으며, 또 경제학 회의에서 표명되었던 경제 정책들이 영구히 그 지배력을 유지할 것인가에 대한 심각한 의문이 생겼다. 기업을 운영할 자유권을 도입하고 길드에 부과되었던 중세적 입법을 제거하는 것이 정말로 그런 전통을 가진 열혈 분자들이 예견하는 완벽한 경제 여건을 창출할 것인가?" Verein für Socialpolitik (sic), *Verhandlungen der Eisenacher Versammlung zur Besprechung der Sozialen Frage am 6. und 7. October 1872*, Leipzig, 1873, p.3에 실린 글.

2 William Easterly, *The Elusive Quest for Growth: Economist' Adventure and Misadventure in the Tropics*, Cambridge, Mass., 2001 및 *The White Man's Burden: Why the West's Efforts to aid the Rest have done so much Ill and so little Good*, New York, 2006. 이 수치는 이스털리의 웹사이트 〈http://www.nyu.edu/fas/institute/dri/Easterly/〉에서 가져왔다.

3 Pietro Verri, *Mediazioni sulla Economia Politica*, Genoa, 1771, p.42. 이탤릭체는 필자가 추가.

4 폴 크루그먼의 신무역 이론에 쓰인 수확 체증과 수확 체감처럼 체계적으로 도입된 차이점들은 매번 여기서 주장한 바대로 한편에서는 발전을, 또 한편에서는 퇴보를 만들어 내는 시스템을 낳는다.

5 Eric Ross, *The Malthus Factor: Poverty, Politics and Population in Capitalist Development*, London, 1998.

6 마이클 포터가 말하는 클러스터의 중요성이 커짐에 따라 발전된 신고전주의식 클러스터 개념에서는 비즈니스 분야들 간에 지식을 주고받을 수는 있지만 상이한 경제 활동 간에 시너지를 만들어 내지는 못했다.

7 역사 서술에서 이런 것은 역사의 '명백한 운명'이라 불린다. 이 이론은 미국이 제국주의자가 될 때마다 주기적으로 등장한다. 멕시코 전체를 병합할 때(1840년대), 쿠바와 푸에르토리코와 필리핀을 병합할 때(1898년에서 제1차 세계 대전까지), 그리고 역사의 종말 시대의 제국주의가 그런 시기이다.

8 성인 인구 가운데 직업을 가진 사람이 최대 30퍼센트를 넘지 못하는 아이티에서 일하는 동료들은 이 점만으로도 워싱턴 기관의 자격 부족을 입증하기에 충분하다고 주장한다.

9 상이한 경제 활동은 자본 집중도 면에서 서로 다를 수 있다. 노동에 자본을 추가함으로써 성장이 창출된다면, 빈국들은 가장 많은 자본을 끌어들이는 경제 활동을 보호함으로써 이익을 얻을 수 있다. 그러나 국제 경제는 사실상 가장 단순한 방식의 무역 이론에 지배되고 있는데, 그 견해에는 자본이 빠진 상태에서 노동 시간의 교환 한 가지만이 논의의 본질을 이루고 있다.

10 위키피디아의 '미국식 시스템'에 유익한 항목이 있다.
11 이 요약문이 1947년의 마셜 플랜이 나오게 만든 종류의 이해와 얼마나 크게 다른지에 유의할 필요가 있다. 1930년대에 발생한 재앙의 결과ー또 전후에 대개 겪는 불황을 예상했기 때문에ー위의 여섯 가지 요점은 모두 그 분석의 핵심이다.
12 내가 보기에 '신성장 이론'에는 핵심 가정을 지키려는 관행이 포함되어 있다. 이 책은 '평등성 가정'을 없애 버려야 한다고 주장한다. 기술 변화와 수확 체증, 경제 성장의 특정 활동 의존적 성향을 도입하여 추상화의 정도를 낮추려는 것이다.
13 다음에 나오는 내용에서 분명히 알게 되겠지만 이와 같은 초대에는 돈을 주지 않았다.
14 전통적인 용례에 근거하여 설명해 보면 '순차적 이용권(sequential usufruct)'이란 어떤 토지를 상이한 집단이 한 해 동안 각기 다른 시기에 사용한다는 뜻이다. 여기에는 자본주의적인 의미의 재산권은 없다. 이 시스템은 오늘날 휴양지 리조트에서 흔히 활용되고 있는 '콘도의 시간제 공유 제도'와 가장 비슷하다.
15 이 부분은 내 논문 'Institutionalism Ancient, Old and New : a Historical Perspective on Institutions and Uneven Development', Research Paper no. 2006/07, United Nations University, Helsinki, 2006에 자세하게 논의되어 있다.
16 Ha-Joon Chang & Peter Evans, "The Role of Institutions in Economic Change", Silvana de Paula and Gary Dymski (eds.), *Reimagining Growth*, London, 2005, p.99; 이 내용은 〈http://www.othercanon.org〉에서 다운 받을 수 있다.
17 Hans Baron, *The Crisis of the Early Italian Renaissance*, Princeton, 1966, p.207.
18 Fancis Bacon, *Novum Organum*, Book 1, Section CXXIX; 〈http://www.constitution.org/bacon/nov_org.htm〉에서 읽을 수 있다.
19 카를로타 페레스는 Erik Reinert (ed.), *Globalization, Economic Development and Inequality: An Alternative Perspective*, Cheltenham, 2004에 포함된 장에서 기술 변화가 제도적 '상식'에 어떻게 영향을 미치는지를 설득력 있게 보여 준다.
20 Giovanni Botero, *Della ragione di stato. Libri dieci*, Rome, 1590. *Delle cause della grandezza delle città*, libri tre도 함께 수록되어 있다; 영어본은 New Haven, 1956.
21 시간이 흐름에 따라 독일 발전 이론의 주목할 만한 연속성에 대해서는 Jomo K. S. & Erik Reinert (eds.), *Origins of Development Economics*, London and New Delhi, 2005, pp.48~68에 수록된 Erik Reinert, "German Economics as Development Economics: From the Thirty Years War to World War II"를 참조하라.
22 Francis Fukuyama, *The End of History and the Last Man*, New York, 1992, p.223.

23 이 부문은 내 논문 "Competitiveness and Its Predecessors—a 500 Year Cross-National Perspectives", *Structural Change and Economic Dynamics*, vol.6, 1995, pp.23~42를 기반으로 한 것이며, 인용문 출처도 함께 수록되어 있다.
24 Michael Porter, *The Competitive Advantage of Nations*, New York, 1990, p.6.
25 역시 내 논문 "Competitiveness and Its Predecessors—a 500 Year Cross-National Perspective", *Structural Change and Economic Dynamics*, vol.6, 1995, pp.23~42에서 인용했다.
26 물론 가격도 하락하지만 여기서의 핵심은 임금 또한 오른다는 데에 있다.
27 Hans Singer, "The Distribution of Gains between Investing and Borrowing Countries", *American Economic Review*, vol.40, 1950, pp.473~85.
28 Niall Fergusson, *Colossus. The Rise and Fall of the American Empire*, London, 2005, pp.174~81.
29 천연자원이 풍부한 나라들은 교역 가능한 가공품 생산을 특화하는 나라들보다 덜 성장한다는 것을 밝히는 경험적 조사가 제프리 색스와 앤드루 워너(Andrew Warner)에 의해 소개되었다. "Natural Resource Abundance and Economic Growth", National Bureau of Economic Research Working Papers, 5398, 1995. 하지만 이 글의 필자들은 그런 차이를 일으키는 원인을 설명하지 못했으며, 그런 주장을 제시한 다음에는 자유무역이 관련된 모든 당사자들에게 이롭다는 주장으로 넘어간다.
30 이 부문은 하버드 비즈니스 스쿨의 브루스 스콧 교수와 논의하는 과정에서 힌트를 얻었다.
31 "A New Zealand Colonist"(F. J. Moss), *Notes on Political Economy from the Colonial Point of View*, London, 1897, pp.41~44.
32 "그러므로 이제 너희들은 저주 받았도다. 너희 부족들 모두가, 내 하나님의 집을 위해 나무 패며 물 긷는 자가 되리라."(여호수아서 9:23)
33 Jeffrey Sachs, *The End of Poverty: Economic Possibilities for Our Time*, New York, 2005.

7장 임시변통의 경제학, 밀레니엄 개발 목표가 잘못된 생각인 까닭

1 Erik Reinert, "Development and Social Goals: Balancing Aid and Development to Prevent 'Welfare Colonialism'", United Nations Department of Economic and Social Affairs, DESA Working Paper No.14, 2006; 〈http://www.un.org/esa/desa/papers/〉에서 다운 받을 수 있다.

2 이 분석은 국내총생산에 포함되는 자영업자들의 임금과 소득이 거의 모든 나라에서 하락하고 있는 데 비해, FIRE(금융, 보험, 부동산업)에 종사하는 사람들의 임금은 높아진다는 사실로 인해 더 복잡해진다. 임금 노동자/자영업자가 국내총생산에서 차지하는 몫은 노르웨이에서는 70퍼센트이고, 페루에서는 23퍼센트가량이다.

3 Stein Hansen, Jam Hesselberg & Helge Hweem (eds.), *International Trade Regulation, National Development Strategies and the Environment: Towards Sustainable Development?*, Oslo, 1996에 수록된 Erik Reinert, "Diminishing Returns and Economic Sustainability: The Dilemma of Resource-Based Economies Under a Free Trade Regime"을 참조하라. 그리고 Jared Daimond, *Collapse*, New York, 2005의 르완다에 관한 장을 보라.

4 Jacob Schoenhof, *The Destructive Influence of the Tariff Upon Manufacture and Commerce and the Figures and Facts Relating Thereto*, New York, 1883.

5 Erik Reinert, "Raw Materials in the History of Economic Policy; or Why List(the Protectionist) and Cobden(the Free Trader) Both Agreed on Free Trade in Corn", Gary Cook (ed.), *The Economics and Politics of International Trade*, vol.2, *Freedom and Trade*, London, 1998.

6 Adam Smith, *The Theory of Moral Sentiments* in *Collected Works*, London, 1759/1812.

7 Adam Smith, *An Inquiry into the Nature and Causes of the Wealth of Nations*, Chicago, 1776/1976, vol.I, pp.486~87.

8 앞의 책 p.477.

9 예를 들면 Steven Kaplan, *Bread, Politics and Political Economy in the Reign of Louis XV*, The Hague, 1976 같은 책을 참조하라.

10 이런 비대칭성이 프랭크 그레이엄의 1923년 논문에서 제기된 논지의 핵심이다(부록 3). 이 논문은 폴 크루그먼의 신무역 이론이 수록된 *Rethinking International Trade*, Cambridge, Mass., 1990에서 인용했다.

11 Richard R. Nelson, "Economic Development from the Perspective of Evolutionary Economic Theory", *The Other Canon Foundation and Tallinn University of Technology Working Papers in Technology Governance and Economic Dynamics*, no.2, 2006; ⟨http://hum.ttu.ee/tg/⟩에서 다운 받을 수 있다.

12 앞의 책.

13 Jan Kregel, "External Financing for Development and International Financial

Stability", Discussion Paper Series, no.32, UNCTAD, Geneva, 2004.
14 그런 예로 이 책의 앞부분에서 언급된 다니엘 레이먼드와 매슈 캐리의 연구를 보라.
15 이 통찰을 공식화한 데 대해 카를로타 페레스에게 감사한다.
16 하지만 반드시 1인당 국내총생산의 하락이 아닐 수도 있다. 이 장의 주 2를 참조하라.
17 이 관세 수준은 Frank Taussig, *The Tariff History of the United States*, New York, 1897, p.222에 입각하여 계산될 수 있다.
18 철강 관세가 나중에 최대 100퍼센트까지 높아진 것은 기술 변화의 결과인 동시에 관세가 가격이 아니라 무게(1톤당 달러)를 기준으로 하는 상황에서 가격이 급락했기 때문이다.
19 Richard R. Nelson & Sidney G. Winter, *An Evolutionary Theory of Economic Change*, Cambridge, Mass., 1982.
20 베르너 좀바르트는 유대교의 역할을, 막스 베버는 개신교의 역할을 강조했다.
21 Richard Tawney, *Religion and the Rise of Capitalism. A Historical Study*, London, 1926.
22 Johann Friedrich von Pfeiffer, *Vernischte Verbesserungsvorschläge und freie Gedanken*, vol.2, Frankfurt, 1778.
23 Hans W. Singer, "The Distribution of Gains between Investing and Borrowing Countries", *American Economic Review*, 40, 1950, pp.473~85.
24 그것이 이 책 3장에서 논의된 바 있는 주택 페인트공의 사례와 비슷하게 규모 대비 수확 체감이 아니라 수확 불변에 속하는 예외이다.
25 Charles King, *The British Merchant; or Commerce Preserv'd*, London, 1721, 3 volumes.
26 제조품은 수확 체증하에서 생산되며 원자재는 수확 체감하에서 생산된다고 가정하면, 이는 크루그먼의 신무역 이론과 완벽하게 양립 가능하다. Krugman, *Rethinking International Trade*, 1990을 참조하라.
27 Robert Paine (ed.), *The White Arctic. Anthropological Essays on Tutelage and Ethnicity*, St. Johns, Newfoundland, 1977.
28 Lena Lavinas & Eduardo Henrique Garcia, *Programas Sociais de Combate à Fome. O legado dos anos de estabilização econômica*, Rio de Janeiro, 2004.
29 Richard Herrnstein & Charles Murray, *The Bell Curve: Intelligence and Class Structure in American Life*, New York, 1994, p.526.
30 "따라서 어떤 제품 X(이것의 생산 기능이 규모에 대한 수확 체증을 특징으로 하는 제품)의 생산에 완전히 특화하게 되는 나라는 다른 나라로 소득을 이전하는 데(매년) 동의할 것이고,

그 나라는 또 다른 제품 Y(즉 그 생산 기능이 규모에 대한 수확 불변을 특징으로 하는 제품)의 생산에 완전히 특화하는 데에도 동의하게 될 수 있다", Miltiades Chacholiades, *International Trade Theory and Policy*, New York, 1978, p.199; 또 Reinert, *International Trade*도 참조하라.

31 유럽에서의 이런 부정적 변화는 Erik Reinert & Rainer Kattel, "The Qualitative Shift in European Integration: Towards Permanent Wage Pressures and a 'Latin-Americanization' of Europe", Working Paper no.17, Praxis Foundation, Estonia, 2004; ⟨http://www.praxis.ee/data/WP_17_2004.pdf⟩에서 다운 받을 수 있다; 그리고 Erik Reinert, "European Integration, Innovations and Uneven Economic Growth: Challenges and Problems of EU 2005", Ramón Compañó et al. (eds.), *The Future of the Information Society in Europe: Contributions to the Debate*, Seville, 2006, pp.124~52; ⟨http://hum.ttu.ee/tg/⟩에서 Working Paper no.5로 다운 받을 수 있다.

32 도시의 역할에 관한 제인 제이콥스의 연구도 출발점은 다르지만 리스트와 동일한 결론에 도달한다.

33 그가 1791년에 쓴 *Report on the Subject of Manufactures*에 있다.

34 Friedrich Nietzsche, *Thus spoke Zarathustra*, London, 1968, p.17.

8장 '올바른 경제 활동', 혹은 중간 소득 국가를 만드는 잃어버린 기술

1 Milton Friedman, *Essays in Positive Economics*, Chicago, 1953, p.14.

2 이런 책들 가운데 가장 먼저 나온 것은 1952년에 출간된 『미국의 자본주의: 대항 세력의 개념(*American Capitalism: The Concept of countervailing power*)』이다.

3 독립한 아일랜드의 산업 정책은 케인스가 1933년 더블린의 유니버시티 칼리지에서 행한 연설에서 권고한 노선을 따랐다. 그 연설문은 나중에 책에서 "자족 국가론(National Self-Sufficiency)"으로 소개되었다(참고문헌을 볼 것). 이 연설에서 케인스는 자유 무역이라는 현명함에 관한 자신의 견해를 어떤 식으로 왜 바꾸게 되었는지를 설명한다. 핀란드는 1850년대 들어서자 수입 대체 정책을 따랐다. 이 점에 대해서는 Heimer Björkqvist, *Den Nationalekonomiska Vetenskapens Utveckling i Finland intillår 1918*, Åbo (Turku), 1986. 특히 p.156 이후를 참조하라.

4 논의가 필요하면 ⟨http://www.oecd.org/dataoecd/55/49/34267902.pdf⟩에 가서 다음 논문을 찾아보라. Nathan Rosenberg, "Innovation and Economic Growth".

5 내 논문은 출판되지 않았다. 1980년 4월에 코넬 대학교에서 심사를 통과하기 직전에 심

사 위원회 의장이 전형적인 미국적 방식으로 좋은 소식과 나쁜 소식을 비공식적으로 내게 전했다. 좋은 소식은 내가 경제학에 중요하고도 독창적인 기여를 했다는 것이고, 나쁜 소식은 그가 보기에 나는 대학에서 경제학사로서 일자리를 절대 얻지 못하리라는 것이다. 내가 말하려는 것이 학계에서 통용되는 것과는 양립 불가능했다. 하버드 대학교 MBA 출신이니 어떤 식으로든 생계는 꾸려 갈 수 있지 않겠느냐는 것이 그의 공정한 의견이었다. 실제로 노르웨이 대학교 출판부는 1980년에 그 논문을 출판하는 대신에 경제학자 집단에 대한 비판을 삭제해야 한다는 조건을 내걸었다. 정치적 좌파와 우파들이 모두 소중히 여기고 있던 리카도에게서 가져온 요소를 비판했으니, 나는 2장에서 설명한 바 있는 처지가 되었다. 리카도에게로 소급되지 않는 것은 전적으로 주류 경제학에 속하지 않는 것으로 규정된다. 한동안 경제학에 신물이 난 나는 논문을 조금도 수정하지 않겠다고 거절했으며, 그 뒤 11년 동안 사업을 하면서 비리카도적인 나의 관점을 공유하는 오래전에 죽은 경제학자들이 쓴 책을 수집했다.

6 "Catching-up From Way Behind—A Third World Perspective on First World History", Jan Fagerberg, Bart Verspagen, Nick von Tunzelmann (eds.), *The Dynamics of Technology, Trade, and Growth*, Aldershot, 1994, pp.168~97.

7 인용 허락 받음.

8 1947년 3월 18일자 후버의 보고서 3번은 Erik Reinert, "Globalization in the Periphery as a Morgenthau Plan: The Underdevelopment of Mongolia in the 1990s"에서 인용했다. 이것은 Erik Reinert (ed.), *Globalization, Economic Development and Inequality: An Alternative Perspective*, Cheltenham, 2004에 수록되어 있다.

9 Alfred Marshall, *Principles of Economics*, London, 1890, p.201.

10 이 주제는 Liah Greenfield, *The Spirit of Capitalism, Nationalism and Economic Growth*, Cambridge, Mass., 2001에서 잘 다루고 있다.

11 Lionel Robbins, *The Theory of Economic Policy in English Classical Economics*, London, 1952, pp.10~11.

12 메헬렌은 벨기에의 한 마을이다.

13 이들은 경제 문제에 대해 통화 측면에서 해결책을 찾으려는 경향이 있는 전형적인 경제학자들이다. 1600년대 초반에는 이런 통화론자들과 생산의 역할 및 실물 경제를 강조하는 그들의 맞수들 사이에 피 튀기는 논쟁이 벌어졌다. 1622~23년에 있었던 한 논쟁에서 멜린즈와 그의 맞수인 에드워드 미셀든은 7개 국어로 서로에게 욕설을 퍼부었다. 안토니오 세라의 책도 통화론자인 마르크 안토니오 데 산티스에게 맞섰던 동일한 유형의 논쟁 중 일부로 그 10년 전에 집필된 것이다.

14 이런 기간 구분에 대해 나는 "Karl Bücher and the Geographical Dimensions of Techno-Economic Change', Jürgen Backhaus (ed.), *Karl Bücher: Theory—History—Anthropology—Non-Market Economics*, Marburg, 2000에서 논의한다.
15. Johann Heinrich von Thünen, Der isolierte Staat in Beziehung auf Landwirtschaft und Nationalökonomie, oder Untersuchungen über den Einfluss, den die Getreidepriese, der Reichtum des Bodens und die Abgaben auf den Ackerbau ausüben, Hamburg, 1826.
16 민주주의와 발전의 관계에 대해 오늘날 논의된 해설이 필요하면 James Galbraith, "Development's Discontents. How to explain the link between economics and democracy—and how not to", *Democracy. A Journal of Ideas*, Issue 2, Fall 2006, pp.108~15를 참조하라.
17 Ferdinando Galiani, *Dialogue sur le commerce des bleds*, Milan, 1770/1959.
18 이 점에 대해서는 앞의 주 14에서 말한 논문에서 논의한 바 있다.
19 David Landes, *The Wealth and Poverty of Nations*, New York, 1988, p.350.
20 경제학자들은 이 점을 보몰의 법칙이라 부른다. 교향악단이나 간호사가 품질을 희생시키지 않고 효율성을 올리기는 힘들다. 자동차 생산에는 이런 문제가 없다. 이는 제조업과 전통적 서비스의 소비 행태가 똑같다 할지라도 경제 내에서 서비스업 종사자가 차지하는 비율이 제조업 부문 종사자와 반비례하여 늘어난다는 뜻이다.
21 노동자들이 단조로운 조립 라인 작업을 하기 싫어하는 점도 있고 하여 이면은 이보다 훨씬 더 복잡하다.
22 UNCTAD, Unied Nation Conference on Trade and Development, *The Least Developed Countries Report 2006. Developing Productive Capacities*, Geneva, 2006; ⟨http://www.unctad.org/en/docs/idc2006_en.pdf⟩에서 다운 받을 수 있다.

참고문헌

Abramovitz, Moses, "Resource and Output Trends in the United States since 1870" in *American Economic Review*, vol.46, no.2, 1956, pp.5-23.

Abramovitz, Moses, "The Search for the Sources of Growth: Areas of Ignorance, Old and New" in *The Journal of Economic History*, vol.53, no.2, 1993, pp.217-43.

Akamatsu, Kaname, "A Theory of Unbalanced Growth in the World Economy" in *Weltwirtschaftliches Archiv*, no.86, 1961, pp.196-217.

Åkerman, Johan, *Politik och Ekonomi i Atomålderns Värld*, Natur och Kultur, Stockholm, 1954.

Amsden, Alice, *Asia's Next Giant: South Korea and Late Industrialization*, Oxford University Press, New York, 1989.

A New Zealand Colonist, 1897 (F. J. Moss), *Notes on Political Economy from the Colonial Point of View. By a New Zealand Colonist*, Macmillan, London, 1897.

Anonymous, *Relazione di una scorsa per varie provincie d'Europa del M. M.... a Madama G in Parigi*, Monastero di S. Salvatore, Pavia, 1786.

Arther, W. Brian, "Competing technologies, increasing returns and lock-in by historical events" in *Economic Journal*, 99, pp.116-31, 1989.

Arthur, W. Brian, *Increasing Returns and Path Dependency in the Economy*, University of Michigan Press, Ann Arbor, 1994.

Ashworth, William J., *Customs and Excise. Trade, Production and Consumption in England 1640-1845*, Oxford University Press, Oxford, 2003.

Babbage, Charles, *On the Economy of Machinery and Manufactures*, Charles Knight, London, 1832.

Bacon, Francis, *The Advancement of Learning*, Clarendon press, Oxford, 1605/1974.

Bacon, Francis, *Novum Organum*, Joannem Billium, Typographum Regium, London, 1620.

Balabkins, Nicholas, *Germany Under Direct Controls. Economic Aspects of Industrial Disarmament 1945-1948*, Rutgers University Press, New Brunswick, 1964.

Baron, Hans, *The Crisis of the Early Italian Renaissance*, Princeton University Press, Princeton, 1966.

Berch, Anders, *Innledning til Almänna Hushålningen, innefattande Grunden til Politie, Oeconomie och Cameral Wetenskaparne*, Lars Salvius, Stockholm, 1747.

Bernal, Martin, *Black Athena: The Afroasiatic Roots of Classical Civilization*, Rutgers University Press, New Brunswick, NJ, 1991.

Bhagwati, Jagdish, *Free Trade Today*, Princeton University Press, Princeton, 2002.

Biernacki, Richard, *The Fabrication of Labour: Germany and Britain, 1640-1914*, University of California Press, Berkeley, 1995.

Björkqvist, Heimer, Den Nationalekonomiska Vetenskapens Utveckling i Finland intill år 1918, Åbo Akademi, Åbo (Turku), 1986.

Blaug, Mark, "The Problem with Formalism: An Interview with Mark Blaug" in *Challenge*, May/June 1998; downloadable at <http://www.btinternet.com/~pae_news/Blaug1.htm>.

Borges, Jorge Luis, *Otras Inquisiciones*, Emecé Editores, Buenos Aires, 1952.

Botero, Giovanni, *Della ragione di stato. Libri dieci*; this work also contains *Delle cause della grandezza delle città, libri tre*, Vicenzio Pellagallo, Rome, 1590; English translation, *The Reason of State*, Yale University Press, New Haven, 1956.

Botero, Giovanni, *Le Relationi Universali, diviso in sette parti*, Alessandro Vecchi, Venice, 1622.

Buchanan, James, *What Should Economists Do?*, Liberty Press, Indianapolis, 1979.

Burckhardt, Jacob, *Reflections on History*, Allen & Unwin, London, 1943

Campanella, Tommaso, *The City of the Sun*, University of California Press, Berkeley, 1602/1981, Carey, Mathew, *Essays on Political Economy; or, the Most Certain Means of Promoting the Wealth, Power, Resources and Happiness of Nations: Applied Particularly to the United States*, H. C. Carey & I. Lea, Philadelphia, 1822.

Carey, Mathew, *Displaying the Rise and Progress of the Tariff System of the United States: the Various Efforts Made from the Year 1819, to Establish the Protecting System; Its Final Triumph in the Tariff of 1824*, Thomas B. Town, Philadelphia, 1833.

Carey, Henry C., *Commerce, Christianity and Civilization versus British Free Trade. Letters in Reply to the London Times*, Collins, Philadelphia, 1876.

Carl, Ernst Ludwig, *Traité de la Richesse des Princes, et de leurs Etats: et des Moyens Simples et Naturels Pur y Parvenir*, 3 volumes, Theodore Legras, Paris, 1722-3.

Carpenter, Kenneth, *The Economic Bestseller Before 1850*, Bulletin no.11, May 1975, of the Kress Library of Business and Economics, Harvard Business School, Boston, 1975. Downloadable at <http://www.othercanon.org>.

Cary, John, *An Essay on the State of England in Relation to its Trade, its Poor, and its Taxes, for Carrying on the Present War against France*, W. Bonny, for the author, Bristol, 1695.

Cary, John, *A Discourse on Trade and Other Matters Relative to it*, T. Osborne, London, 1745.

Chacholiades, Miltiades, *International Trade Theory and Policy*, McGraw-Hill, New York, 1978.

Chang, Ha-Joon, *kicking Away the Ladder: Development Strategy in Historical Perspective*, Anthem, London, 2002.

Chang, Ha-Joon (ed.), *Rethinking Development Economics*, Anthem, London, 2003.

Chang, Ha-Joon and Peter Evans, "The Role of Institutions in Economic Change" in Silvana de Paula and Gary Dymski (eds), *Reimagining Growth*, Zed, London, 2005, pp.99-140.

Child, Joshua, *Brief Observations Concerning Trade and Interest of Money*, Elizabeth Calvert and Henry Mortlock, London, 1668.

Child, Joshua, *A Treatise Concerning the East-India Trade*, printed for the Honourable the East India Company, London, 1681.

Cimoli, Mario (ed.), *Developing Innovation Systems. Mexico in a Global Context*, Continuum, London, 2000.

Cimoli, Mario and Jorge Katz, "Structural Reforms, Technological Gaps and Economic Development: a Latin American Perspective" in *Industrial and Corporate Change*, vol.12, issue 2, 2003, pp.387-411.

Cimoli, Mario, Giovanni Dosi, Richard Nelson and Joseph Stiglitz, *Institutions and Policies Shaping Industrial Development: An Introductory Note*, Working Paper, Initiative for Policy Dialogue, Columbia University, 2006.

Clark, Colin, *The Conditions of Economic Progress*, Macmillan, London, 1940.

Cruikshank, Jeffrey L., *A Delicate Experiment. The Harvard Business School 1908-1945*, Harvard Business School Press, Boston, 1987.

Cunningham, William, *The Rise and Decline of the Free Trade Movement*, Cambridge University Press, Cambridge, 1905.

de Marchi, Neil (ed.), *Non-Natural Social Science: Reflecting on the Enterprise of More Heat than Light*, Duke University Press, Durham, 1993.

Decker, Mathew, *An Essay on the Causes of the Decline of the Foreign Trade*, George Faulkner, Dublin, 1744.

Diamond, Jared, *Guns, Germs, and Steel: The Fates of Human Societies*, Norton, New York, 1997.

Diamond, Jared, *Collapse*, Viking, New York, 2005.

Dosi, Giovanni et al. (eds), *Technical Change and Economic Theory*, Pinter, London, 1988.

Drechsler, Wolfgang, "Christian Wolff (1679-1754): A Biographical Essay" in *European Journal of Law and Economics*, vol.4, nos. 2-3, Summer/Fall 1997, pp.111-128.

Drechsler, Wolfgang, "On the Possibility of Quantitative-Mathematical Social Science, Chiefly Economics" in *Journal of Economic Studies*, 27: 4/5, 2000, pp.246-59.

Drechsler, Wolfgang, "Natural versus Social sciences: on Understanding in Economics" in Erik S. Reinert (ed.), *Globalization, Economic Development and Inequality: An Alternative Perspective*, Edward Elgar, Cheltenham, 2004, pp.71-87.

Duran Ballén, Sixto, *A mi manera: Los años de Carondelet*, Editorial Universidad Andina Simón Bolívar, Quito, 2005.

Easterly, William, *The Elusive Quest for Growth: Economists' Adventure and Misadventure in the Tropics*, MIT Press, Cambridge, Mass., 2001.

Easterly, William, *The White Man's Burden: Why the West's Efforts to aid the Rest have done so much Ill and so little Good*, Penguin, New York, 2006.

Ellerman, David, *From the World Bank to an Alternative Philosophy of Development*

Assistance, University of Michigan Press, Ann Arbor, 2005.

Endresen, Sylvi, *Modernization Reversed? Technological Change in Four Asian Fishing Villages*, Ph.D. Thesis, Department of Human Geography, University of Oslo, 1994.

Evans, Peter, *Embedded Autonomy*, Princeton University Press, Princeton, 1995.

Ferguson, John, *Landmarks of Economic Thought*, Longmans, Green and Co., New York, 1938.

Fergusson, Niall, *Colossus. The Rise and Fall of the American Empire*, Penguin, London, 2005.

Fernández Duran, Reyes, *Jerónimo de Uztáriz (1670-1732). Una Política Económica para Felipe V*, Minerva, Madrid, 1999.

Foxwell, Herbert S., Foreword to Anton Menger, *The Right of the Whole Produce of Labour*, Macmillan, London, 1899.

Frank, Robert and Philip Cook, *The Winner-Take-All Society*, Free Press, New York, 1995.

Freeman, Christopher and Francisco Louçã?, *As Time Goes By. From the Industrial Revolutions to the Information Revolution*, Oxford University Press, Oxford, 2001.

Friedman, Milton, *Essays in Positive Economics*, University of Chicago Press, Chicago, 1953.

Fukuyama, Francis, *The End of History and the Last Man*, Free Press, New York, 1992.

Fukuyama, Francis, *After the Neocons. America at the crossroads*, Profile Books, London, 2006.

Galbraith, James, "Development's Discontents. How to Explain the Link between Economics and Democracy — and how not to" in *Democracy. A Journal of Ideas*, Issue 2, Fall 2006, pp.108-15.

Galbraith, John Kenneth, *American Capitalism: The concept of countervailing power*, Houghton Mifflin, Boston, 1952.

Galbraith, John Kenneth, *The World Economy Since the Wars*, Mandarin, London, 1995.

Galiani, Ferdinando, *Dialogues sur le Commerce des Bleds*, Ricciardi, Milan, 1770/1959.

Gasser, Simon Peter, *Einleitung zu den Oeconomischen, Politischen und Cameral-Wissenschaften*, in Verlegung des Waysenhauses, Halle, 1729.

Gee, Joshua, *Trade and Navigation of Great Britain Considered*, Bettesworth & Hitch, London, 1729.

Geertz, Clifford, *Local Knowledge. Further Essays in Interpretive Anthropology*, Basic Books, New York, 1983.

Genovesi, Antonio, *Storia del commercio della Gran Brettagna*, 3 volumes, Benedetto Gessari, Naples, 1757-8.

Giddens, Anthony, *The Third Way. The Renewal of Social Democracy*, Polity Press, Cambridge, 1998.

Graham, Frank, "Some Aspects of Protection Further Considered" in *Quarterly Journal of Economics*, vol.37, 1923, pp.199-227.

Greenfield, Liah, *The Spirit of Capitalism, Nationalism and Economic Growth*, Harvard University Press, Cambridge, Mass., 2001.

Hales, John, *A Compendious or Briefe Examination of Certayn Ordinary Complaints of Divers of Our Countrymen in These Our Dayes: Which Although ... in Some Parte Unjust and Frivolous, Yet Are All, by Way of Dialogue, Thoroughly Debated and Discussed*, Charles Marsh, London, 1561/1751.

Hamilton, Alexander, "Report on the Subject of Manufactures" (1791), reprinted in Frank Taussig (ed.), *State Papers and Speeches on the Tariff*, Harvard University, Cambridge, Mass., 1893.

Hamilton, Earl J., "Spanish Mercantilism before 1700" in Edwin Francis Gay, *Facts and Factors in Economic History — Articles by former Students*, Harvard University Press, Cambridge, Mass., 1932.

Harvard Business School, Division of Research, "Intellectual Innovation at the Harvard Business School. A Strategy", Harvard Business School, Boston, 1991.

Heaton, Herbert, *A Scholar in Action — Edwin F. Gay*, Harvard University Press, Cambridge, Mass., 1952.

Heilbroner, Robert, *Is Economics Relevant? A Reader in Political Economics*, Goodyear Publishing Company, Pacific Palisades, 1971.

Heilbroner, Robert, *The Wordly Philosophers*, 7th edition, Simon & Schuster, New Youk, 1999.

Hely-Hutchinson, John, *The Commercial Restraints of Ireland Considered in a Series of Letters to a Noble Lord*, William Hallhead, Dublin, 1779.

Hermann, Benedikt Franz, *Herrn Johann von Horneks Bemerkungen über die österreichische Staatsökonomie. Ganz umgearbeitet und mit Anmerkungen versehen*, Nikolai, Berlin, 1784.

Herrnstein, Richard J. and Charles Murray, *The Bell Curve: Intelligence and Class Structure in American Life*, Free Press, New York, 1994.

Hirschman, Albert O., *The Passions and the Interests. Political Arguments for Capitalism before Its Triumph*, Princeton University Press, Princeton, 1977.

Hobson, John M., *The Eastern Origins of Western Civilisation*, Cambridge University Press, Cambridge, 2004.

Hodgson, Geoffrey, *How Economics Forgot History: The Problem of Historical Specificity in Social Science*, Routledge, London, 2001.

Hodgson, Geoffrey, *The Evolution of Institutional Economics*, Routledge, London, 2004.

Hont, Istvan, *Jealousy of Trade: International Competition and the Nation State in Historical Perspective*, Harvard University Press, Cambridge, Mass., 2005.

Hörnigk, Philipp Wilhelm von, *Oesterreich über alles wann es nur will. Das ist: wohlmeinender Fürschlag Wie mittelst einer wolbestellten Lands-Oeconomie, die Kayserl. Erbland in kurzem über alle andere Staat von Europa zu erheben, und mehrals einiger derselben, von denen andern Independent zu machen. Durch einen Liebhaber der Kayserl. Erbland Wolfahrt*, no publisher, [Nuremberg], 1684.

Hume, David, *The History of England from the Invasion of Julius Caesar to the Revolution in 1688*, 6 volumes, A. Millar, London, 1767.

Jacobs, Jane, *Cities and the Wealth of Nations*, Random House, New York, 1984.

Jenkins, David, *The Textile Industries*, vol.8 of R. A. Church and E. A. Wrigley (eds), *The Industrial Revolution*, Blackwell, Oxford, 1994.

Jones, Richard, *An Essay on the Distribution of Wealth*, John Murray, London, 1831.

Justi, Johann Heinrich Gottlob von, *Vergleichungen der Europäischen mit den Asiatischen und andern vermeintlich Barbarischen Regierungen*, Johann Heinrich Rüdigers, Berlin, 1762.

Kaldor, Nichoals, "Alternative Theories of Distribution" in *Review of Economic Studies*, vol.XXIII, no.2, 1955-6; reprinted in *Essays on Value and Distribution*,

Free Press, Glencoe, Ill., 1960.

Kaplan, Steven, *Bread, Politics and Political Economy in the Reign of Louis XV*, Martinus Nijhoff, The Hague, 1976.

Keynes, John Maynard, *The End of Laissez-faire*, The Hogarth Press, London, 1926.

Keynes, John Maynard, *The General Theory of Employment, Interest and Money*, Macmillan, London, 1935.

Keynes, John Maynard, "National Self-Sufficiency" in *The Collected Writings of John Maynard Keynes*, vol.XXI, Macmillan, London, 1972, pp.233-46.

Keynes, John Maynard, "Herbert Somerton Foxwell" in *The Collected Writings of John Maynard Keynes*, vol.X, Macmillan, London, 1972, pp.267-96.

Keynes, John Neville, *The Scope and Method of Political Economy*, Macmillan, London, 1890.

King, Charles, *The British Merchant; or, Commerce Preserv'd*, 3 volumes, John Darby, London, 1721.

Koyré, Alexandre, *From the Closed World to the Infinite Universe*, Johns Hopkins University Press, Baltimore, 1957.

Kregel, Jan, "External Financing for Development and International Financial Stability", G-24 Discussion Paper Series, No.32, UNCTAD, Geneva, October 2004.

Kregel, Jan and Leonardo Burlamaqui, "Banking and Financing of Development: A Schumpeterian and Minskyan Perspective" in Silvana de Paula and Gary Dymski (eds), *Reimagining Growth*, Zed, London, 2005, pp.141-67.

Krugman, Paul, *Rethinking International Trade*, MIT Press, Cambridge, Mass., 1990.

Krugman, Paul, *Geography and Trade*, MIT Press, Cambridge, Mass., 1991.

Krugman, P. R., *Development, Geography, and Economic Theory*, MIT Press, Cambridge, Mass., 1995.

Krugman, Paul, "Ricardo's Difficult Idea. Why Intellectuals don't Understand Comparative Advantage" in Gary Cook (ed.), *The Economics and Politics of International Trade. Freedom and Trade*, vol.II, Routledge, London, 1998, pp.22-36.

Kuhn, Thomas, *The Structure of Scientific Revolutions*, University of Chicago Press, Chicago, 1962.

Laffemas, Barthélemy, *Reiglement* [sic] *general pour dresser les manufactures en ce royaume, et couper le cours des draps de soye, & autres merchandises qui perdent & ruynent l'Estat: qui est le vray moyen de remettre la France en sa splendeur, & de faire gaigner les pauvres...*, Claude de Monstr'oil and Jean Richter, Paris, 1597.

Landes, David, *The Wealth and Poverty of Nations*, Norton, New York 1998.

Lane, Frederick, *Profits from Power. Readings in Protection-Rent and Violence-Controlling Enterprises*, State University of New York Press, Albany, 1979.

Lavinas, Lena and Eduardo Henrique Garcia, *Programas Sociais de Combate à Fome. O legado dos anos de estabilização econômica*, eda UFRJ/IPEA, Cdeção Economia e Sociedade, Rio de Janeiro, 2004.

Lawson, Tony, *Economics & Reality*, Routledge, London, 1997.

List, Friedrich, *Das Nationale System der Politischen Oekonomie*, G. Cotta'scher Verlag, Stuttgart and Tübingen, 1841; English translation, *The National System of Political Economy*, Longman, London, 1885.

Lucas, Robert E., "On the Mechanics of Economic Development" in *Journal of Monetary Economics*, vol.22, 1988, pp.3-42.

Lundvall, Bengt-Åke (ed.), *National Systems of Innovation: Towards a Theory of Innovation and Interactive Learning*, Pinter, London, 1992.

McCloskey, Deirdre [Donald], *The Rhetoric of Economics*, The University of Wisconsin Press, Madison, 1985.

McCloskey, Deirdre [Donald], *Knowledge and Persuasion in Economics*, Cambridge University Press, Cambridge, 1994.

Machiavelli, Niccolò, *Tutte le opere storiche e letterarie*, Barbèra, Florence, 1929.

Malynes, Gerhard, *The Maintenance of Free Trade, According to the three essentiall* [sic] *Parts...Commodities, Moneys and Exchange of Moneys*, William Sheffard, London, 1622.

Malynes, Gerhard, *The Center of the Circle of Commerce, or, A Refutation of a Treatise,...,lately published by E.M.*, Nicholas Bourne, London, 1623.

Marshall, Alfred, *Principles of Economics*, Macmillan, London, 1890.

Meek, Ronald, *Social Science and the Ignoble Savage*, Cambridge University Press, Cambridge, 1976.

Meyen, Johann Jacob, *Wie kommt es, dass die Oekonomie bisher so wenig Vortheile von der Physik und Mathematik gewonnen hat; und wie kann man diese*

Wissenschaften zum gemeinen Nutzen in die Oekonomie einfühtren, und von dieser Verbindung auf Grundsätze kommen, die in die Ausübung brauchbar sind?, A prize winning essay to the Royal Prussian Academy, Berlin, 1770.

Mill, John Stuart, *Principles of Political Economy*, Longmans, Green & Company, London, 1848/1909.

Mirowski, Philip, *More Heat Than Lihgt: Economics as Social Physics, Physics as Nature's Economics, Historical Perspectives on Modern Economics*, Cambridge University Press, Cambridge, 1989.

Mirowski, Philip, *Machine Dreams: Economics becomes a Cyborg Science*, Cambridge University Press, Cambridge, 2001.

Misselden, Edward, *Free Trade and the Meanes* [sic] *to Make Trade Flourish*, Simon Waterson, London, 1622.

Misselden, Edward, *The Circle of Commerce or the Ballance* [sic] *of Trade*, Nicholas Bourne, London, 1623.

Mitchell, Wesley Claire, "Sombart's Hochkapitalismus" in *The Quarterly Journal of Economics*, vol.43, no.2, February 1929, pp.303-23.

Mitchell, Wesley Claire, *Types of Economic Theory, from Mercantilism to Institutionalism*, Kelley, New York, 1967.

Monroe, Arthur Eli, *Early Economic Thought, Selection from Economic Literature prior to Adam Smith*, Harvard University Press, Cambridge, Mass., 1930.

Montesquieu, Charles-Louis de Secondat, Baron de, *The Spirit of the Laws*, Hafner, New York, 1949.

Morgan, Mary S. and Malcolm Rutherford (eds), *From Interwar Pluralism to Postwar Neoclassicism*, Annual Supplement to *History of Political Economy*, vol.30, Duke University Press, Durham, 1998.

Morgenthau, Henry, Jr, *Germany is Our Problem. A Plan for Germany*, Harper, New York, 1945.

Murra, John, *La organización económica del estado inca*, Siglo XXI, México, 1978.

Murra, John, *El Mundo Andino, población, medio ambiente y economía*, Instituto de Estudios Peruanos, Lima, 2002.

Myrdal, Gunnar, *Development and Under-development: A Note on the Mechanisms of National and International Economic Inequality*, National Bank of Egypt, Cairo, 1956.

Neill, Charles Patrick, *Daniel Raymond. An Early Chapter in the History of Economic Theory in the United States*, Johns Hopkins Press (Johns Hopkins University Studies in Historical and Political Science), Baltimore, 1897.

Nelson, Richard R., "Economic Development from the Perspective of Evolutionary Economic Theory" in *The Other Canon Foundation and Tallinn University of Technology Working Papers in Technology Governance and Economic Dynamics*, No.2, 2006; downloadable at <http://hum.ttu.ee/tg/>.

Nelson, Richard R. (ed.), *National Innovation Systems*, Oxford University Press, London, 1993.

Nelson, Richard R., and Sidney G. Winter, *An Evolutionary Theory of Economic Change*, Belknap Press of Harvard University Press, Cambridge, Mass., 1982.

Nelson, Robert H., *Economics as Religion: From Samuelson to Chicago and Beyond*, Penn State University Press, University Park, 2001.

Nietzsche, Friedrich, *Thus spoke Zarathustra*, Penguin Books, London, 1968.

Nietzsche, Friedrich, *Werke*, Digitale Bibliothek Band 31, Directmedia (CD-ROM), Berlin, 2000.

Nye, John Vincent, "The Myth of Free-Trade Britain and Fortress France. Tariffs and Trade in the Nineteenth Century" in *Journal of Economic History*, 51, 1, March 1991, pp.23-46.

O'Brien, Patrick, "Historiographical Traditions and Modern Imperatives for the Restoration of Global History" in *Journal of Global History*, vol.1, issue 1, 2006, pp.3-39.

Ortiz, Fernando, *Cuban Counterpoint. Tobacco and Sugar*, Alfred a. Knopf, New York, 1947.

Ortiz, Luis, "Memorandum to the King to Prevent Money from Leaving the Kingdom", Madrid, 1558; quoted in Earl J. Hamilton, "Spanish Mercantilism before 1700" in Edwin Francis Gay, *Facts and Factors in Economic History- Articles by Former Students*, Harvard University Press, Cambridge, Mass., 1932.

Paine, Robert (ed.), *The White Arctic. Anthropological Essays on Tutelage and Ethnicity*, Institute of Social and Economic Research, Memorial University of Newfoundland, St Johns, 1977.

Perez, Carlota, *Technological Revolutions and Financial Capital. The Dynamics of Bubbles and Golden Ages*, Edward Elgar, Cheltenham, 2002.

Perez, Carlota, "Technological Revolutions, Paradigm Shift and Socio-Institutional Change" in Erik S. Reinert (ed.), *Globalization, Economic Development and Inequality: An Alternative Perspective*, Edward Elgar, Cheltenham, 2004.

Perez, Carlota and Luc Soete, "Catching Up in Technology: Entry Barriers and Windows of Opportunity" in G. Dosi et al. (eds), *Technical Change and Economic Theory*, Pinter, London, 1988, pp.458-79.

Pfeiffer, Johann Friedrich von, *Vermischte Verbesserungsvorschläge und freie Gedanken*, vol.2, Esslinger, Frankfurt, 1778.

Pfeiffer, Johann Friedrich von, *Der Antiphysiokrat, oder umständliche Untersuchung des sogenannten physiokratischen Systems für eine allgemeine Freyheit und einzige Auflage auf den reinen Ertrag der Grundstücke*, Schäfer, Frankfurt am Main, 1780.

Pfeiffer, Johann Friedrich von, *Grundsätze der Universal-Cameral-Wissenschaft oder deren vier wichtigsten Säulen, nämlich der Staats-Regierungskunst, der Policey-Wissenschaft, der allge-meinen Staats-Oekonomie, und der Finanz-Wissenschaft*, 2 volumes, Esslingersche Buchhandlung, Frankfurt, 1783.

Polanyi, Karl, *The Great Transformation*, Rinehart & Co., New York, 1944.

Polanyi, Karl, Conrad Arensberg and Harry Pearson, *Trade and Markets in the Early Empires*, Free Press, New York, 1957.

Pommeranz, Kenneth, *The Great Divergence: China, Europe, and the Making of the Modern World Economy*, Princeton University Press, Princeton, 2000.

Porter, Michael, *The Competitive Advantage of Nations*, Free Press, New York, 1990.

[Putumayo Affair] *Report by His Majesty's Consul at Iquitos on his Tour in the Putumayo district, Presented to both Houses of Parliament by Command of His Majesty*, His Majesty's Stationery Office, London, 1913.

Quesnay, François, *Traité des Effets et de l'Usage de la Saignée*, d'Houry, Paris, 1750.

Rae, John, *Statement of Some New Principles on the Subject of Political Economy, Exposing the Fallacies of the System of Free Trade, and of Some Other Doctrines Maintained in the 'Wealth of Nations'*, Hilliard, Gray & Co., Boston, 1834.

Raymond, Daniel, *Thoughts on Political Economy*, Fielding Lucas, Baltimore, 1820.

Reder, Melvin, *Economics. The Culture of a Controversial Science*, University of Chicago Press, Chicago, 1999.

Reinert, Erik, *International Trade and the Economic Mechanisms of Underdevelop-*

ment, Ph. D. thesis, Cornell University, 1980.

Reinert, Erik, "Catching-up From Way Behind — A Third World Perspective on First World History" in Jan Fagerberg, Bart Verspagen and Nick von Tunzelmann (eds), *The Dynamics of Technology, Trade, and Growth*, Edward Elgar, Aldershot, 1994, pp.168-97.

Reinert, Erik, "Competitiveness and Its Predecessors — a 500-Year Cross-National Perspective" in *Structural Change and Economic Dynamics*, vol.6, 1995, pp.23-42.

Reinert, Erik, "The Role of Technology in the Creation of Rich and Poor Nations: Underdevelopment in a Schumpeterian System" in Derek H. Aldcroft and Ross Catterall (eds), *Rich Nations — Poor Nations. The Long Run Perspective*, Edward Elgar, Aldershot, 1996, pp.161-88.

Reinert, Erik, "Diminishing Returns and Economic Sustainability: The Dilemma of Resource-Based Economies Under a Free Trade Regime" in Stein Hansen, Jan Hesselberg and Helge Hveem (eds), *International Trade Regulation, National Development Strategies and the Environment: Towards Sustainable Development?* Centre for Development and the Environment, University of Oslo, Oslo, 1996, pp.119-50.

Reinert, Erik, "Raw Materials in the History of Economic Policy; or, Why List (the Protectionist) and Cobden (the Free Trader) Both Agreed on Free Trade in Corn" in Gary Cook (ed.), *The Economics and Politics of International Trade. Freedom and Trade*, vol.II, Routledge, London, 1998, pp.275-300.

Reinert, Erik, "The Role of the State in Economic Growth" in *Journal of Economic Studies*, 26 (4/5), 1999, pp.268-326. A shorter version can be found in Pier Angelo Toninelli (ed.), *The Rise and Fall of State-Owned Enterprises in the Western World*, Cambridge University Press, Cambridge, 2000, pp.73-99.

Reinert, Erik, "Karl Bücher and the Geographical Dimensions of Techno-Economic Change" in Jürgen Backhaus (ed.), *Karl Bücher: Theory — History — Anthropology — Non-Market Economies*, pp.177-222, Metropolis, Marburg, 2000.

Reinert, Erik, "Full Circle: Economics from Scholasticism through Innovation and back into Mathematical Scholasticism" in *Journal of Economic Studies*, vol.27, no.4/5, 2000, pp.364-76.

Reinert, Erik, "Schumpeter in the Context of Two Canons of Economic Thought" in

Industry and Innovation, vol.6, no.1, 2002, pp.23-39.

Reinert, Erik, "Increasing Poverty in a Globalised World: Marshall Plans and Morgenthau Plans as Mechanisms of Polarisation of World Incomes" in Ha-joon Chang (ed.), *Rethinking Economic Development*, Anthem, London, 2003, pp.453-78.

Reinert, Erik, "Globalisation in the Periphery as a Morgenthau Plan: The Underdevelopment of Mongolia in the 1990s' in Erik S. Reinert (ed.), *Globalization, Economic Development and Inequality: An Alternative Perspective*, Edward Elgar, Cheltenham, 2004, pp.115-56.

Reinert, Erik, "Benchmarking Success: The Dutch Republic (1500-1750) as seen by Contemporary European Economists" in *How Rich Nations got Rich, Essays in the History of Economic Policy*, Working Paper No.1, SUM — Centre for Development and the Environment, University of Oslo, 2004, pp.1-24; also at <http://www.sum.uio.no/publications>; and in Oscar Gelderblom (ed.), *The Political Economy of the Dutch Republic*, Ashgate, Aldershot, forthcoming 2007.

Reinert, Erik, "German Economics as Development Economics: From the Thirty Years War to World War II" in Jomo K. S. and Erik S. Reinert (eds), *Origins of Development Economics*, Zed Publications, London and Tulika Books, New Delhi, 2005, pp.48-68.

Reinert, Erik, "A Brief Introduction to Veit Ludwig von Seckendorff (1626-1692)" in *European Journal of Law and Economics*, 19, 2005, pp.221-30.

Reinert, Erik, "Development and Social Goals: Balancing Aid and Development to Prevent 'Welfare Colonialism' " in United Nations Department of Economic and Social Affairs, DESA Working Paper No.14, 2006; downloadable at <http://www.un.org/esa/desa/papers/>.

Reinert, Erik, "The Economics of Reindeer Herding: Saami Entrepreneurship between Cyclical Sustainability and the Powers of State and Oligopolies" in *British Food Journal*, vol.108, no.7, 2006, pp.522-40.

Reinert, Erik, "Institutionalism Ancient, Old and New: a Historical Perspective on Institutions and Uneven Development", Research Paper No.2006/77, United Nations University, WIDER, Helsinki; downloadable at <http://www.wider.unu.edu/publications/publications.htm>.

Reinert, Erik, "European Integration, Innovations and Uneven Economic Growth:

Challenges and Problems of EU 2005" in Romón Compañó et al. (eds), *The Future of the Information Society in Europe: Contributions to the debate*, Seville, Spain, European Commission, Directorate General Joint Research Centre. Institute for Prospective Technological Studies (IPTS), pp.124-52; downloadable as Working Paper No.5 at <http://hum.ttu.ee/tg/>.

Reinert, Erik and Arno Daastøl, "Exploring the Genesis of Economic Innovations: The Religious Gestalt-Switch and the Duty to Invent as Preconditions for Economic Growth" in *European Journal of Law and Economics*, vol.4, no.2/3, 1997, pp.233-83, and in *Christian Wolff. Gesammelte Werke*, IIIrd series, vol.45, Georg Olms Verlag, Hildesheim, 1998.

Reinert, Erik and Sophus Reinert, "Mercantilism and Economic Development: Schumpeterian Dynamics, Institution Building and International Benchmarking" in Jomo K. S. and Erik S. Reinert (eds), *Origins of Development Economics*, Zed Books, London and Tulika Books, New Delhi, 2005, pp.1-23.

Reinert, Erik and Hugo Reinert, "Creative Destruction in Economics: Nietzsche, Sombart, Schumpeter" in Jürgen Backhaus and Wolfgang Drechsler (eds), *Friedrich Nietzsche 1844-2000: Economy and Society*, Springer/Kluwer, Boston, 2006.

Reinert Erik and Rainer Kattel, "The Qualitative Shift in European Integration: Towards Permanent Wage Pressures and a 'Latin-Americanization' : of Europe?" Working Paper no.17, Praxis Foundation, Estonia, 2004; also at <http://www.praxis.ee/data/ WP_17_2004.pdf>.

Reinert, Sophus, "The Italian Tradition of Political Economy. Theories and Policies of Development in the Semi-Periphery of the Enlightenment" in Jomo K. S. and Erik S. Reinert (eds), *Origins of Development Economics*, Zed Books, London/Tulika Books, New Delhi, 2005, pp.24-47.

Reinert, Sophus, "Darwin and the Body Politic: Schäffle, Veblen, and the Shift of Biological Metaphor in Economics" in The Other Canon Foundation and Tallinn University of Technology Working Papers in Technology Governance and Economic Dynamics, No.8, 2006; downloadable at <http://hum.ttu.ee/tg/>.

Ricardo, David, *The Principles of Political Economy and Taxation*, John Murray, London, 1817.

Robbins, Lionel, *The Theory of Economic Policy in English Classical Economics*,

Macmillan, London, 1952.

Roca, Santiago, and Luis Simabuco, "Natural Resources, Industrialization and Fluctuating Standards of Living in Peru, 1950-1997: A Case Study of Activity-Specific Economic Growth" in Erik S. Reinert (ed.), *Globalization, Economic Development and Inequality: An Alternative Perspective*, Edward Elgar, Cheltenham, 2004, pp.115-56.

Roosevelt, Elliot, *As He Saw It*, Duell, Sloan and Pearce, New York, 1946.

Roscher, Wilhelm, *Principles of Political Economy*, Callaghan, Chicago, 1878.

Ross, Eric, *The Malthus Factor: Poverty, Politics and Population in Capitalist Development*, Palgrave Macmillan, London, 1998.

Ruggiero, Renato, "Whither the Trade System Next" in Jagdish Bhagwati and M. Hirsch (eds), *The Uruguay Round and Beyond — Essays in Honour of Arthur Dunkel*, The University of Michigan Press, Ann Arbor, 1998, pp.123-41.

Sachs, Jeffrey, *The End of Poverty: Economic Possibilities for Our Time*, Penguin Press, New York, 2005.

Sachs, Jeffrey and Andrew Warner, "Natural Resource Abundance and Economic Growth" in National Bureau of Economic Research Working Papers, 5398, National Bureau of Economic Research, 1995.

Said, Edward, *Orientalism*, Vintage, New York, 1978.

Samuelson, Paul, "International Trade and the Equalisation of Factor Prices" in *Economic Journal*, vol.58, 1948, pp.163-84.

Samuelson, Paul, "International Factor-Price Equalisation Once Again" in *Economic Journal*, vol.59, 1949, pp.181-97.

Samuelson, Paul, *Economics*, 10th edn, McGraw-Hill, New York, 1976.

Sanness, John, *Patrioter, intelligens og skandinaver. Norske reaksjoner på skandinavismen før 1848*, Universitetsforlaget, Oslo, 1959.

Schmoller, Gustav, *The Mercantile System and its Historical Significance*, Macmillan/Kelley, New York, 1897/1967 (translated from articles in the journal *Schmoller's Jahrbuch*).

Schmoller, Gustav, *Wechselnde Theorien und feststehende Wahrheiten im Gebiete der Staats- und Socialwissenschaftlichen und die heutige deutsche Volkswirtschaftslehre. Rede bei Antritt des Rectorats*, Büxenstein, Berlin, 1897.

Schoenhof, Jacob, *The Destructive Influence of the Tariff Upon Manufacture and*

Commerce and the Figures and Facts Relating Thereto, Free Trade Club, New York, 1883.

Schumpeter, Joseph Alois, *Theory of Economic Development*, Cambridge, Harvard University Press, Cambridge, Mass., 1934; a much-changed English translation of the German original from 1912.

Schumpeter, Joseph Alois, *Business Cycles*, 2 volumes, Macmillan, New York, 1939.

Schumpeter, Joseph Alois, *History of Economic Analysis*, Oxford University Press, New York, 1954.

Schurz, Carl, *Life of Henry Clay*, Houghton Mifflin, Boston, 1887.

Senghaas, Dieter, *Von Europa lernen. Entwicklungsgeschichtliche Betrachtungen*, Suhrkamp, Frankfurt, 1982.

Serra, Antonio, *Breve trattato delle cause che possono far abbondare l'oro e l'argento dove non sono miniere*, Lazzaro Scorriggio, Naples, 1613.

Singer, Hans W., "The Distribution of Gains between Investing and Borrowing Countries" in *American Economic Review*, 40, 1950, pp.473-85.

Smith, Adam, *The Theory of Moral Sentiments* in *Collected Works*, Cadell and Davies, London, 1759/1812.

Smith, Adam, *The Wealth of Nations*, University of Chicago Press, Chicago, 1776/1976.

Smith, Erasmus Peshine, *A Manual of Political Economy*, Putnam, New York, 1853.

Sombart, Werner, *Krieg und Kapitalismus*, Duncker & Humblot, Munich & Leipzig, 1913.

Sombart, Werner, *Luxus und Kapitalismus*, Duncker & Humblot, Munich & Leipzig, 1913.

Sombart, Werner, *Der moderne Kapitalismus*, 6 volumes, Duncker & Humblot, Munich & Leipzig, 1928; partial Spanish translation, *El Apogeo del Capitalismo*, 2 volumes, Fondo de Cultura Económica, Mexico, 1946; partial Italian translation, *Il Capitalismo Moderno*, Unione Tipografico-editrice Torinese, Turin, 1967; partial French translation, *L'Apogée du Capitalisme*, 2 volumes, Payot, Paris, 1932.

Soros, George, *George Soros on Globalization*, Public Affairs, New York, 2002.

Spann, Othmar, *Types of Economic Theory*, Allen & Unwin, London, 1930.

Stangeland, Charles Emil, *Pre-Malthusian Doctrines of Population. A Study in the*

History of Economic Theory, Kelley, New York, 1904/1966.

Steuart, James, *An Inquiry into the Principles of Political Economy: being an Essay on the Science of Domestic Policy in Free Nations. In Which are Particularly Considered Population, Agriculture, Trade, Industry, Money, Coin, Interest, Circulation, Banks, Exchange, Public Credit, and Taxes*, 2 volumes, A. Millar & T. Cadell, London, 1767.

Stiglitz, Joseph, *Globalization and Its Discontents*, Norton, New York, 2002.

Strindberg, August, *De lycksaliges ö och andra berättelser. Svenskaöden och äventyr*, Stockholm, Åhlén & Åkerlund, Stockholm, 1882/1913 (I have found translations into German and Italian.).

Taussig, Frank, *The Tariff History of the United States*, Putnam's, New York, 1897.

Tawney, Richard, *Religion and the Rise of Capitalism. A Historical Study*, J. Murray, London, 1926.

Thünen, Johann Heinrich von, *Der isolierte Staat in Beziehung auf Landwirtschaft und Nationalökonomie, oder Untersuchungenüber den Einfluss, den die Getreidepreise, der Reichtum des Bodens und die Abgaben auf den Ackerbau ausüben*, Penthes, Hamburg, 1826.

Tilly, Charles, *Coercion, Capital and European States AD 990-1992*, Blackwell, Cambridge, 1990.

Tocqueville, Alexis de, *Democracy in America*, University of Chicago Press, Chicago, 1835/2000.

Tubaro, Paula, "Un'esperienza peculiare del Settecento italiano: la'scuola milanese' di economia matematica" in *Studi Settecenteschi*, 20, 2000, pp.193-223.

UNCTAD, United Nations Conference on Trade and Development (2006), *The Least Developed Countries Report 2006. Developing Productive Capacities*, Geneva; <http://www.unctad.org/en/docs/ldc2006_en.pdf>.

Uztáriz, Gerónimo de, *The Theory and Practice of Commerce and Maritime Affairs*, Rivington & Croft, London, 1751 (original Spanish 1724).

Veblen, Thorstein, "Why is Economics not an Evolutionary Science" in *Quarterly Journal of Economics*, XII, July 1898, pp.373-97.

Verein für Sozialpolitik, *Verhandlungen der Eisenacher Versammlung zur Besprechung der Sozialen Frage am 6. und 7. October 1872*, Duncker & Humblot.

Vernon, Raymond, "International Investment and International Trade in the Product Cycle" in *Quarterly Journal of Economics*, May 1966.

Verri, Pietro, *Meditazioni sulla economia politica*, Ivone Gravier, Genoa, 1771.

Wade, Robert, *Governing the Market: Economic Theory and the Role of Government in East Asian Industrialization*, Princeton University Press, Princeton, 1990.

Walde, Otto, Storhetstidens Litterära Krigsbyten. En Kulturhistorisk-Bibliografisk Studie, Almquist & Wicksel, Uppsala, 1920.

Warsh, David, *Knowledge and the Wealth of Nations. A Story of Economic Discovery*, Norton, New York, 2006.

Wells, Louis T. (ed.), *A Product Life Cycle for International Trade?* Harvard Business School, Division of Research, Boston, 1972.

Wolf, Martin, "The Morality of the Market" in *Foreign Policy*, September/October 2003, pp.47-50.

Wolf, Martin, *Why Globalization Works*, Yale University Press, New Haven, 2004.

Wolff, Christian, *The Real Happiness of a People under A Philosophical King Demonstrated; Not only from the Nature of Things, but from the undoubted Experience of the Chinese under their first Founder Fohi, and his Illustrious Successors, Hoam Ti, and Xin Num*, Printed for M. Cooper, at the Globe, London, 1750.

Yonay, Yuval, *The Struggle over the Soul of Economics*, Princeton University Press, Princeton, 1998.

Young, Allyn, "Increasing Returns and Economic Progress" in *Economic Journal*, vol.38, no.152, pp.527-42.

찾아보기

30년 전쟁(Thirty Years War) 160
『외교 정책(Foreign Policy)』 130-1

가다머, 한스 게오르그(Gadamer, Hans-Georg) 100
가세, 피터(Gasser, Simon Peter) 168
갈리아니, 페르디난도(Galiani, Ferdinando) 67, 154-5, 306, 417
갤브레이스, 존 케네스(Galbraith, John Kenneth) 67-8, 116, 216, 230, 236, 398, 422
게이, 에드윈(Gay, Edwin) 48
게이츠, 빌(Gates, Bill) 89, 176, 183-4, 234, 248, 272, 341
경제협력개발기구(Organization for Economic Cooperation and Development, OECD) 192, 338
계몽주의 137, 351, 366-7
과테말라 191
괴테(Goethe, Johann Wolfgang von) 48
국제연합(United Nations, UN) 125, 356-7, 428
국제연합개발계획(United Nations Development Program, UNDP) 245
국제연합경제사회분과(United Nations Department of Economic and Social Affairs) 355-6
국제연합라틴아메리카-카리브해경제위원회(United Nations Economic Commission for Latin America and the Caribbean, UNECLA) 286
국제연합무역개발회의(United Nations Conference on Trade and Development, UNCTAD) 132, 158, 399, 428
국제통화기금(International Monetary Fund, IMF) 104, 175, 181, 193, 196, 249, 270, 273, 274
그랜트, 율리시즈(Grant, Ulysses) 260-1
그레이엄, 프랭크(Graham, Frank) 92, 187, 434, 440
그린란드 291
그린스펀, 앨런(Greenspan, Alan) 340
기든스, 앤서니(Giddens, Anthony) 115
기아 철폐 프로젝트(Zero Hunger project) 385
기아나 194

나미비아 245
나폴리 52, 218, 402
남북전쟁(American Civil War) 150, 284, 316, 365, 413
남아프리카공화국 118, 245
냉전 시대 세계관 53-4, 55, 83
네덜란드 143-4, 146, 148, 153-4, 161-7, 180, 186, 245, 283, 335, 365, 366, 381
네케르, 자크(Necker, Jacques) 56
넬슨, 리처드(Nelson, Richard) 182, 366, 401

노르웨이 62, 119-20, 125, 148, 197, 210,
217, 230, 245, 260, 276, 281-2, 291-6,
298, 313, 318, 334, 357, 408, 410, 412,
418, 420, 446
노르웨이 전략연구소(Norwegian Institute
of Strategic Studies, NORISS) 419
노먼, 빅터(Norman, Victor) 87-8, 412
노키아 412
뉴욕 344
뉴욕 공립도서관 58
뉴질랜드 118, 217, 345-6, 348
니에레레, 줄리어스(Nyerere, Julius) 418
니체, 엘리자베트 푀르스터(Nietzsche, Elisabeth Förster) 392
니체, 프리드리히(Nietzsche, Friedrich) 66, 81, 109, 114, 200, 207, 289, 306, 351, 392-3, 430

다윈, 찰스(Darwin, Charles) 79
다이아몬드, 재레드(Diamond, Jared) 246
대만 51, 225
대처, 마거릿(Thatcher, Margaret) 80, 138, 314, 392
대테러 전쟁(War on Terror) 417
대학연구단지연합(Association of University Research Parks, AURP) 288-9
데 소토, 에르난도(de Soto, Hernando) 330
데리다, 자크(Derrida, Jacques) 379-80
데일리, 리처드(Daley, Richard M.) 72, 373
데커, 매슈(Decker, Mathew) 258
덴마크 245
델프트 140, 162-3, 402
독일 114, 160-2, 167-8, 208, 238-9, 318,
336, 357, 377-8, 404-6, 414
동아시아 193, 226, 388, 442
동아프리카의회(East African Parliament) 307
두란 발렌, 식스토(Durán Ballén, Sixto) 122
디포, 다니엘(Defoe, Daniel) 146

라디카티, 이냐치오(Radicati, Ignazio) 102
라마르크(Lamarck, Jean Baptiste) 79
라이시, 로버트(Reich, Robert) 337-8
라티니, 브루네토(Latini, Brunetto) 137, 166, 392, 401
라틴아메리카 53, 249, 251-2, 262, 279-80, 286, 330, 335, 360, 365, 369, 399, 408, 414, 421, 426, 430
라틴아메리카연구소 398
라틴아메리카자유무역연합(Latin American Free Trade Association, LAFTA) 250-1, 414
랜즈, 데이비드(Landes, David) 420
러시아 97, 196, 252, 276, 364
러트웍, 에드워드(Luttwak, Edward) 419
런던 402
레, 존(Rae, John) 80
레바논 124, 409
레벤후크, 안토니 반(Leeuwenhoek, Antoni van) 163-4
레이먼드, 다니엘(Raymond, Daniel) 219
레판토 해전(Battle of Lepanto) 62
로데지아 430
로머, 폴(Romer, Paul) 93
로버트슨, 윌리엄(Robertson, William) 127

로벤굴라 추장(Chief Lobengula) 121-2
로빈스, 라이오넬(Robbins, Lionel) 412-3
로셔, 빌헬름(Roscher, Wilhelm) 92, 168, 169
로스, 에릭(Ross, Eric) 320
로즈, 세실(Rhodes, Cecil) 121
로카, 산티아고(Roca, Santiago) 326, 328
루이 14세(Louis XIV, 프랑스 왕) 160
루스벨트, 엘리엇(Roosevelt, Elliot) 261
루스벨트, 프랭클린(Roosevelt, Franklin D.) 261, 263, 275, 318
루지에로, 레나토(Ruggiero, Renato) 130, 361
르네상스 79, 136-7, 264, 283, 351
르완다 186, 187, 244-6
리스본 전략(Lisbon Strategy) 98
리스트, 프리드리히(List, Friedrich) 57, 92, 116, 117-8, 121, 124, 147, 149, 158, 249-52, 265, 360, 362, 363, 369, 390-2, 414, 416, 430
리오그란데 도 술 420
리카도, 데이비드(Ricardo, David) 58, 63, 68, 73-4, 77, 83, 84, 85, 87, 91, 94, 97, 99, 111, 123, 128, 130, 140, 142, 145, 171, 180-2, 186, 224, 267, 298, 320, 328, 351, 364, 403, 404, 434-5, 436-7
린네, 카를(Linnaeus, Carl) 366
립친스키 정리(Rybczynski Theorem) 277
링게, 시몽(Linguet, Simon) 371
링컨, 에이브러햄(Lincoln, Abraham) 54, 106-8, 119, 210, 261, 360, 375

마나우스 284
마드리드 218, 417
마르크스, 카를(Marx, Karl) 54, 65, 96, 107, 115, 130, 176, 201, 232, 289, 388, 419
마사이 족 321, 329
마셜 플랜(Marshall Plan) 125, 158, 237, 239, 262, 275-6, 297, 312, 318, 357, 367-8, 379, 388, 404-5, 407, 415, 429, 430
마셜, 알프레드(Marshall, Alfred) 81, 92, 135, 238, 242, 246, 270, 378, 379, 406
마셜, 조지(Marshall, George) 312, 318, 319, 358, 364, 381, 391, 405, 415
마이크로소프트 89, 115-6, 183, 185, 286, 287, 341, 407, 423, 435
마치니, 주세페(Mazzini, Giuseppe) 414, 416
마키아벨리, 니콜로(Machiavelli, Niccolò) 60, 127, 137
말레이시아 226, 349
매케이, 찰스(Mackay, Charles) 116
맥나마라, 로버트(McNamara, Robert) 254
맥도널드 424
맥클로스키, 디어드리(McCloskey, Deirdre) 103
맨더빌, 버나드(Mandeville, Bernard) 312
맬서스, 토머스 로버트(Malthus, Thomas Robert) 91, 139-40, 186, 236, 241, 246
메이엔, 요한 야콥(Meyen, Johann Jacob) 174, 420
멕시코 121, 188, 258, 266-7, 278, 280, 342, 370, 371, 425
멜린스, 제라르 드(Malynes, Gerard de) 413
모겐소 플랜(Morgenthau Plan) 238, 239, 268, 275-6, 357, 404-5

모겐소, 헨리 2세(Morgenthau, Henry, Jr) 238, 405
몰도바 258, 370
몽골 61, 117, 118, 186-7, 252-3, 267-73, 276, 278, 290, 369, 370, 416, 428, 437
몽테스키외(Montesquieu, Charles-Louis de Secondat) 283, 336
무세베니, 요웨리(Museveni, Yoweri) 339
무질, 로베르트(Musil, Robert) 89
뮈르달, 군나르(Myrdal, Gunnar) 94, 104-5, 204, 243, 290, 319, 343, 367
미국 51, 63, 73-4, 83, 86, 98, 121, 128, 158, 171-2, 188-9, 191, 192, 201, 208, 210, 271, 220, 222, 229-30, 235, 236, 247, 248, 260-2, 281, 301, 318-9, 339, 342, 343, 351, 362, 369, 373, 375, 387, 401, 407, 408, 411, 420-1, 424, 428, 429-30, 437
미국 경제학회(American Economic Association) 110, 187, 202-3, 397, 398
미국 국제개발처(USAID) 270
미국 소기업관리국 72-3
미국 제도학파(American Institutional School) 422
미셀든, 에드워드(Misselden, Edward) 91
미첼, 웨슬리 클레어(Mitchell, Wesley Clair) 97
미크, 도널드(Meek, Ronald) 126
미항공우주국(NASA) 63
밀, 존 스튜어트(Mill, John Stuart) 242, 246, 266, 270
밀라노 218, 417
밀레니엄 개발 목표(Millennium Development Goals, MDG) 125, 296, 297, 317, 355-6, 375, 384, 387-8, 389, 392,
427, 428

바그와티, 자그디시(Bhagwati, Jagdish) 92
바넥, 야로슬라브(Vanek, Jaroslav) 403
바넥-라이너트 효과(Vanek-Reinert effect) 258, 278, 370
바르가스 로사, 마리오(Vargas Llosa, Mario) 326
바본, 니컬러스(Barbon, Nicholas) 413
바이너, 제이콥(Viner, Jacob) 92
발렌베리, 마쿠스(Wallenberg, Marcus) 373
배비지, 찰스(Babbage, Charles) 93
버논, 레이몬드(Vernon, Raymond) 220, 280
버크(Birck, L. V.) 102
베네치아 52, 53, 62, 78, 134, 143, 144, 146, 147, 148, 150, 153, 165, 166, 180, 214, 316, 330, 335, 360, 365, 366, 375, 402
베르둔 법칙(Verdoorn's Law) 219
베르메르, 얀(Vermeer, Jan) 164
베르시, 안데르스(Berch, Anders) 154
베를루스코니, 실비오(Berlusconi, Silvio) 310
베를린 장벽 378
베를린 회의(Berlin conference, 1884) 123-4
베리, 브라이언(Berry, Brian) 431
베리, 피에트로(Verri, Pietro) 313
베블런, 소스타인(Veblen, Thorstein) 60, 74, 77, 80, 109-10, 163, 202, 328, 333, 347
베스트팔렌 평화 조약(Peace of West-

phalia, 1648) 160
베이컨 도서관(하버드 도서관) 57
베이컨, 로저(Bacon, Roger) 138, 141
베이컨, 프랜시스(Bacon, Francis) 80, 110, 114, 127, 138, 141, 150, 332-3, 419-20
베크만, 요한(Beckmann, Johann) 95
베트남 226, 425
벤담, 제레미(Bentham, Jeremy) 109
벨라운데, 페르난도(Belaúnde, Fernando) 46, 419-20
보댕, 장(Bodin, Jean) 126
보르헤스, 호르헤 루이스(Borges, Jorge Luis) 302-3
보몰, 윌리엄(Baumol, William) 314
보스턴 컨설팅 그룹 223
보테로, 조반니(Botero, Giovanni) 64, 154, 162, 166-7, 336
볼로그, 노먼(Borlaug, Norman) 235
볼리비아 53, 186, 243, 265, 282, 386, 441
볼테르(Voltaire) 45
볼프, 크리스티안(Wolff, Christian) 64, 168
부르고뉴 145
부르크하르트, 야콥(Burckhardt, Jacob) 289
부시, 조지(Bush, George W.) 73, 310
북대서양진동(North Atlantic Oscillation, NAO) 292
북미자유무역협정(North American Free Trade Agreement, NAFTA) 266-7, 278
뷰캐넌, 제임스(Buchanan, James) 182, 196, 300, 366
브라운, 토머스(Browne, Thomas) 136
브라질 278, 296, 385, 420

브레다 조약(Peace of Breda, 1667) 344
브레튼우즈 합의(Bretton Woods agreement) 368
브루노, 조르다노(Bruno, Giordano) 140
브루니, 레오나르도(Bruni, Leonardo) 332
블로그, 마크(Blaug, Mark) 101
비스마르크(Bismarck, Otto von) 115, 378
비잔틴 제국 62
비트겐슈타인, 루트비히(Wittgenstein, Ludwig) 100
빈 160, 166
빈 라덴, 오사마(bin Laden, Osama) 388

사미 족 64, 103, 291-6, 298, 356, 446
산네스, 욘(Sanness, John) 120, 121
산업 혁명 83, 95, 117, 128, 130, 223
새뮤얼슨, 폴(Samuelson, Paul) 83, 98, 103, 104-5, 298, 299, 301, 378
색스, 제프리(Sachs, Jeffrey D.) 272-3, 275, 350
성 히에로니무스(Saint Hieronymus) 136
성서 135, 348
성장과 안정 조약(Stability and Growth Pact, 1997) 391
세계무역기구(World Trade Organization, WTO) 121, 130, 361, 399
세계은행(World Bank) 46, 72, 114, 156, 175, 181, 193, 196, 226, 245, 249, 251, 252, 270-1, 273, 274, 334
세고비아 151, 413
세라, 안토니오(Serra, Antonio) 52-3, 78, 91-2, 139, 165, 178, 237, 242, 348, 360, 361, 363, 402, 409, 410, 415
세인트루이스(미주리 주) 220

소련 63
소로스, 조지(Soros, George) 314
소말리아 301, 335, 417
솔로, 로버트(Soslow, Robert M.) 401
수리남 344
슈몰러, 구스타프(Schmoller, Gustav) 48, 118
슈바이고르, 안톤 마르틴(Schweigaard, Anton Martin) 260
슘페터, 요제프(Schumpeter, Joseph) 54, 59, 65, 70, 81, 91, 94, 130, 201, 203, 205, 206, 232, 340, 366, 372, 374, 407, 409, 428
스미스, 애덤(Smith, Adam) 57, 59, 65, 71, 76, 83, 91, 92, 95, 96, 106-8, 110, 111-2, 117, 126, 128-9, 168, 180, 201, 204, 205, 214-5, 227, 259, 260, 263, 312-3, 362-3
스미시스, 아서(Smithies, Arthur) 59
스웨덴 120-1, 230, 291, 408, 423
스위스 349
스위스에어 253
스위프트, 조너선(Swift, Jonathan) 102, 109
스칸디나비아 86
스칸디나비아 식 오류(Scandinavian Fallacy) 296-8, 356
스콧, 브루스(Scott, Bruce) 338
스타인벡, 존(Steinbeck, John) 237
스탈린, 이오시프(Stalin, Iosif) 83
스튜어트, 제임스(Stewart, James) 110-1, 118, 265, 369
스트렝, 군나르(Sträng, Gunnar) 373
스트린드베리, 아우구스트(Strindberg, August) 333

스티글리츠, 조지프(Stiglitz, Joseph) 323
스티븐슨, 조지(Stephenson, George) 115
스판, 오트마(Spann, Othmar) 97
스페인 117, 146-7, 151-5, 259, 290, 369, 389, 390, 407, 413, 446
스피노자, 바뤼흐(Spinoza, Baruch) 165
시카고 72, 373
시카고 학파 경제학자들(Chicago economists) 72
신제도학파(New Institutional School of economics) 331
실리콘 밸리 116, 321, 340, 341, 380, 402, 434
싱가포르 348-9
싱거, 한스(Singer, Hans) 249, 341, 380, 411, 441

아렌트, 한나(Arendt, Hannah) 406
아르헨티나 286, 427
아리스토텔레스(Aristotle) 71, 136, 138, 300
아리스티드, 장 베르티앙(Aristide, Jean-Bertrand) 189
아마존 284
아브라모비치, 모세스(Abramovitz, Moses) 63, 396-8, 400-5, 409, 415, 421
아서, 브라이언(Arthur, Brian) 93
아시아 금융 위기(Asian financial crisis) 89-90
아옌데, 살바도르(Allende, Salvador) 399
아이젠하워(Eisenhower, Dwight D.) 63
아이티 188, 189-90, 192, 194, 226, 233, 342, 344, 385
아인슈타인, 알베르트(Einstein, Albert) 100-1, 233

아일랜드 169-72, 211, 232, 288, 343, 360, 399-400, 426, 445
아카마쓰 카나메(赤松要) 224
아프가니스탄 301, 335, 360, 380, 417, 418
아프리카 성장 기회법(African Growth and Opportunity Act, AGOA)(미국) 192, 339, 428
아프리카 36, 61-2, 77-8, 95, 103, 121, 123-5, 130, 192, 204, 246, 285, 298, 302, 312, 320-1, 339, 350, 356, 381, 384, 389, 392-3, 408, 418, 424, 426, 431, 446
앙투아네트, 마리(Antoinette, Marie) 272
애로, 케네스(Arrow, Kenneth) 99
애시워스, 윌리엄(Ashworth, William) 71
앨라배마 72-3
앰스덴, 앨리스(Amsden, Alice) 68
에드워드 3세(Edward III, 영국 왕) 66, 315
에디슨, 토머스(Edison, Thomas) 176
에르네스트 공작(Duke Ernest, 작센 고타 공국) 161-2
에반스, 피터(Evans, Peter) 331
에스토니아 317, 386
에케르만, 요한(Åkerman, Johan) 131-2
에콰도르 53, 122, 243-4, 426, 441
에티오피아 193, 252
엔론 115
엘리자베스 1세(Elizabeth I, 영국 여왕) 146
엘살바도르 194
엥겔스, 프리드리히(Engels, Friedrich) 174
영, 앨린(Young, Allyn) 92
영국 51, 53, 59, 66, 74, 76, 83, 86, 114, 118, 139, 144-7, 213-4, 260-1, 363, 375, 389, 406, 434-6
영국(브리튼) 208
오르티스, 루이스(Ortiz, Luis) 155
오르티스, 페르난도(Ortiz, Fernando) 282
오스트레일리아 118-9, 185, 217, 246-7, 280, 288, 407
오스트리아 166, 445-6
오키다 사부로(大來佐武郎) 224
오토 주교(Bishop Otto, 프라이징 교구) 61
오펜하이머, 프란츠(Oppenheimer, Franz) 287-8
온두라스 188, 189, 190, 233
우간다 307, 328, 339, 412
우스타리스, 예로니모 데(Uztàriz, Geronimo de) 154
울란바토르 267
울펀슨, 제임스(Wolfensohn, James) 323-4
울프, 마틴(Wolf, Martin) 198-9, 200, 203, 204, 310
워싱턴 컨센서스(Washington Consensus) 58-9, 66, 104, 308-10, 319-20, 324, 325-6, 331, 334, 350, 351, 361, 383, 387, 391, 405, 409, 416, 417, 427
워싱턴 DC 76
워싱턴, 조지(Washington, George) 260, 319
웨이드, 로버트(Wade, Robert) 67, 324-5
웰스, 루이스(Wells, Louis T.) 220, 280
윌리엄슨, 존(Williamson, John) 308
유럽공동시장(European Common Market, ECM) 94
유럽연합(European Union, EU) 117, 122-4, 252, 259, 369, 389-90, 391, 400, 407-10
유스티, 요한 하인리히 고틀롭 폰(Justi, Jo-

hann Heinrich Gottlob von) 64, 123, 259
유에스스틸 115, 116
유에스피혁 115
이누이트 족 291
이라크 301, 360, 380, 386, 419
이븐 할둔(Ibn Khaldun) 127, 136, 417-8
이스털리, 윌리엄(Easterly, William) 311
이슬람 61-2, 377
이집트 124, 409
이탈리아 278, 370, 414, 426
인도 196, 229, 294, 310, 371, 379
인디언(북미) 384, 387
인텔 115
일라 안틸라, 페카(Ylä-Anttila, Pekka) 412
일본 121, 139, 149, 217, 224-5, 237, 245, 281, 301, 357, 421, 423

자메이카 194
자유노조운동(Solidarity movement) 390
장하준 330
잭슨, 앤드류(Jackson, Andrew) 431
제노바 134, 135
제노베시, 안토니오(Genovesi, Antonio) 75, 91, 154
제도 경제학파(Institutional School of economics) 331
제켄도르프, 루드비히 폰(Seckendorff, Veit Ludwig von) 160-2, 168, 336
제퍼슨, 토머스(Jefferson, Thomas) 73-4
존스, 리처드(Jones, Rev. Richard) 80
좀바르트, 베르너(Sombart, Werner) 65, 162, 199-202, 203, 204, 205, 310, 315-6
중국 121, 196, 229, 281, 310, 379, 425
중농주의자(Physiocrats) 56, 83, 114,
150, 197, 371, 388
중동 418
지, 조슈아(Gee, Joshua) 256, 258
지기스문트 황제(Emperor Sigismund, 신성로마제국) 331
진먼, 마이클(Zinman, Michael) 58
짐바브웨 430

차일드, 조시아(Child, Josiah) 167
챈들러, 알프레드(Chandler Alfred) 288
처칠, 윈스턴(Churchill, Winston) 261-2, 263, 275, 318
체코 278
치몰리, 마리오(Cimoli, Mario) 266, 286
칠레 285, 399

카를, 에른스트 루드비히(Carl, Ernst Ludwig) 91
카스, 호르헤(Katz, Jorge) 286
카스트로, 피델(Castro, Fidel) 194
카펜터, 케네스(Carpenter, Kenneth) 56
카프카, 프란츠(Kafka, Franz) 271, 273
칼도, 니컬러스(Kaldor, Nicholas) 96, 378
칼라일, 토머스(Carlyle, Thomas) 241
캄파넬라, 토마소(Campanella, Tommaso) 154
캐나다 118, 194, 226, 295, 384
캐리, 존(Cary, John) 52, 147, 171
커닝햄(Cunningham, W.) 263
커먼스, 존(Commons, John) 422
케냐 307
케네, 프랑수아(Quesnay, François) 197-8
케어리, 매슈(Carey, Mathew) 219
케인스, 존 메이너드(Keynes, John Maynard) 242, 303, 320, 361, 368, 372,

374, 422, 428, 429, 430-1
코스타 델 솔 234, 341
코스타리카 188, 189, 190
코이레, 알렉상드르(Koyré, Alexandre) 141
콘스탄티노플 61, 141
콜베르, 장 바티스트(Colbert, Jean-Baptiste) 159-60, 419
콩트, 오귀스트(Comte, Auguste) 126
쿠바 194, 282-3, 386
쿤, 토머스(Kuhn, Thomas) 44, 99, 103, 195, 239
크루그먼, 폴(Krugman, Paul) 47, 68, 73, 74, 92, 93, 240, 337-8, 406
크리스티안 5세(Christian V, 덴마크와 노르웨이 왕) 315
크세노폰(Xenophon) 91, 178
클레이, 헨리(Clay, Henry) 219
클린턴(Clinton, Bill) 337
킹, 찰스(King, Charles) 381

타르투 대학교 193
타키투스(Tacitus) 127
탄자니아 149, 245, 307-8
태국 226
텔레시스 169
토니, 리처드(Tawney, Richard) 377
토크빌, 알렉시스(Tocqueville, Alexis de) 155
튀넨, 요한 하인리히 폰(Thünen, Johann Heinrich von) 265-6, 267, 415
튀르고, 로베르 자크(Turgot, Robert-Jacques) 126, 128
트리니다드토바고 194
트웨인, 마크(Twain, Mark) 99, 102

파이퍼, 요한 프리드리히 폰(Pfeiffer, Johann Friedrich von) 57, 377
판 메헬렌, 게라르트(van Mechelen, Geraart) 413
팔레스타인 386
패튼, 사이먼(Patten, Simon N.) 319
페레스, 카를로타(Perez, Carlota) 206, 207, 208, 284
페루 45-6, 53, 117, 122-3, 243, 249, 250, 251-3, 274, 276, 279, 285, 297, 326-8, 361, 369, 370, 419-20, 428, 441
페인, 로버트(Paine, Robert) 295, 384
페티, 윌리엄(Petty, William) 139
펠리페 2세(Felipe II, 스페인 왕) 155
포겔, 로버트(Fogel, Robert) 103
포드, 헨리(Ford, Henry) 177, 212, 234, 248, 341, 425
포드주의 229-30
포르투갈 389, 390, 434-6
포터, 마이클(Porter, Michael) 325, 338, 411
포토시 265
포퍼, 칼(Popper, Karl) 99
폭스웰, 허버트(Foxwell, Herbert S.) 354
폰토피단, 에릭(Pontoppidan, Erik) 313
폴라니, 칼(Polanyi, Karl) 107-8, 109
폴란드 390, 405
푸코, 미셸(Foucault, Michel) 303
푸투마요 사건(Putumayo Affair) 284
풀브루크, 에드워드(Fulbrook, Edward) 310
프란치, 세바스티아노(Franci, Sebastiano) 134, 136
프랑스 56, 114, 147, 159, 197, 364, 370, 390

프랭클린, 벤저민(Franklin, Benjamin) 210, 260
프로이트, 지그문트(Freud, Sigmund) 380
프루니에, 제라르(Prunier, Gerard) 246
프리드먼, 밀턴(Friedman, Milton) 83, 300, 397-8
프리먼, 크리스토퍼(Freeman, Christopher) 206, 208, 401, 431
프린스 스미스, 존(Prince-Smith, John) 413-4
플레밍, 알렉산더(Fleming, Alexander) 233
피노체트, 아우구스토(Pinochet, Augusto) 399
피렌체 143, 146, 163, 170, 335-6, 416
피셔, 어빙(Fisher, Irving) 320
핀란드 211, 232, 291, 360, 399-400, 412
핀마르크 291-2
필리핀 373

하버드 비즈니스 스쿨 48-9, 55, 82, 411
하이덴, 괴란(Hydén, Göran) 418
하이에크, 프리드리히 폰(Hayek, Friedrich von) 97
하일브로너, 로버트(Heilbroner, Robert L.) 55, 81, 103
한, 프랭크(Hahn, Frank) 311
한국 51, 139, 149, 150, 168, 196, 225, 318, 343, 360, 370, 415
항해 조례(Navigation Acts) 214, 363
해밀턴, 알렉산더(Hamilton, Alexander) 73-4, 76, 148, 219, 260, 360, 363, 391, 429
해밀턴, 얼(Hamilton, Earl) 155
헝가리 391

헤르만, 베네딕트(Hermann, Benedikt) 445
헤일스, 존(Hales, John) 139
헨리 7세(Henry VII, 영국 왕) 51, 53, 145-6, 148, 150, 153, 211, 213, 215, 249, 315, 360, 375, 389, 400, 404, 445
헬리 허친슨, 존(Hely-Hutchinson, John) 171
호이, 찰스(Haughey, Charles) 169-70
호프먼, 요한 고트프리드(Hoffman, Johann Gottfried) 301
홀베르그, 루드비그((Holberg, Ludvig) 102, 109
홉스, 토머스(Hobbes, Thomas) 78-9
홍콩 148
회르니크, 필립 윌리엄 폰(Hörnigk, Philipp Wilhelm von) 166, 443-6
후드, 로빈(Hood, Robin) 214
후버, 허버트(Hoover, Herbert) 238-9, 405-6, 414
후지모리, 알베르토(Fujimori, Alberto) 326-8
후쿠야마, 프랜시스(Fukuyama, Francis) 53, 311, 337

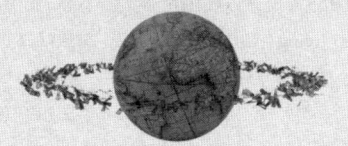